Kohlhammer
Standards Psychologie

Basisbücher und Studientexte

Herausgegeben von
Theo W. Herrmann
Werner H. Tack
Franz E. Weinert

Teilgebiet: Wahrnehmungspsychologie

Gerald M. Murch
Gail L. Woodworth

Wahrnehmung

Verlag W. Kohlhammer
Stuttgart Berlin Köln Mainz

CIP-Kurztitelaufnahme der Deutschen Bibliothek

Murch, Gerald M.

Wahrnehmung / Gerald M. Murch; Gail L. Woodworth. –
1. Aufl. – Stuttgart, Berlin, Köln, Mainz: Kohlhammer, 1977.
(Kohlhammer-Standards Psychologie:
Basisbücher: Teilgebiet Methoden)
ISBN 3-17-001877-9
NE: Woodworth, Gail L.:

Stuttgart Berlin Köln Mainz
Verlagsort: Stuttgart
Umschlag: hace
Gesamtherstellung: W. Kohlhammer GmbH
Grafischer Großbetrieb Stuttgart
Printed in Germany

Inhalt

Vorwort

Das vorliegende Buch versucht, den heutigen Wissensstand der Wahrnehmungspsychologie darzustellen. Es wurde im Sinne eines »Textbooks« geschrieben: Das Buch soll also einen allgemeinen Überblick über die Wahrnehmung vermitteln. Es wurde hauptsächlich für Studenten der Psychologie geschrieben. In mehreren Gebieten bleibt unsere Abhandlung sicherlich oberflächlich und geht nicht genügend auf die historische Entwicklung der jeweiligen Fragestellungen ein. So werden zum Beispiel manche unseren »Reizbegriff« verschwommen finden. Es ist jedoch unmöglich, den gesamten Werdegang der Wahrnehmungspsychologie abzuhandeln. Vielmehr haben wir versucht, einfach die Frage zu beantworten: »Was wissen wir heute über die Wahrnehmung?«

Dieses Buch wurde von zwei Amerikanern geschrieben. Folglich sind die angloamerikanischen Forschungen und Anschauungen überrepräsentiert. Wir haben uns bemüht, die moderne Wahrnehmungsforschung in Deutschland sowie deren wichtigste historische Entwicklungen zu berücksichtigen. Leider müssen wir aber die Meinung von Professor Hubert Feger teilen, die er in seiner Rede zur Lage der Psychologie in Deutschland auf dem Kongreß der Deutschen Gesellschaft für Psychologie in Regensburg 1976 geäußert hat: Die Wahrnehmungspsychologie bleibt ein unterentwickelter Bereich der modernen Psychologie in Deutschland. Diese traurige Feststellung wiegt umso schwerer, als gerade die deutsche Psychologie vor dem zweiten Weltkrieg auf diesem Gebiet führend war.

Dieses Buch haben wir während unseres Aufenthaltes als Gäste der Psychologischen Institute in Göttingen und Frankfurt geschrieben. Wir möchten uns bei diesen Instituten für die Hilfe bei dem Projekt bedanken. Bei der Abfassung des Buchs in deutscher Sprache mußten wir feststellen, daß wir unsere Kenntnisse der deutschen Sprache überschätzt hatten. Folglich mußte das Manuskript von mehreren Freunden mit größtem Einsatz und Zeitaufwand Satz für Satz überarbeitet werden. Wir können keine adäquaten Worte des Danks für Heinz Kölling in Göttingen, Antje Flade und Friedrich Wilkening in Frankfurt und vor allem Werner Tack in Saarbrücken finden, die diese Aufgabe übernommen haben. Ebenfalls möchten wir uns bei Elke Hillbricht in Frankfurt bedanken, die das schwer leserliche Manuskript abgetippt hat.

Frankfurt am Main, Februar 1978

Gerald M. Murch
Gail L. Woodworth

Teil I: Einführung

Was wir über unsere Umwelt, über unsere Mitmenschen, ja sogar über uns selbst wissen, haben wir durch Wahrnehmung erfahren. Was ist das nun für ein Prozeß, den wir »Wahrnehmung« nennen? Unsere erlebte Welt wird durch diesen Prozeß definiert. Unser Glaube an eine beständige Realität entspringt unseren Wahrnehmungen. Die Psychologie ist das Studium des Verhaltens und, da wir in unserem Verhalten von der Wahrnehmung abhängig sind, ist es außerordentlich wichtig, diesen Prozeß genau zu verstehen.

Es ist fast unmöglich, sich der Bedeutung des Wahrnehmungsvorganges unmittelbar bewußt zu werden. Gerade das, was wir als Wirklichkeit betrachten, wird durch die *Leistungsfähigkeit der Sinnesorgane*, Information aus der Umwelt zu entschlüsseln, definiert. Die Struktur unserer erlebten Umwelt, ihre Konstanten und Veränderlichen, sind Gegenstände des Wahrnehmungsprozesses. Wären zum Beispiel unsere Sinnesorgane nach einem anderen Funktionsprinzip aufgebaut, so würden wir in einer anderen Realität leben. Wären die Menschen mit dem visuellen System des Frosches ausgestattet, so würden sie eine hohe Empfindlichkeit für die Wahrnehmung von Bewegungen haben, jedoch keine klaren und scharfen Umrisse erkennen können. Unsere subjektive Welt wäre also sehr verschieden von der vertrauten Realität, die wir für selbstverständlich halten. Sicherlich würden auch die von Menschen geschaffenen Umweltveränderungen andere Formen annehmen. Auch das Buch, das Sie gerade lesen, wäre nach einem anderen Prinzip entwickelt worden, das der Aufnahmefähigkeit solcher Sinnesorgane entsprechen würde, sofern die Menschheit unter diesen Bedingungen überhaupt je auf den Gedanken einer schriftlichen Sprache gekommen wäre. Hätten wir ein akustisches System wie die Fledermaus, so würden wir Schall in einer völlig anderen Art wahrnehmen, als es unser Ohr jetzt praktisch ermöglicht.

Mit diesen Überlegungen versuchen wir, der Wahrnehmung im Rahmen der Psychologie ihren Stellenwert zu geben. Um das Verhalten des Menschen und den Ablauf psychologischer Vorgänge begreifen zu können, müssen wir zunächst bestimmte Grundprozesse verstehen. Zu jenen Grundprozessen gehört sicherlich die Wahrnehmung.

Ausgangspunkt dieses Buches ist die elementare Erkenntnis, daß Wahrnehmen durch ein Zusammenspiel von Reizen aus der Umwelt und gespeicherten Sinneserfahrungen zustande kommt. Signale aus der Umwelt werden von einem Sinnesorgan aufgenommen und in die »Sprache« des Organs übersetzt. In Verbindung mit bereits gesammelten Erfahrungen kommt ein Ergebnis zustande, das wir *Perzept* nennen wollen. Zum Perzept gehören auch Erlebnisse wie Erkennen, Wissen und Verstehen. Das Erlebnis, ein Objekt in der Umwelt erkannt zu haben, entsteht erst nach der Vollendung dieses Prozesses. Die Perzeptbildung erfolgt im Nervensystem des Wahrnehmenden. Wir sind uns dieses Prozesses nicht bewußt, sondern erleben das Endprodukt der Wahrnehmung als ein Ereignis außerhalb der eigenen Person.

Im folgenden wird der Versuch unternommen, unser heutiges Wissen über Wahrnehmung in vier Hauptkapiteln darzustellen, die jeweils in kleinere Abschnitte untergliedert werden. Das erste Kapitel nach der Einführung trägt die Überschrift »Signale der Wahrnehmung« (Teil II). Darin sollen Eigenschaften der aus der Umwelt stammenden Informationsquellen behandelt werden. Unter »Diskriminationsfähigkeit der Wahrnehmungssysteme« (Teil III) beschreiben wir die Aufnahme und Übersetzung von Informationen innerhalb des jeweiligen Sinnessystems. Das darauf folgende Kapitel befaßt sich mit der »Leistungsfähigkeit der Wahrnehmungssysteme« (Teil IV). Hier soll die Verarbeitung der Information unter dem Gesichtspunkt analysiert werden, welche Fähigkeiten für das System jeweils charakteristisch sind. Die Diskussion des letzten Kapitels soll auf das »Zusammenspiel der Leistungsfähigkeit und der Erfahrung« (Teil V) eingehen, also auf die Verbindung zwischen einem gegenwärtigen Sinneseindruck und den früheren Eindrücken und Erfahrungen des Wahrnehmenden.

1.1 Grundprobleme der Wahrnehmungsforschung

Unser erstes Vorhaben bei der Betrachtung des Wahrnehmungsprozesses ist die Beschreibung einiger Voraussetzungen für die weitere Bearbeitung des Themas. Dabei müssen wir uns im klaren darüber sein, daß es sich hier nur um einen kurzen Überblick über verschiedene Grundprobleme und Forschungsansätze handeln kann, wobei leider nicht alle Aspekte ausführlich behandelt werden können.

1.1.1 Die Sinnessysteme

Bisher haben wir nur allgemein von Sinnesorganen gesprochen. In der Regel wird die Anzahl solcher Organe mit fünf angegeben. Dabei handelt es sich nach Geldard (1972) um folgende Sinnessysteme:

1. Das visuelle System (Sehen)
2. Das akustische System (Hören)
3. Die chemischen Systeme
   a) das olfaktorische System (Riechen)
   b) das gustatorische System (Schmecken)
4. Das vestibuläre System (Gleichgewicht)
5. Die Sinnessysteme der Haut (Druck, Schmerz, Temperatur)

Diese Einteilung wird von den meisten Wahrnehmungspsychologen anerkannt. Es gibt jedoch auch andere Möglichkeiten die Sinnessysteme zu klassifizieren. Schon 1906 wies Sherrington darauf hin, daß man die Sinnesorgane nach der Art der Reizung unterscheiden könne. Als *Exterozeptoren* bezeichnete er Sinnessysteme, die auf externe Reizung reagieren, wie etwa das visuelle und das akustische, aber auch die sogenannten chemischen Systeme. Weiter unterschied Sherrington die *interozeptiven* und die *propriozeptiven* Systeme. Die ersteren übermitteln Sinneseindrücke von Reizungen innerhalb des Körpers, wie sie etwa beim Verdauungsprozeß auftreten, während die letzteren die aus den Bewegungen des Körpers entstehenden Sinneseindrücke aufnehmen. Unter den Propriozeptoren ist vor allem das Vestibulärsystem hervorzuheben, das Informationen über den Gleichgewichtszustand und die Position des Körpers im Raum übermittelt.
Zusammenfassend kann man sagen: es ist möglich, die Sinnesorgane entweder nach den jeweiligen Sinnessystemen oder nach der Art der Reizaufnahme zu unterscheiden. In beiden Fällen ist man sich einig über das Wesen der Exterozeptoren, während unser Wissen über die Interozeptoren und Propriozeptoren noch recht lückenhaft ist. Einen guten Überblick über unsere heutigen Kenntnisse und Forschungen auf diesem Gebiet gibt ein Beitrag von Kenshalo (1971).

1.1.2 Empfindung und Wahrnehmung

Ein weitaus schwierigeres Problem als das der Aufteilung der Sinnessysteme taucht im Zusammenhang mit den Begriffen *Empfindung* und *Wahrnehmung* auf. Die Differenzierung des Wahrnehmungsprozesses durch diese beiden Begriffe soll die Unterschiede zwischen der unmittelbaren Aufnahme eines exterozeptiven Reizes durch ein Sinnessystem und seiner Verarbeitung im Nervensystem, die zu einem Perzept führt, hervorheben. Bei Hajos (1972) findet man z. B. folgende Definition: »Empfindungen sind die elementarsten, weiter nicht mehr zerlegbaren Einheiten des Bewußtseins mit den Eigenschaften der Qualität (Modalität), Intensität und Extensität (raumzeitliche Ausdehnung)« (S. 15). Danach übermitteln also die Empfindungen einerseits die Existenz eines Reizes, andererseits aber auch gewisse Eigenschaften wie Stärke, Herkunft aus einem bestimmten Sinnessystem und räumliche Position. Bei der Wahrnehmung handelt es sich nach Hajos um eine Weiterverarbeitung der aufgenommenen Information, die zu einer subjektiven Repräsentation der Realität führt. In diesem Sinne könnte man Empfindungen als Grundprozesse oder Reaktionen der Sinnesorgane betrachten, die dann im Prozeß der Wahrnehmung weiterverarbeitet werden.

Rock (1975) geht von einer dreiteiligen Gliederung aus, die Empfindungen, Wahrnehmungen und *Kognitionen* umfaßt. Letztere sind Denkvorgänge, die nach vollzogenem Perzept entstehen. Nach dieser Auffassung wären also weder die Grundreaktionen der Sinnesorgane noch die höheren Denkleistungen Bestandteile der Wahrnehmungspsychologie. Als Beispiel kann man das Wiedersehen eines Bekannten anführen. Die von dem Bekannten reflektierte Lichtenergie erzeugt eine Reaktion im visuellen System, die als eine Empfindung zu kennzeichnen wäre. Auf die Empfindung folgt eine weitere Reaktion, in deren Verlauf die Person als Bekannter identifiziert wird, und die man im Sinne Rocks eine Wahrnehmung nennen würde. Obwohl die zweite Reaktion erst nach der Verarbeitung der Empfindung folgt, erlebt der Wahrnehmende sie als unmittelbar. Man ist sich der Entstehung einer Empfindung und ihrer Verarbeitung zur Wahrnehmung nicht bewußt. Ferner handelt es sich bei der Wahrnehmung nicht um einen Denkvorgang, sondern um die Aufnahme und Verarbeitung eines in der Umwelt gegebenen Reizes. Gerade das Erlebnis der Objektwahrnehmung, bei der ein Gegenstand als unabhängige Realität außerhalb der Person existiert, bereitet manche Schwierigkeit bei der Beschreibung des Wahrnehmungsprozesses.

Nachbilder bieten hierfür ein Beispiel. Starrt man für mehrere Sekunden auf ein mittelstarkes Licht, so wird die Ansprechbarkeit der betroffenen Rezeptoren in der Netzhaut herabgesetzt. Schaut man anschließend auf eine Wand, dann sieht man dort einen dunklen Fleck, der durch einen retinalen Prozeß entsteht. er ist sozusagen auf der Retina angestrichen. Erlebt wird er jedoch als Umweltobjekt, außerhalb des Auges und im Raum lokalisiert. Ähnlich ist der Vorgang bei allen Objektwahrnehmungen. Die Reizung erfolgt zuerst auf der Netzhaut, subjektiv nimmt man jedoch Objekte außerhalb des Sinnessystems wahr.

Unabhängig von der Aufgliederung des Prozesses in Empfindung und Wahrnehmung kann man wie Anderson (1975) zu einer anderen Dichotomie gelangen. Er unterscheidet zwischen der *primären* und der *sekundären Wahrnehmung*. Zunächst geht er von physiologischen Gegebenheiten aus und weist darauf hin, daß z. B. in der visuellen Wahrnehmung die Retina, der Thalamus und das sensorische Rindenfeld gänzlich andere Reaktions- und Verarbeitungsweisen zeigen als das Assoziationszentrum im vorderen und hinteren Kortex. Erstere bestimmen die primäre Wahrnehmung, während das letztere für die sekundäre Wahrnehmung verantwortlich ist. Die Aufgabe der primären Wahrnehmung besteht darin, grobe Aufteilungen und Zerlegungen eines Reizobjekts vorzunehmen – etwa einfache Helligkeitsunterschiede oder Bewegungen zu registrieren. Bei der sekundären Wahrnehmung handelt es sich um die Unterscheidung zwischen Elementen und der Zuordnung von Bedeutungsgehalten. Anderson vergleicht seine Aufteilung mit dem Bau eines Hauses, bei dem der Rohbau und die Baustoffe der primären Wahrnehmung entsprächen, während die Fertigstellung des Gebäudes dem Prozeß der sekundären Wahrnehmung analog aufgefaßt wird.

In der modernen Wahrnehmungspsychologie wird zwischen Empfindung und Wahrnehmung kaum noch eine strikte Trennung gemacht. Einerseits kann man wie Anderson vorgehen und verschiedene Stufen der Wahrnehmung unterscheiden, dabei wird die Empfindung als Teilkomponente überflüssig. Andererseits teilen viele Wissenschaftler die Auffassung von Gibson (1966), daß Empfindungen, wenn solche existieren sollten, nur als Nebenprodukt des einheitlichen Wahrnehmungsprozesses angesehen werden können.

Eine Absonderung und Aufteilung der Empfindungen erscheint ihm nicht sinnvoll. Ein solches Vorgehen wird z. B. auch von denjenigen – wie etwa Klix (1971) – bevorzugt, die die Wahrnehmung als einen Prozeß des Informationsaustausches zwischen Umwelt und Organismus ansehen. Sie gehen davon aus, daß die Empfindungen im Wahrnehmungsprozeß enthalten sind und nicht als selbständige Komponenten in Erscheinung treten.

Die verschiedenen Ansichten zeigen deutlich, daß man sich über die Rolle der Empfindungen in der Wahrnehmungspsychologie keineswegs einig ist. Einmal sind Fragen der Gliederung von Wahrnehmungserscheinungen aus wissenschaftsgeschichtlichen Gründen entstanden, zum anderen aber auch aus praktischen Gründen der Abgrenzung dieses Teilgebietes der Psychologie von anderen Gebieten.

Wir werden in diesem Buch einen Weg einschlagen, bei dem die Fähigkeit der Wahrnehmungssysteme, Informationen aus der Umwelt zu gewinnen, betont wird. Die Informationsaufnahme wird erst möglich aufgrund des spezifischen Aufbaus der Wahrnehmungssysteme, resultiert aber auch aus dem Zusammentreffen der eingehenden Informationen mit den Erfahrungen des jeweiligen Organismus. Was wahrgenommen wird, hängt also sowohl von der Möglichkeit des Sinnessystems ab, Information zu übermitteln und zu verarbeiten, als auch von den spezifischen Erfahrungen des Wahrnehmenden. Eine Herauslösung der Empfindungen aus dem Wahrnehmungsprozeß scheint uns nicht sinnvoll. Eine Psychologie der Wahrnehmung hat zu zeigen, wie ein Perzept aufgrund der vom System aufgenommenen Signale aus der Umwelt innerhalb der durch die Fähigkeiten des jeweiligen Systems gesetzten Grenzen im Zusammenwirken mit gespeicherten Erfahrungen zustande kommt.

Einer solchen Auffassung der Wahrnehmungspsychologie sind also gewisse Grenzen bei der Behandlung ihres Themas gesetzt. Im Mittelpunkt der Darstellung soll die Entwicklung von Perzepten stehen. Dieses Vorhaben läßt sich bei dem heutigen Stand der Wissenschaft sehr gut im Gebiet der visuellen und der akustischen Wahrnehmung realisieren. Auf beiden Sinnesgebieten ist man sich ziemlich einig über die Art der Signale aus der Umwelt (durch die moderne Physik, insbesondere die *Quantenmechanik*) und über die Verarbeitungsweise der Sinnesorgane (durch die moderne Physiologie und hier vor allem die Entwicklung des *Elektronenmikroskops*). Ebenso sind die Systemfähigkeiten weitgehend erforscht, und auch die Rolle der Erfahrung ist bekannt. Aus verschiedenen Gründen findet man diesen Entwicklungsstand bei den anderen Sinnessystemen nicht. Man weiß wenig über die Sinnessysteme der Haut. Beim vestibulären System ist man sich zwar über die physiologischen Vorgänge einig, die Interaktion mit den anderen Systemen und vor allem die Rolle der Erfahrungen ist aber noch weitgehend ungeklärt. Bei den chemischen Systemen bestehen ähnliche Probleme; unter anderem hat man bisher die Signale aus der Umwelt und deren Aufnahme im System nicht eindeutig erkennen können. Für eine Übersicht über den heutigen Kenntnisstand sollte man die ausgezeichneten Darstellungen von Bartoshuk (1971) über das gustatorische System und von Mozell (1971) über das olfaktorische System zu Rate ziehen.

Im Hinblick auf das vorhandene Wissen scheint es uns sinnvoll zu sein, in diesem Buch nur das visuelle und das akustische System zu behandeln. Dabei spielt auch eine Rolle, daß eine klare Rangordnung der Sinnesorgane hinsichtlich ihrer Wichtigkeit bei der Übermittlung von Informationen aus der Umwelt besteht. *Phylogenetisch* gesehen, kann man sagen: Je fortgeschrittener die phylogenetische Entwicklung ist, desto leistungsfähiger werden die visuellen und akustischen Systeme. Vor allem beim Menschen sind diese beiden Sinnesorgane am weitesten entwickelt. Da wir uns hier mit der Wahrnehmungspsychologie des Menschen beschäftigen, sind diese beiden Systeme mithin von besonderem Interesse.

Innerhalb der menschlichen Wahrnehmung ist eine Rangordnung der Sinne erkennbar, in der abermals das visuelle und das akustische System den höchsten Rangplatz haben. Treffen beispielsweise widersprüchliche Signale etwa gleichzeitig auf verschiedene Sinnesorgane, so werden zumeist die Wahrnehmungen durch das visuelle oder akustische System bestimmt. Selbst zwischen dem akustischen und dem visuellen System besteht noch eine Hierarchie zugunsten des visuellen Systems. Wenn Signale visueller und akustischer Art aus der Umwelt nicht übereinstimmen, ordnet sich in der Regel das akustische System mit einer Verlagerung des scheinbaren Ortes des Signals zugunsten der visuellen Lokalisation unter. Bellt z. B. ein Hund von einem Balkon, während ein zweiter auf der Straße läuft, wird das Bellen des Hundes auf dem Balkon meist als von dem Hund auf der Straße stammend wahrgenommen.

Die Überlegenheit des visuellen Systems kann anhand eines einfachen Versuches von Colavita (1974) verdeutlicht werden. Zunächst wurde die Helligkeit eines Lichtes variiert, bis es für jede einzelne Versuchsperson die gleiche subjektive Stärke aufwies wie ein Ton von 4000 Hz und 65 dB. Daraufhin wurden die beiden Reize (Ton und Licht) als Signale in einem Reaktionszeitversuch benutzt. Das heißt, die Versuchsperson sollte bei der Darbietung des Lichtes so schnell wie möglich auf einen Knopf drücken und bei der Darbietung des Tones auf einen anderen Knopf. Jede von den 10 Versuchspersonen wurde 30mal getestet, wobei die Wahrscheinlichkeit etwa .50 für die Darbietung des Tones beziehungsweise des Lichtes war. Bei fünf Proben wurden jedoch Licht und Ton gleichzeitig dargeboten. Gerade diese sogenannten Konfliktproben waren von Interesse, da bei 98% solcher Proben die Versuchsperson zwar auf das Licht reagiert, nicht aber auf den Ton. Sogar in ihren verbalen Aussagen waren die Versuchspersonen bei 32% solcher Proben der Meinung, es sei nur das Licht dargeboten worden. Das Licht blieb dagegen nicht ein einziges Mal unbemerkt. Auch bei einer Zunahme der Intensität des Tones um das Doppelte an subjektiver Stärke blieb der visuelle Reiz überlegen, und dies sogar in einer Versuchsreihe, in der die Versuchsperson bei Konfliktproben angewiesen wurde, auf den Ton zu achten.

Zusammenfassend ist festzuhalten, daß wir keine Aufgliederung des Wahrnehmungsprozesses nach Empfindung und Wahrnehmung vornehmen werden. Die menschliche Wahrnehmung wird vielmehr als einteiliger Prozeß betrachtet. Außerdem werden wir uns aufgrund mangelhafter Informationen über die Systeme des Geruchs, des Geschmacks, des Gleichgewichts und der Haut, die bei Menschen von untergeordneter Bedeutung sind, auf die Darstellung der visuellen und akustischen Wahrnehmungsvorgänge beschränken.

1.1.3 Das Problem der subjektiven Realität

Wie bereits angedeutet, treten bei der Beschreibung eines Wahrnehmungsprozesses einige schwer zu lösende Probleme auf. Eines dieser Probleme betrifft den Zusammenhang zwischen der erlebten Realität und den zugehörigen Ereignissen in der Umwelt. Natürlich könnte man behaupten, wie die *naiven Realisten* es taten, es gäbe eine unabhängige Wirklichkeit, die direkt aus der Wahrnehmung erkennbar sei. Man glaubte, die wahrgenommene Realität entspräche eben der objektiv existierenden Realität. Indessen ließ sich diese philosophische Annahme bei einer genauen Betrachtung der Wahrnehmung kaum aufrechterhalten. Gerade jene Phänomene waren dabei von größtem Interesse, bei denen eine offensichtliche Diskrepanz zwischen dem objektiv Vorhandenen und dem subjektiven Erlebnis zutage trat. Es ist beispielsweise möglich, mehrere hundert einzelner Farbpaare (sogenannte Komplementärfarben) zu mischen, wobei man immer wieder das gleiche Grau erhält. Man erzeugt also die gleiche Wahrnehmung mit verschiedenen Vorlagen. Weiterhin zeugen die zahlreichen optischen Täuschungen von fehlender Korrespondenz zwischen objektiver Realität und subjektivem Erlebnis. Der hoch am Himmel (im Zenit) stehende Mond wird etwa 1,5mal kleiner erlebt als der am Horizont stehende Mond. Es bestehen also bei der Wahrnehmung des objektiv gleich großen Mondes in den verschiedenen Himmelspositionen erhebliche Unterschiede, denn bei einer genaueren Messung des Blickwinkels findet man, daß der Horizontmond ebenso groß ist wie der im Zenit stehende.

Diesem epistemologischen Dilemma versucht man oft mit dem Hinweis auf eine Auseinandersetzung zwischen *Materialismus* und *Idealismus* zu entkommen. Die Materialisten betrachten die Materie als das primäre Element der Wirklichkeit. Der Mensch und sein Körper sind spezifische Materie und seine geistigen Fähigkeiten sind ein Produkt eben dieser Materie. Demgegenüber steht der Idealismus, der das Primat des Geistes behauptet und von einer erlebten Realität als der einzig erkennbaren Darstellung der Welt ausgeht. Am konsequentesten hat Berkeley diese Auffassung mit seinem Satz »esse est percipi« (»Das Sein der Dinge ist ihr Wahrgenommenwerden«) vertreten. Man kann auf der Basis dieser Grundannahme also nur von einer geistigen Wirklichkeit sprechen, aber nicht von einer Wirklichkeit, die unabhängig vom Geist existiert.

Die Gegenüberstellung von Materialismus und Idealismus führte im sogenannten *Leib-Seele-Problem* zu einer zentralen Fragestellung. Man suchte nach dem Zusammenhang zwischen dem Leib (also dem Körperlichen) und dem Geistigen (also dem Nichtkörperlichen). Für die Anhänger des Idealismus war Realität eine Sache des Geistes. Folglich war auch das Leibliche vom Geist abhängig. Für den Materialismus war das Geistige ein Resultat körperlicher Vorgänge.

In der Wahrnehmungspsychologie schien diese Auseinandersetzung zunächst von großer Bedeutung zu sein. Da das Wahrnehmungserlebnis als geistige Funktion aufzufassen ist, mußte man auch etwas über sein Verhältnis zum Körper aussagen. Dabei entwickelten sich zwei Richtungen, die unterschiedliche Antworten auf die Frage des Leib-Seele-Problems gaben. Die *Wechselwirkungstheorie* nahm eine wechselseitige Abhängigkeit von Leib und Seele an. Hier ist vor allem der französische Philosoph Descartes zu nennen, der von einer Interaktion sprach, in der sowohl die geistige Fähigkeit Einfluß auf das Körperliche ausübe, während auch das Umgekehrte möglich sei. Andererseits entwickelte sich die *Parallelitätstheorie*, der Leibniz und Hartley zuzuordnen sind. Hier sollten Leib und Seele getrennt existieren.

Angesichts der regen Diskussion des Leib-Seele-Problems in der modernen Wahrnehmungspsychologie kann diese Frage keineswegs als gelöst gelten. Nach Fechner schließen sich jedoch die meisten Wahrnehmungspsychologen einer Art Parallelitätstheorie an, die von Kaufman (1974) als *praktischer Dualismus* bezeichnet wird. Diese Auffassung entstand auf der Basis einer Integration physiologischer, physikalischer und psychologischer Erkenntnisse.

Ausschlaggebend für die Psychologie war dabei Kelvins *Energieerhaltungsgesetz*. Unabhängig von der Materie existierende geistige Fähigkeiten konnte es nicht geben, da sie außerhalb dieses Gesetzes gestanden hätten. Geistige Fähigkeiten mußten vielmehr Produkte des Nervensystems sein. Die Aufgabe für die Psychologie besteht dann darin,

die Verbindung zwischen Umweltreiz und subjektiver Wahrnehmung zu erforschen. Gerade die Suche nach einem methodologischen Ansatz hierfür und die klaren Beziehungen zwischen Psychologie als Wissenschaft und Physik als Vorbild dieser Wissenschaft diktierten den Untergang solcher philosophischer Betrachtungen wie sie Idealismus und Wechselwirkungstheorie darstellen. Das Nervensystem selbst ist Materie und muß als geschlossenes System angesehen werden. Alle Wahrnehmungsvorgänge müssen dann erklärbar sein als Reaktionen des Nervensystems ausgelöst durch Umweltreize.
Reize aus der Umwelt werden als Signale aufgefaßt, die Informationen über die Umwelt vermitteln. Ob diese im Nervensystem aufgenommenen Signale eine wahre Darstellung des Objektes aus der Umwelt ergeben oder nicht, hängt von der Verarbeitungsweise im Nervensystem ab. Unsere Realität kann also als Gebilde angesehen werden, das sowohl Elemente aus der Umwelt als auch Elemente aus dem aufnehmenden System enthält.
Bei der Beschreibung der Umwelt ist man hauptsächlich an die Physik gebunden, so wie man bei der Beschreibung des Nervensystems auf Physiologie angewiesen ist. Eine Darstellung der subjektiven Realität ist dann Sache der Wahrnehmungspsychologie. Die Suche nach den Interaktionen dieser Wissensgebiete bietet sich als zentrale Zielsetzung der modernen Wahrnehmungspsychologie an. Als Beispiel dieser Auffassung diene uns abermals die Farbwahrnehmung. In der Physik gibt heute die *Quanten-Mechanik* eine Beschreibung der Signale für die Farbwahrnehmung als Energie-Quanten, die *Photonen* heißen. Solche Photonen können verschiedene Frequenzen aufweisen, die in einem bestimmten Bereich eine Reaktion des menschlichen Auges hervorrufen. Die Physiologie zeigt, daß sich in der Retina des Auges drei verschiedene Rezeptoren befinden, die unterschiedlich in Abhängigkeit von der Frequenz der eintreffenden Photonen reagieren. Die Psychologie beschreibt die Reaktionen des Systems als Wahrnehmungsvorgänge, die zu der Farbempfindung Rot, Grün oder Blau führen.
Durch das Zusammenwirken der genannten Disziplinen werden neue Erkenntnisse über die gesamten Prozesse gewonnen. Gleichzeitig entstehen sowohl neue Fragestellungen wie auch neue Antworten auf ältere Fragen aus allen Forschungsgebieten.

> Heute ist man der Ansicht, die Wahrnehmungspsychologie müsse die wissenschaftliche Methode der Erkenntnistheorie anwenden. Jedoch besteht nach wie vor für die Wahrnehmungspsychologie ein wichtiges Grundproblem: Da ich einen Prozeß zu verstehen versuche, den ich mittels desselben Prozesses erforschen muß, kann ich niemals zu Fragestellung und Ergebnis Distanz gewinnen.

1.1.4 Ansätze einer wissenschaftlichen Wahrnehmungsforschung

Unsere vorausgegangenen Betrachtungen zur Wahrnehmung führen zu dem Ergebnis, daß eine wissenschaftliche Methode zur Erforschung des Wahrnehmungsprozesses angebracht ist. Weiterhin sind wir zu der Feststellung gekommen, daß die Wahrnehmung eine subjektive Abbildung der Realität darstellt, die aufgrund der Umweltsignale, Systemfähigkeit und -kapazität, sowie aufgrund der Erfahrungen des Individuums zustande kommt. Eine Methode zur Erforschung und Messung solcher Vorgänge liegt zunächst nicht vor. Da die Wahrnehmungspsychologie – wie jede Wissenschaft – eine Beschreibung geben will, die objektiv und unabhängig vom Einfluß des Forschers sein soll, müssen neue Methoden entwickelt werden.

Als erster Ansatz diente die Tatsache, daß gewisse Meßmethoden für die Beschreibung der Umwelt von der Physik entwickelt worden waren. So konnte man z. B. einen Umweltreiz in seinen physikalischen Eigenschaften variieren. Ein Ton konnte nach Intensität und Frequenz verändert werden. Man läßt nun einen Beobachter diese Variationen abschätzen und erforscht so einen Wahrnehmungsvorgang, wobei die Relation zwischen dem physikalischen Reiz und dem wahrgenommenen Reiz zu bestimmen ist. Diese Art der Wahrnehmungsforschung nannte man *Psychophysik*. Angefangen mit Fechner (1860), wurden verschiedene Methoden solcher Messungen entwickelt, diese werden in einem späteren Kapitel beschrieben. Ziel ist dabei die Erfassung eines funktionalen Zusammenhanges zwischen vorgegebenen (variierenden) Reizgrößen und kovariierenden Komponenten des Wahrnehmungseindrucks.

Eine zweite Forschungsrichtung entwickelte sich aus der Physiologie des Nervensystems. Ebenso wie bei der Psychophysik versuchte man auch hier, auf die Beziehung zwischen dem Wahrgenommenen und bekannten physiologischen Vorgängen zu schließen. Diesen Ansatz führte man weitgehend auf die Arbeit von Hering (1861) zurück. Er beschrieb die Wahrnehmung aufgrund der Kapazitäten des Nervensystems. Dabei versuchte er, ausgehend von physiologischen Gegebenheiten, vorauszusagen, was bei einer bestimmten Reizvorlage erlebt wird. Außerdem schloß er von subjektiven Erlebnissen auf bestimmte physiologische Funktionen.

Die dritte Richtung – so meinen wir – geht auf Helmholtz zurück, der sich sowohl auf die Physik als auch die Physiologie bezog. Vor allem aber erforschte er die Veränderung des subjektiven Erlebnisses aufgrund vorangegangener Erfahrung. Er suchte nach dem Einfluß des Lernens im Wahrnehmungsprozeß.

Aus diesen drei Richtungen entwickelte sich die Methodik der modernen Wahrnehmungspsychologie. Zu einem gewissen Grade findet man eine direkte Anwendung der ursprünglichen Methoden noch heute. Obwohl in der modernen Psychophysik die Meßmethoden von Fechner kaum noch Anwendung finden, basieren auch die neuen Methoden auf denen von Fechner. Ähnliches kann man von dem Ansatz Herings sagen, der als Fundament der Psychophysiologie gilt. Zwar hat man heute viel genauere Instrumente zur Messung physiologischer Vorgänge zur Verfügung, jedoch versucht man immer noch aus den im Nervensystem beobachteten Prozessen auf Wahrnehmungsprozesse zu schließen. Ebenfalls findet man den von Helmholtz (1866) stammenden Ansatz, eine Verbindung zwischen Physik und Physiologie herzustellen und dabei Effekte früherer Erfahrung in den Griff zu bekommen.

Aus der Geschichte der Wahrnehmungsforschung lassen sich einige klare Abschnitte bei der Entwicklung brauchbarer Methoden herausarbeiten. Hauptsächlich unter dem Einfluß der *Gestaltschule* wurde die *phänomenologische Methode* entwickelt. Vor allem durch die psychologische Phänomenologie von Hering (1878), aber auch durch die ersten gescheiterten Ansätze wie etwa von Goethe (1808) entstand die Gestaltpsychologie der sogenannten Berliner Schule (Wertheimer 1912; Köhler 1940; Koffka 1935) als neue Forschungsrichtung. Zunächst muß man erkennen, daß die phänomenologische Methode eigentlich keine Methode im üblichen Sinne ist, sondern eine Anschauung, die bestimmte Methoden nahelegt. Diese Anschauung besagt, daß der Inhalt der Wahrnehmungspsychologie aus den erlebten Phänomenen selbst besteht. Also versucht man, die subjektive Realität direkt ohne irgendwelche Annahmen über zugrundeliegende Prozesse zu beschreiben. Man braucht z. B. kein Modell der physikalischen Elemente des Lichtes, um eine Beschreibung der Farbwahrnehmung vorzunehmen. Man ist lediglich auf Beschreibungsmethoden angewiesen, die ein getreues Abbild der subjektiven Erlebnisse ermöglichen. Es muß allerdings auf die Gefahr einer solchen Anschauung hingewiesen werden. Da man bei der Bewertung der Ergebnisse die Validität der erlebten Welt unterstellt, ist man auf die Richtigkeit eben dieser Annahme angewiesen. Zum Teil waren sich die Gestaltpsychologen dessen nicht bewußt und nahmen manche Beobachtung als selbstverständlich hin.

Unter anderem (s. Metzger 1954) ist das wichtige aber auch gefährliche Prinzip der *psychophysikalischen Isomorphie* auf die Gestaltschule zurückzuführen, das auf Köhler (1929) zurückgeht, aber bereits bei Hering (1878) zu erkennen ist. Dieses Prinzip besagt, es bestehe eine genaue topographische Beziehung zwischen dem erlebten Wahrnehmungsvorgang und der Verarbeitungsweise im Gehirn: alle Wahrnehmungsvorgänge und Erscheinungen entstehen und unterliegen bestimmten Vorgängen im Nervensystem. Nach diesem Prinzip könnte man gewisse Schlüsse über psychologische Vorgänge sowohl bei Beobachtung der Erlebnisse als auch bei der Beobachtung des Nervensystems ziehen. Hierin aber liegt die Gefahr, ein simplizistisches Modell des Nervensystems zu entwickeln, und nach der Beschreibung eines Phänomens zu glauben, die dafür verantwortlichen Gehirnabläufe zu kennen. Als Beispiel gilt die Beobachtung, daß gewisse Zellen im Kortex auf bewegte Umweltreize ansprechen. Nach dem Isomorphieprinzip wäre Bewegungswahrnehmung auf diese Zellen zurückzuführen, jedoch wissen wir inzwischen, daß Bewegungswahrnehmung auf andere Weise zustandekommt, und daß diese Zellen möglicherweise die Bewegungen des Auges kontrollieren und nicht das Erlebnis der Bewegung. Mit gewisser Vorsicht jedoch erlaubt dieses Prinzip eine breite Basis der psychologischen Forschung, auf der Beziehungen zwischen Wahrnehmung und Funktionsweise des Nervensystems erfaßt werden können.

Nebenbei muß man auf einen anderen Ansatz zur Wahrnehmungsmethodik, der auch aus einer Verbindung der Physiologie und Phänomenologie entstand, hinweisen. Wundt (1862) entwickelte eine Methode der *Selbstbeobachtung* für die Erforschung von Wahrnehmungsvorgängen. Bei dieser Methode beschrieben trainierte Beobachter ihre Wahrnehmungen. Wegen der Anfälligkeit dieser Methode für Einflüsse der Voreingenommenheit des Beobachters wurde sie weitgehend abgelehnt. In der modernen Wahrnehmungspsychologie jedoch erlebt sie interessanterweise eine Wiederbelebung. Vor allem in Verbindung mit den Skalierungsmethoden der Psychophysik verwendet man eine Art Selbstbeobachtung, bei der Versuchspersonen trainiert werden, auf bestimmte Wahrnehmungsvorkommnisse zu achten ohne jedoch Schlüsse über zugrundeliegende Prozesse zu ziehen wie dies bei der Selbstbeobachtung Wundts der Fall war.

Eine gänzlich andere Richtung der Wahrnehmungsforschung nennen wir *Behavioristische Wahrnehmungsforschung*. Die Rolle des Behaviorismus in der Wahrnehmungspsychologie ist nicht so klar gekennzeichnet wie die der Phänomenologie. Während der Gestaltschule eine nativistische Anschauung der Phänomenologie zugrundelag, wurde die empiristische Anschauung als Fundament des Behaviorismus betrachtet. Für eine nativistische Phänomenologie braucht man keine weiteren Überlegungen über Mechanismen, die zu einem Prozeß führen, da die Phänomene bereits Elemente des zu untersuchenden Systems sind. Wenn man jedoch von der Rolle der Erfahrung spricht, muß man den Prozeß der Erfahrungsaufnahme beschreiben. Mit anderen Worten: Für die Gestaltpsychologie brauchte man keine weiteren Überlegungen über das Zustandekommen der Phänomene anzustellen, während man beim Behaviorismus gerade diesen Mechanismus erforschen mußte, da die Inhalte der Wahrnehmungen weitgehend auf Erfahrungen zurückgehen. Daher interessierten sich die Behavioristen zunächst für den Prozeß des Lernens. Zum Teil kann man die anfänglichen Bestrebungen einer Erforschung des Wahrnehmungsprozesses aus den Arbeiten von Tolman (1918) ersehen. Man versuchte, Verhaltensabläufe zu beschreiben, um dann auf das Wahrgenommene zu schließen. Wenn z. B. gezeigt werden kann, daß Tiefenwahrnehmung oder Reizdiskrimination sich durch Erfahrung ändern, dann kann man annehmen, daß diese Funktionen Lernelemente enthalten.

In der modernen Wahrnehmungspsychologie bedient man sich unterschiedlicher Forschungsansätze: dem der Psychophysik, der Phänomenologie, der Psychophysiologie und des Behaviorismus. Alle Richtungen bieten sich als vorteilhaft für jeweils bestimmte Fragestellungen an. Man arbeitet daher heute nach einem eklektischen Prinzip. Es ist aber zu betonen, daß aus der Gegenüberstellung der Gestaltschule und des Behaviorismus gewisse Gefahren für alle vier Forschungsrichtungen erkennbar werden. Unter anderem ist zu bemerken, daß man keine durchgreifenden Annahmen nativistischer oder empiristischer Art machen sollte. Man muß nach den Phänomenen selber wie auch nach der Bedeutung und den Mechanismen der Phänomene suchen. Schließlich muß man sowohl die globalen Prozesse als auch die Mikrostruktur der Wahrnehmung untersuchen.

Es ist unser Vorhaben, in diesem Buch die Wahrnehmungspsychologie unter all den genannten Ansätzen zu beschreiben. Im Abschnitt III »Diskriminationsfähigkeiten der Wahrnehmungssysteme« arbeiten wir nach dem Leitprinzip der Psychophysik. Im Abschnitt IV »Leistungsfähigkeiten der Wahrnehmungssysteme« gehen wir zunächst nach den Prinzipien der Psychophysiologie vor, aber auch nach den Gesichtspunkten der Phänomenologie und des Behaviorismus. Im Abschnitt V »Zusammenspiel der Leistungsfähigkeit und der Erfahrung« berücksichtigen wir hauptsächlich phänomenologische und behavioristische Ansätze.

1.2 Ein Modell des Wahrnehmungsprozesses

Um den Phänomenen der Wahrnehmung, die wir hier beschreiben wollen, einen gewissen Rahmen zu geben, soll in diesem Kapitel ein einfaches Modell der Wahrnehmung skizziert werden. Das Modell enthält einerseits Anhaltspunkte für die Einordnung der Komponenten des Prozesses, die aus den verschiedenen Phänomenen der Wahrnehmung erkennbar sind; andererseits legt es aber auch die Grenzen unserer Abhandlung fest. Da wir es hier mit einer Psychologie der Wahrnehmung zu tun haben – im Gegensatz etwa zu einer Physiologie, Philosophie oder Physik der Wahrnehmung – soll eben ein psychologisches Modell entwickelt werden. Das heißt, wir nehmen gewisse Grenzen an, die unmittelbar durch die Erkenntnisse dieser drei Wissenschaften gegeben sind, versuchen jedoch, den Prozeß selbst in seiner psychologischen Beschaffenheit zu erfassen.

1.2.1 Theorien in der Wahrnehmungspsychologie

Mit unserem Modell soll weniger eine Theorie der Wahrnehmung konzipiert als vielmehr – wie bereits angedeutet – ein Überblick vermittelt werden. Dazu ist indessen eine kurze Beschreibung der Rolle notwendig, die die Theorie in der Wahrnehmungsforschung spielt. Vorweg ist zu sagen, daß es in der heutigen Wahrnehmungspsychologie keine einheitlichen Theorien gibt, wie sie vielleicht in der modernen Lernpsychologie zu finden sind. Zwar werden uns bei der Abhandlung verschiedener Phänomene mehrere kleinere theoretische Ansätze begegnen, die aber keineswegs als durchgängige Theorien anzusehen sind. Meistens dienen solche Konzeptionen der Verbindung einzelner Aspekte eines Phänomens oder seiner Eingliederung in einen größeren Themenbereich. Wir werden »Theorien« der letzteren Art z. B. im Rahmen der Farbwahrnehmung, der Bewegungswahrnehmung, der Tiefenwahrnehmung und der Figurwahrnehmung darstellen. Die erstgenannte Art von Ansätzen, die eigentlich Hypothesen und keine Theorien sind, werden wir bei der Diskussion von Maskierungseffekten, optischen Täuschungen und Brillenversuchen behandeln.

In der Geschichte der Wahrnehmungspsychologie hat es einige Ansätze in Richtung auf umfassendere Theorien gegeben, die einen gewissen Einfluß auf spätere Fragestellungen ausübten. Aus den theoretischen Vorstellungen konnte man bestimmte Annahmen über den Prozeß der Wahrnehmung ableiten. Sie boten außerdem die Möglichkeit, innerhalb eines kleineren Themenbereiches Voraussagen zu machen, die experimentell überprüft werden konnten. Hier sind vor allem die *Gestaltpsychologie* (Köhler 1929), die *Feldtheorie* (Werner & Wapner 1952), das Konzept des *Adaptationsniveaus* (Helson 1964a), der *Transaktionismus* (Ames 1951) und die *neurophysiologische Theorie von Hebb* (1949) als Ansätze zu nennen. Die verschiedenen Konzeptionen lassen sich nach ihren Annahmen in mehr nativistisch oder mehr empiristisch orientierte Ansätze aufteilen. Unter die mehr nativistischen Theorien wären die Gestaltpsychologie und die Feldtheorie einzuordnen, während die übrigen weitgehend von empiristischen Grundannahmen ausgehen.
Wir haben im letzten Kapitel von einigen Fundamenten der Gestaltpsychologie gesprochen, wie etwa der phänomenologischen Methode und dem Isomorphieprinzip. Ebenfalls wurde die weitgehende (nativistische) Annahme angeborener Fähigkeiten erwähnt. Hier soll vor allem betont werden, daß für die Gestaltpsychologie der Wahrnehmungsprozeß als nicht zerlegbar angesehen wurde. Man war der Meinung, der Prozeß und seine Vollendung könnten nicht aufgrund der Betrachtung einzelner Elemente verstanden werden, weil dadurch die dynamischen Zusammenhänge verdeckt würden. Als klassisches Beispiel diente den Gestalttheoretikern die Melodie. Das Hören der individuellen Töne enthält nur einen Teil der notwendigen Information zur Wahrnehmung einer Melodie. Man kann die ganze Melodie in eine andere Tonart transponieren, wobei alle individuellen Töne verändert werden, ohne daß die Melodie verlorengeht. Auch das Tempo kann weitgehend verändert werden. Die Melodie ist eine Gestalt mit einer ihr eigenen Dynamik, die nicht aus der Betrachtung ihrer einzelnen Elemente erkennbar wird. Als Leitprinzip der Gestaltpsychologie entstand der Satz: *Eine Gestalt besteht aus mehr als der einfachen Summe der Einzelelemente.* Hiermit war der Forschungsbereich der Gestaltpsychologie festgelegt: Die Theorie erlaubt nur die Beschreibung von Gestalten als Ganzheiten und schreibt eine nativistische und phänomenologische Betrachtung vor.
Wenn man die Beobachtung der Gestaltpsychologen über die Attribute von Gestalten auch nicht bestreiten konnte, so waren einige Wissenschaftler doch keineswegs mit der zugrundeliegenden nativistischen Annahme zufrieden. Hebb (1949) entwickelte eine alternative Betrachtungsweise, die er als *neurophysiologische Theorie der Wahrnehmung* bezeichnete. Statt einen bereits festgelegten Prozeß der Wahrnehmung zu postulieren, wie die Gestaltpsychologie es tat, nahm Hebb an, daß die Zusammenhänge und die Dynamik der Wahrnehmung aufgrund von Erfahrungen des Wahrnehmenden entstehen. Angeboren ist nach Hebb nur die Fähigkeit, differenzierte Objekte im visuellen und akustischen Reizangebot zu erkennen. Solche Objekte besitzen lediglich die Qualität der *primitiven Einheit* (primitive unity). Die Aktivität dieser Grundfähigkeit führt zu zwei weiteren Wahrnehmungselementen durch die wiederholte Erfahrung mit visueller und akustischer Reihung: *Nichtsinnliche Einheit* und *Identität*. Mit dem Begriff ›nichtsinnliche Einheit‹ wollte Hebb die durch Erfahrung geprägten Erscheinungsweisen von wahrgenommenen Objekten und die Verbindung zwischen Objekten in der Wahrnehmung beschreiben. Die Dynamik der Wahrnehmung entsteht seiner Meinung nach aufgrund von Erfahrungen mit der Umwelt. Die letztgenannte Eigenschaft der Wahrnehmung, ›Identität‹, kennzeichnet die Fähigkeit des Wiedererkennens von Objekten sowie der Verarbeitung neuer Information aus vorausgegangener Erfahrung.
Charakteristisch für Hebbs Wahrnehmungstheorie sind seine Annahmen über die neurophysiologischen Vorgänge bei der Entwicklung der Wahrnehmungskapazität. Die Annahme einer Synapsenbildung bei aufeinanderfolgenden Reizen wurde den autochthonen

(von selbst wirkenden) Feldkräften der Gestaltpsychologie gegenübergestellt. Im Grunde sind solche theoretischen Postulate für uns ohne unmittelbare Relevanz, da sie den Prozeß des Lernens oder des Vollziehens der Gestalt in neurophysiologischer Hinsicht beschreiben und deshalb außerhalb der Grenzen der Wahrnehmungspsychologie liegen. Eine sehr umsichtige Darstellung dieser Auseinandersetzung ist bei Pribram (1971, Kapitel 6) zu finden. Ferner ist ein Referat von Greenough (1975) zu empfehlen, das die modernen Kenntnisse der Neurophysiologie über den Prozeß des Lernens widerspiegelt.

Bei dem hier darzustellenden Modell legen wir gewisse Annahmen der beiden erörterten theoretischen Richtungen zugrunde. Mit der phänomenologischen Methode erfassen wir die Wahrnehmungsvorgänge und beschreiben die Wahrnehmungserlebnisse. *Die nativistische Anschauung* lehnen wir indessen weitgehend ab; sie ist auch keine Voraussetzung für die Anwendung dieser Methode. Man kann die Methoden der Gestaltschule bei der Beschreibung von Wahrnehmungen anwenden, ohne die Annahme angeborener Abläufe von Wahrnehmungsprozessen zu übernehmen. Sicherlich sind mehrere Aspekte der Wahrnehmung auf angeboren Fähigkeiten zurückführbar, jedoch nicht alle Leistungen. Wir gehen von der Annahme aus, daß ein vollzogenes Perzept überwiegend durch erfahrungsbedingte Elemente bestimmt ist. Dafür dürfen die systembedingten Fähigkeiten nicht vergessen werden, die von der Natur bestimmt – also angeboren – sind. Die einfache Reizdiskrimination erfolgt gewissermaßen aufgrund der Systemfähigkeiten und die Steuerung des Systems aufgrund der Erfahrungen des Wahrnehmenden. Das Wiedererkennen und das Deuten von Reizen sind erlernt, während die Aufnahme des Reizes eine angeborene Fähigkeit ist. Die Reizselektion wiederum ist erfahrungsbedingt. Die Verarbeitung im System besteht unserer Meinung nach sowohl aus angeborenen als auch aus erlernten Elementen.

Man findet noch heute vereinzelt in der Wahrnehmungspsychologie Anschauungen rein nativistischer und rein empiristischer Art. Die meisten Wahrnehmungspsychologen bevorzugen aber einen Zwischenweg, ähnlich wie in der folgenden Darstellung des Wahrnehmungsprozesses, der sich in dieser Hinsicht eng an der Auffassung Gibsons (1966) orientiert. Als Beispiel für eine nativistische Auffassung kann das Buch von Rock (1975) dienen, während Haber & Hershenson (1973) weitgehend empiristische Annahmen zugrundelegen.

1.2.2 Wahrnehmung als aktiver Prozeß

Als grundlegende Annahme wollen wir bei unserer Betrachtung des Wahrnehmungsvorganges die Zielgerichtetheit des Prozesses voraussetzen. Damit meinen wir, daß die menschliche Wahrnehmung als ein gesteuerter, dynamischer Prozeß der Reizverarbeitung angesehen werden muß. Vor allem soll die Aktivität des Wahrnehmenden im Prozeß hervorgehoben werden. Es ist nicht so, daß Informationen aus der Umwelt dem Wahrnehmenden aufgezwungen werden; wir stellen vielmehr eine aktive Suche nach Informationen fest. Zweifellos gibt es Reize, die bestimmte Eigenschaften (wie besonders hohe Intensität) aufweisen und sich deswegen dem Beobachter »aufdrängen«, aber in der Regel bestimmen die spezifischen Erfahrungen einer Person, welche Reize aufgenommen werden. Da unser Kontakt zur Umwelt über die Wahrnehmung hergestellt wird, müssen wir die für uns wichtigen Aspekte der Umwelt aktiv heraussuchen.

Diese These kann durch zahlreiche Experimente empirisch unterstützt werden. In einem frühen Versuch von Sanford (1937) wurde eine Reihe visueller Reize dargeboten, die in verschiedener Weise interpretiert werden konnten, also keine eindeutigen Abbildungen spezifischer Objekte waren. In einer Gruppe von Versuchspersonen, die seit mehreren Stunden nichts gegessen hatten, fand man häufig Beschreibungen der Reize, die etwas »Eßbares« bedeuteten. Die Auffassung, daß Motivationszustände oder andere Eigenschaf-

ten der Bedürfnissysteme einer Person Einfluß auf ihre Wahrnehmung ausüben können, ist eine grundlegende Voraussetzung verschiedener Testverfahren (Projektive Tests) in der klinischen Psychologie.
In der allgemeinen Psychologie haben die Tendenzen von Beobachtern, ihre Wahrnehmungen durch eigene Bedürfnisse steuern zu lassen, schwierige Probleme aufgeworfen. Rosenthal (1966) und Rosenthal und Rosnow (1969) weisen auf zahlreiche Beispiele hin, bei denen der Ausgang eines Experiments durch die Voreingenommenheit des Versuchsleiters beeinflußt wurde. Durch seine Erwartungen übte der Versuchsleiter einen Einfluß auf die Reaktionsweisen sowohl von Versuchspersonen als auch von Versuchstieren aus und nahm den Versuchsablauf unbewußt im Sinne seiner eigenen Hypothese wahr.
Gerade bei der Selektion von Reizen aus dem Umweltangebot findet man Hinweise auf die Steuerung des Wahrnehmungsprozesses. Atkinson & Walker (1956) testeten eine Gruppe von 93 Studenten auf ihre Tendenz zur Aufgeschlossenheit in der Beziehung zum Mitmenschen. Aufgrund der Ergebnisse wurde die Gruppe in zwei Untergruppen aufgeteilt. Eine Untergruppe bestand aus Studenten mit hohen Testwerten, d. h. mit starker mitmenschlicher Orientierung, während diese Tendenz bei der zweiten Untergruppe weniger ausgeprägt war. Nach der Aufteilung wurden allen Studenten vier Bilder gezeigt. Die vier Abbildungen wurden in den Quadranten eines durch einen senkrechten und einen waagerechten Strich geteilten Vierecks dargeboten; die Studenten fixierten den Schnittpunkt der beiden Striche in der Viereckmitte. Die Darbietungszeit war sehr kurz und erlaubte kein genaues Erkennen der Bilder. Eine der Abbildungen zeigte stets ein menschliches Gesicht. Die Studenten sollten jedesmal denjenigen unter den vier Quadranten auswählen, der sich nach ihrer Meinung am meisten hervorhob. Natürlich kannten die Studenten nicht die Versuchsanordnung, nach der immer frei unbelebte Figuren und ein Gesicht zu sehen waren. Das Ergebnis zeigte, daß die Studenten mit einem höheren Wert im Vortest (größere mitmenschliche Orientierung) etwa zweimal so oft den Quadranten wählten, in dem das Gesicht enthalten war, als die Personen in der anderen Untergruppe.
Als letztes Beispiel für eine aktive und zielgerichtete Wahrnehmung ist das von Moray (1970) beschriebene »cocktail party phenomenon« zu nennen. Befindet man sich auf einer großen Party in einer Unterhaltung, achtet man nicht auf andere Gespräche, die um einen herum geführt werden. Sollte jedoch unerwartet der eigene Name in einer dieser Unterhaltungen vorkommen, so schaltet sich die Aufmerksamkeit sofort in den weiteren Gesprächsverlauf ein, obwohl man dem Betreffenden vorher nicht bewußt zugehört hat.

1.2.3 Rückkoppelungssysteme bei der Wahrnehmung

Bei der Beschreibung der Wahrnehmung ist man oft geneigt, nur auf das Sensorische zu achten. Das heißt, es wird nur die von außen kommende *afferente* Reizung und ihre Verarbeitung beschrieben. Ein ebenso wichtiges Element des Prozesses ist indessen die Reaktion des Systems mit den darauffolgenden Handlungen, die wir als *efferente* Reizung bezeichnen. Dabei denken wir an die Information, die aus der Reaktion auf einen Reiz oder auf die Veränderungen des Systems durch die afferente Reizverarbeitung resultiert.
Bereits 1899 wies Münsterberg in seiner *Efferenztheorie* auf diese Seite des Wahrnehmungsprozesses hin. Die Theorie wurde neuerdings von Festinger et al. (1967) aufgegriffen. Dabei wird ein Rückkoppelungssystem angenommen, das bei der Verarbeitung eines Reizes eine motorische Steuerung bewirkt, die dann Einfluß auf die nächste sensorische Reizung ausübt. Zum Teil sind diese Reaktionen im System eingebaut, gehören also

zur Systemfähigkeit, teilweise entstehen sie aufgrund der Erfahrung. Ranke (1956) beschreibt mehrere solcher Vorgänge, die angeboren sind. Zum Beispiel werden die komplizierten Prozesse der Regelung des optischen Systems bei Einwirkung verschiedener Lichtstärken beschrieben. Bei Variation der Intensität führt das System eine Reihe von Regelungsvorgängen durch, die summarisch als Hell- und Dunkeladaptation bezeichnet werden. Dabei stellt sich das visuelle System kontinuierlich auf die Veränderung der Lichtintensität ein und behält durch ein Rückkoppelungssystem einen passenden Adaptationszustand bei.
Solche Regelungs- und Rückkoppelungssysteme bedingen die Reizaufnahme in verschiedener Weise. So wird zum Beispiel die Aufmerksamkeit auf ein bestimmtes Objekt gelenkt und dadurch das Eindringen anderer Störreize verhindert. Der bekannte Versuch von Hernandez-Peon et al. (1956) scheint, obwohl andere Interpretationen möglich sind (vgl. Horn 1965), auf diese Abschaltmöglichkeit hinzuweisen. Man hat die elektrischen Potentiale aus dem Nucleus der Cochlea im Gehirn einer Katze gemessen, während ein akustisches Klicken dargeboten wurde. War ein visueller Reiz von größerer Bedeutsamkeit für die Katze, etwa eine Maus, so traten keine weiteren Potentiale auf, obwohl das Klicken nicht unterbrochen wurde. Dem Anschein nach bestehen hier Regelungssysteme, die die Reizaufnahme blockieren oder aber auch intensivieren können.
Sehr interessante Ergebnisse erhält man bei der Darbietung mehrerer Reize, die von den Rückkoppelungssystemen abweichende Informationen liefern. Gibson (1933) ließ Versuchspersonen durch eine Spezialbrille ein Lineal betrachten. Die Brille ließ das Lineal gekrümmt erscheinen. Mit geschlossenen Augen konnten die Versuchspersonen sich von der Gradlinigkeit des Lineals überzeugen, indem sie es mit den Händen abtasteten. Geschah das Abtasten mit offenen Augen, so entstand der zwingende Eindruck gekrümmter Kanten. Danach hat das visuelle Rückkoppelungssystem Einfluß auf die Aufnahme und Verarbeitung taktiler Reize und verändert die Meldungen des taktilen Systems.

1.2.4 Ein psychologisches Modell der Wahrnehmung

In unserem Modell, das die Wahrnehmungsvorgänge beschreiben soll, machen wir folgende Annahmen:

1. Bestimmte Wahrnehmungsfähigkeiten zur Reizaufnahme und Reizdiskrimination sind angeboren.
2. Wahrnehmungen im Sinne eines *Perzepts* sind komplizierte Endprodukte des Wahrnehmungsprozesses und können ohne Verluste des dynamischen Charakters der Wahrnehmung nicht in einzelne Elemente zerlegt werden.
3. Höhere Wahrnehmungsleistungen wie das Erkennen und Kategorisieren von Objekten sind erfahrungsbedingt.
4. Die Wahrnehmung weist einen dynamischen Charakter auf. Sie ist aktiv und zielgerichtet. Daher darf man den Prozeß keinesfalls als passive Reaktion auf das Einwirken der Umweltreizung ansehen.
5. Der Prozeß der Wahrnehmung wird von mehreren Regelungsvorgängen und Rückkoppelungsschleifen gesteuert, durch die bestimmte Reize besonders betont, andere mehr oder weniger unterdrückt werden.
6. Die Wahrnehmung besteht nicht nur aus der Verarbeitung afferenter Reizung, sondern enthält auch efferente Bestandteile.

Eine schematische Darstellung des Wahrnehmungsmodells ist in Abbildung 1.1 zu finden. Zunächst wollen wir eine allgemeine Beschreibung des Modells vornehmen und anschließend die einzelnen Komponenten genauer betrachten.

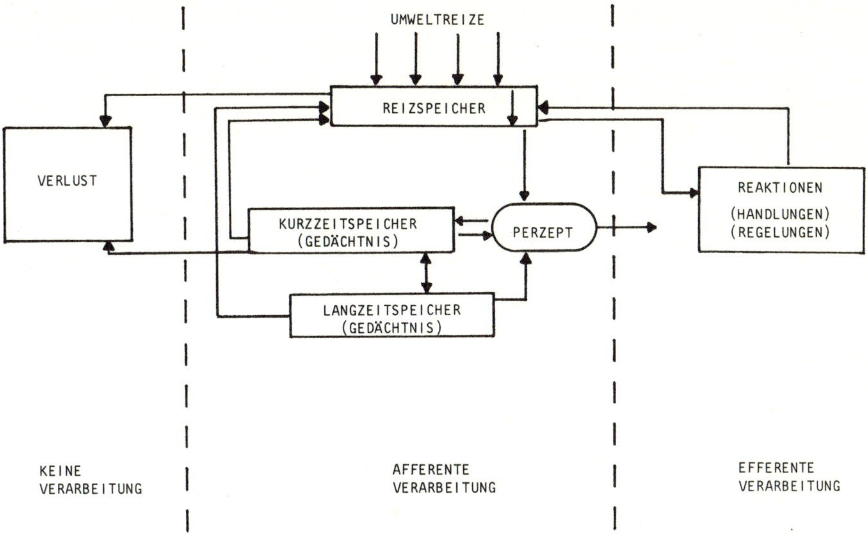

Abb. 1.1 Ein Modell des Wahrnehmungsprozesses.

In dem Modell gibt es drei Verarbeitungsmöglichkeiten. Nehmen wir zuerst die afferente Verarbeitung. Aus dem Angebot der Umweltreize wird eine begrenzte Anzahl von Reizen selektiert, die in den *Reizspeicher* aufgenommen werden. Hier erfolgt eine Übersetzung der physikalischen Vorlage in die »Sprache« der Wahrnehmungssysteme. Übersetzung heißt zugleich Aufnahme wie auch Verarbeitung, da die Grenzen der Systemfähigkeit hierbei eine Rolle spielen. Das heißt, der Reiz kann nur nach Maßgabe der Kapazität und Fähigkeit des Systems gespeichert werden. Nach der Aufnahme in den Reizspeicher wird der Reiz zu einer Informationsquelle für Gegebenheiten in der Umwelt. Dabei bestehen drei Möglichkeiten der Weiterverarbeitung. Entweder wird die Informationsquelle zur Bildung eines Perzepts herangezogen oder sie wird nicht weiter verarbeitet, also aus dem System »verstoßen«; sie kann aber auch bestimmte Reaktionen unmittelbar auslösen, vor allem Regelungsvorgänge, die keine weitere Verarbeitung im afferenten System benötigen.

Den Kern des Wahrnehmungsprozesses bildet das *Perzept*. Es stellt das eigentliche Wahrnehmungserlebnis dar, das sich aus dem Zusammentreffen von Information aus dem *Reizspeicher*, dem *Kurzzeitspeicher* und dem *Langzeitspeicher* ergibt. Mit dem Wahrnehmungserlebnis meinen wir das Erkennen, die Deutung und das Verstehen eines Objektes, das als in der Umwelt lokalisiert erlebt wird. Es muß allerdings darauf hingewiesen werden, daß sich ein Perzept aus von außen aufgenommenen und im System gespeicherten Informationen zusammensetzt. Wahrnehmen ist also ein komplexer Prozeß und besteht nicht nur aus der unmittelbaren Aufnahme einer Umweltreizung.

Im Kurzzeitspeicher befinden sich solche Informationen, die gerade als Perzepte verarbeitet und vorübergehend im Speicher festgehalten werden, sowie andere, die ohne unmittelbaren Einfluß des Reizspeichers aus dem Langzeitspeicher entnommen sind. Jedes Perzept wird vorübergehend im Kurzzeitspeicher festgehalten und kann von dort aus dem System »verstoßen« oder vom Langzeitspeicher aufgenommen werden. Das heißt, daß jedes Element des Kurzzeit- und des Langzeitspeichers einmal als Perzept verarbeitet wurde. Natürlich kann ein Perzept auch ohne spezifische Information aus dem Kurzzeit- oder Langzeitspeicher entstehen, etwa bei der Aufnahme neuer Reize. Wird ein Perzept aber einmal in den Langzeitspeicher aufgenommen, so ist es permanent gespeichert und kann nicht verloren gehen. Wie wir im Laufe der Diskussion sehen werden, kann lediglich seine Zugänglichkeit vermindert werden. Ebenso nehmen wir an, daß jedes Perzept in den Kurzzeitspeicher aufgenommen, aber nicht unbedingt an den Langzeitspeicher weitergeleitet wird. Das bedeutet, daß der Verlust eines vollzogenen Perzepts möglich ist.

Wir müssen hier auch auf die Möglichkeit von *Gedächtnisbildern* hinweisen, also Wahrnehmungen ohne Information aus dem Reizspeicher. Zu solchen Bildern werden Halluzinationen, Träume usw. gezählt, die nach unserem Modell im Kurzzeitspeicher aufgrund einer Verbindung von Information aus dem Langzeit- und dem Kurzzeitspeicher entstehen.

Weitere Verarbeitungen im afferenten Teil dienen der Steuerung, der Zielgerichtetheit und der Rückkoppelungsmöglichkeit. So üben zum Beispiel Kurzzeit- und Langzeitspeicher einen Einfluß auf den Reizspeicher aus und dirigieren damit die Aufnahme der Reize aus dem Angebot der Umwelt. Solche Steuerungen gehen ebenfalls bei den Reaktionen im efferenten Teil vor sich. Obwohl der Reizspeicher von verschiedenen Komponenten gesteuert werden kann, sind seine Fähigkeiten und Grenzen im System festgelegt. Diese sind angeborene Aspekte der Wahrnehmung, die also nicht durch Erfahrung verändert werden können. Natürlich treten in diesem Zusammenhang mehrere Regelungsvorgänge auf, die aus dem Zusammenspiel afferenter und efferenter Reizung entstehen. Bei allen anderen Elementen des Systems hängen die Inhalte und Fähigkeiten vom Zusammenwirken angeborener Eigenschaften des Reizspeichers und den erfahrungsabhängigen Informationsquellen ab.

Zur Demonstration des Modells beschreiben wir die Wahrnehmung der einfachen Figur aus Abbildung 1.2.

Abb. 1.2 Zweideutige Reizkonfiguration.

Zunächst wird im Reizspeicher ein Lichtmuster aufgenommen, das sich aus mehreren hellen und dunklen Stellen zusammensetzt. Das Muster löst zunächst gewisse Regelungsvorgänge aus. Zum Beispiel verkleinert sich die Pupille, wenn das Bild unter starkem Licht betrachtet wird. In Abhängigkeit von der Entfernung verändert sich weiter die Form der Linse. Eine ganze Reihe solcher Vorgänge vollzieht sich.

Aufgrund der physikalischen Eigenschaften des Musters werden bestimmte Quellen des Langzeitspeichers abgesucht, um alle zugänglichen Informationen über diese Eigenschaften herauszuholen. Aus dem Kurzzeitspeicher kommen gerade gespeicherte Informationen oder vorangegangene Perzepte. Wurde zum Beispiel als akustisches Perzept der Satz »Schau auf das Bild einer Ente« wahrgenommen, so würde diese Information einen Einfluß auf die Gestaltung des Perzepts haben. Das bereits vorangegangene Perzept würde auch dazu dienen, bestimmte Arten von Informationen aus dem Langzeitspeicher zu holen – zum Beispiel die gespeicherte Information zum Thema »Ente«. Schaut man jetzt von dem Bild weg, so wird dieses Perzept vorübergehend als eine visuelle Vorstellung im Kurzzeitspeicher festgehalten. Daraufhin wird beispielsweise nochmals ein akustisches Perzept realisiert, das die sprachlichen Elemente des Langzeitspeichers in Anspruch nimmt wie etwa: »Schau noch mal auf das Bild, es könnte auch ein Häschen sein«. Abermals wird ein Perzept entstehen, das diesmal jedoch zur Wahrnehmung eines Häschens führt. Die Informationsquelle des Reizspeichers ist dabei konstant geblieben, während die Information aus dem Kurzzeit- und dem Langzeitspeicher verändert wurde. Da man jetzt zu allen diesen Informationen Zugang hat, kann man nach Belieben beide Wahrnehmungen vollziehen. Natürlich verarbeitet man bei diesem Vorgang bestimmte Informationen über Enten und Hasen, die es ermöglichen, das Bild als Strichbild zu erkennen und nicht als konkrete Tierfigur. Wahrscheinlich wird auch bei einer späteren Darbietung des Bildes dessen Zweideutigkeit sofort erkannt.

Obwohl wir noch öfter auf einzelne Komponenten des Modells zurückkommen werden, sind jetzt einige Bemerkungen zum Aufbau des Modells angebracht. Zunächst soll nochmals betont werden, daß es sich hier um ein psychologisches Modell handelt. Damit steht fest, daß wir nicht den physiologischen Aufbau des Gehirns, sondern Funktionen unter dem Gesichtspunkt der Wahrnehmungspsychologie beschreiben.

Reizspeicher: Die Hauptfunktion des Reizspeichers ist die Übersetzung eines Umweltreizes in eine Verarbeitungsform für die visuellen und akustischen Systeme. Zahlreiche Experimente haben gezeigt, daß die Übersetzung im Sinne einer kurz andauernden Abbildung der physikalischen Reizvorlage als sensorisches Muster geschieht. Dabei muß bemerkt werden, daß diese Abbildung weniger als Abbild des Reizes angesehen werden kann, sondern vielmehr als eine Anzahl physikalischer Eigenschaften. Das Bildhafte entsteht erst nach Vollziehen eines Perzepts.

Nach dem Vorschlag von Neisser (1967) wird ein solches Muster *Icon* genannt. Nach unserem Modell entsteht bei der Darbietung eines Reizes eine sensorische Abbildung entsprechend den Fähigkeiten und Kapazitäten der Wahrnehmungssysteme, die von den einwirkenden Reizen angesprochen werden. Die Elemente des Musters, also die darin enthaltenen Repräsentationen physikalischer Eigenschaften, müssen innerhalb eines bestimmten Zeitintervalls zur Bildung eines Perzepts verwendet worden sein, bevor das Icon zerfällt und nicht mehr verfügbar ist.

Die Frage nach der Dauer des Icons – also der Zeit, in der die Information aus der sensorischen Abbildung noch weiter verarbeitet werden kann – löste eine heftige Diskussion aus und führte zu manchen interessanten Untersuchungen. Wahrscheinlich waren die Versuche von Eriksen und Collins (1967, 1968) ausschlaggebend für die Beantwortung der Frage nach der Icon-Dauer. In einem *Tachistoskop* wurde ein Punktmuster kurzzeitig dargeboten, das dem Anschein nach nur aus zufällig verteilten Punkten bestand. Man konnte auch bei längerer Betrachtung kein sinnvolles Muster erkennen. Nach einer bestimmten Zeitspanne wurde ein zweites ähnliches Muster dargeboten, das offensichtlich auch aus zufallsverteilten Punkten bestand. Wurden die beiden Muster jedoch simultan und aufeinander abgestimmt dargeboten, so entstand ein Wort aus drei lesbaren Buchstaben. Das Intervall zwischen der Darbietung des ersten Musters und des zweiten Musters wurde im Versuch variiert. Ein typisches Ergebnis solcher Versuche ist in Abbildung 1.3 zu finden.

Wie aus der Abbildung zu erkennen ist, konnten die Beobachter das Wort bei einem Intervall bis zu 25 msek zwischen den Mustern fast immer erkennen. Die Erkennungsleistungen ließen bis etwa 300 msek nach und waren dann nicht besser als zufälliges Raten. Nach diesen und anderen Beobachtungen (Haber, 1971) nimmt man an, daß das Icon bis zu einer Zeit von etwa 50–100 msek in fast allen Details vollständig erhalten bleibt. Anschließend beginnt ein Zerfallprozeß, der bis etwa 250–300 msek anhält, danach ist das Icon völlig erloschen.

Man kann die Frage nach der Dauer des Icons aber auch von einer anderen Seite betrachten, nämlich als Frage nach der zur Perzeptbildung minimal notwendigen Darbie-

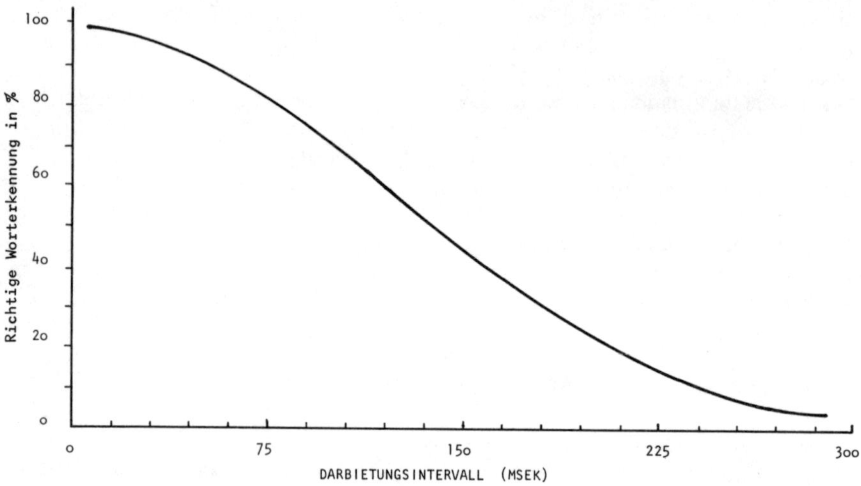

Abb. 1.3 Erkennungsleistung bei der Darbietung zweier Punktmuster als eine Funktion des Intervalls zwischen den beiden Mustern (Eriksen und Collins, 1967).

tungszeit eines Reizes. Haber & Nathanson (1968) zeigten diese Zusammenhänge in einem einfachen Demonstrationsversuch. Es wurden einfache Strichfiguren bekannter Objekte durch einen kleinen Schlitz von 1 mm Breite und 40 mm Höhe gezeigt. Während die Versuchspersonen den Schlitz aus 60 cm Entfernung betrachteten, wurde das Bild hinter dem Schlitz vorbeigezogen und die Beobachter versuchten jeweils, das dargestellte Objekt zu identifizieren. Die Genauigkeit des Erkennens hing von der Geschwindigkeit des Vorbeiziehens ab. Die Beobachter waren in der Lage, das Bild zu erkennen, wenn es innerhalb von 250 msek ganz vorbeigezogen wurde. Wenn nicht alle Elemente des Bildes innerhalb von 250 msek dargeboten wurden, waren die Beobachter auch nicht in der Lage, ein Perzept zu bilden. Man erkennt die Übereinstimmung mit den Daten von Eriksen und Collins, die für die Dauer des Icons eine Viertelsekunde angeben.

Bisher haben wir nur von der oberen Grenze der Icon-Dauer gesprochen. Haber & Standing (1970) versuchten, auch die untere Grenze festzustellen, indem sie die subjektive Dauer eines visuellen Reizes mit der objektiven Dauer verglichen. Zu diesem Zweck wurde ein Lichtreiz kurz dargeboten und ein zeitlich variabler Ton gegeben. Die Aufgabe der Versuchsperson bestand darin, den Ton so einzustellen, daß er bei wiederholter Darbietung synchron mit dem Aufleuchten des Lichtes ertönte. Danach sollte ein zweiter Ton ebenfalls so eingestellt werden, daß er genau mit dem Zeitpunkt des Lichtausgehens einsetzte. Das Zeitintervall zwischen den beiden Tönen ergab eine Messung der subjektiven Dauer des Lichtes. Objektiv wurden zehn Darbietungszeiten des Lichtes in Zufallsfolge vorgegeben. Die Ergebnisse sind aus Abbildung 1.4 zu erkennen.

Bei einer objektiven Darbietungszeit zwischen 10 und etwa 200 msek nahmen die Beobachter die Dauer des Lichtes konstant mit etwa 200 msek. wahr. Bei längerer Darbietung waren sie weitgehend in der Lage, die objektive Dauer zu erkennen.

Wenn ein Reiz überhaupt in den Reizspeicher aufgenommen wird, so wird er für etwa 200–250 msek festgehalten, auch wenn die tatsächliche Darbietungszeit weit unter dieser Zeit liegt. Die Dauer des Reizes im Reizspeicher beträgt damit mindestens etwa 250 msek, unabhängig von seiner tatsächlichen Dauer.

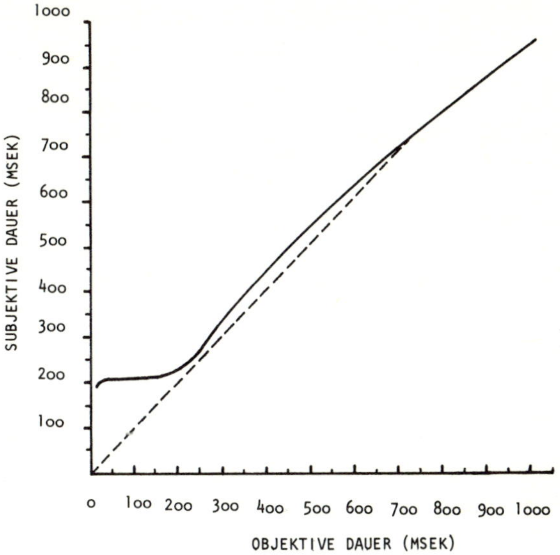

Abb. 1.4 Die subjektive Dauer (durchgezogene Linie) eines Lichtblitzes als Funktion der objektiven Dauer (unterbrochene Linie) (Haber und Standing, 1970).

Obwohl die obengenannten Werte mit geringen Abweichungen bei den meisten Beobachtern gefunden wurden, gibt es gelegentlich Versuchspersonen, die ein Icon über längere Zeit ausdehnen können. In der Geschichte der Wahrnehmungspsychologie erhielten sie den Namen *Eidetiker* (Jaensch 1925, Kluever 1928). Man kann keine genaue Aussagen über die Dauer eines Icons bei den Eidetikern machen, nach den Ergebnissen von Stromeyer (1970) müssen es mehrere Stunden sein. Mit einer technischen Variante des Verfahrens von Eriksen & Collins (1967) bot man dem einen Auge eines Eidetikers ein Zufallspunktmuster dar und nach bestimmten Zeitintervallen dem anderen Auge ein zweites Muster. Die Muster waren so angelegt, daß bei gleichzeitiger Darbietung für beide Augen ein dreidimensionales Gebilde entstand (für die weitere Beschreibung des Verfahrens siehe Abschnitt 5.1.1). Stromeyer fand, daß seine Versuchsperson nach einem Zeitintervall von drei Stunden zwischen der Darbietung des ersten und des zweiten Musters noch ein dreidimensionales Bild erkennen konnte. Solche Fälle sind jedoch sehr ungewöhnlich und lassen eigentlich nur den Schluß zu, daß es sehr große Abweichungen bezüglich der Dauer eines Icons geben kann.

Daß es sich bei dem Icon um eine Abbildung handelt, wird aus einigen Untersuchungen zur Reizvariation sichtbar. Sperling (1960) variierte die Dauer eines visuellen Reizes und nahm Messungen der Dauer des Icons vor. Dabei fand er nach einer Mindestdarbietungszeit von 15 msek keine Abhängigkeit der Stärke oder der Dauer des Icons von der Reizdauer. Es scheint also ein Alles-oder-Nichts-Prinzip zu wirken, nach dem das Bild entweder vollständig oder überhaupt nicht aufgenommen wird. Ein Sammelreferat von Dick (1974) verweist auf eine Reihe von Untersuchungen, die diese Annahme unterstützen.

Weitere Untersuchungen über die Elemente des Reizspeichers und die darin entstehenden Icone weisen darauf hin, daß die Gestaltung der Icone nicht als eine erlernte Fähigkeit angesehen werden kann. In einer vielfältigen Versuchsreihe zeigte Mewhort (1967), daß man die Vertrautheit des Reizes variieren kann, ohne daß die Dauer des Icons beeinflußt wird. Offenbar hat die Erfahrung des Beobachters hier keinen Einfluß, ganz im Gegensatz zu den meisten Lernversuchen, bei denen eine Zunahme der Dauerhaftigkeit bei bekannten Reizen zu finden ist.

Kurzzeitspeicher: In unserem Modell dient der Kurzzeitspeicher als Aufbewahrungsort für vollzogene Perzepte und als Schaltstelle für die Weiterleitung verarbeiteter Perzepte zum Langzeitspeicher. Der Unterschied zwischen dem Erlebnis des gerade Geschehenen und dem Erleben einer unmittelbaren Vergangenheit entsteht aus dem Übergang vom Perzept zum Kurzzeitspeicher.

Der Kurzzeitspeicher beeinflußt die Bildung eines Perzepts durch die Zugänglichkeit gerade aufgenommener Information. Wenn zum Beispiel im Kurzzeitspeicher der Hinweis gebraucht wird, daß die Abbildung 1.2 als eine Ente aufgefaßt werden könnte, so übt diese Information einen Einfluß auf die Gestaltung der Wahrnehmung aus. Clark et al. (1973) zeigten, daß die Umwandlung dieser Abbildung zur Wahrnehmung eines Häschens nicht im Kurzzeitspeicher erfolgen kann. Wurde das Bild weggenommen und der Hinweis gegeben, es hätte sich bei der Vorlage um ein Häschen handeln können, dann waren die Beobachter nicht in der Lage, diese Umgestaltung aufgrund visueller Vorstellung zu vollziehen. Das Bild mußte nochmals dargeboten werden, erst dann war eine Umgestaltung möglich. Es mußte also ein neues Perzept hergestellt werden.

Es bestehen also Grenzen für die Verarbeitung der in den Kurzzeitspeicher aufgenommene Information. Auch die Menge der im Kurzzeitspeicher zu haltenden Informationen ist begrenzt. Frühere Schätzungen kamen auf eine Menge von sieben Einheiten (Müller & Schumann 1894), die gleichzeitig im Kurzzeitspeicher festgehalten werden können. Miller (1956) sprach von der »magischen Zahl Sieben«. Diese Zahl wurde aufgrund der Darbietung von Zahlen und Buchstaben in Zufallsreihenfolge ermittelt. Die Versuchsperson bemühte sich, aus einer Reihe dargebotener Items soviele wie möglich wiederzugeben. Im Durchschnitt waren die Versuchspersonen in der Lage, etwa sieben Zahlen gleichzeitig im Speicher festzuhalten. Neuere Arbeiten haben jedoch ergeben, daß es sich wahrscheinlich nur um fünf handeln kann, da man bei den Untersuchungen von Miller nicht berücksichtigt hat, daß einige Einheiten noch direkt aus dem Reizspeicher entnommen werden können. Zu diesem Ergebnis kam man aufgrund mehrerer Beobachtungen: Fast alle Beobachter reproduzierten zuerst die ersten beiden der genannten Zahlen oder Buchstaben. Danach haben sie offenbar noch genügend Zeit, um zwei weitere Einheiten aus dem Reizspeicher zu holen, ehe sie zerfallen. Das zeigt sich deutlich bei einer Verzögerung der Reaktion des Beobachters. Wenn man nach der Darbietung der Reize einige Sekunden bis zur Wiedergabe wartet, verringert sich die Anzahl der behaltenen Items. Wahrscheinlich gehen die letzten beiden Einheiten verloren, da der Kurzzeitspeicher mit fünf voll besetzt ist (Murdock 1962, 1965).

Der Kurzzeitspeicher hat auch Zeitgrenzen. Wenn keine neue Information aufgenommen werden muß, kann man die Information durch Wiederholung theoretisch unbegrenzt halten. Will man sich zum Beispiel für kurze Zeit eine Telefonnummer merken, wiederholt man in Gedanken die Zahl und versucht gleichzeitig, neue Information vom Reizspeicher und aus dem Langzeitspeicher fernzuhalten. Wenn jedoch neue Information zugeführt wird, die die Kapazität des Kurzzeitspeichers in Anspruch nimmt ohne ihn voll auszulasten, dann scheint die Zeitgrenze zwischen 10 und 20 Sekunden zu liegen. Peterson & Peterson (1959) instruierten ihre Versuchspersonen, sich mehrere Buchstaben zu merken und dann in Dreierschritten von einhundert rückwärts zu zählen. Bei der Probe, wieviel Buchstaben nach 20 Sekunden noch genannt werden konnten, stellten sie fast immer einen vollständigen Informationsverlust fest. Da solche Aufgaben nur teilweise den Kurzzeitspeicher beanspruchen (Posner & Rossmann 1965), müssen diese Versuche äußerst kritisch betrachtet werden.

Zur Bestimmung der Zeitgrenze kann man auch auf eine andere Weise kommen, und zwar durch Analyse des Verlaufs einer *retrograden Amnesie* nach einem Unfall. Wenn keine anhaltenden Hirnschäden vorliegen, erstreckt sich die Amnesie zunächst über längere Zeit – möglicherweise über mehrere Jahre vor dem Unfall –, baut sich aber eventuell in zeitlich umgekehrter Folge ab. Das heißt, man gewinnt zuerst die Erinnerungen zurück, die am weitesten vor dem schädigenden Ereignis liegen, während die Erinnerungen aus der Zeit kurz vor dem Unfall als letzte wiederkommen. Innerhalb weniger Tage schrumpft die Amnesiezeit auf etwa 10 bis 20 Sekunden vor dem Unfall zusammen. Vorkommnisse innerhalb dieser Zeit sind für immer verloren. Es ist anzunehmen, daß diese Information zur Zeit des Unfalls noch im Kurzzeitspeicher war und nicht mehr in den Langzeitspeicher überführt wurde. Ähnliche Zeitwerte ermittelten auch Chorover & Schiller (1965) mit einer experimentell induzierten Amnesie bei Ratten.

Langzeitspeicher: Obwohl dem Langzeitspeicher bei der Wahrnehmung eine bedeutende Rolle zukommt, gehört seine Beschreibung zum Themenkreis der Denkpsychologie und Gedächtnisforschung. Hier ist nur zu sagen, daß jegliche Information aus der Geschichte des Individuums und damit aus dem Langzeitspeicher einen Einfluß auf den Wahrnehmungsprozeß ausüben kann. Mehrere Aspekte des Problems werden in Teil V des Buches diskutiert. Als Beispiel für diesen Einfluß soll ein Versuch von Harper (1953) dienen. Er ließ Versuchspersonen einen *Farbmischer* einstellen, vor dem ein farbiges Objekt zu sehen war. Bei jeder Darbietung sollten sie exakt die Farbe des Objektes nachmischen und zwar so lange, bis das Objekt mit dem farbigen Hintergrund des Mischers verschmolz. Bei dieser Anordnung wurden mehrere Vorlagen benutzt, die entweder einfache geometrische Formen oder spezifische Objekte darstellten. Bei den letzteren handelt es sich um Gegenstände, die immer mit einer spezifischen Farbe vorkommen wie etwa ein Apfel. Harper fand, daß die Beobachter beispielsweise mehr Rot benutzten, um den farbigen Apfel nachzumischen, als bei irgendeiner nicht spezifischen Form, obwohl beide Objekte die gleiche rötliche Farbe aufwiesen. Diese Modifikation des Perzepts muß auf den Einfluß des Langzeitspeichers zurückgeführt werden und zwar auf die Erfahrung des Individuums mit roten Äpfeln.

1.3 Fragen

1. Welches sind, nach der üblichen Aufteilung, die fünf Sinnessysteme?
2. Was spricht gegen die Aufgliederung der Wahrnehmung in Empfindung und Wahrnehmung?
3. Was ist ein Perzept?
4. Welche Grundannahmen unterscheidet die Gestaltpsychologie vom Behaviorismus?
5. Warum muß die Wahrnehmung als aktiver Prozeß betrachtet werden?
6. Unterscheiden Sie zwischen den Begriffen ›Reizspeicher‹, ›Kurzzeitspeicher‹ und ›Langzeitspeicher‹!
7. Was sind die Merkmale eines Icons?

Teil II: Die Signale der Wahrnehmung

Im zweiten Teil dieses Buches werden die Signale der Wahrnehmung beschrieben. Einerseits lassen sich diese Signale und ihre Eigenschaften als Gegebenheiten der Umwelt, andererseits als Informationsquellen für den Reizspeicher darstellen.

Ereignisse in der Umwelt werden den akustischen und visuellen Systemen durch Licht und Schall übermittelt. Jede Reizung überträgt Information aus der Umwelt, die zur Bildung eines Perzepts führen kann. Da die Reizung kein Endprodukt darstellt, lassen sich, unabhängig von der Wahrnehmung, lediglich deren physikalische Eigenschaften erfassen. Wenn eine einfache visuelle Figur dargeboten wird, ist sie erst nach Vollendung des Wahrnehmungsprozesses eine Figur. Zuerst werden physikalische Aspekte des Objektes durch Reflexion des Lichtes übermittelt. Eine solche ausschließlich durch die Umwelt determinierte Reizung nennen wir distale Reizung. Ein *distaler Reiz* ist also ein Teil der Umwelt, der die Eigenschaft besitzt, eine Reaktion des Wahrnehmungssystems hervorzurufen (vgl. Gibson 1966). In 2.1 gehen wir ausführlicher auf die physikalischen Eigenschaften ein, die zur Wahrnehmung im visuellen und akustischen System führen.

Die erste Aufnahmestation der distalen Reizung ist der Reizspeicher. Durch die Übersetzung der physikalischen Eigenschaften im Reizspeicher entsteht eine weitere Reizart, die wir proximale Reizung nennen wollen. Der *proximale Reiz* enthält nur diejenigen Aspekte der distalen Reizung, die im Reizspeicher erfaßt werden können. Nach der weiteren Verarbeitung der proximalen Reizung entsteht ein Perzept.

Erst diese Unterscheidung ermöglicht es, Wahrnehmungsvorgänge zu beschreiben, die bei gleicher distaler Reizung zu verschiedenen Perzepten führen oder die bei unterschiedlicher distaler Reizung dasselbe Perzept entstehen lassen. In dem einführenden Kapitel des Buches sind Beispiele für beide Möglichkeiten gegeben: Einerseits bleibt bei der Wahrnehmung von Abbildung 1.2 die distale Reizung konstant, dennoch entstehen zwei verschiedene Perzepte aufgrund erfahrungsbedingter Prozesse bei der Perzept-Bildung. Andererseits können ganz verschiedene distale Reize, z. B. bestimmte Mischungen von Rot und Grün oder von Gelb und Blau, die Wahrnehmung einer grauen Farbe hervorrufen, da jedesmal der gleiche proximale Reiz auftritt.

Nach dieser Auffassung sind drei Stufen der Reizphase zu unterscheiden:

Distaler Reiz → Proximaler Reiz → Perzept

Das Erlebnis des Reizes entsteht erst nach Vollendung des Perzepts. Auf jeder Stufe erfolgt eine Verarbeitung der Information aus der vorhergehenden Stufe. Bei der Übersetzung einer distalen in eine proximale Reizung treten bestimmte Veränderungen ein, die auf die Fähigkeiten und den gerade herrschenden Zustand des Reizspeichers zurückzuführen sind. Wurde das visuelle System beispielsweise mehrere Stunden nicht gereizt – sich also im Zustand der Dunkeladaptation befinden – dann entsteht aufgrund der proximalen Reizverarbeitung eines farbigen Lichts bei gleichbleibender distaler Reizung ein gänzlich anderes Perzept als im normalgereizten Zustand.

Es ist darauf hinzuweisen, daß die Unterscheidung zwischen distaler und proximaler Reizung nicht von allen Wahrnehmungspsychologen akzeptiert wird. Vielfach teilt man die Ansicht von Helmholtz (1866), nach der die Elemente des Perzepts in der proximalen Reizung enthalten sind (Kaufman 1974, Rock 1975). Eine weitere Diskussion der verschiedenen Auffassungen ist bei Murch (1973) zu finden.

Nach diesen klärenden Vorbemerkungen befassen wir uns im folgenden ausführlicher mit proximaler und distaler Reizung. Dabei muß nochmals darauf hingewiesen werden, daß wir bei der Beschreibung der Wahrnehmung auf Perzepte angewiesen sind. Wenn wir also hier von Einflüssen auf die Wahrnehmung sprechen, die aufgrund der Eigenschaften der Umwelt und der Verarbeitungsweise des Reizspeichers entstehen, dann müssen wir diese Einflüsse stets an einem vollendeten Perzept analysieren. Nur nach Vollendung des Wahrnehmungsprozesses – also der Perzeptbildung – sind uns die Einflüsse zugänglich. Wir verwenden daher experimentelle Anordnungen, bei denen Einflüsse des Kurzzeit- und Langzeitspeichers nur gering sind oder konstant gehalten werden können.

2.1 Reizbeschreibung

Aspekte der Umwelt werden dem Reizspeicher als physikalische Eigenschaften eines Reizes zugänglich. Im normalen Wahrnehmungsprozeß dienen die Eigenschaften des Lichtes als Übertragungsmedium für die visuelle Wahrnehmung, während die des Schalls diese Funktion bei der akustischen Wahrnehmung übernehmen. Zunächst sollen die Komponenten der Informationsquellen, die für beide Sinnesmodalitäten bestimmend sind, genauer beschrieben werden.

2.1.1 Licht

Die Entstehung der Theorien des Lichtes ist ein faszinierendes Kapitel der Wissenschaftsgeschichte der Physik und gleichzeitig ein Markstein der modernen Wissenschaft. Erst mit der Betrachtungsweise und den analytischen Methoden der Quantenmechanik wurden die Komponenten des Phänomens einer umfassenden Beschreibung zugänglich. Obwohl bereits in der Antike von Griechen und Ägyptern Theorien über das Licht aufgestellt wurden, genügt es hier für das Verständnis der Zusammenhänge, wenn wir bei der Beschreibung des Phänomens durch Newton (1704) beginnen. Er faßte das Licht als einen Strom von Teilchen auf, die von einem Leuchtkörper (z. B. einer Kerze) gradlinig ausgestrahlt werden. Jahrzehntelang hat man Newtons Anschauung nicht infrage gestellt, obwohl bereits zu seinen Lebzeiten einige Befunde dagegen sprachen. Maxwell (1890) zog jedoch die Annahme der Gradlinigkeit in Zweifel, aber damit leider auch die Annahme der Existenz von Teilchen. Maxwell knüfte an frühere Untersuchungen von Young (1807) an, die gezeigt hatten, daß man die Ausbreitung der Teilchen als Wellenbewegung beschreiben kann. Dazu machte er den folgenden einfallsreichen Versuch:
Er ließ einen Lichtstrahl durch ein kleines Loch und danach durch zwei weitere, dicht aneinanderliegende Öffnungen dringen. Auf einer dahinterstehenden Fläche traten dabei helle und dunkle Ringe in Erscheinung. Wäre der Weg des Lichts durch die Löcher gradlinig gewesen, hätte man stattdessen zwei Punkte erwartet. Die Ringe ließen sich indessen durch das Zusammentreffen der Gipfel und Täler aufeinanderfolgender Wellen erklären.
Da man zu dieser Zeit bereits eine Reihe wellenförmiger Energiearten entdeckt hatte, kam Maxwell auf den Gedanken, das Licht ebenfalls als Welle zu betrachten. Schon Huygens hatte die Vorstellung vom Licht als Welle entwickelt. Er konnte aber noch keine experimentellen Beweise dafür erbringen. Maxwell entwickelte eine Theorie, nach der sich alle Erscheinungen des Lichts durch Gesetze elektromagnetischer Schwingungen erklären lassen. Er nahm an, daß die Schwingungen, die sich auch im luftleeren Raum fortpflanzen, eine Veränderung der elektromagnetischen Energie im »Äther« des Raumes bewirken. Die etwas fragwürdige Annahme des Äthers wurde jedoch schon bald wieder

aufgegeben, und man verzichtete auf ein besonderes Medium im Raum. Das Licht wurde lediglich als elektromagnetische Welle beschrieben, die drei meßbare physikalische Eigenschaften aufweist: Wellenlänge, Frequenz und Amplitude. Die *Wellenlänge* ist definiert als Entfernung zwischen zwei Gipfeln einer Welle, die sich rechtwinklig zur Ausstrahlungsrichtung ausbreitet. Die *Frequenz* ist die Anzahl dieser Wellen in der Zeiteinheit und die *Amplitude* die Höhe der Welle. Maxwell erkannte auch, daß nur ein geringer Teil solcher elektromagnetischen Wellen als Reiz für das Auge wirksam wird, und zwar jener mit einer Wellenlänge etwa zwischen 0,00038 mm und 0,00076 mm. Um die Umständlichkeit dieser Dezimalzahlen zu vermeiden, gibt man die sichtbaren Wellenlängen heutzutage in *Nanometern* (nm) an. Weniger gebräuchlich sind die Einheiten Millimikron (mμ) und Angström (Å), wobei $1\ \text{nm} = 10^{-9}\ \text{m} = 1\ \text{m}\mu = 10\ \text{Å}$ ist. Danach umfaßt der Bereich der sichtbaren Lichtwellen 380 nm bis 760 nm. Aus dem Spektrum der verschiedenen elektromagnetischen Schwingungen, das von den Radiowellen mit einer Wellenlänge von 3×10^8 m bis zu den extrem kurzen kosmischen Wellenlängen von 10^{-18} m reicht, führt nur der genannte schmale Ausschnitt zu visueller Reizung.

Nach der Maxwell'schen Auffassung ließ sich das Licht als wellenförmige Strömung beschreiben, wobei unklar blieb, woraus diese Strömung bestand. Erst zu Anfang dieses Jahrhunderts brachte Max Planck mit der Quantenmechanik eine Lösung des Problems. In der Quantenmechanik wird Licht als aus Elementarteilchen bestehend angesehen, die in diesem Fall keine positive oder negative Ladung haben. Die Teilchen werden *Photonen* genannt. Eigentlich sind Photonen oder Lichtquanten die kleinsten »Energiepakete« mit je einer bestimmten Frequenz. Das heißt, alle Energiestrahlungen lassen sich als nicht-kontinuierliche (diskrete) Quanten beschreiben nach der Formel:

$$E = h\nu, \tag{2.1.1}$$

wobei E die Energie des Quantums, ν die Frequenz (Anzahl der Wellen pro Sekunde) und h das bekannte Plancksche Wirkungsquantum ist. Photonen werden als Teilchen aufgefaßt und lassen damit die Verbindung zwischen Wellen und Energiequanten zu. Jedes selbstleuchtende Objekt gibt Photonen oder Quanten von Energie ab. Beispielsweise geht die elektrische Energie in einer normalen Glühlampe als Strom durch einen Faden aus Wolfram, der dabei erhitzt wird. Durch die Erhitzung verwandelt sich die Energie nach dem Erhaltungsgesetz in Wärme und in Photonen, die dann ausgestrahlt werden. Die Photonen weisen mehrere Frequenzen auf, je nach der Struktur des *Selbstleuchters*. Da die Ausbreitungsgeschwindigkeit (etwa 300000 Kilometer in der Sekunde) weitgehend konstant ist, besteht eine einfache Beziehung zwischen Wellenlänge und Frequenz:

$$\lambda = \frac{c}{\nu}, \tag{2.1.2}$$

wobei mit ν wie oben die Frequenz, mit c die Geschwindigkeit und mit λ die Wellenlänge bezeichnet wird.

Sonnenlicht beziehungsweise Tageslicht läßt sich wie alle Selbstleuchter auf diese Weise beschreiben. International wird das Tageslicht als Normlichtart C bezeichnet, während man Wolframlicht bei einer Temperatur von 2854 Grad Kelvin (entspricht 2581 °C) als Normlichtart A definieren. Da die Frequenzen der Ausstrahlung von der Temperatur abhängen, müssen bei der Erzeugung dieser Normlichtart genaueste Meßbedingungen eingehalten werden. Bei Temperaturen über 2854 Grad Kelvin nimmt der Anteil der höheren Frequenzen ab, während jener der kurzwelligen zunimmt. Man kann die Frequenzverteilungen verschiedener Lichtarten als Funktionen der Wellenlängen angeben, da die Geschwindigkeit des Lichtes konstant bleibt. In Abbildung 2.1 sind die Verteilungen

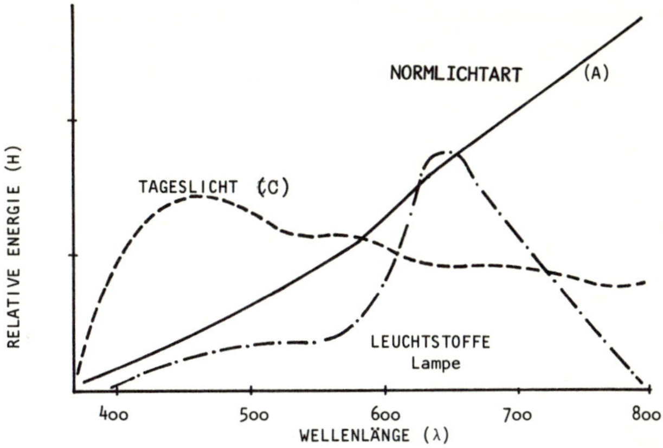

Abb. 2.1 Die Ausstrahlungsverteilungen für drei verschiedene Selbstleuchtern: Normlichtart A (Wolfram), Normlichtart C (Tageslicht) und Leuchtstofflampe.

der Wellenlängen für Tageslicht (C), Normlichtart A und eine normale Leuchtstofflampe aufgetragen.

Die relative Energie (H) wird als Ausstrahlung in Watt pro Quadratmeter ausgedrückt. Wie aus der Abbildung leicht zu erkennen ist, weisen verschiedene Selbstleuchter sehr unterschiedliche Ausstrahlungsverteilungen auf. Diese Verteilungen werden als Funktionen der Wellenlänge angegeben (H_λ). In dieser Abbildung ist nur die Verteilung für das normale menschliche Sehspektrum enthalten, das sich – wie bereits erwähnt – über den Bereich von etwa 400–700 Nanometer erstreckt. Natürlich sind bei allen Selbstleuchtern auch nur mit technischen Mitteln beobachtbare längere (Infrarotwellen) und kürzere Wellen (Ultraviolettwellen) vorhanden, die jedoch keine visuelle Reizung bewirken – also im Reizspeicher nicht repräsentiert werden können.

> Die allgemeine Methode zur Messung der Ausstrahlungsverteilungen von Selbstleuchtern wird *Spektrometrie* genannt. Dazu muß jeweils eine weitere Meßeinheit ermittelt werden, die die allgemeine Amplitude oder Intensität der Verteilung angibt. Diese speziellere Meßmethode bezeichnet man als *Photometrie*. Die Ausstrahlungsintensität ist hier die *Beleuchtungsstärke* (E), die man in *Lumen pro Quadratmeter* (lumen/m^2 oder Lux) angibt.

Bisher haben wir nur von Selbstleuchtern gesprochen. Sie werden aber selten als unmittelbare visuelle Reizquelle wirksam – es sei denn, man schaut direkt auf eine Lampe oder in die Sonne. In den meisten Fällen gelangt das Licht erst nach dem Auftreffen auf Objekte der Umwelt ins Auge. Das ist jener Teil der Lichtstrahlen, der von den Objekten zurückgeworfen wird. Ein anderer Teil des Lichts wird absorbiert und in Wärme oder chemische Energie umgewandelt. Für die visuelle Wahrnehmung ist vor allem das reflektierte Licht von Interesse. Da die Ausstrahlungsverteilung bei einem Selbstleuchter in etwa konstant bleibt, können die Veränderungen der Ausstrahlungsverteilung erst nach dem Auftreffen des Lichts auf die Gegenstände in Erscheinung treten. Bei fast allen Objekten der Umwelt stellen wir nach dem Auftreffen des Lichts eine veränderte Verteilung der Wellenlängen fest. Bei nichtfarbigen Objekten ist eine gleichförmige Abnahme der Intensität für alle Wellenlängen charakteristisch. Sie ist bei Schwarz ganz erheblich, bei Weiß aber relativ gering. Alle farbigen Objekte reflektieren eine andere Verteilung der Wellenlängen als die ursprünglich auftreffende. Die zurückgeworfene Strahlungsverteilung ist die Reflexionsverteilung (R_λ). Der Sachverhalt, daß ein Objekt einige Wellenlängen zurückzustrahlen und andere zu absorbieren vermag, wird als Remissionseigenschaft (K_λ) bezeichnet. Ein Beispiel dafür ist in Abbildung 2.2 enthalten.

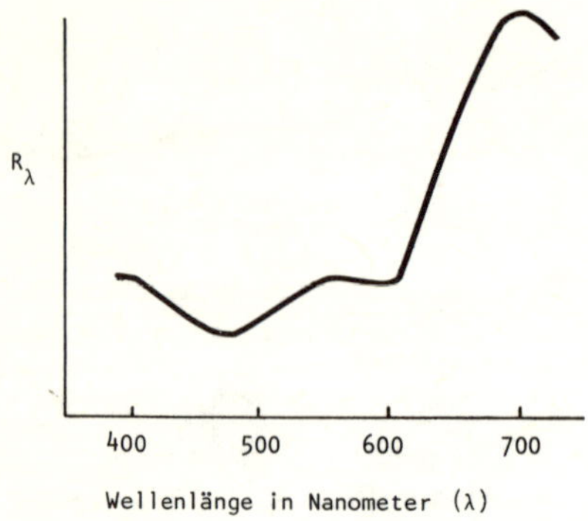

Abb. 2.2 Die Remissionseigenschaft eines Umweltobjektes als Resultat der Reflexionsverteilung der Ausstrahlungen eines Selbstleuchters.

Wie aus der Darstellung zu erkennen ist, erhält man eine Reflexionsverteilung (R_λ) des angestrahlten Objektes, die sich aus der Leuchtenergie des Selbstleuchters (H_λ) und der Remissionseigenschaft (K_λ) zusammensetzt:

$$R_\lambda = K_\lambda \cdot H_\lambda \tag{2.1.3}$$

Die Gesamt-Intensität des zurückgeworfenen Lichtes wird als *Leuchtdichte* (L) bezeichnet und setzt sich aus der gemessenen Beleuchtungsstärke (E) und der Reflexionsleistung (R) zusammen:

$$L = E \cdot R \tag{2.1.4}$$

Dabei ist zu beachten, daß die Beleuchtung von der Entfernung zwischen Selbstleuchter und Objekt abhängt, während die Leuchtdichte unabhängig von der Entfernung zwischen Objekt und Beobachter ist. Die obige Formel läßt erkennen, daß die Berechnung der Leuchtdichte sehr einfach ist, wenn man die Beleuchtungsstärke kennt. In der Regel berechnet man die Leuchtdichte aber direkt als

$$L = \mathrm{cd/m^2} \tag{2.1.5}$$

Der Ausdruck ($\mathrm{cd/m^2}$) entspricht der international gebräuchlichen Maßeinheit candela pro Quadratmeter. In neuerer Zeit benutzt man hierfür häufiger den Ausdruck *nit*. Vielfach werden Maße für die Leuchtdichte aber auch noch in der älteren Einheit millilambert (mL) angegeben, die nach der folgenden einfachen Formel in nit umgerechnet werden kann:

$$1\ \mathrm{cd/m^2} = 1\ \mathrm{nit} = 3.183\ \mathrm{mL} \tag{2.1.6}$$

Spektrometrie und Photometrie haben sich in den letzten Jahrzehnten zu komplexen Spezialdisziplinen entwickelt. Wir haben hier nur jene Bestimmungsgrößen dargestellt, die für das Verständnis der folgenden Abschnitte unbedingt vorausgesetzt werden müssen. Weiterführende Informationen findet man bei Riggs (1965a) und bei Wyszecki und Stiles (1967).

Für das visuelle System besteht die Umweltreizung aus Ausstrahlungsverteilungen, die durch die Remissionseigenschaften der Umweltobjekte bestimmt werden. Die Verteilungen ändern sich bei jeder Veränderung der Remissionseigenschaften eines Objekts oder der Ausstrahlung eines Selbstleuchters. Damit wird für die visuelle Wahrnehmung eine Variation in der Verteilung der Wellenlängen ebenso wie in der Leuchtdichte als Informationsquelle wirksam. Diese beiden Elemente der Umwelt sind grundlegend für alle Aspekte der visuellen Wahrnehmung. Die Vielfältigkeit unserer visuellen Eindrücke wird nur über diese beiden Variablen vermittelt.

2.1.2 Schall

Schall wird durch eine mechanische Störung der Teilchen innerhalb eines Mediums verursacht. Das heißt, jedes Medium, wie z. B. die Luft, setzt sich aus Teilchen mit einem gegebenen spezifischen Gewicht und einer bestimmten Energieladung zusammen. Solche Teilchen sind ständig in Bewegung. Dabei herrscht normalerweise ein Gleichgewichtszustand, der als Ausgangsniveau zu betrachten ist. Eine Veränderung dieses Ausgangsniveaus tritt ein, sobald ein in Ruhe befindlicher Körper aktiviert wird. Solche Aktivation kann durch eine Vibrations- oder *Schallwelle* hervorgerufen werden, die sich durch das Medium fortpflanzt. Eine Veränderung oder Störung des Mediums bewirkt, daß die Teilchen zusammengedrängt werden. Das Zusammenstoßen dieser Teilchen mit anderen führt zu weiteren Kompressionen im Medium. Gleichzeitig wird die Bewegung der ursprünglich aktivierten Teilchen durch den Zusammenprall gebremst. So entsteht eine ständige Veränderung gegenüber dem Ausgangsniveau oder Gleichgewicht im Sinne einer Verdichtung und Ausdehnung der Verteilung der Teilchen. Man kann solche Veränderungen des Ausgangsniveaus als maximale Verdichtung und Verdünnung des Mediums beschreiben. Eine Welle, die sich durch das Medium als Druckveränderung gegenüber dem Ausgangsniveau vom *Schallerzeuger* zum Ohr ausbreitet, wird zum Reiz.

Das Ohr reagiert auf eine Schallwelle zunächst mit einer rapiden Hin- und Herbewegung des Trommelfells. Über diese mechanische Bewegung gelangt die Welle zu den Gehörknöchelchen (Ossikel) des Mittelohres und von hier zum inneren Ohr. Dort versetzt sie die Membranen der Schnecke (Cochlea) in Schwingungen. Eigentliche Rezeptoren sind Haarzellen, die sich in zwei Reihen auf der Basilarmembran befinden. An dieser Stelle erfolgt die Übersetzung der Schallwelle in die Sprache des akustischen Systems, also in spezifische Nervenimpulse.

Schallwellen können sich in sehr verschiedenen Medien fortpflanzen, z. B. in Gasen, Flüssigkeiten oder Festkörpern. Für die meisten Organismen ist die Luft das wichtigste Medium – eine Tatsache, die bereits den alten Griechen bekannt war. Aber erst im 17. Jahrhundert begann man systematisch, die Eigenschaften der Luft bei der Übertragung von Schallwellen zu erforschen. Eine einfache Demonstration von Boyle zeigt, wie man damals vorging. Er pumpte Luft aus einem Gehäuse, in dem sich eine Glocke befand. In diesem luftverdünnten Raum war die Glocke kaum hörbar. Ließ man nun wieder etwas mehr Luft in das Gehäuse, war der Glockenton zunehmend besser zu hören. Boyle meinte, mit diesem Versuch bewiesen zu haben, daß Luft unbedingt für die Ausbreitung von Schallwellen erforderlich sei. Boyles Grundbehauptung, daß ein dehnbares oder elastisches Medium für die Fortpflanzung von Schallwellen notwendig sei, hat sich als richtig erwiesen.

Die Geschwindigkeit einer Schallwelle hängt von der Dichte und Dehnbarkeit ihres Trägermediums ab. Ganz allgemein kann man sagen: Je größer die Elastizität des Mediums (je geringer seine Dichte und Kompressibilität), desto schneller pflanzt sich die Schallwelle fort. Die Geschwindigkeit der Schallwelle in der Luft hängt unter anderem auch von

der Lufttemperatur ab. Beispielsweise breitet sich eine Schallwelle bei 0 Grad Celsius in der Luft mit einer Geschwindigkeit von 344 m/sec aus. Zunehmende Temperatur hat eine Herabsetzung der Dichte und Heraufsetzung der Kompressibilität des Mediums zur Folge. In flüssigen und festen Medien bewegen sich Schallwellen erheblich schneller als in Luft. Solche Schallwellenträger weisen zwar eine höhere Dichte auf, sind aber weniger kompressibel. Im Wasser pflanzen sich Schallwellen zum Beispiel mit einer Geschwindigkeit von 1376 m/sec fort – etwa viermal so schnell wie in der Luft.
Die Ausbreitung der Schallwellen setzt sich nicht unbegrenzt fort. Jede Reibung der Teilchen bewirkt eine allmähliche Verminderung der Wellenbewegung, die man als Dämpfung bezeichnet. Der Grund dafür läßt sich am Beispiel eines kugelförmigen Schallerzeugers demonstrieren. In unmittelbarer Nähe der Schallentstehung sind die Bewegungen der Teilchen sehr intensiv. In dem Maße, wie die Welle sich vom Schallerzeuger entfernt, erweitert sich ihr Wirkungsbereich, d. h. immer mehr Teilchen werden in Bewegung gesetzt. Die größere Anzahl bewegter Teilchen hat aber gleichzeitig einen Energieverlust und eine Verminderung der Amplitude zur Folge. Schließlich wird der Ausdehnungsbereich so weit, daß die Teilchen nicht mehr in der Lage sind, neue Partikel in Bewegung zu setzen. Solche Schallwellen werden aufgrund ihrer begrenzten Fortpflanzungsdauer *gedämpfte Wellen* genannt. Mit zunehmender Entfernung vom Ursprungsort der Störung, während der Umkreis der Wellenbewegung immer größer wird, werden die Wellen immer schwächer und verschwinden schließlich.
Schallwellen können unterschiedliche Komplexität aufweisen: Die einfachsten nennt man *harmonische* oder *sinusförmige Wellen.* Bei solchen Schallwellen steht die Amplitude der Welle im direkten Verhältnis zur Vibration des Schallerzeugers. Dadurch wird eine symmetrische Welle produziert, die als durchgezogene Linie in Abbildung 2.3 (1) zu sehen ist.
So wie die Welle sich durch das Medium fortsetzt, verändert sich an jedem Ort ständig die Geschwindigkeit der Teilchen. Abbildung 2.3 (1) stellt die Teilchengeschwindigkeit (unterbrochene Linie) in Abhängigkeit von der Wellenausdehnung graphisch dar. Die durchgezogene Linie gibt die Teilchendichte wieder. Im Gleichgewichtszustand oder Ausgangsniveau des Mediums erreichen die Teilchen gerade ihre maximale Geschwindigkeit (bei a, c, e). Diese nimmt in dem Maße ab, wie die Welle sich ihrer maximalen Abweichung vom Ausgangsniveau nähert. Bei der größten Verdichtung (bei b) oder Verdünnung (bei d) besteht keine Teilchenbewegung.
Die Amplitude entspricht, graphisch dargestellt, dem Unterschied zwischen Ausgangsniveau und maximaler Ausdehnung, wie es der Pfeil in Abbildung 2.3 (1) andeutet.
Für die Berechnung der Amplitude stehen die Veränderungen der Teilchendichte, -geschwindigkeit und -druckstärke zur Verfügung. Aus meßtechnischen Gründen ergeben sich praktische Probleme bei der Berechnung der Amplitude durch die Teilchendichte und -geschwindigkeit (Gulick 1971). Druckveränderungen lassen sich dagegen verhältnismäßig leicht feststellen. Unter Teilchendruckstärke versteht man die für eine Teilchenbewegung im Trägermedium erforderlichen Kräfte. Da es außerordentlich schwierig wäre, diesen Druck an einem einzigen Teilchen zu messen, wird die auftretende Kraft über eine spezifische Fläche gemessen. Ihre Meßeinheit für die Schallbeschreibung heißt *dyn.* Laut Definition entspricht ein dyn der Kraft, die notwendig ist, um eine Masse mit einem Gewicht von einem Gramm einen Zentimeter in einer Sekunde zu bewegen.

$$1\ \text{dyn} = 1\ \text{g} \times 1\ \text{cm/sec} \qquad (2.1.7)$$

Daraus ergibt sich für die akustische Wahrnehmung als Meßeinheit der Amplitude die Druckstärke pro Quadratzentimeter oder *dyn/cm*^{2}. Oft findet man die Amplitude in *Newton* pro Quaratmeter ausgedrückt, wobei 1 Newton/m^2 = 10 dyn/cm^2 ist.

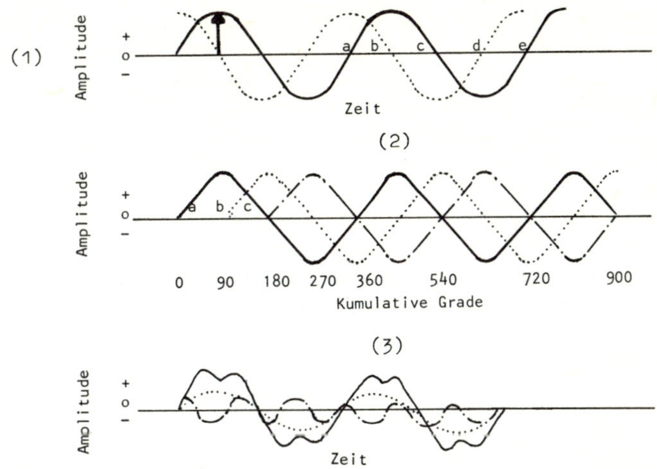

Abb. 2.3 (1) Die Beziehung zwischen Teilchendichte (unterbrochene Linie) und Teilchengeschwindigkeit (ununterbrochene Linie).
(2) Vergleich dreier Sinuswellen, die (a) phasengleich, (b) phasenungleich sind und (c) umgekehrte Phasen aufweisen.
(3) Die Zerlegung eines Komplextons in seine sinusförmigen Komponenten.

Als Reizeigenschaften für die menschliche Wahrnehmung sind zwei weitere Merkmale einer Schallwelle von Bedeutung: die *Frequenz* und die *Phase.* Bei Betrachtung der Abbildung 2.3 (2) wird deutlich, wie eine Welle eine Veränderung über 360° erfährt. Eine solche komplette Phasenveränderung nennt man *Wellenzyklus* und damit kann auch die *absolute Phase* der Welle definiert werden. Die Phase kennzeichnet eine spezifische Position der Welle in Relation zum Ausgangsniveau. Dadurch ist ein Vergleich zwischen Teilchengeschwindigkeit und Teilchenversetzung möglich.
Durch die Wiederholung der Welle ist man in der Lage, zwei Wellen an gleicher Stelle in ihren *Phasenverhältnissen* zu vergleichen. So läßt sich zum Beispiel ein Ton, der beide Ohren erreicht, aufgrund der *Phasendifferenz* des Eintreffens am akustischen Organ beschreiben. Gesetzt der Fall, die Schallschwingungen treffen gleichzeitig ein und haben gleiche Wellenform, dann spricht man von *Phasengleichheit.* Erreicht die Welle das eine Ohr um ein Viertel des Wellenzyklus früher, so sind die Phasen um 90° verschoben, so daß eine Phasendifferenz besteht. Bei einer Phasendifferenz von 180° (halber Wellenzyklus) kann man auch von *umgekehrter Phase* sprechen. Beim Eintreffen eines Tones mit umgekehrter Phase bewegen sich die beiden Trommelfelle in entgegengesetzter Richtung. Einige Beispiele solcher Phasendifferenzen sind in Abbildung 2.3 (2) graphisch dargestellt.
Die dritte Reizeigenschaft ist die Frequenz. Sie wird als Anzahl der Wellenzyklen pro Sekunde definiert. Die *Periode* der Welle ist als die Zeit definiert, die ein Wellenzyklus benötigt, und die *Wellenlänge* ist die Strecke, die während einer Periode zurückgelegt wird. Daraus ergibt sich das uns aus Formel 2.1.2 bekannte reziproke Verhältnis zwischen Frequenz und Wellenlänge:

$$\lambda = \frac{c}{\nu}, \qquad (2.1.8)$$

wobei λ die Wellenlänge, c die Geschwindigkeit und ν die Frequenz der Welle ist.

Wichtig ist die Unabhängigkeit der Amplitude von der Frequenz. Bei Konstanthaltung der Amplitude und Herabsetzung der Frequenz braucht die Welle mehr Zeit, um auf die vorgegebene Amplitude zu kommen. Umgekehrt erreicht die Welle bei zunehmender Frequenz eine bestimmte Amplitude schneller. Die Frequenz wird in *Hertz* (Hz) gemessen. Ein Hertz entspricht einem Wellenzyklus in der Sekunde. In der normalen menschlichen Wahrnehmung können (mit relativ großen individuellen Unterschieden) Frequenzen zwischen 20 und 20000 Hz erfaßt werden.
Obwohl wir sowohl bei den visuellen als auch bei den akustischen Signalen der Wahrnehmung von Wellen sprechen, müssen beide Wellenarten hinsichtlich ihrer physikalischen Eigenschaften unterschieden werden. Bei Schallwellen verlaufen die Schwingungen parallel zur Ausbreitungsrichtung (Longitudinalwellen). Bei Lichtwellen dehnen sich die Schwingungen rechtwinklig zur Fortpflanzungsrichtung aus (Transversalwellen). Die Ausstrahlungen eines Radiosenders sind wie das Licht elektromagnetische Wellen. Ein Radioempfänger übersetzt dann diese Transversalwellen in akustisch wahrnehmbare Longitudinalwellen.

Bildlich kann der Unterschied zwischen Licht- und Schallwellen mit einem Beispiel verdeutlicht werden: Man stört eine ruhige Wasserfläche, indem man einen Stein ins Wasser wirft. Auf der Oberfläche dehnen sich in jeder Richtung Transversalwellen aus. Diese Wellen pflanzen sich wie Lichtwellen rechtwinklig zur Ausdehnungsrichtung fort. Gleichzeitig treten aber auch Störungswellen im Wasser auf. Hier handelt es sich um Longitudinalwellen, die eine Bewegungsrichtung parallel zur Welle aufweisen. Diese Wellen sind nicht nur den Schallwellen analog, sie übertragen tatsächlich den vom Stein verursachten Schall. Da der Schall sich im Wasser schneller fortpflanzt, erreicht er das menschliche Ohr bei gleicher Entfernung unter Wasser auch schneller als durch die Luft. Ebenso werden die Schwingungen im Wasser langsamer gedämpft. Daher erscheint das gleiche Geräusch bei gleichem Abstand unter Wasser lauter als über Wasser.

Die einfachen sinusförmigen Schallwellen verursachen *reine Töne*, die jedoch selten in der normalen Hörwelt des Menschen auftreten. Normalerweise werden solche reinen Töne nur im Labor erzeugt, wo sie zur Prüfung der Hörschärfe oder zur Bestimmung psychophysischer Beziehungen benutzt werden. Man erzeugt sie mit Hilfe einer *Stimmgabel* oder eines akustischen *Oszillators*.
Die alltäglichen Hörreize setzen sich aus mehreren Tönen zusammen. Solche sich im Raum gleichzeitig ausbreitenden Töne werden algebraisch summiert, so daß die einzelnen Frequenzen ungleiche Schwingungsvariationen aufweisen. Ein Beispiel (durchzogene Linie) ist in Abbildung 2.3 (3) dargestellt: Die gestrichelten Linien stellen die Schwingungen zweier reiner Töne dar, die sich gleichzeitig ausbreiten und gemeinsam wahrgenommen werden. Dabei ergibt sich die Welle, die als durchgezogene Linie gekennzeichnet ist. Diese sogenannten *Komplextöne* haben keinen sinusförmigen Verlauf. Da sie sich aus mehreren reinen Tönen zusammensetzen, können sie in ihre Sinusbestandteile zerlegt werden. Die Analyse erfolgt mathematisch nach dem *Fourierschen Satz*. Heutzutage wendet man das komplizierte mathematische Verfahren kaum noch an, da die Zerlegung elektronisch mit einem *Audiospektrometer* vorgenommen werden kann. Dabei erhält man, wie in Abbildung 2.3 (3) die verschiedenen Frequenzen und deren Amplituden aus dem ursprünglichen Komplexton.
Nach dem *Ohmschen akustischen Gesetz* (Ohm 1843) soll das Ohr eine ähnliche Analyse wie ein Audiospektrometer vollziehen. Das heißt, das Ohr ist weitgehend in der Lage, verschiedene Frequenzen innerhalb eines Komplextons zu erkennen. Daher drücken

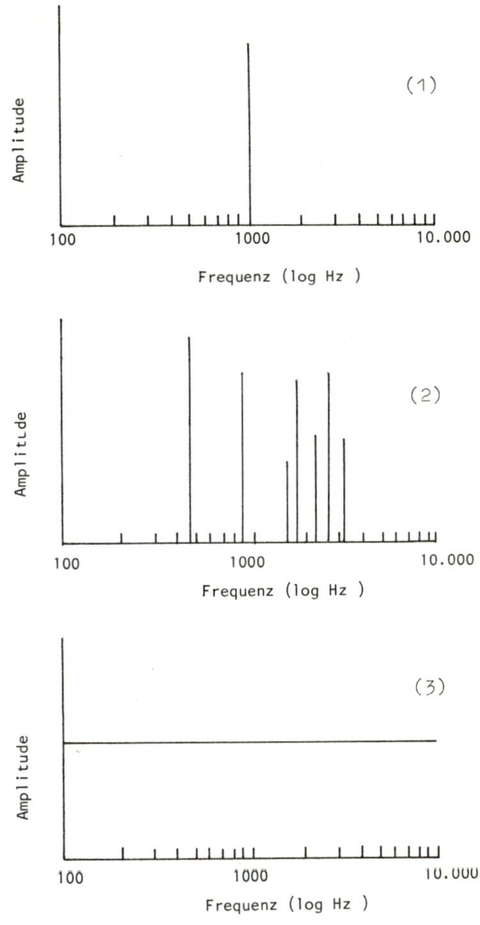

Abb. 2.4 (1) Ein reiner Ton mit einer Frequenz von 1 000 Hz.
(2) Der Grundton und sieben nachfolgende Obertöne der A-Saite einer Geige.
(3) Graphische Darstellung von weißem Rauschen (alle hörbaren Frequenzen mit gleichen Amplituden).

wir das Hörspektrum für einen Komplexton durch die Amplitude in Abhängigkeit von der Frequenz (statt von der Zeit) aus. Die übliche Darstellung nach diesem Prinzip ist in Abbildung 2.4 enthalten. Sie gibt den Verlauf für einen reinen Ton (1) und einen Komplexton (2) wieder. Dabei ist jede Frequenz als einfache Sinuswelle zu betrachten.

Nehmen wir als Beispiel den Komplexton einer Geige, der in Abbildung 2.4 (2) dargestellt ist. Die niedrigste Frequenz heißt *Grundton*, alle weiteren Frequenzen ordnet man der Reihe nach oberhalb des Grundtons an. Diese Frequenzen werden *Partialtöne* oder *Obertöne* genannt. Erklingt z. B. auf der A-Saite einer Geige ein Grundton von 440 Hz, dann erhält man einen zweiten Partialton von 880 Hz, einen dritten Partialton von 1 320 Hz usw. Beim Grundton vibriert die ganze Saite, beim zweiten Partialton nur die Hälfte, beim dritten ein Drittel usw.

Ein Komplexton, der alle hörbaren Frequenzen mit gleicher Amplitude enthält, wird *weißes Rauschen* genannt. Bei einem Komplexton, der aus einem Breitbandrauschen besteht, bei dem die Amplituden der Einzeltöne unsystematisch variieren, spricht man von *Zufallsrauschen*. Solchem Zufallsrauschen begegnet man meistens als einfachen Geräuschen. Sie unterscheiden sich von Tönen vor allem dadurch, daß zwischen ihren Kompo-

nenten keine spezifischen harmonischen Verhältnisse bestehen. Außerdem wiederholt sich der Wellenzyklus nicht.
Ein Schall entsteht durch Störung des Teilchengleichgewichtes in einem Trägermedium. Dabei entstehen Schallwellen, die sich durch Verdichtung und Verdünnung der Teilchenverteilung, bezogen auf das Ausgangsniveau, im Raum ausbreiten. Daraus können wir den Wellenzyklus (eine komplette Schwingung unter und über dem Ausgangsniveau), die Wellenlänge (die geradlinige Entfernung) und die Wellenperiode (die notwendige Zeit eines Wellenzyklus) bestimmen. Die einfachsten Schallwellen sind sinusförmige Wellen, die bei reinen Tönen auftreten. Solche Töne sind in der natürlichen Umwelt selten anzutreffen, da die meisten Hörreize sich aus mehreren summierten Tönen, d. h. aus Komplextönen zusammensetzen. Diese Komplextöne lassen sich in einen Grundton und mehrere Partialtöne zerlegen.

Signale der akustischen Wahrnehmung sind die physikalischen Eigenschaften Amplitude, Frequenz und Phase. Die Amplitude läßt sich als maximale Abweichung vom Ausgangsniveau berechnen und wird in dyn/cm^2 angegeben. Die Frequenz wird durch die Anzahl der Schwingungen pro Sekunde gemessen und in Hz ausgedrückt. Der Phase entspricht die jeweilige Position der Schwingung innerhalb des Wellenzyklus.

2.2 Reizaufnahme

Nach einer Beschreibung der Umweltaspekte, die visuelle und akustische Reaktionen auszulösen vermögen, soll zunächst die Aufnahme dieser Aspekte im Sinnesorgan besprochen werden. Sowohl visuelle als auch akustische Umweltreize müssen ein Mindestmaß an Energie aufweisen, um wahrgenommen zu werden. Das heißt, man kann bei der visuellen Wahrnehmung den Strahlungsbereich und die Leuchtenergie variieren, um die kleinsten Beträge festzustellen, die gerade noch vom Reizspeicher erfaßt und aufgenommen werden können. Bei der akustischen Wahrnehmung variiert man die Frequenz und die Amplitude der Reizung.

Zu den Leistungen des Reizspeichers gehört aber nicht nur die Aufnahme, sondern auch die Verarbeitung des Reizes nach bestimmten Übersetzungsregeln. Also fragt man nach der Beziehung zwischen den physikalischen Komponenten des Reizes und der im Reizspeicher zur Bildung eines Perzepts benötigten Information.

2.2.1 Schwellen

Die Frage nach der geringsten aufnehmbaren Energie ist zunächst scheinbar einfach zu beantworten. Man braucht lediglich die Leuchtdichte eines visuellen Reizes oder die Amplitude eines akustischen Reizes bei konstanter Frequenz zu variieren und feststellen, ob eine Wahrnehmung erfolgt oder nicht. Der dabei ermittelte Minimalbetrag, der zur Wahrnehmung führt, wäre dann die *absolute Schwelle* für die jeweilige Reizart. Auf diese Weise ging Fechner in seiner Psychophysik vor. Er entwickelte drei Methoden zur Schwellenbestimmung, die angewandt werden können, um den Mindestbetrag der Energie festzustellen. Dieser Betrag wird *Reizschwelle* oder *Reizlimen* genannt. Fechners Methoden können aber auch für die Bestimmung der geringsten Veränderung eines

Reizes, die gerade noch wahrgenommen werden kann, angewandt werden. Dieser Betrag wird *Unterschiedsschwelle* oder *Differenzlimen* genannt.

Am häufigsten wurde zur Bestimmung der absoluten Schwelle Fechners Grenzmethode verwendet. In ihrer einfachsten Form besteht sie in der Darbietung eines veränderlichen Reizes. Bei der ersten Darbietung wählt man einen Energiebetrag, der höchstwahrscheinlich keine Reaktion auslöst. Die Versuchsperson wird aufgefordert zu sagen, ob sie den Reiz wahrgenommen hat oder nicht. Wenn sie den Reiz nicht wahrgenommen hat, wird die Reizgröße um einen bestimmten Betrag erhöht. Die Versuchsperson wird wieder gefragt, ob sie den Reiz wahrgenommen hat. Die Reihe wird solange fortgesetzt, bis die Versuchsperson den Reiz wahrnimmt. Der entsprechende Energiebetrag wird notiert. Nun bietet der Versuchsleiter den Reiz nochmals dar, jedoch mit einer Intensität, die weit über der vermutlichen Reizschwelle liegt. Über eine Reihe von Zwischenstufen wird der Betrag immer weiter herabgesetzt, bis die Versuchsperson erklärt, daß sie keinen Reiz mehr wahrnimmt. Der Wert dieser Reizgröße wird ebenfalls notiert. Dieses Vorgehen wird mehrmals wiederholt, und zwar abwechselnd mit Reizintensitäten, die unterhalb der zu messenden Schwelle (unterschwellige Reize) und solchen, die oberhalb der Schwelle (oberschwellige Reize) liegen. Der genaue Anfangsbetrag in den einzelnen Reihen wird meistens zufällig variiert, um irgendwelche Erwartungen der Versuchspersonen auszugleichen. Anstelle der stufenweisen Reizänderung ist als andere Variante der Grenzmethode auch eine kontinuierliche Änderung möglich, bei der die Versuchsperson durch eine zuvor vereinbarte Reaktion anzeigt, wann der Reiz für sie (beim Start im unterschwelligen Bereich und aufsteigender Änderung) erscheint oder (beim Start im oberschwelligen Bereich und absteigender Änderung) verschwindet.

Man erhält mit der Grenzmethode nicht stets den gleichen Wert. Die Versuchsperson teilt das Vorhandensein des Reizes nicht immer bei der gleichen Reizintensität mit. Ein Beispiel dafür ist in Abbildung 2.5 zu finden.

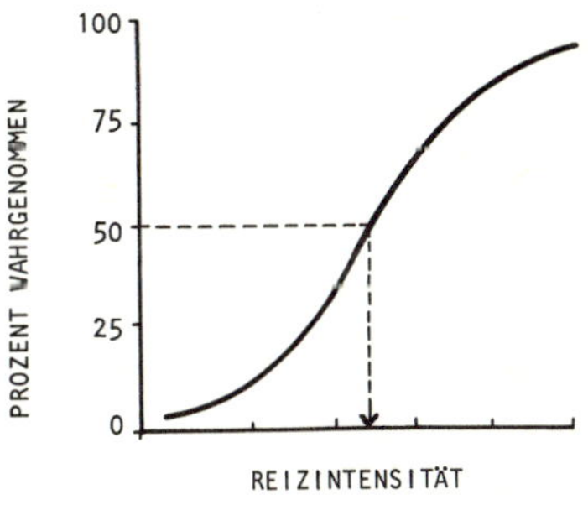

Abb. 2.5 Die typische S-Kurve bei der Schwellenbestimmung, die die Wahrscheinlichkeit des Entdeckens eines Reizes als Funktion der Reizintensität angibt.

Diese zwar theoretische, aber auch empirisch typische Kurve zeigt die Wahrscheinlichkeit der Wahrnehmung auf der Ordinate als eine Funktion der Reizintensität auf der Abszisse. Man definiert die Schwelle nach einer bestimmten Wahrscheinlichkeit, die meistens – so wie in der Abbildung – mit 50% angesetzt wird. Natürlich kann die Schwelle auch einfach als die Durchschnittsintensität der geringsten Reizgrößen, die von der Versuchsperson in den einzelnen Durchgängen wahrgenommen wurden, errechnet werden.

Ähnliche Ergebnisse erhält man bei den beiden anderen Methoden der Schwellenbestimmung. Beim *Konstanzverfahren* werden Reize verschiedener Intensitäten in Zufallsfolge gegeben. Bei jeder Darbietung soll der Beobachter angeben, ob er den Reiz wahrgenommen hat oder nicht. Ebenso wie bei der Grenzmethode kann ein Durchschnittswert als Schwelle errechnet werden. Bei der Errechnung der Unterschiedsschwelle wird diese Methode ausführlich beschrieben. Bei der *Herstellungs*methode läßt die Versuchsperson die Intensität an- oder absteigen, bis der Reiz für sie gerade wahrnehmbar bzw. nicht mehr wahrnehmbar ist. Der wesentliche Unterschied zur Grenzmethode wie auch zur Konstanzmethode liegt also darin, daß die Versuchsperson selbst den Punkt des subjektiven Erscheinens oder Verschwindens eines Reizes einstellt.

Als Beispiel für Schwellenbestimmung im Bereich der visuellen Wahrnehmung wählen wir einen Versuch, in dem nach der Beziehung zwischen minimaler Leuchtdichte und Wellenlänge gefragt wird. Abbildung 2.6 zeigt diese Beziehung. Die Leuchtdichte von Reizen unterschiedlicher Wellenlängen wurde mit der Grenzmethode variiert, um die Reizschwelle in Abhängigkeit von der Wellenlänge des Reizes festzustellen. Bei diesem Versuch waren die Beobachter dunkeladaptiert; ehe die Schwellenbestimmung vorgenommen wurde, mußten sie eine halbe Stunde im Dunkeln verbringen. Die obere Kurve stellt die *photopische Leuchtdichteempfindlichkeit* dar, während der unteren Kurve die *skotopische Leuchtdichteempfindlichkeit* entspricht. Die photopische Kurve zeigt die Reizschwelle für den Foveabereich (Fovea centralis) und die skotopische Kurve die Schwelle für den peripheren Bereich der Retina. Auf die Bedeutung dieser Kurven für die Wahrnehmung kommen wir später zurück.

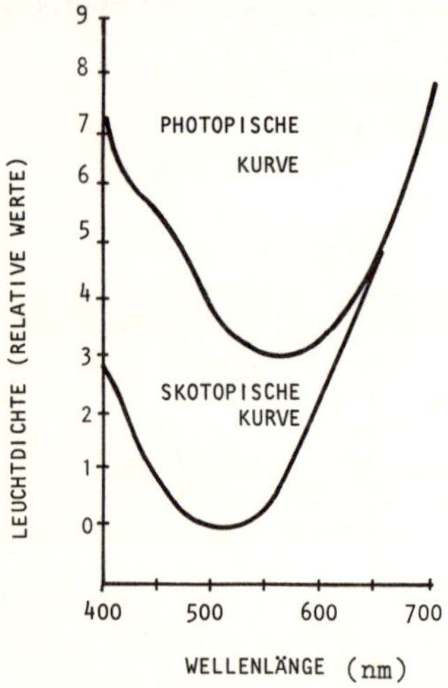

Abb. 2.6 Die photopische und die skotopische Leuchtdichteempfindlichkeit des Auges, ermittelt nach der Grenzmethode (Hecht und Hsia, 1945).

Die Schwellenbestimmung für akustische Reize wird häufig nach einer Methode von v. Békésy (1960) durchgeführt. Bei diesem Vorgehen werden Grenzmethode und Herstellungsmethode kombiniert. Die Versuchsperson hört über Kopfhörer einen Ton von einer bestimmten Frequenz. Sie drückt auf eine Taste, sobald sie den Ton wahrnimmt. Diese Reaktion bewirkt automatisch eine Herabsetzung der Amplitude des Tones. Die Taste bleibt solange gedrückt, bis der Ton nicht mehr wahrnehmbar ist. Das Loslassen der Taste, sobald der Ton nicht mehr gehört werden kann, bewirkt eine automatische Steigerung der Amplitude. Mit der Taste läßt die Versuchsperson also den Ton um die Reizschwelle herum pendeln. Dabei variiert der Versuchsleiter die Frequenz des Tones. Abbildung 2.7 zeigt einen typischen Verlauf der Schwellen in Abhängigkeit von der Frequenz, der nach diesem Verfahren ermittelt wurde.

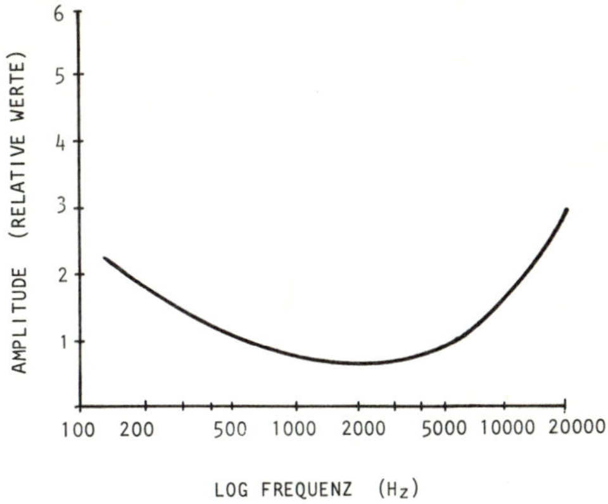

Abb. 2.7 Die normale Hörschwelle, ermittelt nach der „Treppenmethode" von v. Békésy (1960).

In neueren Arbeiten wird bei der Bestimmung der Reizschwellen das Konstanzverfahren, bei der Ermittlung von Unterschiedsschwellen die Herstellungsmethode bevorzugt angewandt.

Bei der Unterschiedsschwelle geht es um die Bestimmung der Reizintensitätsdifferenz, die gerade noch zur Wahrnehmung einer Veränderung eines Reizes oder eines Unterschiedes zwischen zwei Reizen führt. Es wird also jeweils ein Standard- bzw. Vergleichsreiz und ein Testreiz gegeben. Beim Konstanzverfahren beurteilt der Beobachter nach jeder Darbietung, ob der Testreiz mehr oder weniger Energie als der Vergleichsreiz aufweist. Bei der Herstellungsmethode wird der variable Reiz von der Versuchsperson jeweils so eingestellt, daß er ihr genauso intensiv wie der Vergleichsreiz erscheint.
Als Beispiel für die Bestimmung der Unterschiedsschwelle sei ein Versuch von Harris (1952) genannt. Er benutzte das Konstanzverfahren und bot einen Vergleichston bestimmter Frequenz mit einem zweiten Ton höherer oder niedrigerer Frequenz dar. Die Versuchsperson sollte jedesmal angeben, ob der Testton höher oder niedriger als der Vergleichston war. Danach konnte Harris für jede Frequenz der Testtöne die Wahrscheinlichkeit eines Urteils »höher« bzw. »niedriger« schätzen. Natürlich war es den Versuchspersonen bei sehr großen Frequenzunterschieden zwischen Test- und Vergleichston möglich, das jeweils richtige Urteil abzugeben. Bei geringeren Unterschieden jedoch fiel die Diskriminationsleistung ab. Es wird dabei ein Bereich identifiziert, in dem die Diskrimination schwierig ist. Üblicherweise nimmt man als Grenzen dieses Bereiches die Töne mit den Urteilswahrscheinlichkeiten von 75% »höher« (T_h) und 75% »niedriger« (T_n) – also jene Frequenzen, die im Durchschnitt mit einer Wahrscheinlichkeit von 0.75 als »höher« bzw. »niedriger« als der Vergleichston beurteilt werden. Dieser Bereich umfaßt die Frequenzen, die nur mit relativ großer Unsicherheit von dem Vergleichston unterschieden werden können. Folglich wird er das *Unsicherheitsintervall* (UI) genannt:

$$UI = T_h - T_n \qquad (2.2.1)$$

Eigentlich müßte man erwarten, daß die Testfrequenz, die mit einer Wahrscheinlichkeit von 50% – also nach Zufall – als »höher« oder »niedriger« eingestuft wird, der Vergleichsfrequenz entsprechen soll. Das ist tatsächlich oft der Fall, manchmal treten jedoch konstante Abweichungen auf. Daher wird dieser Wert *Punkt der subjektiven Gleichheit* genannt. Er stellt in diesem Fall die Frequenz dar, die der Vergleichsfrequenz gleich erscheint. Man bezeichnet den Unterschied zwischen dem Punkt der subjektiven Gleichheit und der tatsächlichen Frequenz des jeweiligen Vergleichstons als *konstanten Fehler*. In dem Versuch von Harris gab es zwar Abweichungen von den tatsächlichen Frequenzen; über mehrere Darbietungen hinweg ergaben sie jedoch einen Durchschnittswert von Null. Da sich das Unsicherheitsintervall aus den Differenzen zwischen T_h (75% höher) und T_n (75% niedriger) zusammensetzt, ergibt sich die Unterschiedsschwelle (ΔS) als Hälfte des Unsicherheitsintervalls:

$$\Delta S = 1/2\, UI \tag{2.2.2}$$

Hiermit wird ein Wert errechnet, der dem notwendigen Frequenzunterschied zwischen Vergleichston und Testton entspricht, bei dem mit einer Wahrscheinlichkeit von 75% richtig geurteilt wird. Fechner sprach in diesem Zusammenhang von dem *eben merklichen Unterschied*. Heute bevorzugt man den englischen Ausdruck »just noticeable difference« oder einfach die Abkürzung *jnd*.
Die Versuchsergebnisse von Harris sind aus Abbildung 2.8 ersichtlich.

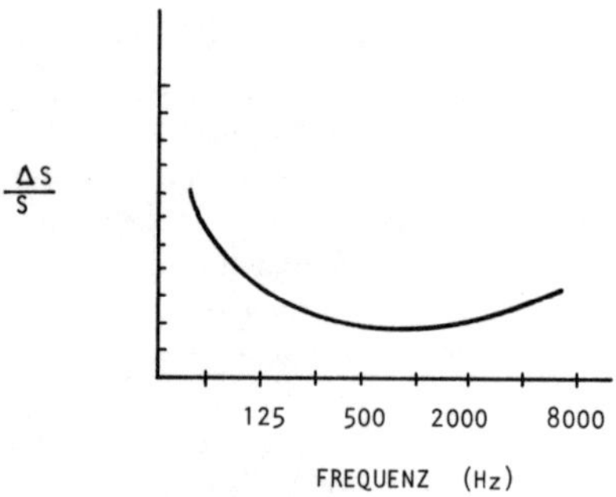

Abb. 2.8 Die Unterschiedsschwelle, ausgedrückt als Webersches Verhältnis, für verschiedene Tonfrequenzen (Harris, 1952).

Da man sich zumeist für die relative Unterscheidbarkeit interessiert, die von den jeweiligen Vergleichswerten abhängt, geht man vom Verhältnis zwischen der Unterschiedsschwelle (ΔS) und dem Vergleichswert (S) aus. Dieses Verhältnis ($\Delta S/S$) nennt man, nach Fechner (1860) in Anlehnung an eine frühere Arbeit von Weber (1846), das *Webersche Verhältnis* (manchmal Weberscher Bruch genannt).
Die Annahme, daß die Berechnung des Weberschen Verhältnisses einen konstanten Wert ergeben soll, bezeichnet man als das *Webersche Gesetz*. D. h., in dem gleichen Maße, mit dem der Vergleichswert (S) kleiner oder größer wird, sollte auch die Größe der Unterschiedsschwelle (ΔS) ab- oder zunehmen. Demnach hätte man in der Abbildung 2.8 eine gerade Linie erhalten müssen, die aber – vor allem bei den niedrigeren Frequenzen – nicht festzustellen ist. Das Webersche Gesetz gilt nur für eine geringe Anzahl von Unterschiedsschwellen. Die Abweichung von dem konstanten Verhältnis ist um so größer, je näher man an die Reizschwelle herankommt. Ein Beispiel einer Sinnesleistung, für die das Webersche Gesetz gilt, zeigt ein Versuch von Cornsweet und Pinsker (1965). Sie ließen Versuchspersonen schätzen, welche von zwei grauen Scheiben die größere Grau-Intensität aufwies. Abschätzungen wurden in dem Bereich zwischen .005 nit und 300 nit vorgenommen. Die Funktion zeigte durchweg ein Webersches Verhältnis von 1/7 (0,14), das heißt, bei allen Leuchtdichten wurde der gleiche Quotient ermittelt.

2.2.2 Signalentdeckung

Die Grundannahmen der Psychophysik und vor allem die Konzeption der »Schwelle« wurden nicht von allen Forschern der Wahrnehmungspsychologie akzeptiert. Die Beobachtung, daß man bei der Bestimmung der Reizschwelle und der Unterschiedsschwelle eine gewisse Variation der Meßwerte findet (s. Abb. 2.5), warf die Frage auf, ob es überhaupt eine Schwelle gibt oder ob nicht vielmehr Empfindung und Wahrnehmung kontinuierlich arbeiten. Die sogenannte *klassische Psychophysik* erklärte die beobachtete Variation der Messungen folgendermaßen: Wenn man davon ausgeht, daß die physikalischen Grundlagen eines konstanten Reizes sich nicht verändern, dann müssen die Veränderungen in der Reaktion des sensorischen Systems liegen. Die Variation der Erkennbarkeit eines konstanten Reizes folgt aus Empfindlichkeitsschwankungen des Beobachters. Die Aussage des Beobachters bei einer Reizdarbietung ist einerseits durch die Eigenschaften des Reizes bestimmt, andererseits hängt die Wahrnehmung des Reizes von der augenblicklichen Fähigkeit des sensorischen Systems ab, den Reiz aufzunehmen und eine Reaktion darauf auslösen zu können. Angenommen, daß solche Schwankungen sich nach Zufall um die wirkliche Schwelle verteilen, würde man bei einer Reizintensität, die gerade der Reizschwelle entspricht, eine Wahrnehmung bei 50% der Darbietungen erwarten. Die bei der Schwellenbestimmung ermittelten Werte entsprechen dieser Erwartung, und deshalb glaubt man, die Schwelle als jene Intensität identifiziert zu haben, bei der 50% der Reize erkannt wurden.

Zwei alternative Auffassungen haben sich zur klassischen Theorie der Schwelle entwickelt. Zunächst wurde die neurologische Quantentheorie formuliert (Troland 1930, Stevens, Morgan, Volkmann 1941). Ihre Grundannahme besagt:

Die Schwelle ist konstant und die Aufnahme eines Reizes erfolgt nach dem *Alles-oder-Nichts-Gesetz* der Physiologie. Die Unterschiedsschwellen werden dann überschritten, wenn die Energieaufnahme gleich oder größer als ein Quantum ist. Die Variationen, die bei den meisten Schwellenbestimmungen auftreten, entstehen aufgrund der Aufmerksamkeitsschwankungen des Beobachters. Tatsächlich haben Anhänger dieser Richtung gezeigt, daß die Variation bei sorgfältig urteilenden und trainierten Beobachtern geringer wird (Larkin & Norman 1964). Heutzutage findet man nur noch wenige Vertreter dieser Auffassung – vor allem deswegen, weil sich das Alles-oder-Nichts-Gesetz der Neuronalreaktion, auf das sich diese Forscher stützen, nur als begrenzt gültig erwiesen hat (Corso 1967).

Die zweite Richtung ist die *Theorie der Signalentdeckung*. Sie war schon deshalb erfolgreicher, weil eine Verbindung zur klassischen Psychophysik hergestellt werden konnte. Die Grundannahme der Signalentdeckungstheorie (Green & Swets 1966) steht im Gegensatz zur Quantentheorie. Zunächst wird keine »Schwelle« im zuvor üblichen Sinne des Wortes angenommen. Urteile über das Vorhandensein oder Fehlen eines Reizes hängen nicht nur von der Empfindlichkeit eines Beobachters ab, sondern auch von seinem *Entscheidungskriterium*. Bei der Darbietung eines Reizes muß die Versuchsperson jeweils die Entscheidung treffen, ob ein Reiz tatsächlich vorhanden war oder nicht. Der Reiz muß genügend Energie haben, um aus der Gesamtheit aller anderen Reize und Aktivitäten des Wahrnehmungssystems herauszuragen. Summarisch bezeichnet man solche Störfaktoren als *Rauschen*. Der Reiz oder das *Signal* muß innerhalb des Rauschens entdeckt werden. Das Problem der Schwellenbestimmung ist also nichts weiter als die Messung der Fähigkeit eines Beobachters, Signale im Rauschen zu erkennen. Die Antwort des Beobachters muß jedoch als Produkt der Sinnessensitivität und des Entscheidungskriteriums des Beobachters zugleich betrachtet werden. Die Methode der Signalentdeckung bietet die Möglichkeit, die Einwirkung dieser beiden Komponenten unabhängig voneinander zu messen. Der Beobachter hat jeweils die Entscheidung zu treffen, ob ein Signal dargeboten wurde oder nicht. Diese Entscheidung kann einerseits von seinem Kriterium abhängen, andererseits aber auch von der Leistungsfähigkeit seines Sinnessystems, Signale aufzunehmen. Die unabhängige Bestimmung dieser Faktoren erfolgt im Versuch durch Reizserien, bei denen manchmal ein Signal und manchmal keines gegeben wird. Da das Signal im Rauschen erkannt werden muß, spricht man bei einer Darbietung mit Signal von »Signal und Rauschen«, bei einem Versuch ohne Signal von »Rauschen«. Abbildung 2.9 stellt die Situation graphisch dar.

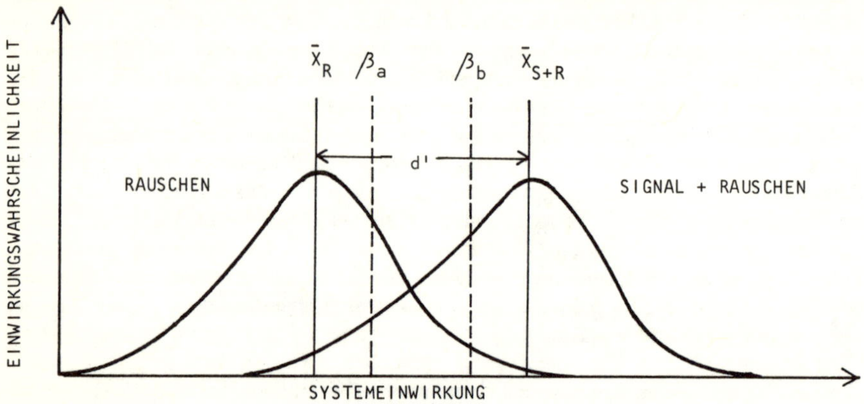

Abb. 2.9 Graphische Darstellung einer »Rauschen«-Verteilung und »Signal-und-Rauschen«-Verteilung. Der Abstand der Mittelwerte der Verteilung ist d! Zwei verschiedene Entscheidungskriterien sind $\beta_a \beta_b$.

Auf der Abszisse der Abbildung (Systemeinwirkung) ist das Ausmaß oder die Stärke der Einwirkung eines Reizes auf das sensorische System aufgetragen. Dieses Ausmaß kann einerseits durch das Rauschen, aber auch andererseits durch Signal und Rauschen geprägt sein. Die Aufgabe des Beobachters ist es, jeweils zu entscheiden, ob diese Einwirkung durch ein Signal oder durch das Rauschen alleine verursacht wurde. Auf der Ordinate der Abbildung kann man die Häufigkeit oder Wahrscheinlichkeit dafür ablesen, daß entweder Rauschen oder Signal und Rauschen ein bestimmtes Ausmaß der Einwirkung haben werden. Natürlich ist die häufigste Einwirkung in beiden Fällen bei den Mittelwerten ($\bar{X}_R$ und $\bar{X}_{S+R}$) beider Verteilungen zu finden.

Die Fähigkeit des Beobachters, ein bestimmtes Signal zu entdecken, hängt vom Unterschied zwischen den Mittelwerten der beiden Verteilungen ab – also von der unterschiedlichen mittleren Stärke der Einwirkung des Rauschens und des Signals mit Rauschen. Dieser Unterschied wird als d' bezeichnet. Würden die beiden Verteilungen sich nicht überschneiden, dann wäre das Signal immer vom Rauschen zu unterscheiden. Mit anderen Worten: Bei großen Werten von d' ist die Entdeckbarkeit des Reizes durch das Sinnessystem groß. Je näher die beiden Verteilungen aneinanderrücken – also bei kleineren Werten von d' –, desto schwerer ist das Entdecken eines Signals. Im Falle einer völligen Überlagerung könnte das Signal nie entdeckt werden. Die Definition von d' ist:

$$d' = \frac{\bar{X}_{s+r} - \bar{X}_r}{\sigma}, \qquad (2.2.3)$$

wobei $\bar{X}$ die jeweiligen Verteilungsmittelwerte darstellt und σ die Standardabweichung der Differenzen von Werten aus beiden Verteilungen.

In den meisten Fällen überschneiden sich – wie in der Abbildung – die Verteilungen. Dann hängt die Häufigkeit der »Ja-Antworten« vom Entscheidungskriterium des Beobachters (β_x) ab. Er muß entscheiden, von welcher Stärke der Systemeinwirkung an er mit »ja« antworten wird. In der Abbildung haben wir als Beispiel zwei solche Entscheidungskriterien (β_a, β_b) eingezeichnet. Natürlich kann das individuelle Kriterium des Beobachters überall auf der x-Achse liegen. Das Entscheidungskriterium wird so angewendet, daß bei allen Reizeinwirkungen rechts von β auf dem Kontinuum eine Ja-Antwort gegeben wird, – der Beobachter meint ein Signal entdeckt zu haben – während bei den Einwirkungen links vom Kriterium mit »Nein« geantwortet wird – der Beobachter meint, kein Signal oder nur Rauschen sei vorhanden.
Bei dem Entscheidungskriterium β_a wird der Beobachter eine große Anzahl der Signale entdecken, da sein Entscheidungskriterium links vom größten Anteil der »Signal-und-Rauschen«-Verteilung steht. Bei β_b werden weniger Signale entdeckt, da das Kriterium weniger von der Verteilung des Signals auf der rechten (das Signal enthaltenden) Beurteilungsseite einschließt. Indessen zahlt der Beobachter für die hohe Trefferzahl bei dem Kriterium β_a mit einer großen Anzahl an falschen Alarmen. Das sind Situationen, in denen kein Signal dargeboten wurde, die aber irrtümlich mit »ja« beurteilt werden. Dies erkennt man an dem großen Anteil der Rauschen-Verteilung, die rechts vom Entscheidungskriterium liegt. Umgekehrt werden bei β_b selten falsche Alarme gegeben, dafür bleiben jedoch auch viele der auftretenden Signale unbemerkt.
Aus dem Verhältnis der Treffer zu den falschen Alarmen ergibt sich das tatsächliche Entscheidungskriterium β_x des Beobachters. Ebenfalls können daraus die Werte der Sensitivität des Systems (d') gewonnen werden. Da der Beobachter bei jeder Reizdarbietung eine von zwei möglichen Aussagen machen kann (»ja«- oder »nein«-Signal oder Rauschen), entstehen insgesamt vier Möglichkeiten, die aus folgender Tabelle erkennbar sind:

	Reizvorlage	
Beobachter-urteil	Signal & Rauschen (S)	Rauschen (R)
Ja (S) (Signal)	Treffer (S/S)	falscher Alarm (S/R)
Nein (R) (kein Signal)	Fehler (R/S)	richtige Ablehnung (R/R)

Die Werte für die »Ja«-Urteile des Beobachters (Signal vorhanden) können wie folgt ermittelt werden:

$$P_{(S/S)} = \text{Anzahl der Treffer (S/S)/Anzahl der Reizfolgen mit Signal (S)}$$
$$P_{(S/R)} = \text{Anzahl der falschen Alarme (S/R)/Anzahl der Reizfolgen mit Rauschen (R)} \quad (2.2.4)$$

Die Wahrscheinlichkeiten für die beiden anderen Kategorien ergeben sich als Gegenwahrscheinlichkeiten:

$$P_{(R/S)} = 1 - P_{(S/S)}$$
$$P_{(R/R)} = 1 - P_{(S/R)} \quad (2.2.5)$$

Das optimale Entscheidungskriterium γ_0 für den Beobachter ist direkt durch das Verhältnis der tatsächlichen Signal-Reizdarbietungen P_s zu den nur Rauschen enthaltenden Darbietungen P_r gegeben.

$$\gamma_0 = P_r/P_s = \frac{f_{s+r}(\beta_x)}{f_r(\beta_x)} \tag{2.2.6}$$

Wenn die Wahrscheinlichkeit beider Zustände gleich ist ($P_r = P_s$), ergibt sich für γ_0 ein Wert von 1. Bei ungleichen Wahrscheinlichkeiten ändert sich dieser Wert. Ist die Wahrscheinlichkeit des Signals größer als die des Rauschens, wird $\gamma_0 < 1$, im umgekehrten Fall gilt $\gamma_0 > 1$.

Die tatsächlich in einem Versuch auftretenden Werte von d′ und β_x lassen sich aus den ermittelten Wahrscheinlichkeiten $P_{(S/S)}$ und $P_{(S/R)}$ errechnen. Man kann aber d′ auch direkt den Tabellen von Swets (1964) oder McNichol (1972) entnehmen oder durch Umwandlung in z-Werte der Normalverteilung berechnen:

$$d' = z(S/R) - z(S/S), \tag{2.2.7}$$

wobei z(S/R) und z(S/S) die z-Werte für p(S/R) und p(S/S) sind. Die z-Werte können in fast allen Lehrbüchern der Statistik nachgeschlagen werden. Man kann z-Werte auch für die Ermittlung des Entscheidungskriteriums benutzen. In einer Tabelle der Normalverteilung liest man die Ordinate (Y) für die beiden z-Werte ab. Letztere werden in die folgende Formel eingesetzt:

$$\beta_x = \frac{Y(S/S)}{Y(S/R)}. \tag{2.2.8}$$

Ein Beispiel für die Anwendung der Signalentdeckungstheorie bietet eine Untersuchung von Caelli & Finlay (1974). Dabei ging es um die Leistungsfähigkeit des Reizspeichers für spezifische Merkmale eines Objekts als Informationsquelle. Merkmale, die eine hohe physiologische Bedeutung für die visuelle Wahrnehmung haben (vgl. Hajos 1977), sind die Länge und die Orientierung im Raum von einfachen Strichen in einem kreisförmigen Verteilungsmuster. Die Versuchsleiter ließen verschiedene Muster beurteilen, in denen die beiden Merkmale variiert wurden. Es wurden jeweils kurzzeitig (150 msek) zwei Muster gleichzeitig dargeboten, und die Beobachter mußten sagen, ob beide hinsichtlich der Orientierung und Länge der Striche gleich oder ungleich waren. Bei der Darbietung konnte es sich um Muster mit Strichen gleicher Länge, aber verschiedener Orientierung (Signal), gleicher Orientierung, aber verschiedener Länge (Signal) oder gleicher Orientierung und gleicher Länge (Rauschen) handeln. Die Ergebnisse erbrachten d′-Werte von 0,47 für die Länge und 2,27 für die Orientierung. Der erheblich kleinere Wert für die Länge läßt den Schluß zu, daß diese Diskrimination schwerer ist ($d' = 0$ wäre eine Zufallsdiskrimination). Das Entscheidungskriterium für die Länge betrug 1,60, jenes für die Orientierung 1,50. Da in diesem Versuch die Wahrscheinlichkeit des Rauschens .63 und die des Signals .37 war, ergibt sich ein optimales Entscheidungskriterium von 1,70 (nach Formel 2.2.6). Die ermittelten Werte weichen nur wenig vom optimalen Wert ab, zeigen aber der Tendenz nach ein »liberales« Kriterium – es wird also häufiger die Beurteilung »ja« (Signal) abgegeben.

Ein Vorteil der Methode der Signalentdeckung liegt in der Möglichkeit, das Entscheidungskriterium unabhängig von der Diskriminationsleistung zu beobachten. In einem Versuch von Green & Swets (1966) wurde ein 1000-Hz-Ton mit einer Dauer von einer Sekunde als Signal zusammen mit konstantem weißen Rauschen gegeben. Bei jeder Darbietung trat entweder Signal und Rauschen oder nur Rauschen auf. Die Beobachter mußten jeweils entscheiden, ob ein Signal vorgekommen war oder nicht. In diesem Versuch wurden die Intensität des Signals und des Rauschens konstant gehalten, was zu einer – wie bei Abbildung 2.9 – Einwirkungsverteilung mit konstanten Mittelwerten der beiden Verteilungen und damit zu einem konstanten Wert von d' führt. Variiert wurde die Auftrittswahrscheinlichkeit des Signals mit $P_s = 0{,}10$; 0,30; 0,50; 0,70 und 0,90. Der Beobachter wurde vor jeder Versuchsreihe über die Auftretenswahrscheinlichkeit unterrichtet. Angenommen wurde, daß sich das Entscheidungskriterium entsprechend den Auftretenswahrscheinlichkeiten des Signals verschieben würde. Das heißt, bei hoher Wahrscheinlichkeit des Signals sollte der Beobachter sein Entscheidungskriterium nach links verschieben, da in diesem Fall die meisten Darbietungen ein Signal enthielten (wenn er jedesmal »ja« sagt, ist die Antwort in 90% der Fälle richtig). Bei einer Abnahme der Wahrscheinlichkeit für das Signal sollte das Kriterium dagegen nach rechts verschoben werden, bei der geringen Wahrscheinlichkeit von $P_s = 0{,}10$ ist die Antwort »nein« für 90% der Darbietungen richtig. Die Ergebnisse des Versuchs sind in Abbildung 2.10 angegeben.

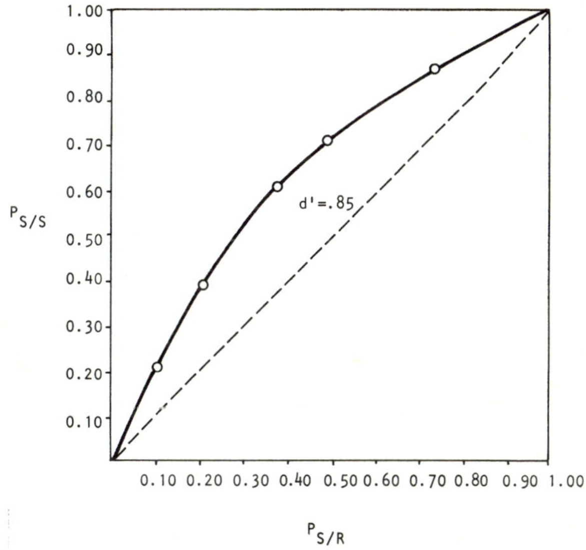

Abb. 2.10 Die Isosensitivitätskurve (ROC-Kurve) für das Entdecken eines Tones von bestimmter Intensität als Funktion der Wahrscheinlichkeit des Tones (Green und Swets, 1966).

Die Abbildung zeigt das Verhältnis von Treffern $p_{(S/S)}$ und falschen Alarmen $p_{(S/R)}$ für die fünf verschiedenen Wahrscheinlichkeiten. Jeder Punkt auf der durchgezogenen Linie entspricht einem konstanten Wert von $d' = 0{,}85$. Übrigens würde ein Zufallsverhalten den Wert von $d' = 0{,}0$ ergeben (gestrichelte Diagonale), während eine leichtere Diskrimination ein größeres d' ergeben hätte. In diesem Falle würde die Kurve oberhalb der Eingezeichneten verlaufen. Die Kurve zeigt die von der Versuchsperson angewandten Entscheidungskriterien. Man nennt sie die *Isosensitivitätskurve* des Beobachters oder *ROC-Kurve* (Receiver Operating Characteristic).

Aus der Abbildung kann man erkennen, daß die Verschiebung des Entscheidungskriteriums zwar eine Veränderung des Verhältnisses $p_{(S/R)}$ zu $p_{(S/S)}$ bewirkt, aber keinen Einfluß auf die Diskriminationsleistung (d') hat. Man kann also einen Meßwert für die Diskriminationsleistung ohne den Einfluß des Kriteriums erhalten. Würden die fünf verschiedenen Verhältnisse nicht auf einem konstanten Wert von d' beruhen (also nicht auf der Linie

liegen), würde das bedeuten, daß die Diskriminationsleistung durch das Entscheidungskriterium beeinflußt worden ist.
Am Anfang der Diskussion wurde darauf hingewiesen, daß sich gewisse Beziehungen zwischen der klassischen Schwellentheorie und der Signalentdeckungstheorie herstellen lassen. Beim Konstanzverfahren und bei der Herstellungsmethode kann man annehmen, daß der Beobachter ein optimales Entscheidungskriterium anwendet, da er immer so viele Reize wie möglich zu erkennen versucht (Treisman, Watts 1966, Treisman 1973). Mit diesen Methoden ist eine unabhängige Schätzung der Diskriminationsleistung möglich, obwohl hier keine Messung des Entscheidungskriteriums vorliegt. Bei der Grenzmethode kann eine vergleichbare Annahme nicht gemacht werden, daher wird diese Methode kaum noch angewandt. Als weiterführende Literatur empfiehlt sich Green und Swets (1966) und McNichol (1972).

2.2.3 Skalierung

Die Methoden der klassischen Psychophysik (Herstellungsmethode und Konstanzverfahren) und die Methoden der Signalentdeckung bieten sich zur Feststellung von Reizschwellen und Unterschiedsschwellen an. Indessen impliziert die Aufnahme eines physikalischen Reizes noch weitere Verarbeitungen nach Gesichtspunkten der quantitativen und qualitativen Veränderung des Reizes. Das heißt, ein physikalischer Reiz kann eine kontinuierliche Veränderung nach seinem Ausmaß und seiner Beschaffenheit vollziehen. In diesem Zusammenhang sprechen wir von einer Skalierung der Reize.
In Abbildung 2.7 wurde die Bestimmung der Hörschwelle nach der Treppenmethode von v. Békésy gezeigt, bei der man die geringste Amplitude ermittelte, die in Abhängigkeit von der Frequenz noch wahrnehmbar war. Dieser Versuch könnte ausgebaut werden, indem man bei einer bestimmten Frequenz die Amplitude nach Überschreitung der Schwelle weiter ansteigen läßt. Das wäre ein Skalierungsproblem. Es handelt sich hier um das Problem, auf welche Weise die quantitative Veränderung des Reizes bei zunehmender Amplitude wahrgenommen wird. Fechner (1860) gab eine erste Antwort auf diese Frage. Da sich die Unterschiedsschwelle für verschiedene Reizamplituden feststellen läßt, wäre die psychophysische Skala eine Darstellung solcher Unterschiedsschwellen oder Intervalle über das gesamte physikalische Kontinuum. Das Webersche Gesetz besagt, daß bei einer Zunahme der Amplitude eine entsprechende Zunahme der Unterschiedsschwelle erfolgen muß, damit das Verhältnis einen konstanten Wert behält. Fechner ging ferner von der Annahme aus, daß man eine subjektive Skala der Amplitude erhält, indem man die Unterschiedsschwellen einfach aufaddiert. Damit wäre die erwartete Größe des subjektiven Wertes aus der Summe der Unterschiedsschwellen von der Reizschwelle bis zum ermittelten Wert hin zu berechnen. Aus derartigen Überlegungen resultierte das *Fechnersche Gesetz*, nach dem sich die Größe des subjektiven Wertes aus dem Logarithmus der Reizamplitude ergibt:

$$S = k \log I + c \tag{2.2.9}$$

dabei bedeuten S die subjektive Größe, I die physikalische Größe, k eine Konstante und c eine weitere (additive) Konstante.
Abbildung 2.11 zeigt die Anwendung der Formel bei der Wahrnehmung der Amplitude eines Tones. Auf der Ordinate ist die subjektive Stärke des Tons in gleichabständigen Stufen aufgetragen. Die Abszisse enthält die physikalischen Größen. Nach dem Weberschen Gesetz ist das Verhältnis zwischen Unterschiedsschwelle und Größe des Ausgangsreizes jeweils 1/12. Im Sinne des Fechnerschen Gesetzes müßte der Zusammenhang zwischen subjektiver Größe und einer logarithmischen Skala der physikalischen Größe

(obere Abszisse) die in Abbildung 2.11 gestrichelt gezeichnete gerade Linie ergeben. Das heißt, um die Größe des wahrgenommenen Intervalls konstant zu halten, müßte die physikalische Größe logarithmisch zunehmen, wenn die subjektive Größe arithmetisch ansteigt.

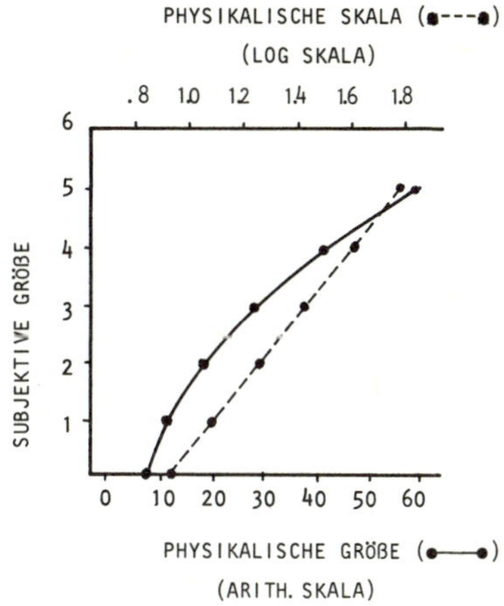

Abb. 2.11 Die logarithmische Funktion (Fechnersches Gesetz) bei der Beurteilung der Lautstärke eines Tons nach der Methode der Unterschiedsschwelle (Boring et al., 1935).

Diese Beziehung zwischen physikalischer und subjektiver Intensität wurde von Fechner als allgemeines Gesetz aufgefaßt. Bei zahlreichen Eigenschaften der Umwelt folgen die empirisch ermittelten Werte dem durch die Formel vorausgesagten logarithmischen Verlauf ziemlich genau. So ergab sich für die Intensität eines Tones, wie bereits oben erwähnt, eine logarithmische Funktion mit dem Weberschen Verhältnis von 1/12 (0,08), während für die Intensität des Lichtes beispielsweise der Wert 1/60 (0,016) ermittelt wurde (Boring et al. 1935).

Das Fechnersche Gesetz hatte ein ähnliches Schicksal wie die Methoden der Schwellenbestimmung. Schon sehr früh hegte man den Verdacht (James 1890), daß dieses Gesetz nur für gewisse Grenzbereiche gültig sein könne. Aber erst S. S. Stevens formulierte eine klare Alternative, deren Entwicklung zu seinem Lebenswerk wurde (Stevens 1934, 1951 und 1975). Sein Alternativgesetz ist die *Potenfunktion:*

$$S = a I^b \tag{2.2.10}$$

wobei abermals S die subjektive Größe, I die physikalische Größe und a und b Konstanten bezeichnen. Dabei hängt a von der skalierten Meßeinheit und b vom jeweiligen Sinnesgebiet und der Sinnesleistung ab.

Die Anwendung der Potenzfunktion wird durch folgende mathematische Beziehung nahegelegt: Trägt man die subjektive und die physikalische Größe im Koordinatensystem logarithmisch gegeneinander auf, so erhält man eine Gerade, die die y-Achse bei log a schneidet mit der Steigung b, dem Exponenten.

$$\log S = \log a + b \log I \tag{2.2.11}$$

Es wird davon ausgegangen, daß ein konstantes Verhältnis zwischen der subjektiven Größe eines Reizes und seiner physikalischen Größe besteht. Eine bestimmte prozentuale

Veränderung des Umweltreizes führt zu einer jeweils zugehörigen prozentualen Veränderung des wahrgenommenen Reizes unabhängig vom Ausgangsniveau. Man muß beispielsweise die Energie eines Lichtes um das Achtfache vergrößern, um eine Verdoppelung der wahrgenommenen Helligkeit zu erzielen, und zwar unabhängig von der Ausgangshelligkeit.

Wir verweisen nochmals auf das Beispiel der wahrgenommenen Lautstärke eines Tons in Abhängigkeit vom Anstieg der Amplitude. Mit der Methode von Stevens wird eine direkte Bestimmung vorgenommen, indem man vom Beobachter die wahrgenommene Größe oder Lautstärke des Tons schätzen läßt. Töne bestimmter Frequenz werden nach einer Zufallsreihe dargeboten. Bei jeder Darbietung hat der Beobachter eine Zahl anzugeben, der seiner Meinung nach die Lautstärke des Tons entspricht. Nach einer Versuchsreihe berechnet man die Mittelwerte der Schätzungen für jede Versuchsperson. Dieses Vorgehen wird die *Methode der direkten Größenschätzung* genannt. Die Ergebnisse eines solchen Versuchs sind als Mediane der individuellen Mittelwerte von 32 Beobachtern angegeben. Abbildung 2.12 gibt eine Übersicht.

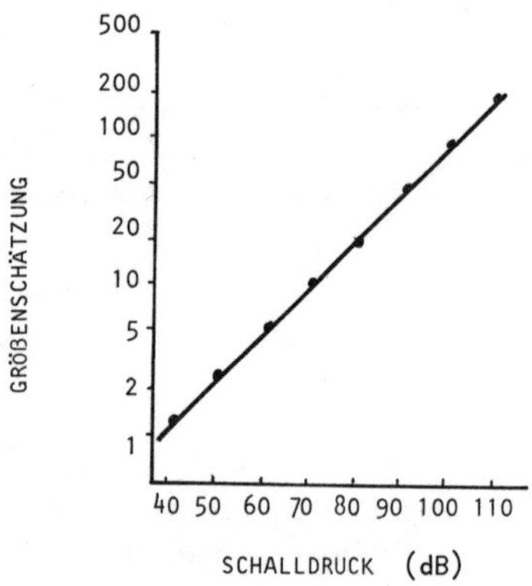

Abb. 2.12 Die Potenzfunktion für die direkte Größenschätzung eines 1000-Hz-Tones bei 32 Beobachtern. Die Größenschätzung ist logarithmisch auf der Ordinate aufgetragen, während der Schalldrücke nach der logarithmischen Dezibelskala auf der Abszisse angegeben ist (Stevens, 1956).

Der Exponent der ermittelten Funktion beträgt 0,66. Bei einem Wert von 1,0 steigt das Verhältnis zwischen wahrgenommener Intensität und physikalischer Reizgröße in gleichmäßig größer werdenden Schritten an, die Beziehung ist linear. Bei Exponenten kleiner als 1,0 erfolgt eine größere Zunahme der Reizwerte im Verhältnis zur wahrgenommenen Größe und bei Werten größer als 1,0 steigt die wahrgenommene Größe in größeren Einheiten als die Reizintensität an. Weitere Beispiele für Exponenten sind: 0,33 für die Helligkeit eines Lichtes, 1,0 für die Länge eines Striches und 1,2 für die Bewegungsgeschwindigkeit eines Lichtes.

Obwohl Stevens und seine Mitarbeiter mehrere direkte Methoden entwickelt haben, werden meistens die Methode der direkten Größenschätzung sowie die *Methode der intermodalen Skalierung* benutzt. Hierbei wird die subjektive Größe eines Reizes in einer Sinnesmodalität durch das Einstellen der entsprechenden subjektiven Größe eines Reizes einer anderen Sinnesmodalität ermittelt. So ließen Stevens und Marks (1965) zum Beispiel die Lautstärken eines 1 000-Hz-Tons durch die Einstellung der entsprechenden subjektiven Helligkeiten eines Lichtes schätzen. Als Exponent erhielten sie einen Wert von 0,75 (bei der Methode der direkten Größenschätzung betrug er 0,66).

Als problematisch erwies sich bei der Methode der direkten Größenschätzung die Voraussagbarkeit individueller Schätzungen. Das heißt, es ergaben sich sehr stabile Werte für Gruppen, aber erhebliche Abweichungen zwischen einzelnen Beobachtern. Neuerdings zeigten Schneider et al. (1974), daß die Abweichungen möglicherweise durch unterschiedliche Größenvorstellungen zustandekommen, die einzelne Beobachter mit den Zahlen verbinden. Sie fanden, daß der Anstieg der subjektiven Größe einer Zahl bei den einzelnen Versuchspersonen ebenfalls einer Potenzfunktion folgt. In ihren Versuchen ließen sie Zahlenreihen beurteilen, wobei die Zahlen entweder eine arithmetische oder eine logarithmische Reihe bildeten. Die Exponenten waren 0,69 und 0,80. Ebenso wurden die nach der Fechnerschen logarithmischen Funktion vorausgesagten Werte berechnet. Sie zeigten jedoch keine Übereinstimmung mit den erhaltenen Daten. Die subjektive Größe einer Zahl ist somit keine logarithmische Funktion der Zahlenreihe, sondern eine Potenzfunktion.

Obwohl die Potenzfunktion sich als beste Anpassung der Daten für einen weiten Bereich von Sinnesleistungen erwiesen hat, findet man noch Skalierungsprobleme, denen die logarithmische Funktion besser entspricht. Nach Stevens und Galanter (1957) scheint die Skalierung von qualitativen Unterschieden ein solcher Fall zu sein. Die hier gefundenen Zusammenhänge lassen sich angemessener nach dem logarithmischen Gesetz von Fechner voraussagen. Solche Skalen werden *metathetische Skalen* genannt. Im Unterschied dazu wird eine quantitative Veränderung von Reizen als *prothetische Skala* bezeichnet. Die Intervallgröße nimmt hier sowohl beim physikalischen Reiz als auch bei der subjektiven Schätzung im Sinne der Potenzfunktion von Stevens zu.

Es muß jedoch bemerkt werden, daß die vorgeschlagene Einteilung nicht allgemein akzeptiert wird (vgl. Snodgrass 1975). Stevens (1975) weist darauf hin, daß sich zwar beide Skalenarten durch die Potenzfunktion beschreiben lassen, metathetische Skalen aber eher dem Verlauf der Fechnerschen logarithmischen Funktion entsprechen. Unterschiede sind möglicherweise auf die methodischen Besonderheiten der Intervallskalen von Fechner und der Verhältnisskalen von Stevens zurückzuführen (s. Klix 1971). Die inneren Beziehungen zwischen beiden Skalenarten werden in einer Aufteilung berücksichtigt, die von Marks (1974) vorgeschlagen wurde. Beim Typ I handelt es sich um Skalen der Verhältnismethoden (z. B. Größenschätzung) und bei Typ II um Skalen der Intervallmethoden (z. B. Unterschiedsschwellen). Marks zeigt, daß beide Skalen als Potenzfunktion angesehen werden können und daß die Exponenten bei Skalen vom Typ I etwa zweimal so groß sind wie die bei Typ II, wenn die gleichen Reize beurteilt werden.
Wir werden im Laufe der Beschreibung von Wahrnehmungsleistungen sowohl Potenzfunktionen als auch logarithmischen Funktionen begegnen. Man darf diese methodischen Ansätze keineswegs als ein abgeschlossenes Kapitel ansehen. Als weiterführende Literatur für die Entwicklung der Potenzfunktion empfiehlt sich das Buch von Stevens (1975), während bei Hajos (1972) eine gute Beschreibung der logarithmischen Funktion zu finden ist.

2.3 Fragen

1. Unterscheiden Sie zwischen den drei »Reizphasen« der Wahrnehmung.
2. Welche Komponenten des Lichtes und des Schalls übermitteln Informationen über Umweltreizung?
3. Welche Vorteile bietet die Methode der Signalentdeckung gegenüber jener der klassischen Psychophysik?
4. Unterscheiden Sie zwischen d', β_x und ROC.
5. Wie unterscheiden sich die Potenzfunktion von Stevens und die logarithmische Funktion von Fechner? Bei welchen Reizarten sind sie angebracht?

Teil III: Die Diskriminationsfähigkeit der Wahrnehmungssysteme

Die Beschreibung der Signale unserer Wahrnehmung hat gezeigt, daß eine begrenzte Anzahl von Umwelteigenschaften zur Verfügung steht, die Informationen über Umweltereignisse vermitteln können. Für das visuelle System sind die Reflexionsverteilungen, die von Objekten der Umwelt zurückgestrahlt werden, die spezifischen Reize. Diese Verteilungen sind selbst wieder durch die Ausstrahlungsverteilungen der ursprünglichen Lichtquelle (des Selbstleuchters) bestimmt. Unterschiede und Ähnlichkeiten der Umweltobjekte lassen sich aufgrund der Reflexionsverteilungen charakterisieren. Ähnliche Verhältnisse finden wir in der akustischen Wahrnehmung. Hier handelt es sich um Energieverteilungen, die sich durch die vorhandenen Frequenzen und deren Amplituden beschreiben lassen. Als Reiz für das akustische System steht ebenfalls eine Reflexionsverteilung zur Verfügung, die sich aus dem zurückgeworfenen Energiespektrum der Schallerzeuger zusammensetzt.

Im Rahmen unserer Beschreibung der Methoden, die zur Erfassung der Reizaufnahme geeignet sind, behandeln wir jetzt die Fähigkeit der Wahrnehmungssysteme, Umwelteigenschaften zu diskriminieren. Aus dem Reizspektrum der Umwelt kann vom jeweiligen Organismus immer nur eine begrenzte Anzahl von Reizen aufgenommen werden. Zunächst müssen wir die Leistungsgrenzen des Sinnesorgans beschreiben, die durch den Umfang an Diskriminationsmöglichkeiten der Wahrnehmungssysteme bestimmt sind.

Einige Grenzen der Diskrimination haben wir bereits kennengelernt. Vom menschlichen Auge werden Wellenlängen zwischen etwa 360 nm und 740 nm aufgenommen. Weiter wurde in Abbildung 2.6 gezeigt, daß das visuelle System nicht auf alle Wellenlängen mit gleicher Empfindlichkeit reagiert. Ferner bestehen im visuellen System zwei Verarbeitungssysteme. Bei höherer Lichtintensität reguliert ein System die photopische Leuchtdichteempfindlichkeit, wobei die Empfindlichkeit für Wellenlängen um 555 nm am größten ist. Bei geringer Lichtintensität arbeitet das System der skotopischen Leuchtdichteempfindlichkeit mit einem Maximum bei 510 nm. Inzwischen wissen wir, daß sich in diesen Systemen weitgehend die Reizverarbeitungsweise der beiden Rezeptorenarten der Retina widerspiegelt. Das photopische System ist durch die Funktionsweise der *Netzhautzapfen* bedingt, die in der Fovea der Netzhaut gehäuft auftreten. Das skotopische System kennzeichnet die Tätigkeit der *Netzhautstäbchen*, deren Häufigkeit von der Fovea ausgehend zuerst zu-, dann aber wieder abnimmt. Wir wollen hier nicht weiter auf die Physiologie der Wahrnehmungssysteme eingehen und verweisen den Leser daher auf die ausgezeichnete Darstellung von Brown (1975).

Auf die Grenzen der Sinneswahrnehmung im akustischen System haben wir bereits hingewiesen. Aus dem Gesamtbereich der mechanischen Schwingungen nimmt das menschliche Ohr nur Schallreize zwischen 20 und 20000 Hz wahr. Auch hier besteht keineswegs die gleiche Empfindlichkeit für alle Frequenzen, was aus der Abbildung 2.7 hervorgeht. Die höchste Empfindlichkeit liegt im Bereich zwischen 1000 und 3000 Hz. Im akustischen System existieren wahrscheinlich ebenfalls zwei Verarbeitungssysteme. Das eine ist vermutlich für Frequenzen unterhalb 4000 Hz zuständig, das andere für Frequenzen oberhalb dieser Grenze. Die Physiologie des akustischen Systems ist hier indessen nicht völlig erforscht, es gibt einige widersprüchliche Befunde.

Das akustische Wahrnehmungssystem ist in der Lage, akustische Reize mit Amplituden zwischen 0,0002 dyn/cm² und etwa 2000 dyn/cm² aufzunehmen. Damit ergibt sich ein Empfindlichkeitsbereich für Schalldrucke, der durch ein Verhältnis von etwa 10 Millionen zu 1 zwischen dem stärksten und schwächsten wahrnehmbaren Reiz gekennzeichnet ist. Einen sehr weiten Bereich der auflösbaren Intensitäten gibt es auch bei visuellen Reizen. Im visuellen Wahrnehmungssystem erstreckt sich die Empfindlichkeit von 0,000001 mL bis 16000 mL, was ein Empfindlichkeitsverhältnis von 10 Milliarden zu 1 bedeutet. Übrigens dürfen diese Werte nicht als Hinweis auf einen breiteren Empfindlichkeitsbereich für das Sehen im Vergleich zum Hören aufgefaßt werden; vielmehr drücken sie Verhältnisse zwischen den angewandten Meßeinheiten aus.

Durch die Breite der Empfindlichkeitsbereiche wird der rechnerische Umgang mit dyn/cm² und mL sehr umständlich. Dieses Problem wird durch die Anwendung einer logarithmischen Skala – der Dezibelskala (dB) – gelöst. Auf dieser Skala kann der gesamte Empfindlichkeitsbereich des akustischen Systems von 0 bis etwa 140 dB dargestellt werden, während der Bereich der visuellen Empfindlichkeit von 0 bis etwa 100 dB reicht. Die Tabellen 3.1 und 3.2 zeigen diese Skalen für das akustische und visuelle System. Zum Vergleich sind einige Beispiele von akustischen und visuellen Reizen verschiedener Stärke in beiden Tabellen angegeben. Bei akustischen Reizen werden Dezibelwerte häufiger als bei visuellen Reizen angewandt. Bei den visuellen Reizen wird meistens der Logarithmus der Leuchtdichte (log mL) bevorzugt. Diese Skala ist zum Vergleich in Tabelle 3.2 ebenfalls aufgeführt.

Die Dezibelskala ist eine Verhältnisskala: Die Werte werden aus dem Verhältnis der Energie des zu bestimmenden Wertes zu einem Standard- oder Vergleichswert errechnet. Als Beispiel nehmen wir die Berechnung der Dezibelskala für akustische Reize. Meistens wird Schalldruck in dyn/cm² als Energieeinheit benutzt. Daraus ergibt sich folgende Formel:

$$N(dB) = 20 \log p/p_v, \qquad (3.0.1)$$

wobei p der Schalldruck des zu bestimmenden Wertes in dyn/cm² und p_v der Schalldruck des Vergleichswertes ist. Normalerweise wird der Schalldruck der absoluten Hörschwelle

Tabelle 3.1: Die Dezibelskala für Schalldrücke (dyn/cm²)

Verhältnis zwischen gegebenem Schalldruck und dem Druck der unteren Absolutschwelle	Dyn/cm²	Schalldruck in Dezibel	Schallerzeuger
10000000	2000.0	140	Düsenflugzeug beim Abflug
		130	
1000000	200.0	120	Donner
		110	
100000	20.0	100	U-Bahn
		90	
10000	2.0	80	Staubsauger
		70	
1000	.2	60	Unterhaltung
		50	
100	.02	40	Ruhiges Büro
		30	
10	.002	20	Flüstern
		10	
0	.0002	0	Hörschwelle

Tabelle 3.2: Die Leuchtdichte, ausgedrückt in Dezibel, Millilambert und log mL für den photopischen und den skotopischen Sehbereich (Zusammengestellt nach Bartley 1951; Baker & Grether 1954)

Milli-lamberts (mL) Leuchtdichte	Log mL			Visuelles Erlebnis			Dezibel über Stäbchen-Sehschwelle
100.000	5	Lamberts	100		↑		
10.000	4		10	Neuschnee bei hellem Himmel	Höchst wahrnehmbare Leuchtdichte		110
1.000	3		1	Erde bei hellem Himmel			100
100	2		0.1	Erde bei bedecktem Himmel			90
10	1		0.01	Buchseite unter normalem Leselicht	Photopisches Sehen		80
1	0	Microlamberts	1.000	Weißes Papier, 25 cm entfernt von einer normalen Kerze			70
.1	−1		100	Gerade leserliche Buchseite			60
.01	−2		10	Schnee bei Vollmond	Sehschwelle (Zapfen)		50
.001	−3		1	Erde bei Vollmond	↑		40
.0001	−4	Millimicro-lamberts	100	Schnee bei klarem Himmel (ohne Mond)	Skotopisches Sehen		30
.00001	−5		10	Gras bei klarem Himmel (ohne Mond)			20
.000001	−6		1		Sehschwelle (Stäbchen)		10
							0

von 0,0002 dyn/cm² als Vergleichswert zugrunde gelegt. So ergibt sich zum Beispiel nach der obigen Formel für einen Schalldruck von 2,0 dyn/cm² ein Wert von 80 dB. In diesem Fall ist der Meßwert 10000 mal so groß wie der Vergleichswert (s. Tabelle 3.1). Aus Tabelle 3.1 ist ersichtlich, daß ein Schalldruck, der 10 mal so groß wie jener der Hörschwelle ist, einen Wert von 20 dB erhält, während einem Schalldruck, der 100 mal so groß wie der Hörschwellenwert ist, 40 dB entsprechen. Mit anderen Worten: die Dezibelwerte steigen um 20 dB bei jeder 10fachen Vergrößerung des Schalldruckes. Ausgehend vom Vergleichswert bedeutet eine 2fache Vergrößerung des Schalldruckes eine Zunahme um 6 dB, eine 4fache Vergrößerung eine Zunahme um 12 dB und eine 8fache Vergrößerung eine Zunahme um 18 dB. Die Berechnung von Dezibelwerten kann durch die Benutzung veröffentlichter Tabellen, wie man sie etwa bei Woodworth und Schlosberg (1954) und Plattig (1975a) findet, erheblich erleichtert werden.

Es muß nochmals betont werden, daß die Dezibelskala das Verhältnis zwischen zwei Werten ausdrückt. Meistens nimmt man die absolute Schwelle des Sehens oder des Hörens als Vergleichswert, um alle Dezibelwerte als positive Zahlen ausdrücken zu können. Normalerweise wird 0,0002 dyn/cm² als Vergleichswert für die akustische Wahrnehmung angenommen. Dieser Wert ergibt sich als der niedrigste, wahrnehmbare Schalldruck bei einer Frequenz von 1000 Hz. Es war früher üblich, SPL (sound pressure level) hinter Dezibelwerte, die sich auf den Vergleichswert von 0,0002 dyn/cm² bezogen, hinzuzufügen. Da dB-Werte heutzutage fast ausschließlich im obengenannten Sinn als auf Schwellenwerte bezogen verstanden werden, läßt man den Hinweis oft einfach weg.

Für die visuelle Wahrnehmung müssen zwei Werte, entsprechend der Sehschwelle für Zapfen und für Stäbchen, angegeben werden. Üblich sind 0,000001 mL für Stäbchen ($-6\log mL$) und 0,01 mL ($-2\log mL$) für Zapfen (Corso 1967, Stevens 1975). Daraus ergibt sich die Formel für die visuelle Dezibelskala wie folgt:

$$N(dB) = 10 \log l/l_v, \qquad (3.0.2)$$

wobei l die Leuchtdichte in mL des festzustellenden Wertes und l_v die absolute Sehschwelle ist.

3.1 Die visuelle Diskriminationsfähigkeit

Im folgenden soll zunächst die Fähigkeit des visuellen Systems, Eigenschaften der Umwelt aufzunehmen, beschrieben werden. Man hat versucht, die Grenzen solcher Leistungen des visuellen Wahrnehmungssystems zu ermitteln, die die Aufnahme eines bestimmten Aspektes der Umwelt im Reizspeicher ermöglichen. Die Aufnahme stellt die erste Verarbeitungsleistung dar und führt im Reizspeicher zu einer Informationsquelle für die Perzeptbildung.

3.1.1 Die visuelle Sehschärfe

In der Regel erfaßt man die visuelle Empfindlichkeit mit Schwellen- und Skalierungsmethoden. Sie dienen auch zur Ermittlung der Sehschärfe. Man will den Mindestbetrag der Reizgröße bestimmen, der zur Aufnahme in das System oder für die Wahrnehmung einer Veränderung eines Reizes vorhanden sein muß. Dieser Mindestbetrag hängt von der Diskriminationsfähigkeit des Systems ab. Er wird sowohl durch die Variation verschiedener Umwelteigenschaften als auch durch die Variation des Systems selbst bestimmt.
Zur Ermittlung der Sehschärfe werden vier Methoden angewandt, die hier kurz zu schildern sind. Es geht vor allem darum, wie man am besten die *abhängige Veränderliche* bei der Untersuchung erfaßt. Die Aufgabe des Beobachters besteht darin, dem Versuchsleiter eine wahrgenommene Veränderung mitzuteilen. Die einfachste Methode fordert nur, daß die Versuchsperson das Vorhandensein bzw. Nichtvorhandensein eines Reizes berichtet. Wir bezeichnen dieses Vorgehen als *Entdeckungsmethode.* Bei der Schwellenbestimmung und vor allem bei den Methoden der Signalentdeckung wird die abhängige Veränderliche auf diese Weise erfaßt. Als zweites haben wir die *Erkennungsmethode.* Hier ist nicht nur das Vorhandensein eines Reizes zu berichten, es müssen überdies bestimmte Eigenschaften erkannt werden. Obwohl wir hier von der Diskrimination der Reize sprechen, erfordert diese Methode genau genommen die Bildung eines Perzepts. Ein Beispiel dafür ist die heute veraltete *Snellesche Sehprobe.* Aufgabe des Beobachters ist es hier, Buchstaben verschiedener Größen aus einer bestimmten Entfernung zu erkennen. Heutzutage benutzt man statt dessen meistens die *Landoltschen Sehringe.* Eine Figur ähnlich dem Buchstaben C wird in unterschiedlicher Größe und Lage bei einer vorgeschriebenen Entfernung dargeboten. Die Erkennungsaufgabe des Beobachters besteht darin, jeweils die räumliche Position des Spaltes (links, rechts, oben oder unten) richtig anzugeben. Mit einer dritten Methode, der *Auflösungsmethode*, erzielt man ein ähnliches Ergebnis. Gewöhnlich wird dabei ein Streifenmuster in bestimmter Orientierung dargeboten, wobei die Streifenbreite verändert werden kann. Sie wird so lange verringert, bis der Beobachter nicht mehr in der Lage ist, die Richtung der Streifen zu erkennen. Eine vierte Methode führt zur sogenannten *Vernier-Sehschärfe.* Sie findet immer häufiger Anwendung bei der klinischen Bestimmung der Sehschärfe. Man bietet zwei übereinander angeordnete

senkrechte Striche so dar, daß der obere Strich nach links oder rechts versetzt werden kann. Der Beobachter hat die Richtung der Versetzung zu erkennen.
Alle vier Methoden können angewandt werden, um die Sehschärfe als Funktion bestimmter Umwelt- oder Systemeigenschaften zu ermitteln. Natürlich hängt die jeweils ermittelte Sehschärfe von der gewählten Methode und den genannten Eigenschaften ab. Von einer absoluten Grenze der Sehschärfe kann daher nicht gesprochen werden, man kann immer nur relative Grenzen ermitteln. Obwohl zur Zeit ca. 33 verschiedene Sehschärfetests angewandt werden, zeigen neuere Ergebnisse, daß sie fast alle das Gleiche erfassen (s. von Benda 1977).
Die Sehschärfe hängt von mindestens drei Eigenschaften des visuellen Systems ab: 1. vom Adaptationszustand, 2. von der Position des Reizes auf der Netzhaut und 3. von der Größe der Pupille. Betrachten wir zunächst den Adaptationszustand. Bereits im Abschnitt 1.2.3 wurde die Adaptation als ein Regelungsvorgang der Wahrnehmung beschrieben. Wenn auf das visuelle System eine relativ konstante Beleuchtung einwirkt, wird ein bestimmter Adaptationszustand beibehalten. Bei einer Abnahme der Beleuchtung muß sich das System auf einen neuen Zustand einstellen. Diesen Prozeß nennt man *Dunkeladaptation.* Das Umgekehrte – also die Umstellung auf eine höhere Beleuchtung – heißt *Helladaptation.* Der Verlauf der Adaptationsveränderung wurde sorgfältig von Hecht (1934) erforscht. In einem typischen Versuch wird der Beobachter für mehrere Minuten auf ein helles Feld (etwa 200 mL) adaptiert. Mit dem Konstanzverfahren wird dann die Leuchtdichte eines weißen Lichtes variiert, um die Sehschwelle zu erfassen. Diese Messung erfolgt in Abhängigkeit von der Zeit, die seit der ursprünglichen Helladaptation vergangen ist und ebenso nach der Position des Lichtes relativ zur Fovea. Ein typisches Ergebnis von Hecht ist in Abbildung 3.1 enthalten.

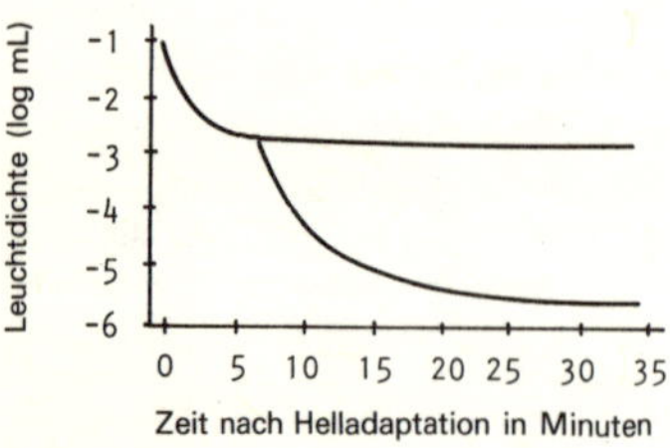

Abb. 3.1 Die Sehschärfe bei zunehmender Dunkeladaptation in der Fovea und in der Peripherie (nach Hecht, 1934).

Die obere Kurve enthält die Schwellenwerte für ein Testlicht auf der Fovea, während der Reiz bei der anderen Kurve 10° seitlich von der Fovea dargeboten wurde. Die Ergebnisse zeigen, daß die Sehschärfe mit zunehmender Dunkeladaptation zunimmt. Zwar ist die Zunahme in der Fovea relativ gering, in der Peripherie jedoch erheblich: Nach vollzogener Dunkeladaptation (etwa 20 Minuten) ist es außerhalb der Fovea möglich, ein Licht mit einer Leuchtdichte zu erkennen, die 10000 mal geringer als jene der Ausgangsadaptation ist. So ist es möglich, die schwachen Ausstrahlungen eines Sterns in der Netzhautperipherie (etwa 10°) aber nicht in der Fovea der Netzhaut zu erkennen.
Wird die Beziehung zwischen Sehschärfe und Dunkeladaptation mit der Auflösungsmethode erfaßt, so zeigt sich eine weitere Grenze der visuellen Fähigkeit. Brown et al. (1953) benutzten in ihren Versuchen Muster mit verschiedener Streifendichte. Bei sehr geringer Streifendichte (Streifenbreite von nur 1 *Winkelminute*) konnte man die Leuchtdichte mit zunehmender Dunkeladaptation zwar verringern, jedoch wurde nach 5 Minuten Adaptationszeit keine weitere Zunahme der Sehschärfe mehr gefunden. Dieses Ergebnis

kennzeichnet die Funktionsweise der Zapfen in der Fovea. Führt man den gleichen Versuch mit einer Musterdarbietung in der Peripherie der Netzhaut durch, so findet man eine zunehmende Sehschärfe als Funktion der Zeit, jedoch nur für Muster mit sehr viel breiteren Streifen (etwa 10 Winkelminuten pro Streifen). Dieses Ergebnis weist auf einen zweiten Aspekt der visuellen Fähigkeit hin, auf die retinale Position. Wolford und Hollingsworth (1974) zeigten Buchstaben mit einer Breite von etwa 15 Winkelminuten jeweils für 200 msek und bestimmten die Erkennungswahrscheinlichkeit als Funktion der Entfernung eines Buchstabens von einem *Fixationspunkt*. Bei der fovealen Darbietung der Buchstaben resultiert eine Erkennungswahrscheinlichkeit von $p = 0{,}86$ bei einer Entfernung von der Fovea um 3° war $p = 0{,}48$ bei einer Entfernung von 5° nur noch $p = 0{,}12$. Die Sehschärfe nimmt also rapide ab, wenn ein Reiz außerhalb der Fovea dargeboten wird. Durch genaue Messungen mit den Landoltschen Sehringen konnten Jones und Higgens (1947) nachweisen, daß bei einer Entfernung von nur 10 Winkelminuten von der Fovea bereits eine Abnahme der Sehschärfe von 25% erfolgt war.

Die dritte Systemeigenschaft, die einen Einfluß auf die Sehschärfe ausübt, ist die Größe der Pupille. Sie variiert etwa zwischen 2,5 und 5,0 mm. Bei zunehmender Pupillengröße würde man eine zunehmende Sehschärfe erwarten, aber Riggs (1965b) kam nach Durchsicht der vorliegenden Literatur zu dem Ergebnis, daß die Sehschärfe konstant bleibt. Inzwischen wissen wir (Riggs 1970), daß dies durch zwei entgegengesetzt wirkende Einflüsse erklärt werden kann: Die Zunahme der Sehschärfe bei vergrößerter Pupille wird durch entsprechend veränderte Eintrittswinkel des Lichtreizes in bezug auf die Fovea wieder aufgehoben. Das heißt, die größte Sehschärfe wird erzielt, wenn das Licht direkt (also senkrecht zur Netzhaut) ins Auge dringt. Bei Abweichungen von diesem Einfallswinkel wird die Sehschärfe geringer. Die Pupille bewirkt solche Abweichungen durch Veränderungen ihrer Größe. Diesen Effekt nennt man den *Stiles-Crawford-Effekt* (Stiles & Crawford 1933). Er bezieht sich jedoch nur auf die Sehschärfe der Fovea (also der Zapfen). Bei einer Vergrößerung der Pupille nimmt dagegen in der Peripherie die Sehschärfe zu. Man schließt daraus, daß die Zapfen in ihrer Funktionsweise stark durch Eintrittsrichtung des Lichts beeinflußt werden, was für die Stäbchen offenbar nicht gilt.

> Hinsichtlich der Systemeigenschaften stellen wir also fest, daß die größte Sehschärfe in der Fovea erzielt wird. Sie hängt ferner vom Adaptationszustand des Auges ab. Dies gilt bei allen Meßmethoden außer der Entdeckungsmethode, mit der eine bessere Leistung des Auges in der Peripherie der Retina nachgewiesen werden kann. Das heißt aber, das skotopische System zeigt eine allgemein höhere Leuchtdichteempfindlichkeit als das photopische System. Für das Verständnis der Wahrnehmungsleistungen ist vor allem wichtig, daß scharfe Abbildungen der Umwelt nur in einem kleinen Teil der Netzhaut, nämlich der Fovea, entstehen, und daß die Aufnahmefähigkeit stets vom Adaptationszustand abhängt.

Nachdem die Beziehung zwischen Systemeigenschaften und Sehschärfe dargestellt wurde, soll nun die Beziehung zwischen Reizeigenschaften und Sehschärfe beschrieben werden. Folgende Reizeigenschaften haben sich als wichtig erwiesen: 1. Reizwellenlänge, 2. Reizintensität (Leuchtdichte), 3. Reizdauer, 4. Reizgröße, 5. Reizkontrast.

Wie wir sehen werden, besteht eine Reihe von Wechselwirkungen zwischen diesen Reizeigenschaften, so daß eine Bestimmung der Sehschärfe immer in Abhängigkeit der Einwirkung aller Veränderlichen erfolgen muß. Eine der Eigenschaften, die Reizwellenlänge, haben wir bereits mehrmals erwähnt. Es genügt nochmals auf Abbildung 2.6 hinzuweisen. Durch die mit der Entdeckungsmethode erzielten Resultate wissen wir, daß die Diskrimination von Wellenlängen aufgrund zweier Systeme erfolgt. Die größte Diskriminationsfähigkeit des skotopischen Systems liegt bei 510 nm, die des photopischen Systems bei 550 nm. Bei der Diskussion des Lichtes haben wir darauf hingewiesen, daß sich die Energieverteilung aus der Beziehung zwischen Leuchtenergie (H_λ) und Reflexionsverteilung (R_λ) ergibt. Nun müssen wir die wellenlängenabhängige Empfindlichkeit des Auges (V_λ) hinzufügen, so daß die Leuchtdichte sich aus der Funktion ergibt:

$$L = (R_\lambda)(H_\lambda)(V_\lambda) \tag{3.1.1}$$

In der weiteren Diskussion werden wir uns bei der Ermittlung der Sehschärfe auf die Erkennungs- und Auflösungsmethode beschränken. Da uns hier die Diskriminationsfähigkeit des Systems interessiert, jeweils spezifische Reizeigenschaften aus dem Umweltangebot aufzunehmen, bringt uns die Entdeckungsmethode keine weitere Information.

Aufgrund zahlreicher Untersuchungen wurde die Beziehung zwischen Leuchtdichte und Sehschärfe erkannt (Moon & Spencer 1944), wobei die verschiedenen Methoden sehr ähnliche Resultate ergeben. In seiner klassischen Untersuchung hat Schlaer (1937) die Sehschärfe als Funktion der Leuchtdichte mit der Erkennungsmethode (Landoltsche Ringe) und mit der Auflösungsmethode (Streifenmuster) gemessen. In beiden Fällen nimmt die Sehschärfe als Potenzfunktion mit einem Exponenten von 1,8 zu. Die mit der Auflösungsmethode gefundene obere Grenze lag etwa bei 30 mL. Darüber hinaus nahm die Sehschärfe mit steigender Leuchtdichte nicht mehr zu. Bei den Landoltschen Ringen liegt dieser Grenzwert höher, jedoch lassen sich beide Funktionen nach der gleichen Formel berechnen – nur die Skalierungskonstanten ändern sich.

Betrachten wir nun als nächste Reizeigenschaft die Dauer eines Reizes. Hier finden wir für die gleichen Zeitintervalle mit verschiedenen Methoden ein Reziprokverhältnis zwischen Leuchtdichte und Reizdauer. Das heißt, man kann die Sehschärfe konstant halten wenn die Leuchtdichte mit zunehmender Reizdauer gleichmäßig abnimmt. Diese Tatsache nennt man das *Blochsche Gesetz* (Bloch 1885). Es gilt für eine Reizdauer bis zu etwa 150 msek bei der Landoltschen Sehprobe (Kahneman et al. 1967). Darüber hinaus läßt sich eine weitere Herabsetzung der Leuchtdichte nicht durch Zunahme der Dauer ausgleichen. Bei der Auflösungsmethode sinkt der Grenzwert auf etwa 100 msek (Keesey 1960).

Ähnliche Verhältnisse findet man hinsichtlich der Reizgröße. Auf das Reziprokverhältnis zwischen Reizgröße und Leuchtdichte bezieht sich das *Riccosche Gesetz* (Ricco 1877). Hier ist nicht die absolute Größe des Reizes gemeint, sondern die Größe des Reizes auf der Netzhaut. Sie wird berechnet aus den Beziehungen, die in Abbildung 3.2 dargestellt sind.

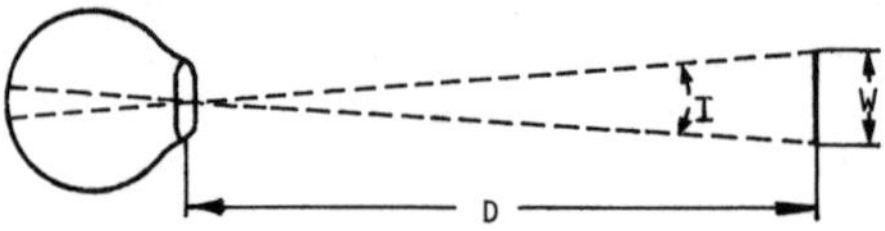

Abb. 3.2 Die Berechnung des Sehwinkels.

Die Größe (I) wird Sehwinkel genannt und in Winkelminuten ausgedrückt. Sie läßt sich nach der Formel berechnen:

$$I = 3450\,W/D, \tag{3.1.2}$$

wobei W die Reizgröße und D die Reizentfernung sind. Die obere Grenze scheint nach dem Riccoschen Gesetz bei etwa 100 Winkelminuten zu liegen. Wieder findet man eine zunehmende Sehschärfe mit zunehmender Leuchtdichte. Wenn man die Beziehung zwischen den Reizeigenschaften Dauer, Leuchtdichte und Größe zusammenfaßt, dann läßt sich zeigen, daß jede von ihnen im Reziprokverhältnis zur Sehschärfe steht.

Es ist anzunehmen, daß die Sehschärfe von der Energie der Umweltreize abhängt und diese Energie besteht aus der summarischen Einwirkung der drei genannten Veränderlichen. Energie heißt in diesem Fall Quantum, und die Sehschärfe hängt von der Anzahl der Quanten ab, die in die Sinneszellen gelangen.
Obwohl wir bereits darauf hingewiesen haben, daß man von keiner absoluten Sehschärfegrenze sprechen kann, ist es möglich, die Sehschärfe unter optimalen Bedingungen zu messen. Hecht und Mintz (1939) fanden mit einer Erkennungsmethode, daß manche Versuchspersonen in der Lage sind, einen Strich von 0,5 *Winkelsekunden* unter idealen Bedingungen der Reizdauer und Leuchtdichte wahrzunehmen. Das entspricht etwa einer Breite von einem millionstel Meter aus einer Entfernung von 25 Zentimetern.
Bei der Bestimmung der Sehschärfe ist noch auf einige weitere Besonderheiten hinzuweisen. Bisher haben wir bei allen Methoden einen starken Kontrast zwischen dem Testobjekt und seinem Hintergrund angenommen. Das heißt, meistens verwendet man schwarze Testobjekte (Streifen, Buchstaben usw.) auf einem weißen Grund. Damit ist ein starker Kontrast zwischen Objekt und Hintergrund gegeben. Man kann aber verschiedene Kontrastverhältnisse haben, was bei der Aufnahme von Umweltreizen normalerweise der Fall ist. Umweltobjekte stehen selten im optimalen Kontrastverhältnis zum Hintergrund. Experimentell ergibt sich der Kontrast aus dem Verhältnis der Leuchtdichten des Objektes und des Hintergrunds: $(\Delta L/L)$, wobei ΔL den Leuchtdichteunterschied zwischen Objekt und Hintergrund bezeichnet und L die Leuchtdichte des helleren Reizes (Objekt oder Hintergrund) angibt. Wenn man vom Kontrast eines Streifenmusters spricht, benutzt man die Formel:

$$M = \frac{(L_h - L_0)}{2\bar{L}} \qquad (3.1.3)$$

wobei $(L_h - L_0)$ gleich dem Unterschied der Leuchtdichte zwischen den hellen und dunklen Streifen und $\bar{L}$ die durchschnittliche Leuchtdichte ist.
Wie man erwarten kann, ist die Sehschärfe in hohem Maße vom Reizkontrast abhängig. Diese Veränderliche müssen wir auch bei der Bestimmung der Energie hinzufügen, die bereits oben vorgenommen wurde. Von Interesse ist hier, daß bei der Auflösungsmethode die Verbindung zwischen Kontrast und Reizgröße schon gegeben ist. Bei dieser Methode wird die *Ortsfrequenz der Streifenmuster* (Anzahl der Streifen pro Winkelminute oder pro Grad) variiert, um die maximale Frequenz festzustellen, bei der die Richtung des Musters noch erkennbar ist. Man hat festgestellt, daß das optische System nicht perfekt arbeitet. Der effektive Kontrast verändert sich als Funktion der Reizfrequenz. Bei den Streifenmustern kann man aber auch das Verhältnis von hellen zu dunklen Streifen variieren. In den meisten Untersuchungen sind die dunklen und hellen Streifen gleich groß. Man drückt das Verhältnis aus als:

$$F = \frac{\text{Breite eines hellen Streifens}}{\text{Eine Periode (Breite eines hellen und eines dunklen Streifens)}} \qquad (3.1.4)$$

Bei gleichgroßen Streifen resultiert ein Wert von 0,50. Gesetzt den Fall, die hellen Streifen sind doppelt so groß wie die dunklen, dann entsteht ein Verhältnis von 0,75, während die doppelte Breite der dunklen Streifen ein Verhältnis von 0,25 ergibt. Diese Zahl wird als *Frequenzzyklus* (F) bezeichnet. Sind die Dunkelstreifen echt schwarz $(L = 0)$, so wird die Beziehung zwischen Frequenz und Kontrast sehr deutlich, wenn man für den Kontrast (M) den Wert 1/2 F annimmt. Das heißt, der effektive Kontrast verändert sich als Funktion des Frequenzzyklus. Campbell und Robson (1968) erforschten diese Beziehung. Ihre Ergebnisse sind in Abbildung 3.3 enthalten:

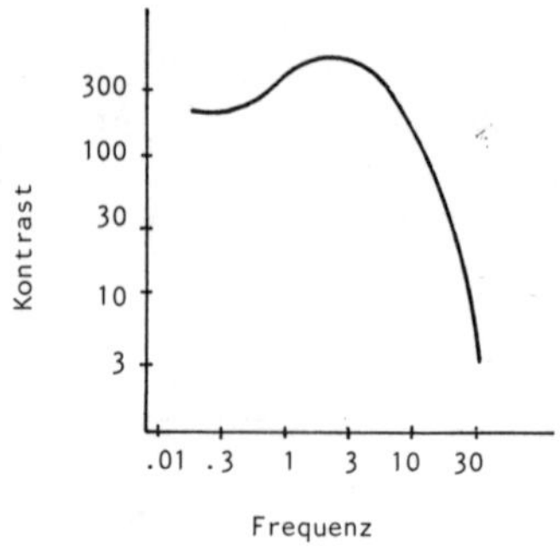

Abb. 3.3 Die Beziehung zwischen Ortsfrequenz eines Streifenmusters und Kontrast (nach Campbell und Robson, 1968).

Man sieht sofort, daß bei breiten Streifen die Auflösung nicht mehr wesentlich vom Kontrast abhängt (etwa eine Ortsfrequenz von 3 Streifen pro Grad). Sobald jedoch die Frequenz größer wird, muß der Kontrast zunehmen, damit die Auflösung erfolgen kann. Die Wirkung des Frequenzzyklus auf die Sehschärfe erwies sich in früheren Arbeiten als gering (s. Schlaer 1937). Cavonius (1974) zeigte indessen, daß dieses Ergebnis aufgrund hoher Kontrastwerte zustande gekommen ist. Bei geringerem Kontrast fand Cavonius die in Abbildung 3.3 zu erwartende Abnahme der Sehschärfe. Wenn der Frequenzzyklus von 0,50 auf 0,875 erhöht wurde (Vergrößerung der Dunkelstreifen und Verkleinerung der hellen Streifen) dann nahm die Sehschärfe um 25% ab wegen des geringeren effektiven Kontrasts.

Ausgehend von den Reizeigenschaften können wir sagen, daß die Diskriminationsfähigkeit durch wechselseitige Beziehungen zwischen Leuchtdichte, Wellenlänge, Dauer, Größe und Kontrast des Reizes bedingt ist. Die Aufnahme eines Reizes hängt von allen diesen Reizeigenschaften ab.

3.1.2 Augenbewegungen

Aus der Diskussion der Sehschärfe ist deutlich geworden, daß das visuelle System auf spezifische Reizeigenschaften angewiesen ist. In Abhängigkeit vom Adaptationszustand ist das System in der Lage, zu scharfer Aufnahme der Reize nur auf einem Netzhautgebiet mit einem Durchmesser unterhalb eines Grades zu gelangen. Das heißt, daß die Reizeigenschaften von Objekten, die einen Sehwinkel von über einem Grad aufweisen, nicht gleichzeitig oder gleichmäßig aufgenommen werden können. Eine Möglichkeit zur Aufnahme solcher Reizeigenschaften bieten die ständigen Augenbewegungen.

Um verschiedene Objekte, oder verschiedene Teile von größeren Objekten, visuell abzutasten, müssen die Augen bewegt werden, damit das Objekt in das Gebiet der Netzhaut mit der größten Sehschärfe gebracht wird. Solche gezielten Bewegungen heißen *saccadische Augenbewegungen*. Da eine koordinierte Bewegung die Zusammenarbeit mehrerer Augenmuskeln erfordert, benötigt das visuelle System etwas Zeit, um diese Reaktion zu vollziehen. Saslow (1967) hat Augenbewegungen unter verschiedenen Meßbedingungen untersucht und ist zu dem Schluß gekommen, daß für eine saccadische Augenbewegung etwa 180 bis 250 msek nötig sind. Davon beansprucht die tatsächliche Bewegung der Augen etwa 100 msek. In der Beschreibung der Sehschärfe wurde für den Prozeß der Reizaufnahme, also die Reizdauer, ein Grenzwert von 100–150 msek angegeben. Daraus wäre zu folgern, daß man unter optimalen Bedingungen etwa 100–150 msek benötigt, um

einen kleinen Teil eines Reizes aufzunehmen und etwa 200 msek für eine Veränderung des Fixationspunkts – also zur Durchführung einer saccadischen Bewegung. Das visuelle Abtasten kann offensichtlich relativ schnell erfolgen mit ca. 3–5 Fixationen pro Sekunde.
Bei diesem Abtasten entsteht aber ein weiteres Problem. Zunächst muß man ein Verwischen des Reizobjektes während der saccadischen Bewegung erwarten, da der empfindlichste Teil der Netzhaut zu schnell unterschiedlich gereizt wird. Unsere visuelle Welt erscheint jedoch sehr stabil. Es muß daher einen Mechanismus geben, der solche Verwischungen der Reize verhindert. Erdmann und Dodge (1898) konnten zeigen, daß in der Zeit einer saccadischen Bewegung keine Reizaufnahmen erfolgen. Schaut man zum Beispiel auf die eigenen Augen in einem Spiegel und bewegt sie hin und her, so werden diese Bewegungen nicht wahrgenommen. Die Augen scheinen sich nicht zu bewegen. Daß man die Bewegung der Augen nicht wahrnimmt, deutet auf einen Ausfall der Wahrnehmung während der Bewegung.
Neuere Arbeiten haben gezeigt, daß man eigentlich nicht von einem Ausfall der Wahrnehmung sprechen kann, sondern nur von einer Herabsetzung der Diskriminationsfähigkeit (Matin 1974). Als Beispiel sind in Abbildung 3.4 die Ergebnisse von Latour (1962) aufgeführt.

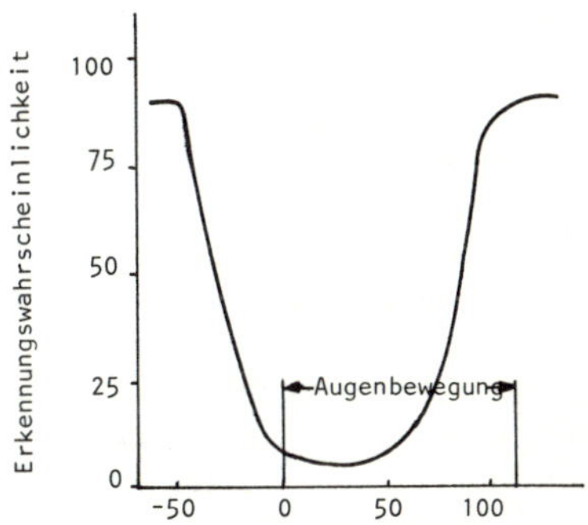

Abb. 3.4 Die Herabsetzung der Diskriminationsfähigkeit während der Augenbewegung (nach Latour, 1962).

Die Abbildung zeigt die Wahrscheinlichkeit des Erkennens eines Lichtreizes während einer saccadischen Bewegung. Der Beobachter fixiert ein Licht und wechselt so schnell wie möglich seinen Fixationspunkt zu einem zweiten Licht, sobald es aufflammt. Der Testreiz wurde zu verschiedenen Zeitpunkten nach dem Auftreten des zweiten Lichtes dargeboten. Es ist interessant, daß noch vor dem Einsetzen der Augenbewegung eine Herabsetzung der Erkennungswahrscheinlichkeit erfolgt und daß diese kurz vor dem Ende der Bewegung bereits wieder abklingt. Obwohl die meisten Untersuchungen ähnliche Ergebnisse gezeigt haben, scheint man sich über den Zeitpunkt der Wiederherstellung der Diskriminationsfähigkeit uneinig zu sein. In der Untersuchung von Latour (Abbildung 3.4) findet man eine Zunahme der Wahrscheinlichkeit während der eigentlichen Augenbewegung. Bei einem ähnlichen Versuch von Pearce und Potter (1970) erfolgte diese Zunahme erst nach Beendigung der Augenbewegung. Da die Herabsetzung der Diskriminationsfähigkeit bereits vor der Augenbewegung einsetzt, muß man annehmen, daß die Unterdrückung der Aufnahmefähigkeit nicht nur aufgrund einer Hemmung in der Retina zustande kommt. Es muß also ein Impuls ausgelöst werden, sobald die Information zur Augenbewegung aufgenommen wird. Er macht seinen Einfluß geltend, bevor die tatsächliche Bewegung einsetzt.
Eine zweite Art der Augenbewegung ist die *Verfolgungsbewegung*. In diesem Fall dient die Bewegung dem Verfolgen eines sich bewegenden Umweltreizes. Zwar wird der Reiz

durch die Verfolgungsbewegung zentral auf der Netzhaut gehalten, jedoch ist die Verfolgung selten exakt. Das heißt, die Augenbewegungen verlaufen oft vor oder hinter dem Ziel. Zusätzlich tritt bei der Verfolgung eine saccadische Augenbewegung ein, die verschiedene Teile eines größeren Reizes auf die Fovea bringen soll. Nach der Auffassung von Alpern (1972) erfolgen saccadische Augenbewegungen aufgrund der veränderten Position eines Reizes auf der Retina, während Verfolgungsbewegungen durch die veränderte Bewegungsgeschwindigkeit des Reizes zustande kommen. Daraus ist zu entnehmen, daß beide Arten der Augenbewegung zwar die gleiche Funktion erfüllen, jedoch unabhängig voneinander ablaufen können. Die Ansteuerung dieser Augenbewegungen unterliegt weitgehend der Kontrolle des Beobachters. Sie erlauben das visuelle Erforschen der Umwelt und werden durch einen Regelungsprozeß gesteuert. Das Wahrgenommene hängt von den Eigenschaften des Reizes und von den dynamischen Prozessen der aktiven Wahrnehmung ab, die durch ständige Rückkopplung Informationen aus der Umwelt in den Reizspeicher kommen lassen (s. Gaarder 1975).

Den gesteuerten Augenbewegungen stehen die ungesteuerten gegenüber. Die Entwicklung der Methoden zur Erfassung solcher Bewegungen, vor allem auch zur Messung von gesteuerten Augenbewegungen, ist an sich schon höchst interessant. Eine einfache Anordnung von Ratliff und Riggs (1950) besteht aus einer Kontaktschale mit einem kleinen Spiegel. Der Beobachter betrachtet einen Reiz, während ein Lichtpunkt vom Spiegel auf einer zweiten Ebene reflektiert wird. Da die Kontaktschale sich mit den Augen bewegt, können die Bewegungen des zurückgeworfenen Lichtes als Augenbewegungen registriert werden. Weitere Methoden werden ausführlich von Alpern (1970) und Ditchburn (1973) beschrieben.

Unter ungesteuerten Augenbewegungen verstehen wir die ständigen Bewegungen, die auch bei einem festen Fixationspunkt zu beobachten sind. Inzwischen werden drei Arten von ungesteuerten Augenbewegungen unterschieden. Erstens gibt es *langsame Versetzungen*, die im Durchschnitt einen Sehwinkel von 5 Minuten durchlaufen. Zweitens finden wir *Zitterbewegungen* mit einem Sehwinkel von 15–20 Sekunden. Oft sind solche Bewegungen kleiner als die Breite eines einzelnen Zapfens. Sie erfolgen sehr schnell und sehr häufig, manchmal bis zu 150 mal pro Sekunde (Ditchburn 1973). Die beiden genannten Arten von ungesteuerten Bewegungen erfolgen unabhängig voneinander in beiden Augen. Eine dritte Art weist dagegen eine hohe Korrelation zwischen beiden Augen auf. Das sind die *sprunghaften Bewegungen*, die sich von saccadischen Bewegungen nur durch das Fehlen einer absichtlichen (gesteuerten) Fixationsveränderung unterscheiden. Möglicherweise handelt es sich bei diesen sprunghaften Bewegungen um eine Regelungs-Korrektur, die nach einer langsamen Versetzung das wahrgenommene Objekt abermals in die Fovea bringt.

Sowohl während sprunghafter Bewegungen als auch während langsamer Versetzungen kann man eine Herabsetzung der Diskriminationsfähigkeit beobachten (Matin 1974). Die Zitterbewegungen jedoch scheinen weder eine Zunahme noch eine Abnahme der Sehschärfe zu bewirken (Riggs 1965b).

Welche Rolle die Augenbewegungen für die Diskriminationsfähigkeit spielen, zeigt sich deutlich, wenn sie ausfallen. Um diesen Effekt nachzuweisen, wurde die Anordnung von Riggs et al. (1953) entwickelt, deren schematischer Aufbau in Abbildung 3.5 zu sehen ist.

Eine optische Figur wird auf einen Spiegel projiziert, der auf einer Kontaktschale befestigt ist. Der Spiegel reflektiert dann die Figur auf eine Leinwand. Diese Figur kann von einem Beobachter mit dem gleichen Auge betrachtet werden und zwar durch ein kompensierendes Spiegelsystem, das die Figur mit jeder Augenbewegung gleichmäßig versetzt. Dadurch wird die Figur immer auf die gleiche Netzhautstelle projiziert. Man kann

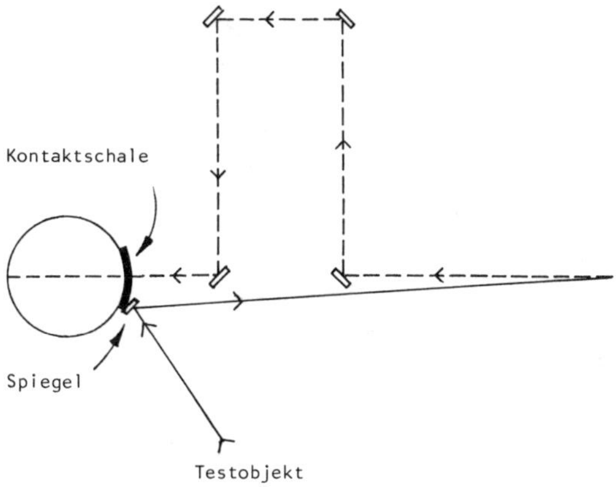

Abb. 3.5 Eine Anordnung zur Herstellung von stabilisierten Bildern auf der Netzhaut (nach Riggs et al., 1953).

also die Diskriminationsfähigkeit ohne den Einfluß der Augenbewegungen beobachten. Man nennt solche Reize *stabilisierte Bilder.*
In ihrem ersten Versuch maßen Riggs et al. (1953) die visuelle Sehschärfe mit stabilisierten Strichen. Im Vergleich zur Sehschärfe ohne stabilisierte Bilder ermittelten sie eine geringe Erhöhung bei sehr kurzen Darbietungszeiten (unterhalb 200 msek.). Bei längeren Darbietungszeiten waren keine Unterschiede mehr festzustellen. Von größtem Interesse jedoch war die Beobachtung, daß nach mehreren Sekunden Einwirkungsdauer ein stabilisiertes Bild zum Ausfall der Wahrnehmung führte, d. h. die stabilisierte Abbildung verschwand.

Es hat also den Anschein, daß das visuelle System seine Diskriminationstätigkeit bei konstanter Reizung einstellt. Die Rolle der Augenbewegungen wäre dann zweifach. Erstens dienen die gesteuerten Bewegungen der Erhöhung der Sehschärfe durch das visuelle Abtasten mit dem empfindlichsten Teil der Netzhaut. Zweitens wird durch die ungesteuerten Bewegungen eine ständige Reizung desselben Netzhautgebietes vermieden. Arend (1973) weist darauf hin, daß das visuelle System auf zeitlich getrennte Reize eingestellt ist. Die Signale werden durch das An- und Abschalten verschiedener Rezeptoren oder Detektoren im System weitergeleitet.

Der Mechanismus des Abschaltens oder das Ausfallen eines stabilisierten Bildes wird nicht allein von der Netzhaut bewirkt. Krauskopf und Riggs (1959) zeigten, daß das Verschwinden eines stabilisierten Bildes in einem Auge auch eine Verminderung der Diskriminationsfähigkeit im anderen Auge hervorrief. Ferner haben zahlreiche Untersuchungen den Einfluß erfahrungsbedingter Elemente beim Ausfall der Wahrnehmung mit stabilisierten Bildern gezeigt. Dies soll jedoch später im Abschnitt 5.4 besprochen werden.

3.2 Die akustische Diskriminationsfähigkeit

In diesem Abschnitt geht es um die Fähigkeit des akustischen Systems, Signale aus der Umwelt aufzunehmen. Dabei betrachten wir hauptsächlich die Fähigkeit, Signale verschiedener Amplitude und Frequenz zu erfassen sowie Unterschiede in Amplitude und Frequenz zu erkennen. Die dritte Eigenschaft akustischer Signale – ihre Phase – wird später in Abschnitt 3.3 besprochen werden.

In der allgemeinen Einführung zum Teil III erwähnten wir die absolute Schwelle für die Wahrnehmung eines 1 000 Hz Tones. Dieser Wert liegt bei 0,0002 dyn/cm^2 und stellt den Vergleichswert für die Berechnung der Dezibelskala dar. Er ist damit Ausgangswert von 0 dB SPL der Skala. An dieser Stelle muß nochmals darauf hingewiesen werden, daß die akustische Empfindlichkeit nicht nur von der Amplitude, sondern zugleich von der Frequenz abhängt (s. Abbildung 2.7). Infolgedessen wird in der akustischen Forschung häufig als Vergleichswert der niedrigste, hörbare Schalldruck für jeweils eine bestimmte Frequenz errechnet. Das heißt, die absolute Schwelle wird für jede Frequenz erhoben und kann als Vergleichswert für die Berechnung der Dezibelwerte der einzelnen Frequenzen zugrunde gelegt werden. In diesem Fall schreibt man SL (sensation level) statt SPL hinter den Dezibelwert. Obwohl SL-Werte weniger stabil als SPL-Werte sind – sie hängen von der jeweiligen Frequenz und der absoluten Schwelle der einzelnen Beobachter ab – erlauben sie den Vergleich verschiedener Schalldrucke bei einer bestimmten Frequenz und die Berücksichtigung der absoluten Schwelle für diese Frequenz. In der modernen Psychoakustik finden noch andere Vergleichswerte Anwendung. Sie werden jedoch in unserer Beschreibung nicht vorkommen.

Die Bestimmung einer Hörschwelle erfolgt durch Variation der Amplitude eines Tones nach den verschiedenen zugänglichen psychophysischen Methoden. Dabei wird der minimale Schalldruckbetrag, der gerade noch wahrgenommen werden kann, unter zwei Meßbedingungen erforscht: Mit der Methode des minimalen hörbaren Schalldrucks (*MAP-Methode* = minimum audible sound pressure) wird der akustische Reiz dem Ohr direkt über einen Kopfhörer dargeboten, während der akustische Reiz bei der Methode des minimalen hörbaren Schallfeldes (*MAF-Methode* = minimum audible sound field) aus einem Lautsprecher über Luftwege zum Ohr gelangt. Bei Schwellenbestimmungen mit psychophysischen Meßmethoden pflegt man von *subjektiver Audiometrie* zu sprechen, im Gegensatz zur *objektiven Adiometrie*, bei der man versucht den Einfluß des Schalles direkt zu messen. So wird beispielsweise der minimale Schalldruck der zur Bewegung des Trommelfells oder zum Hervorrufen eines *evozierten Potentials* im *EEG* erforderlich ist, gemessen (Keidel & Spreng 1965, Spreng 1975).

Beide Methoden der Schwellenbestimmung weisen Vor- und Nachteile auf (s. Gulick 1971, Keidel 1976). In der Audiometrie, vor allem bei der Erfassung pathologischer Zustände, wird die MAP-Methode (Kopfhörer) bevorzugt. Dadurch umgeht man das Problem der Schallreflexion von Gegenständen der Umgebung. Solche reflektierten Schallwellen, die auch *stehende Schallwellen* genannt werden, können eine Zu- oder Abnahme des Schalldrucks um den Beobachter bewirken. Unter optimalen Meßbedingungen können Schallwellen ohne Reflexion, die sogenannten *progressiven Schallwellen*, zum Ohr gelangen. Nach Messungen von Esser (1969) bildet sich allerdings ein Druckstau um den Kopf des Beobachters, der zu einer 1,7fachen Zunahme des Schalldrucks führen kann. Genau wie bei der Ausbreitung von Lichtwellen können auch bei akustischen Reizen Reflexions- und Brechungsgesetze für die Interaktion von Schallwellen mit Gegenständen der Umwelt aufgestellt werden (Plattig 1975b).

Um stehende Schallwellen bei der MAF-Methode (freies Feld) unter Kontrolle zu bekommen, werden Messungen in einer *anechoischen Kammer* vorgenommen. In einer solchen Kammer befinden sich mehrere Reihen von herausragenden, keilförmigen Elementen aus schallabsorbierendem Stoff, die möglichst alle stehenden Schallwellen abfangen sollen. Auf diese Weise versucht man, eine reflexionsfreie Hörumgebung zu erhalten.

Wie nach dieser Beschreibung zu erwarten ist, erhält man mit beiden Meßmethoden verschiedene Werte für die absolute Hörschwelle. Das ist aus den Daten der Abbildung 3.6 ersichtlich. Im allgemeinen zeigen beide Methoden eine maximale Empfindlichkeit für akustische Reize im Frequenzbereich zwischen 1 000 und 3 000 Hz. Die Empfindlichkeit verringert sich bei Frequenzen unter- und oberhalb dieses Bereiches und führt zu dem typischen U-förmigen Verlauf der Kurve für die Hörschwelle. An diesen Kurven kann man vor allem die geringere Empfindlichkeit für niedrigere Frequenzen im Vergleich zu den höheren erkennen.

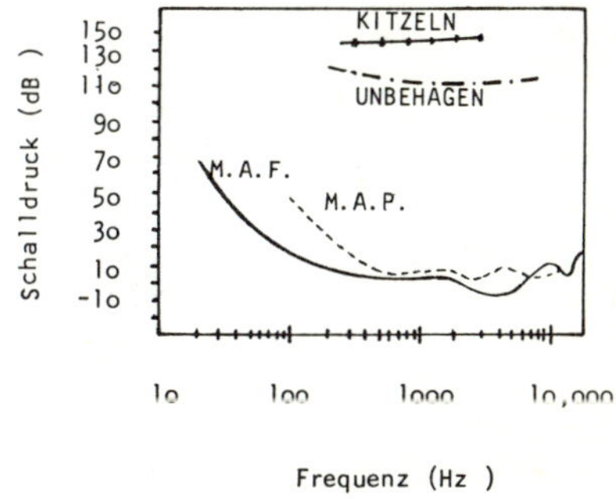

Abb. 3.6 Die absolute Schwelle des Hörens als eine Funktion der Frequenz nach der MAF-Methode (ISO, 1961) und nach der MAP-Methode (ISO, 1964 erweitert von Scharf, 1975) sowie die obere Schwellen der akustischen Reizaufnahme (Licklider, 1951).

Analysiert man die Daten genauer, so zeigt sich, daß die MAP-Kurve eine langsame Zunahme der absoluten Hörschwellen von 1000 Hz (6 dB SPL) bis 8000 Hz (10 dB SPL) aufweist und eine rapide Zunahme von 1000 Hz bis hinab zu 125 Hz (46 dB SPL). Man sieht aber auch, daß die MAF-Kurve ähnlich verläuft, wenngleich eine allgemein höhere Empfindlichkeit zu beobachten ist. Die Ausnahmen von dieser Regel liegen um 4000 und 8000 Hz, was möglicherweise durch den Kopf des Beobachters verursacht wird.

Zahlreiche Veränderliche beeinflussen den Verlauf derartiger Kurven. Die *Resonanzfrequenz* des äußeren Gehörganges fällt in den Bereich der maximalen Empfindlichkeit des Hörorgans. Nach den Berechnungen von Helmholtz (1895) beträgt sie 2000–3000 Hz. Mit Resonanz bezeichnet man das Phänomen, daß Elemente der Umwelt oder der Hörorgane selbst bei bestimmten Eigenfrequenzen zum Vibrieren gebracht werden. Die Vibration bewirkt nicht nur eine Weiterleitung der betreffenden Frequenzen, sondern zugleich eine Erhöhung der Amplitude. Im Hörorgan werden die einwirkenden Schwingungen im Bereich von 800–1400 Hz durch die natürliche Resonanz des Trommelfells und der Gehörknöchelchen (Plattig 1975b) zusätzlich erhöht. Daher kann man annehmen, daß sich insgesamt die höhere Empfindlichkeit bei der MAF-Methode als Folge der erhöhten Schalldrucke durch die natürliche Resonanz der Hörorgane einstellt. Nach Gulick (1971) beträgt diese Verstärkung zwischen 6–8 dB. Infolgedessen kann man davon ausgehen, daß die MAP-Kurve genauere Werte für den mittleren Hörbereich liefert.

Bei den niedrigeren Frequenzen steigt die MAP-Kurve unerwartet steil an. Nach Brogden und Miller (1947) könnte dieses Ansteigen durch ein erhöhtes Rauschen in den niedrigeren Frequenzen durch die Schließung des äußeren Gehörganges mit Kopfhörern verursacht worden sein. Zusätzlich weisen Wever und Lawrence (1954) darauf hin, daß das Trommelfell und die Gehörknöchelchen in ihrer Leistung weniger durch den Schallwellenwiderstand der Luft beeinträchtigt werden als durch den Scheinwiderstand *(akustische Impedanz)* der Organe, wenn ein begrenztes Luftvolumen im Gehörgang durch Kopfhörer aufgefangen und festgehalten wird. Unter akustischer Impedanz versteht man alle Beeinträchtigungen des Schalls durch Elemente des Hörorgans. Genaue Messungen der akustischen

Impedanz von Zwislocki (1965) bestätigen die Annahme von Wever und Lawrence (1954). Zusammenfassend kann man sagen, daß mit der MAF-Methode (freies Feld) genauere Erkenntnisse über die Hörempfindlichkeit bei niedrigen Frequenzen gewonnen werden als mit der MAF-Methode (Kopfhörer). Dagegen scheint die MAF-Methode für die Messung höherer Frequenzen adäquater zu sein.
Die Schwierigkeit, etwas genaues über die Empfindlichkeit des Ohrs auszusagen, ist nicht zuletzt dadurch bedingt, daß die taktile Reizung des Außenohrs (Auricula) eine Verminderung der Empfindlichkeit bewirkt. Darauf beruht die Tatsache, daß das akustische System bei Anwendung der MAP-Methode weniger empfindlich erscheint.
Am Rande sei noch darauf hingewiesen, daß die Reizung des akustischen Systems nicht nur durch die Luftleitung sondern auch über die sogenannte *Knochenleitung* erfolgen kann. In diesem Fall werden Schallwellen im Kontakt mit einem schwingungserzeugenden Körper durch die Schädelknochen übertragen. Obwohl dieser Vorgang zuerst ausführlich von Helmholtz (1895) beschrieben wurde, muß er nach Kino-Darstellungen den Indianern im Wilden Westen schon bekannt gewesen sein: Oft stellten sie das Herannahen eines Zuges fest, indem sie ein Ohr auf die Schienen legten. Im allgemeinen ist die absolute Schwelle bei der Knochenleitung niedriger, sie ist auch empfindlicher für höhere Frequenzen als die Luftleitung. Auf einem dritten Leitungsweg können durch die eigene Stimme verursachte Schallwellen ins akustische System gelangen. Das geschieht durch die *osseotympanale Leitung*. Sie bewirkt eine Verstärkung und in manchen Fällen eine Verzerrung der akustischen Wahrnehmung der eigenen Stimme. Für eine eingehende Beschäftigung mit diesen Alternativ-Leitungen sollte man von Békésy (1960) und Rinsdorf (1975) zu Rate ziehen.
Die in Abbildung 3.6 gezeigten Kurven entstanden durch Zusammenfassung mehrerer Arbeiten durch eine internationale Arbeitsgruppe für die Eichung der Hörschwelle (ISO = International Organization for Standardization). Der genaue Verlauf der MAF-Kurve wurde von dieser Gruppe in ihrem Bericht 1961 (ISO 1961) angegeben, während der Verlauf der MAP-Kurve 1964 bestimmt wurde (ISO 1964). Unsere Abbildung enthält jene MAP-Kurve, die bei Frequenzen über 5000 Hz auf den Kontrollen und Korrekturen von Scharf (1975) basiert.
Die ISO-Kurven sind als Normen zu betrachten. Wir müssen uns darüber im klaren sein, daß erhebliche Unterschiede der Hörempfindlichkeit zwischen einzelnen Individuen bestehen. Vor allem besteht ein Zusammenhang zwischen Alter und Hörempfindlichkeit. Mit 25 bis 30 Jahren nimmt die Hörschwelle, insbesondere im Frequenzbereich oberhalb 5000 Hz, ständig ab (Hinchcliffe 1962). Interessant ist die Beobachtung von Beasley (1938), daß sich mit zunehmendem Alter bei Frauen im allgemeinen eine größere Abnahme der Hörschwelle im Bereich unterhalb 2000 Hz und bei Männern oberhalb 5000 Hz einstellt.
Es bleibt bei dem beobachteten Zusammenhang zwischen Alter und verringerter Hörempfindlichkeit die Frage offen, inwiefern dieser Abbau durch ständige Reizung des Ohrs mit lauten akustischen Signalen verursacht wird. Verliert man seine Hörempfindlichkeit aufgrund eines normalen Abbauprozesses (Sinnesschwächung) oder infolge einer Schädigung des Organs durch unsere laute Umwelt? Untersuchungen an Menschen in Indien, die nur geringen Geräuschen im Laufe ihres Lebens ausgesetzt waren, ergaben einen erheblich kleineren Hörverlust mit zunehmendem Alter (Kapur & Patt 1967). Allerdings unterscheiden sich die Angehörigen sogenannter primitiver Völker von den Bewohnern der industrialisierten Länder derartig, daß ein Vergleich nur mit Vorbehalt möglich ist. Andere Untersuchungen zeigen, daß Menschen, die täglich in lauten Umgebungen arbeiten, – etwa auf dem Flughafengelände – größere Hörverluste als gleichaltrige Büroangestellte aufweisen (Cohen 1965).

Die MAP- und MAF-Kurve der Abbildung 3.6 wurde nach einer vorausgegangenen festgelegten Zeit ohne irgendwelche akustische Reizung ermittelt. Wären die Versuchspersonen vor der Messung einem lauten, anhaltenden Geräusch ausgesetzt gewesen, dann würde man eine geringere Empfindlichkeit beobachten. Eine vorübergehende Erhöhung der Hörschwelle durch vorangehende akustische Reizung bezeichnet man als *TTS* (Temporary Threshold Shift = vorübergehende Schwellenverschiebung). Den Wert der Schwellenverschiebung erhält man durch einen Vergleich mit der Schwelle vor dem Zusatzreiz. Das Ausmaß der vorübergehenden Schwellenverschiebung hängt von zahlreichen Veränderlichen wie Amplitude, Frequenz und Dauer des Reizes (s. Sader 1966) ab.
Bei geringer Amplitude des Adaptationsreizes erfolgt keine meßbare Schwellenverschiebung. Erst nach Überschreitung der wirksamen Amplitudengrenze steigt der Wert als Funktion der Reizamplitude an (Ward et al. 1959a). Nehmen wir eine Situation, in der ein TTS nach Darbietung eines 60 dB Tones festzustellen war. Eine Erhöhung des Adaptationsreizes auf 70 dB würde eine Schwellenverschiebung um 10 dB zur Folge haben. Die weitere Erhöhung auf 80 dB würde zusätzlich eine Verschiebung um weitere 10 dB bewirken.
Die vorübergehende Schwellenverschiebung hängt auch von der Dauer der Reizung ab. Genauer gesagt nimmt die Schwellenerhöhung proportional zum Logarithmus der Reizdauer zu (Ward et al. 1958). Das heißt, man erhält mit zunehmender Reizdauer eine immer stärker werdende Schwellenveränderung, wobei das Ausmaß der zusätzlichen Veränderung bei längeren Reizen wesentlich geringer ist als bei kürzeren.
Die Messung der vorübergehenden Schwellenveränderung wird meistens erst zwei Minuten nach Beendigung der Reizung vorgenommen. Dieses Vorgehen hat sich aufgrund der komplizierten Schwellenveränderungen durchgesetzt, die bei Messungen nach kürzeren Abständen auftreten. Nach Ward et al. (1959b) erhält man für den Rückbildungsvorgang ebenfalls eine logarithmische Beziehung zwischen Ausmaß der Veränderung und Normalisierungszeit. Die Funktion weist einen schnellen Abbau am Anfang auf, der mit längeren Zeitabständen von der der Adaptationsreizung fortschreitend geringer wird.
In letzter Zeit ist ein größeres Interesse an Messungen der TTS zu beobachten, vor allem deswegen, weil man dadurch Hinweise auf permanente Schwellenverschiebungen (*PTS*) erhält. Inzwischen besteht kein Zweifel daran, daß die ständige Belastung des Ohrs durch laute Geräusche zum Verlust der Empfindlichkeit führt (Kryter et al. 1966). Aufgrund solider Erkenntnisse können maximal zulässige Werte der Hörbelastung in der Industrie festgelegt werden.
Abbildung 3.6 enthält auch zwei obere Schwellen (Licklider 1951). Bei sehr hohen Reizamplituden erlebt man anstelle von Tönen verschiedene taktile Empfindungen, die summarisch als unangenehm zu bezeichnen sind. Nach den Ergebnissen von v. Békésy (1936) und Silverman, Harrison und Lane (1946) weisen die Unbehagens- und Kitzelschwellen kaum eine konstante Frequenzabhängigkeit auf. Solche Untersuchungen bringen insofern erhebliche Gefahren mit sich, als das Innenohr bei Amplituden oberhalb 140 dB SPL permanent geschädigt werden kann. Außerdem sind diese Schwellen durch subjektive Qualitäten bestimmt und geben nur ungefähr die oberen Hörschwellen an.
Mehrmals wurde auf die Frequenzgrenzen von 20 und 20000 Hz hingewiesen. Beim Abfallen der Frequenz unterhalb 20 Hz erlebt man die Reizung des akustischen Systems nicht mehr als Tonqualität, sondern als sich wiederholende, unspezifische akustische Empfindung (v. Békésy 1936). Entsprechend werden Frequenzen oberhalb 20000 Hz nicht mehr als Töne erlebt. Allerdings können akustische Empfindungen bei der MAF-Methode noch bis zu 23000 Hz (Corso 1965) beziehungsweise bis zu 24000 Hz (Wever 1949) auftreten. Die Grenzen der Tonqualität hängen also sowohl von der Amplitude als auch von der Frequenz ab. In dem klassischen Versuch von Wever und Bray (1937)

beschrieben die Beobachter alle Frequenzen unter 20 Hz als unspezifische akustische Empfindungen. Von manchen Beobachtern wurden Töne schon bei 20 Hz, von allen aber bei 25 Hz berichtet, vorausgesetzt die Amplitude hatte 15–20 dB SL. Pollack (1948) fand für den Bereich von 125–8000 Hz, daß die Amplitude mindestens 5 dB SL betragen mußte, damit die Beobachter das Hören eines Tons berichten konnten. Offensichtlich besteht ein Bereich oberhalb der absoluten Schwelle, in dem zwar das Vorhandensein eines akustischen Reizes wahrgenommen werden kann, jedoch ohne daß der Reiz als ein Ton erkannt wird. Diesen Bereich nennt man das *atonale Intervall.*

Mit zunehmender Frequenz fallen die absolute und die obere Schwelle zusammen. Danach gilt die Regel: je höher die Amplitude, desto mehr wird der Bereich der hörbaren Frequenzen erweitert. Bei mittleren Amplituden (um 80 dB SPL) kann das System noch 18000 Hz als Tonqualität erkennen. Mit einer weiteren Erhöhung der Amplitude können noch höhere Frequenzen erkannt werden, jedoch bei Amplituden um 120 dB erlebt der Beobachter die Empfindungen als schmerzhaft. Deswegen werden alle Überlegungen, wie man die obere Grenze des Hörens wohl genauer bestimmen könnte, vorläufig weitgehend theoretisch bleiben müssen.

Nach der Beschreibung der oberen und unteren Grenzen des Hörens als Funktion der Frequenz und der Amplitude, wollen wir nun die Fähigkeit des akustischen Systems betrachten, Töne verschiedener Frequenzen und Amplituden zu unterscheiden. Wie im Abschnitt 2.2.1 beschrieben wurde, sucht man nach der minimalen, gerade noch erkennbaren Reizveränderung (ΔS). Relativ zum Gleichheitswert (S) ausgedrückt erhält man das Webersche Verhältnis ($\Delta S/S$). Die Größe der Unterschiedsschwelle ΔS hängt, wie bei der absoluten Schwelle, nicht nur von der Amplitude und Frequenz ab, sondern zugleich von der jeweiligen Meßmethode. Unter idealen Meßbedingungen müßten beide Töne, die unterschieden werden sollten, gleichzeitig dargeboten werden. Bei akustischer Reizung erscheint eine gleichzeitige Darbietung indessen unmöglich. Die Töne verschmelzen zu einem Komplexton. Bei sukzessiver Darbietung der Töne treten zusätzliche Geräusche auf, die eine Beeinträchtigung der Beurteilungsgenauigkeit zur Folge haben. In einem geradezu klassischen Versuch konnte Riesz (1928) beide Probleme mit seiner *Schwebungsmethode* lösen. Bei dieser Methode werden zwei reine Töne ähnlicher Frequenz und Amplitude gleichzeitig dargeboten. Dabei entsteht ein summierter Ton, der durch ein auffälliges An- und Abschwellen gekennzeichnet ist. Solche *Schwebungen* werden nur erkennbar bei gleichzeitiger Darbietung von Tönen mit eng benachbarten Frequenzen und ähnlichen Amplituden. Bei gleichzeitiger Darbietung eines 1000-Hz- und eines 1003-Hz-Tones erfolgt beispielsweise ein An- und Abschwellen des Komplextones 3 mal pro Sekunde. Bei zunehmendem Frequenzunterschied nimmt die Anzahl der Schwebungen zu. Die genaue Anzahl der Schwebungen pro Sekunde ergibt sich aus dem Frequenzunterschied zwischen den Tönen in Hz. Bei Unterschieden größer als 10 Hz (10 Schwebungen pro Sekunde) können die Schwebungen nicht mehr erkannt werden (Scharf 1975). Die Schwebungsmethode wird oft zum Stimmen einer Gitarre benutzt: Derselbe Ton wird gleichzeitig auf zwei Saiten angeschlagen, dabei wird die Spannung einer Saite solange herab- oder heraufgesetzt, bis die Schwebungen nicht mehr erkennbar sind. An dieser Stelle sind die Frequenzen der beiden Saiten fast gleich.

In dem Versuch von Riesz (1928) wurden zwei Töne ähnlicher Frequenz gleichzeitig dargeboten. Er variierte die Amplitude des Vergleichstones, während die des Testtones konstant gehalten wurde. Er stellte bei jeder Frequenz den minimalen Amplitudenunterschied zwischen Test- und Vergleichston fest, von dem an Schwebungen gehört werden. Seine Ergebnisse werden in Abbildung 3.7 wiedergegeben.

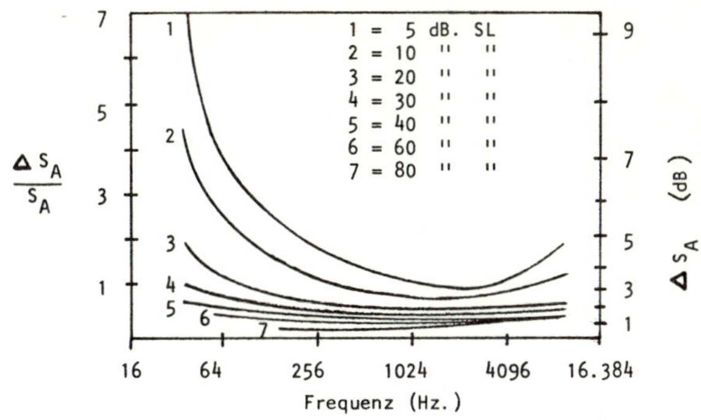

Abb. 3.7 Unterschiedschwellen für die Amplitude als eine Funktion der Amplitude und Frequenz des Testtones. Die Ergebnisse sind als absolute und relative Unterschiede ausgedruckt (nach Geldard, 1972; Riesz, 1928).

Die verschiedenen Kurven ergeben sich für verschiedene Amplituden der Testtöne. Bei fast allen Kurven ist die Unterschiedsschwelle für die Reizamplitude zwischen 1000 Hz und 3000 Hz am geringsten. Die minimale Schwelle wurde bei 2500 Hz gefunden. Die Größe der Unterschiedsschwelle nimmt mit Frequenzen unter- und oberhalb dieses Bereichs zu. Das akustische System weist also eine maximale Empfindlichkeit für Amplituden im Bereich 1000–3000 Hz auf, und zwar nicht nur für die absolute sondern gleichzeitig auch für die Unterschiedsschwelle.

Aus Abbildung 3.7 wird auch ersichtlich, daß die Diskriminationsfähigkeit für verschiedene Amplituden mit zunehmender Amplitude steigt. Das heißt, man beobachtet eine geringere relative Unterschiedsschwelle bei zunehmender Amplitude der Testtöne. Analog zur visuellen Wahrnehmung verändert sich das Webersche Verhältnis bei Änderung der Reizamplitude. Je mehr sich die Reizwerte der absoluten Schwelle nähern, desto größer werden die Abweichungen vom Weberschen Gesetz. Nur bei Amplituden, die erheblich oberhalb der absoluten Schwelle (20–80 dB SL) liegen, nimmt ΔS_a angenähert als lineare Funktion von S_a zu.

In ähnlicher Weise wie für Amplituden kann auch die Unterschiedsschwelle für Frequenzen bestimmt werden. Die Frage lautet hier, wie groß der Frequenzunterschied zwischen zwei Tönen werden muß, um als Unterschied erkannt zu werden. Auch hier kann die Schwelle als absoluter Unterschied (ΔS_f) oder als relativer Unterschied ($\Delta S_f/S_f$) ausgedrückt werden. Die erhobenen Daten hängen auch bei der Frequenz-Unterschiedsschwelle stark von der angewandten Methode sowie von Amplitude und Frequenzbereich ab.

Die Problematik ist bei Unterschiedsschwellen für Frequenzen die gleiche wie bei Unterschiedsschwellen für Amplituden. Gleichzeitige Darbietung der zu vergleichenden Töne ergibt einen Komplexton und Schwebungen in Abhängigkeit von den Frequenzunterschieden. Die Darbietung der Töne hintereinander erzeugt eine Reihe von vergänglichen Störgeräuschen.

Als Lösung des Problems entwickelten Shower und Biddulph (1931) für Frequenzschwellen eine einfallsreiche Methode – die *Gleitmethode*. Dabei wird ein Ton bestimmter Frequenz relativ kurzzeitig (500 msek) dargeboten. Ohne Unterbrechung erfolgt ein sinusförmiger Übergang des Tones zu einer neuen Frequenz für dieselbe Zeitdauer (500 msek). Schließlich geht der Ton wieder zurück zur ursprünglichen Frequenz. Mit anderen Worten, der Reiz pendelt oder gleitet kontinuierlich zwischen zwei Frequenzen. Die Unterschiedsschwelle wird definiert als der gerade notwendige Frequenzunterschied zwischen den Tönen, der eine solche Veränderung erkennen läßt. In ihrer Untersuchung erfaßten Shower und Biddulph die Unterschiedsschwellen für Frequenzen von 31 bis 11700 Hz und für Amplituden zwischen 5 dB bis zur oberen Schwelle des Unbehagens. Einige Ergebnisse dieses Versuches sind in Abbildung 3.8 enthalten.

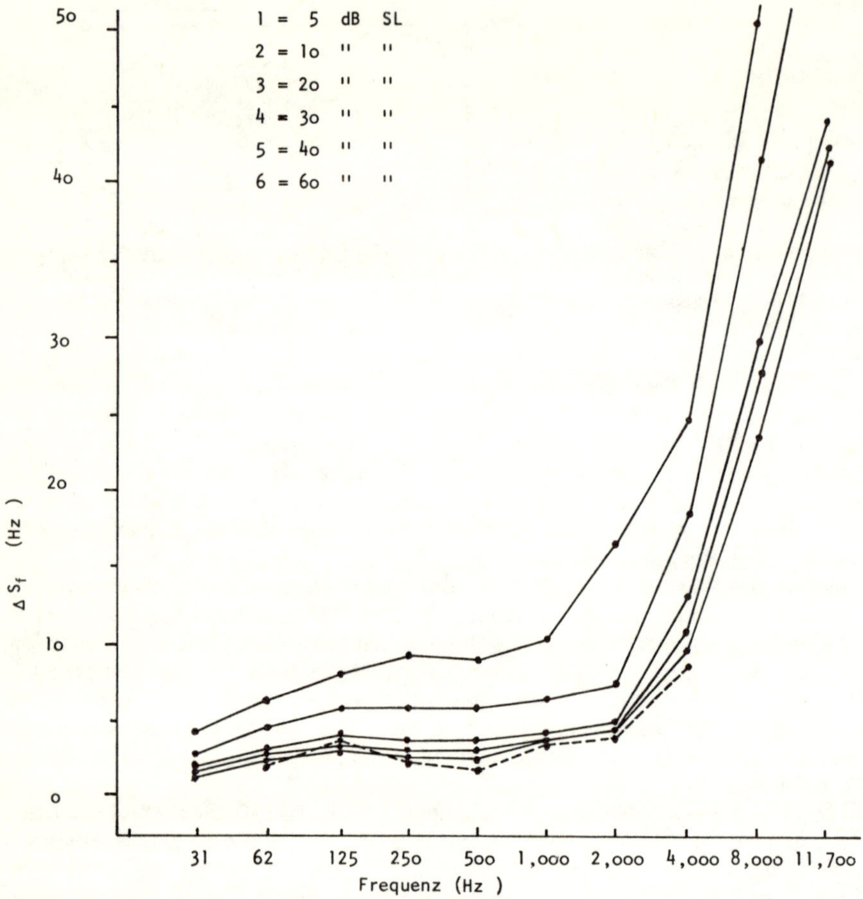

Abb. 3.8 Unterschiedsschwellen (absolute Unterschiede) für die Frequenz als eine Funktion der Frequenz und Amplitude eines Testtones (nach Shower und Biddulph, 1931).

Aus diesen Kurven ist zu erkennen, daß eine Zunahme der Amplitude des Testtones eine Abnahme von ΔS_f – die Größe der Unterschiedsschwelle – nach sich zieht und zwar bei allen Frequenzen, vor allem aber bei den höheren. Im Bereich von 31–2000 Hz bei Amplituden oberhalb 10 dB SL bleibt ΔS_f relativ konstant. Im Frequenzbereich unter 1000 Hz und einer Amplitude von 10 dB SL mußten sich die Töne, um erkannt zu werden, um 5 Hz unterscheiden. Das bedeutet eine notwendige Frequenzveränderung um ca. 0,5% zur Überschreitung der Unterschiedsschwelle. Bei einer Amplitude von 20 dB SL wurde bereits eine Veränderung von nur 3 Hz erkannt.

Man kann die Ergebnisse von Shower und Biddulph auch nach dem Weberschen Verhältnis, wie in Abbildung 3.9, aufzeichnen. Bei dieser Abbildung erhält man für Frequenzen über 1000 Hz ein relativ konstantes Verhältnis. Das heißt, die Werte entsprechen der Erwartung des Weberschen Gesetzes. Unterhalb 100 Hz steigen die Verhältniswerte jedoch steil an. Daraus ist zu entnehmen, daß die Diskriminationsfähigkeit des akustischen Systems für niedrigere Frequenzen relativ ungenau ist. Aus beiden Abbildungen geht hervor, daß der Einfluß der Amplitude bei Unterschiedsschwellen für Frequenzen weniger ausgeprägt ist als vorher bei der Unterschiedsschwelle für Amplituden (Abbildung 3.7).

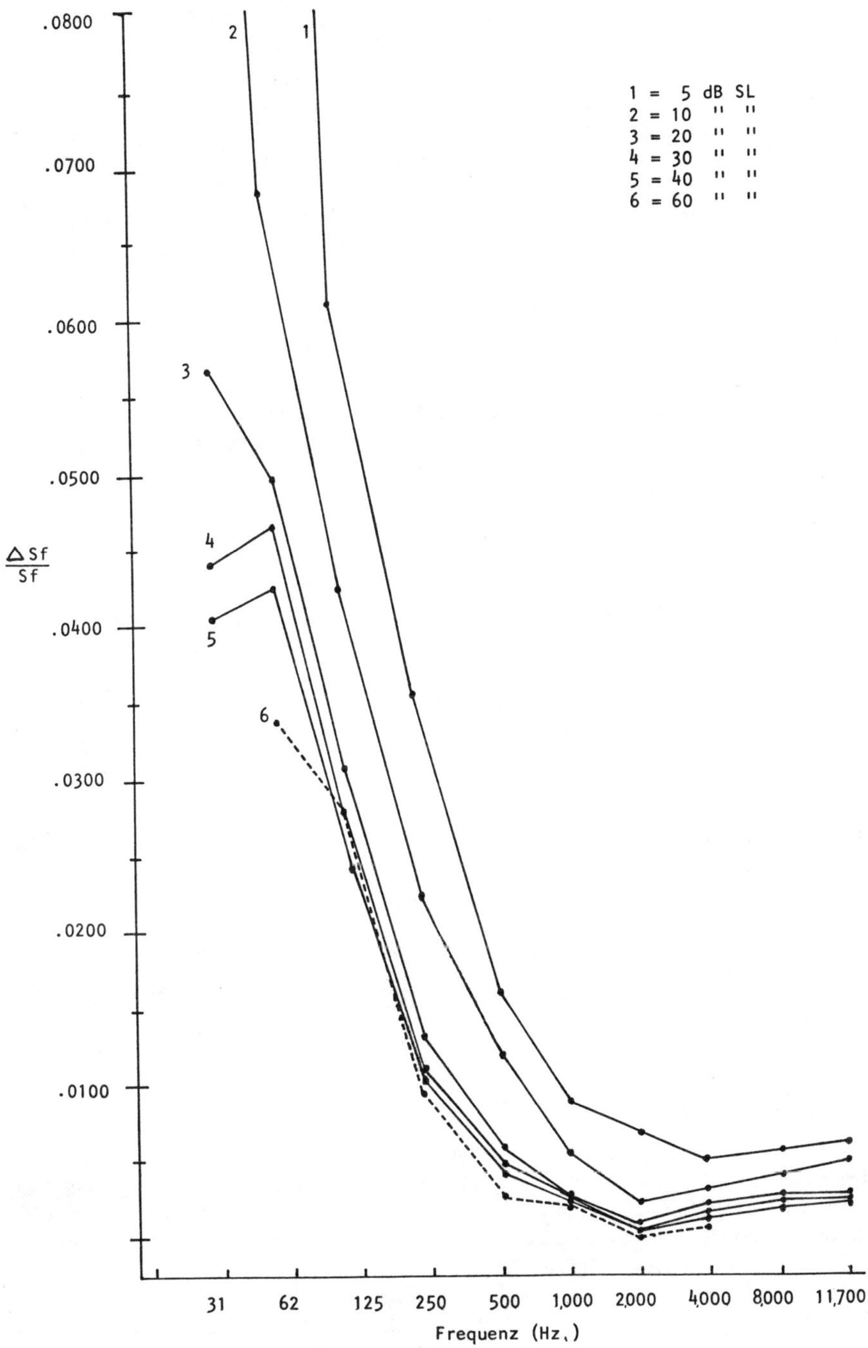

Abb. 3.9 Unterschiedschwelle (relative Unterschiede) für die Frequenz als eine Funktion der Frequenz und Amplitude des Testtones (nach Shower und Biddulph, 1931).

Den größten Einfluß hat die Amplitudenänderung zweifellos im Bereich der unteren Frequenzen. Allerdings bewirkt eine Zunahme der Amplitude über 30 dB SL kaum noch eine wesentliche Erhöhung der Diskriminationsfähigkeit für Frequenzen. Diese Daten, die zu stark ansteigenden Kurven führen, erfüllen keineswegs die Erwartungen des Weberschen Gesetzes.
Neuere Untersuchungen von Harris (1952), deren Daten in Abbildung 2.8 gezeigt wurden, unterstützen die wesentlichen Ergebnisse der früheren Forschungen von Shower und Biddulph. Als einziger Unterschied wäre eine allgemein bessere Diskriminationsleistung bei den Beobachtern von Harris, vor allem im Bereich unter 1 000 Hz, hervorzuheben.

> Aufgrund der Abhängigkeit der Schwellen von der jeweils angewandten Meßmethode sind wir bei der akustischen wie bei der visuellen Wahrnehmung nicht in der Lage, von festen Grenzen der Diskriminationsfähigkeit zu sprechen. Wir können mit Bestimmtheit sagen, daß die Aufnahme eines akustischen Reizes von seiner Frequenz und Amplitude abhängt. Diese Abhängigkeit findet man ebenfalls bei der Fähigkeit zwischen zwei Tönen zu unterscheiden. In allen Fällen wurde eine maximale Empfindlichkeit, weitgehend unabhängig von der Meßmethode, im Bereich von 1 000–3 000 Hz festgestellt.

Zum Schluß dieses Abschnitts muß darauf hingewiesen werden, daß sich die akustische Wahrnehmungsforschung heute im Wandel befindet. Viele früheren Untersuchungen wurden mit fraglichen psychophysischen Methoden durchgeführt. In den neueren Arbeiten bevorzugt man Auswahl- und Konstanzverfahren, die zwar eine gewisse Umständlichkeit haben, dafür aber im Einklang mit den Ansprüchen der Signalentdeckungstheorie stehen. In der klinischen Audiometrie hat die Treppenmethode v. Békésy (s. Abbildung 2.7) den Vorrang. Obwohl man mit dieser Methode keine Trennung des Entscheidungskriteriums von der eigentlichen Empfindlichkeit vornehmen kann, ist sie imstande, schnell stabile Werte zur Erkennung pathologischer Zustände zu liefern.

3.3 Zeit und Diskriminationsfähigkeit

Bisher haben wir von der Diskriminationsfähigkeit des visuellen und akustischen Systems in Abhängigkeit von Systemeigenschaften und Reizeigenschaften gesprochen. Dabei haben wir die Einwirkung der Zeit zwischen den Reizen nicht beachtet. Als Eigenschaft des Reizangebots können die zeitlichen Zusammenhänge sowohl eine erhöhte als auch eine verringerte Wahrscheinlichkeit der Reizaufnahme bewirken. Im ersten Fall sprechen wir von *Summation*, im zweiten von *Maskierung*.

3.3.1 Visuelle Summation

Einige Aspekte der *visuellen Summation* – der Vereinheitlichung zeitlich getrennter Reizdarbietungen – sind uns bereits bekannt. In Abhängigkeit von der Methode findet man ein Reziprokverhältnis zwischen Leuchtdichte und Reizdauer (Blochsches Gesetz). Eine bestimmte, konstant gehaltene Diskriminationsfähigkeit kann mit jeglicher Veränderung der Leuchtdichte durch eine gegenläufige Veränderung der Reizdauer aufrecht erhalten werden. Es liegt nun nahe zu fragen, ob dies auch bei zeitlich unterbrochener Reizfolge der Fall ist. Davy (1952) variierte die Darbietungsdauer eines Lichtreizes (Entdeckungsmethode) in Abhängigkeit von der Leuchtdichte. Im einfachsten Fall wurde das Licht kontinuierlich dargeboten oder, mit zwischenzeitlicher Unterbrechung, zweimal mit derselben Gesamtdauer. Es zeigt sich, daß innerhalb einer kritischen Gesamtdauer (etwa

100 msek) keine Veränderung der Diskriminationsfähigkeit durch zeitliche Unterbrechung erfolgte. So müßte man zum Beispiel dieselbe Leuchtdichte benutzen für eine Darbietungszeit von 30 msek oder für zwei Darbietungen von je 15 msek mit einer Pause von 50 msek dazwischen. Davy führte weitere Versuche durch, immer mit dem gleichen Ergebnis (bis zu fünf Reizdarbietungen): Solange man die Gesamtdauer von 100 msek nicht überschreitet, bleibt die Diskriminationsfähigkeit konstant. Ist das Intervall zwischen den Reizen sehr klein, dann summieren sich die Reizwirkungen und damit wird die Diskriminationsfähigkeit erhöht.

Zunächst wollen wir nach der Dauer jenes Intervalls zwischen zwei Reizen fragen, das gerade noch wahrgenommen werden kann. Im einfachsten Fall wird ein kontinuierliches Licht mit zwei kurz aufeinanderfolgenden Lichtreizen verglichen. Dabei wird das Intervall zwischen den beiden Lichtreizen variiert. Für den Beobachter tritt keine wahrnehmbare Unterbrechung zwischen den beiden Lichtreizen ein, wenn das Intervall unterhalb etwa 60 msek bleibt (King 1962). Das heißt, die beiden Reize sind von der Wahrnehmung her nicht voneinander zu unterscheiden. Bei mehrfacher Reizdarbietung verringert sich dieses Intervall von 8–10 Reizwiederholungen von 60 msek auf etwa 25 msek. Weitere Wiederholungen vermindern diesen Wert nicht (Herrick 1974a).

In den meisten Untersuchungen werden die Lichtreize mehrfach dargeboten, und zwar finden bis zu 100 oder noch mehr Wiederholungen statt. Es wird ein Licht alternierend ein- und ausgeschaltet und die Länge des »an«- und »aus«-Intervalls variiert. Bei niedrigen zeitlichen *Frequenzen* (Alternationen) der Reizfolge erscheint eine deutliche Hell- und Dunkelphase. Bei höheren Frequenzen tritt ein erkennbares Flimmern des Lichtes ein (also eine wahrnehmbare Diskontinuität), das bei noch höheren Frequenzen wieder verschwindet, d. h. nicht mehr wahrzunehmen ist. Diese Schwelle nennt man *Flimmerverschmelzungsschwelle* (FVS). Als Beispiel für das Vorhandensein dieser Schwelle kann jede mit Wechselstrom gespeiste Leuchtstoffröhre dienen, die alternierend mit einer Frequenz von 50–60 Hz (je nach Land) an- und ausgeht. Dieser Wert liegt oberhalb der Schwelle und daher wird das Flimmern nicht wahrgenommen. Bei Überschreitung der Schwelle ist das pulsierende von einem kontinuierlichen Licht nicht zu unterscheiden. Wie aus dem *Talbot-Plateausche Gesetz* zu erkennen ist, läßt sich die Leuchtdichte des Lichtes nach Überschreitung der Schwelle folgendermaßen ausdrücken:

$$L_p = L_k \qquad (3.3.1)$$

wobei L_k gleich der Leuchtdichte eines kontinuierlichen Lichtes und

$$L_p = L_l\left(\frac{z_h}{z_h + z_d}\right) \qquad (3.3.2)$$

ist. Dabei bezeichnet L_p die Leuchtdichte des pulsierenden Lichtes, L_l die Leuchtdichte des Lichtes in seiner Hellphase, z_h die Zeitdauer der Hellphase und z_d die Dauer der Dunkelphase.

Die Abhängigkeit der Flimmerverschmelzungsschwelle von verschiedenen Reizeigenschaften ist eingehend untersucht worden (s. Brown 1965a). Alle Reizeigenschaften, die wir bei der Sehschärfe erwähnt haben, spielen auch bei der Flimmerverschmelzung eine Rolle. Bei zunehmender Leuchtdichte verschiebt sich diese Schwelle wie aus den Ergebnissen von Hecht und Smith (1936) in Abbildung 3.10 zu ersehen ist.

Die Kurven zeigen die Flimmerverschmelzungsschwelle für ein großes Licht (19°) und ein kleines Licht (2°) als Funktion der Leuchtdichte. Man sieht in beiden Fällen eine Abhängigkeit der Schwelle von der Leuchtdichte, aber ebenso auch von der Reizgröße. Die Schwelle für das größere Licht bei niedrigen Leuchtdichten entsteht aufgrund der

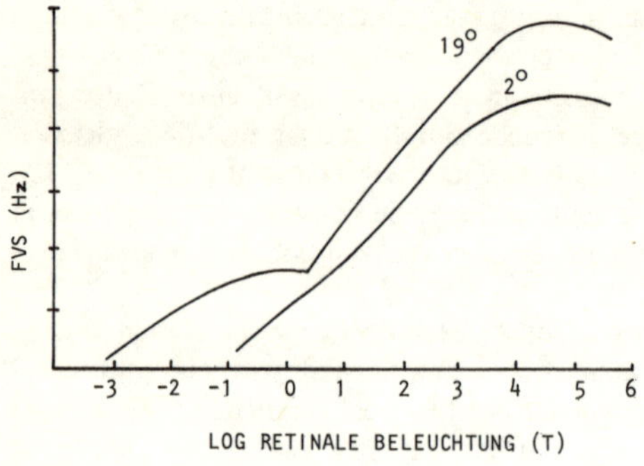

Abb. 3.10 Die Flimmerverschmelzungsschwelle für zwei Reizgrößen als eine Funktion der Leuchtdichte (nach Hecht und Smith, 1936).

Reaktion der Stäbchen in der Peripherie der Netzhaut. Beim kleineren Lichtreiz ist dieser Kurventeil relativ klein, da die Werte weitgehend von der Reaktionsweise der Zapfen bestimmt werden. Sobald wir es mit kleinen Reizen und mittleren Frequenzen zu tun haben, läßt sich das Verhältnis zwischen Leuchtdichte und Frequenz nach dem logarithmischen Gesetz von Fechner beschreiben: Die Flimmerverschmelzungsschwelle ist hier eine logarithmische Funktion der Leuchtdichte. Wie aus der Abbildung zu erkennen ist, gilt dies nicht mehr bei höheren Frequenzen.

Man kann die Flimmerverschmelzungsschwelle auch in Abhängigkeit von der Reizform messen. Einerseits kann das Licht in Rechteckform dargeboten werden: Sofortiges Ein- und Ausschalten wie bei der Unterbrechung durch eine rotierende Scheibe. Andererseits benutzt man auch Sinuswellen mit kontinuierlichem Übergang zwischen »ein« und »aus«. In beiden Fällen sehen die Schwellenkurven ähnlich aus (deLange 1958). Wenn das Licht in jeder Phase auf null (totales Ausschalten) geht, spricht man von einer 100%igen Amplitudenmodulation (r%), die nach der Formel berechnet wird:

$$r\% = \frac{L_{max} - L_{min}}{L_{max} + L_{min}} \times 100, \qquad (3.3.3)$$

wobei L_{max} die maximale Leuchtdichte und L_{min} die minimale Leuchtdichte bezeichnet. Man kann bei gleichbleibender Frequenz der Hell- und Dunkelfolgen und gleichbleibender Leuchtdichte (L_p) geringere Modulationen herstellen, bei denen das Licht nie gänzlich ausgeschaltet, sondern immer nur heller und dunkler eingestellt wird. Zum Beispiel könnte man das Licht bei einem L_p von 100 mL jeweils nur um 1 mL heller und 1 mL dunkler machen. Die Amplitudenmodulation wäre dann $r\% = 2$. Oft wird die prozentuale Amplitudenmodulation als Empfindlichkeitsmaß benutzt und als $(1/r\%)$ ausgedrückt.

Nach diesen Berechnungen bestehen drei Möglichkeiten zur Erfassung der Flimmerverschmelzungsschwelle. Erstens kann die zeitliche Folge der Reizung (Frequenz), ausgedrückt in Hz, verändert werden. Zweitens kann die Amplitudenmodulation (r%) und drittens die Leuchtdichte (L_p) des Lichtes variiert werden. Übrigens wird die Leuchtdichte oft in *Troland* (T) ausgedrückt. Dieses Maß berücksichtigt nicht nur Beleuchtung (E), Reflexionsverteilung (R) und Wellenlängenempfindlichkeit (V), sondern auch die Größe der Pupille (S):

$$T = L \times S \qquad (3.3.4)$$

In Abbildung 3.11 sind einige Daten von deLange (1958) enthalten, die alle drei Meßmöglichkeiten veranschaulichen.

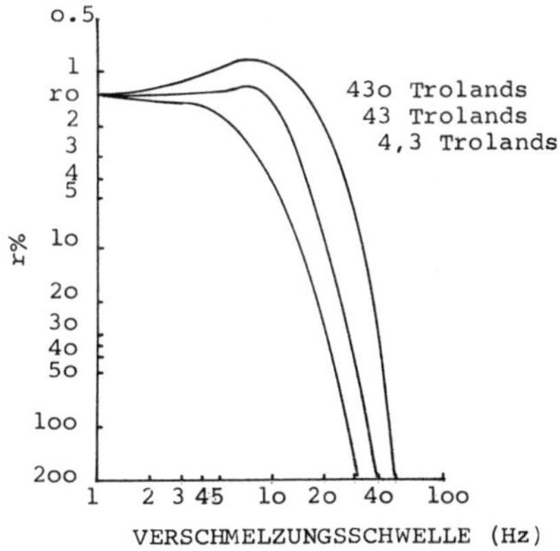

Abb. 3.11 Die Beziehung zwischen Amplitudmodulation (r%) und Reizfrequenz (Hz) bei der Flimmerverschmelzungsschwelle für drei Leuchtdichten (nach deLange, 1958).

Die drei Kurven zeigen die Flimmerverschmelzungsschwelle für drei Werte von L_p (4,3; 43 und 430 Troland). Auf der Ordinate ist die Amplitudenmodulation logarithmisch aufgetragen und auf der Abszisse die Frequenz. Man erreicht zum Beispiel mit $L_p = 4{,}3$ und einer Frequenz von 10 Hz die Schwelle bei einer Amplitudenmodulation von 4,5%. Alle größeren Amplitudenmodulationen (also bis 100%) rufen eine Flimmerwahrnehmung hervor. Im allgemeinen kann man sagen: je größer die Amplitudenmodulation, desto höher kann die Frequenz jeweils in Abhängigkeit von der Leuchtdiode gewählt werden.
Von weiterem Interesse ist die erhöhte Schwelle bei 43 und 430 T bei etwa 10 Hz. Das heißt, im Bereich um 10 Hz ist eine gesteigerte Empfindlichkeit vorhanden, Flimmern wahrzunehmen. Diese Empfindlichkeit ist noch stärker beim Flimmern unterhalb der Verschmelzungsschwelle ausgeprägt. Hier findet man in Abhängigkeit von der Leuchtdichte eine erhöhte Helligkeitswahrnehmung: Das flimmernde Licht erscheint erheblich heller, als man es nach dem Talbot-Plateauschen Gesetz erwarten müßte. Das Phänomen nennt man den *Brücke-Bartley-Effekt* (Brücke 1864, Bartley 1961). In einer Untersuchung von Rabelo und Grüsser (1961) stieg die wahrgenommene Helligkeit des Lichtes mit einer Amplitudenmodulation von 100% bei Frequenzen unterhalb 10 Hz als Funktion der Leuchtdichte an. Mit einer Leuchtdichte von 100 mL war die Helligkeit beispielsweise um 75% höher als die eigentliche Leuchtdichte, die nach dem Talbot-Plateauschen Gesetz die Hälfte des Wertes (Formel 3.3.3) sein sollte. Natürlich erreichten die Helligkeiten bei allen Leuchtdichten die nach Talbot-Plateau zu erwartenden Werte, sobald eine Annäherung an die Verschmelzungsschwelle erfolgte. Das Gesetz gilt also nicht für intermittierende Lichtreize unterhalb der Verschmelzungsschwelle. Die Tatsache, daß eine Frequenz von 10 Hz eine Zeitspanne von 100 msek umfaßt, scheint noch in anderer Hinsicht von Bedeutung zu sein. Davon wird später die Rede sein.
Mit der Entdeckungsmethode läßt sich die visuelle Summation als Funktion der Zeitspanne zwischen zwei oder mehreren Reizen darstellen. Nach der Methode der Signalentdekkung ließ Herrick (1974b) seine Vpn auf eine weiße Scheibe (Größe: 1 Grad 7 Minuten, Leuchtdichte: 1,19 mL) blicken. Die Leuchtdichte wurde zweimal jeweils für 5 msek um 0,30 mL erhöht. Die Zeitspanne zwischen der ersten und zweiten Erhöhung konnte 5, 20, 35, 50, 65, 80, 95 oder 110 msek sein. Die Versuchsanordnung ist so angelegt, daß die Veränderung nur dann wahrgenommen werden kann, wenn beide Erhöhungen innerhalb einer kritischen Zeitspanne liegen – also wenn die Energie der beiden Reizungen summiert wird. Bei Zeitabständen (vom Anfang der ersten Leuchtdichteerhöhung bis zum Ende der zweiten Leuchtdichteerhöhung) bis zu 30 msek ist die Wahrscheinlichkeit

der Reizentdeckung gleich 1,00. Diese Wahrscheinlichkeit fällt mit zunehmender Zeitspanne zwischen den beiden Reizen ab. Bei 50 msek ist sie etwa 0,50 und bei 75 msek ist sie gleich Null. Bei Abständen, die größer als 50–100 msek sind, findet also sicher keine Summation mehr statt. Innerhalb dieser Spanne ist die Ausprägung der Summation eine Funktion der Größe der Zeitspanne zwischen den Reizungen. Wichtig ist, daß beide Reizungen allein nicht wahrnehmbar sind. Erst bei kleineren Zeitspannen, die eine Summation ermöglichen, kann der summierte Reiz entdeckt werden.

Ein anderer Aspekt der visuellen Summation zeigt sich bei der mehrfachen Reizdarbietung von Objekten nach der Erkennungsmethode. Murch (1969) berichtet über die Ergebnisse eines Versuchs, bei dem Beobachter einfache Wörter nach wiederholter Darbietung zu erkennen versuchten. Anfangs wurde zum Beispiel ein Wort fünfmal kurzzeitig mit einem langen Intervall zwischen den Darbietungen gezeigt. Danach konnte man für jedes Wort die Erkennungswahrscheinlichkeit ermitteln. Anschließend wurde bei gleichlanger Wortdarbietung das Intervall zwischen den einzelnen Darbietungen verkürzt. Es zeigte sich eine ansteigende Erkennungswahrscheinlichkeit bei Intervallen unterhalb 50 msek. Abbildung 3.12 zeigt ein typisches Ergebnis.

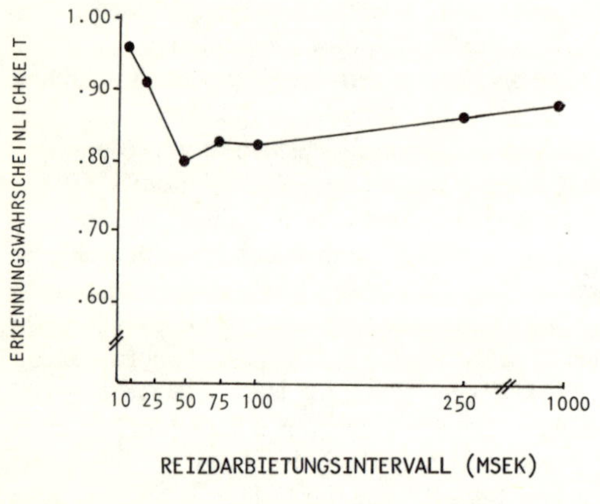

Abb. 3.12 Die Erkennungswahrscheinlichkeit für ein Wort nach fünf Darbietungen bei Variation des Intervalls zwischen den Darbietungen (nach Murch, 1969).

Bei kurzen Intervallen ist die Erkennungswahrscheinlichkeit aufgrund der Summation hoch. Bei Intervallen über 50 msek erfolgt keine Summation mehr und folglich tritt keine erhöhte Erkennungswahrscheinlichkeit auf. Übrigens konnte dabei auch gezeigt werden, daß der Prozeß der visuellen Summation nicht aufgrund einer Energiesummation in der Netzhaut zustande kommt. In dem Versuch von Murch (1969) nahm die Erkennungswahrscheinlichkeit auch dann zu, wenn das Wort bei jeder Darbietung auf eine andere Stelle der Netzhaut projiziert wurde. Ferner konnten Eriksen und Greenspoon (1968) eine Summation zwischen beiden Augen nachweisen.

Mit dem Phänomen der visuellen Summation läßt sich die sogenannte *unterschwellige Wahrnehmung* erklären. Es handelt sich dabei um die Aufnahme von Reizeigenschaften, ohne daß der Beobachter den Reiz bewußt wahrnimmt. Dazu wird ein Reiz so kurzzeitig dargeboten, daß sein Vorhandensein nicht verbalisiert werden kann. Danach wird der Einfluß des Reizes auf die Wahrnehmung einer zweiten Figur gemessen. Zum Beispiel ließ Murch (1967) die Teile zweier Buchstaben für fünf Sekunden tachistoskopisch betrachten. Während der Beobachtung wurden zwei komplette Buchstaben, die zu den Teilen genau paßten, mehrmals unterschwellig dargeboten. Für jeden Beobachter wurde mit

dem Konstanzverfahren oder der Signalentdeckungsmethode die kritische Dauer der unterschwelligen Reizung ermittelt: Es ist die Zeitspanne, in der die Erkennungswahrscheinlichkeit bei wiederholter Darbietung des unterschwelligen Reizes gleich null bleibt. Indessen zeigte sich der Einfluß der unterschwelligen Reizung bei der darauffolgenden Darbietung von drei Buchstabenpaaren, die alle zu den vorher gezeigten Teilen paßten, wobei eines das unterschwellige Buchstabenpaar war. Bei zufallsbedingter Reaktion würde man erwarten, daß die Versuchspersonen den unterschwellig gezeigten Buchstaben mit einer Wahrscheinlichkeit von etwa 0.33 – es lagen immer drei Buchstabenpaare zur Auswahl vor – auswählen. Tatsächlich lag die Wahrscheinlichkeit aber bei 0.53.
Im Zusammenhang mit der visuellen Summation steht die weitere Beobachtung, daß die erhöhte Wahrscheinlichkeit nur dann auftritt, wenn die Auswahlmöglichkeiten innerhalb von 100 msek dargeboten werden. Es scheint also möglich zu sein, daß eine Summation zwischen Reizen, die nicht bewußt wahrgenommen werden, und anderen, die bewußt wahrgenommen werden, erfolgen kann (Murch 1973).
Ein heftiger Streit entstand in der Diskussion der Frage, ob unterschwellige Reize auch kognitive Einflüsse ausüben können (s. Dixon 1971, Koeppler 1972). Im Sinne unseres Modells besteht eine unterschwellige Wahrnehmung in der Veränderung der Informationsquelle des Reizspeichers oder im Ansteuerungselement für die Auslese von Information aus dem Kurzzeit- und dem Langzeitspeicher. Die erste Möglichkeit wird offensichtlich durch die experimentellen Befunde zur visuellen Summation gestützt. Die zweite, die sogar die unterschwellige Aufnahme von Werbeinformation erlauben würde, erscheint uns zweifelhaft. Danach soll in einem Kino ein erhöhter Umsatz von Coca-Cola festgestellt worden sein, nachdem während eines Films unterschwellig die Darbietung der Reklame »Drink Coca-Cola« erfolgte (Britt 1958). In der Literatur sind zahlreiche Beispiele solcher Versuche mit negativen Ergebnissen zu finden. Wir sind der Meinung, daß unterschwellige Wahrnehmung nur aufgrund der visuellen Summation erfolgt, und daß die Aufnahme solcher Reizeigenschaften zwar eine strukturelle Veränderung der Informationsquelle des Reizspeichers zuläßt, jedoch keine Verhaltenssteuerung im Sinne einer Anzapfung des Kurzzeit- oder Langzeitspeichers erlaubt.

3.3.2 Visuelle Maskierung

Im Gegensatz zur visuellen Summation steht die visuelle Maskierung. Auch hier wird ein zweiter Reiz in einem bestimmten Zeitintervall nach einem ersten Reiz dargeboten, und es wird sein Einfluß auf die Wahrnehmung des ersten Reizes beobachtet. Es handelt sich jedoch jetzt um zwei verschiedene Reize und um die Abnahme der Wahrscheinlichkeit für eine Wahrnehmung des ersten Reizes. Geht von der Darbietung des zweiten Reizes ein negativer Einfluß auf die Wahrnehmung des ersten Reizes aus, so spricht man von Maskierung, während ein positiver Einfluß des zweiten Reizes als Summation bezeichnet wird. Ursprünglich wurde das Phänomen *Metakontrast* (nach Stigler 1910) genannt. Heute spricht man von visueller Maskierung (Scheerer 1973).
Inzwischen sind zahlreiche Möglichkeiten der Maskierung erforscht worden (s. Kahneman 1968). Man kann den Einfluß eines Maskierreizes auf einen Testreiz nachweisen, wenn der Maskierreiz vor oder nach dem Testreiz dargeboten wird *(Vorwärts-* und *Rückwärtsmaskierung)*. Der Maskierreiz kann eine spezifische Form aufweisen *(Formmaskierung)* oder nur aus einem Lichtblitz bestehen *(Leuchtdichtemaskierung)*.
Ein bekanntes Beispiel für Maskierung stellt ein Versuch von Fehrer und Raab (1962) dar, der auf eine frühere Anordnung von Werner (1935) zurückgeht. Ein graues Viereck wurde kurzzeitig im Tachistoskop gezeigt. Die Darbietungsdauer wurde so eingestellt, daß jede Versuchsperson die Figur erkennen konnte. Bei einigen Versuchen folgten

dem Viereck zwei weitere Vierecke, die visuell links und rechts vom Testviereck dargeboten wurden. Fehrer und Raab stellten fest, daß bei Zeitabständen von 50–100 msek zwischen Testreiz und Maskierreiz meistens nur die beiden Maskierreize wahrgenommen wurden. Das heißt, der nachfolgende zweite Reiz maskierte den Testreiz.
Um etwas quantitativer arbeiten zu können, entwickelten Eriksen und Collins (1965) eine andere Maskierungsanordnung. In den Einzelversuchen wurden die Buchstaben A, T oder U kurzzeitig dargeboten, und zwar so, daß für jede Versuchsperson die Wahrscheinlichkeit des Erkennens bei 70% lag. Bei einigen Darbietungen wurde ein den Buchstaben umkreisender Ring gezeigt, entweder gleichzeitig oder bis zu 250 msek danach. Bei gleichzeitiger Darbietung von Buchstabe und Ring und bei Verzögerungen bis zu 50 msek nahm die Erkennungswahrscheinlichkeit bis zu 46% ab. Bei längeren Verzögerungen verbesserte sich die Erkennungsleistung, oberhalb 100 msek wurde das Ausgangsniveau von 70% wieder erreicht.
Eine ähnliche Anordnung wurde von Sperling (1963) eingeführt. Buchstaben dienten als Testreiz und *visuelles Rauschen* – ein Reizfeld mit zufallsverteilten Strichen – als Maskierreiz. Auch mit dieser Anordnung erhält man eine Maskierung bei Zeitintervallen unterhalb 100 msek zwischen Anfang des Testreizes und Anfang des Maskierreizes.
Obwohl alternative Erklärungen möglich sind (s. Haber 1969), scheint es sich bei Maskierung und Summation um ähnliche Prozesse zu handeln. Scheerer (1973) gibt folgende Erklärung für die Wirkung der Maskierung und der Summation: Bei der Summation werden die Energien von zwei oder mehr miteinander vereinbaren Reizen addiert, wobei die größere Gesamtenergie eine Leistungszunahme der Wahrnehmung bewirkt. Die oberste Grenze dieser Summation scheint durch das Blochsche Gesetz gegeben zu sein. Bei Intervallen, die größer als 100 msek sind, gibt es nur eine geringe Summation oder meßbare Leistungszunahme. Bei der Maskierung sind die beiden Reize unvereinbar und die Darbietung des zweiten Reizes innerhalb der kritischen Zeitspanne des Blochschen Gesetzes bewirkt auch hier eine Addition der Energie. Jedoch bedeutet das jetzt eine Integration zweier unvereinbarer Reize, die ein Gebilde zustandekommen läßt, das eine Verminderung der Diskriminationsfähigkeit zur Folge hat. Die Reizeigenschaften des Testreizes werden vom neuen Gebilde gewissermaßen absorbiert und ihre Erkennbarkeit wird dadurch erschwert.
Eine zweite Erklärung, nach der Maskierungsreize eine Unterbrechung oder Verwischung des Testreizes bewirken, stammt von Sperling (1963). Sobald der zweite, unvereinbare Reiz dargeboten wird, stört er die Verarbeitung des Testreizes. Bei Summation kommt es zu keiner Unterbrechung, da die beiden Reize miteinander vereinbar sind. Leider ist es nicht möglich, zwischen den beiden Hypothesen eine experimentelle Entscheidung herbeizuführen. Scheerer und Bongartz (1973) weisen auf die Möglichkeit einer Verbindung der beiden Thesen hin. Aussagen von Versuchspersonen (Haber & Standing 1969) unterstützen die These Sperlings. Viele geben an, die Buchstaben wahrgenommen zu haben, jedoch verschwanden sie zu schnell, als daß man sie sich hätte merken können. Es sah so aus, als ob die Informationsverarbeitung gestört wurde, noch bevor die Verarbeitung und Erkennung des Reizes vollzogen werden konnte.

Im Einklang mit der Unterbrechungshypothese steht auch die mögliche Beziehung zwischen Maskierung und dem Ausfall der Wahrnehmung bei saccadischen Augenbewegungen. Alpern (1969) und Grüsser (1972) weisen auf die zeitlichen Zusammenhänge bei diesen beiden Phänomenen hin. Möglicherweise ist der Prozeß der Maskierung, im Sinne einer Unterbrechung der Verarbeitung, verantwortlich für den Wahrnehmungsausfall bei Augenbewegungen. Matin (1974) hält es sogar für möglich, daß die bisherigen Maskierungsversuche diesen Mechanismus unter künstlichen Bedingungen beobachtet haben. Das heißt, die Maskierungsversuche zeigen den natürlichen Ausfall der Wahrnehmung bei Augenbewegungen, indem man eine Reizsituation herstellt, die normalerweise bei einer saccadischen Augenbewegung vorliegt. Die Tatsache, daß die Maskierung eines Auges auch einem Wahrnehmungsausfall im anderen Auge (Schiller & Smith 1968) bewirkt, ähnlich wie beim saccadischen Wahrnehmungsausfall, unterstütze diese These.

3.3.3 Akustische Summation

Eine umfangreiche Reihe von Untersuchungen (s. Zwislocki 1960) weist auf die Summation oder Integration von akustischen Signalen innerhalb einer kritischen Zeitspanne hin. Für das akustische System wird die Spanne mit etwa 200 msek geschätzt. Innerhalb dieser Zeit besteht ein Reziprokverhältnis zwischen Amplitude und Reizdauer. Das heißt, die Verkürzung der Reizdauer kann durch eine Zunahme der Amplitude ausgeglichen werden. Die Beziehung ist in Abbildung 3.13 graphisch dargestellt: Die für die absolute Schwelle notwendige Amplitude wird mit Zunahme der Reizdauer geringer. Wie aus der Abbildung ersichtlich ist, erhält man eine lineare Beziehung bis annähernd 200 msek. Bei Werten, die oberhalb dieser Grenze liegen, ist die Schwelle nur eine Funktion der Amplitude. Hier zeigt sich ein Zusammenhang zwischen Amplitude und Dauer, der dem Blochschen Gesetz der visuellen Summation sehr ähnlich ist (s. Abschnitt 3.1.1).

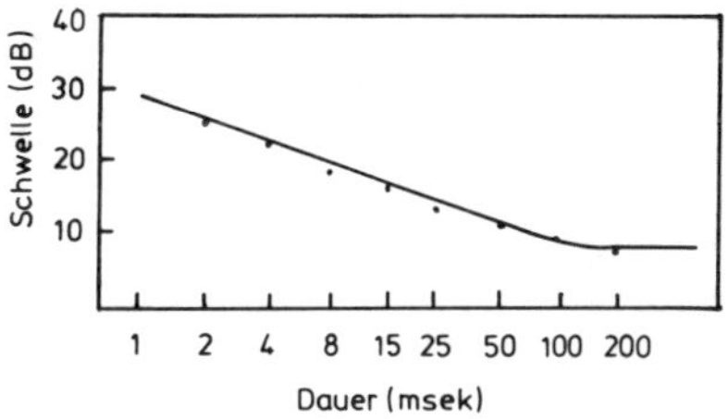

Abb. 3.13 Das Reziprokverhältnis zwischen Amplitude und Signaldauer für die Schwelle eines 4000-Hz-Tones (nach Garner, 1947b).

Ebenso charakteristisch für die akustische Wahrnehmung ist eine Summation von mehreren Tönen oder Geräuschen, die innerhalb der kritischen Gesamtzeit von 200 msek liegen (Garner 1947a, Small 1963). Mit anderen Worten: die Schwelle für zwei kurze Signale innerhalb von 200 msek ist niedriger als die für einzelne Töne. In Gegensatz zum visuellen System ist diese Summation jedoch nie vollständig. Das heißt, die Schwelle für einen kontinuierlichen Ton ist immer niedriger als die für zwei kurzzeitig unterbrochene Darbietungen mit gleicher Ton-Gesamtdauer.
Die Summationsfähigkeit des Ohrs findet man auch zwischen verschiedenen Frequenzen. Zwei gleichzeitig dargebotene Töne verschiedener Frequenz können besser diskriminiert werden als jeder Ton allein. Um etwas genauer zu formulieren: der Schwellenwert für die Kombinationstöne ist etwa um die Hälfte niedriger als die Schwelle für jeden einzeln dargebotenen Ton. Dieser Wert wird nochmals halbiert durch Hinzufügen zweier weiterer Töne. Die Reihe kann beliebig fortgesetzt werden, allerdings mit der Einschränkung, daß die Frequenzen der gleichzeitig dargebotenen Töne nicht zu weit auseinander liegen (Scharf 1961, 1970). Wie weit die Frequenzen voneinander verschieden sein dürfen, wurde von Zwicker et al. (1957) untersucht. Die Autoren maßen die Abstände zwischen Frequenzen, die eine Summation zuließen. Frequenzen innerhalb eines solchen Abstandes stellen eine *Frequenzgruppe* (s. Zwicker & Feldtkeller 1967) dar. Die Ergebnisse sind

in Abbildung 3.14 enthalten. Allgemein ist festzustellen, daß die Breite der Frequenzgruppe mit der Zentralfrequenz der Gruppe zunimmt. So ist beispielsweise die Bandbreite der Frequenzgruppe etwa 100 Hz bei einer Zentralfrequenz von 200 Hz, bei 1 000 Hz beträgt sie etwa 160 Hz. Bei einer Zentralfrequenz von 5000 Hz umfaßt die Frequenzgruppe bereits 1 000 Hz.

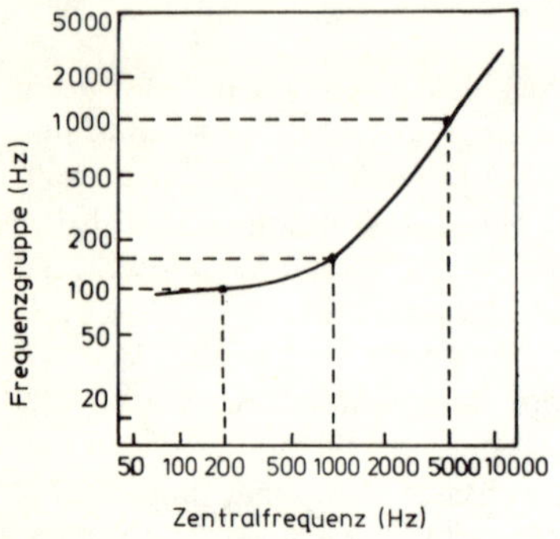

Abb. 3.14 Frequenzgruppen in Abhängigkeit von der Zentralfrequenz der Gruppe als Grenzen der akustischen Summation (nach Zwicker, Flottorp und Stevens, 1957).

Nach den Ergebnissen von Greenberg und Larkin (1968) überträgt sich die Schwellenveränderung einer Frequenzgruppe nicht auf Frequenzen innerhalb einer anderen Frequenzgruppe. Das heißt, die Beobachter waren zwar in der Lage, Frequenzen einer zweiten Frequenzgruppe zu erkennen, sie konnten jedoch nicht gleichzeitig die einer zweiten Frequenzgruppe unterscheiden, die sonst bei alleiniger Darbietung sicher erkannt worden wären. Solche Beobachtungen sprechen für eine begrenzte Auflösungsfähigkeit des akustischen Systems: Summationen können nicht zur gleichen Zeit bei zwei Frequenzgruppen erfolgen.

Akustische Summation muß auf Grund von Vorgängen im zentralen akustischen System zustande kommen. Schenkel (1967) ließ einem Ton von 20 msek Dauer auf das eine Ohr einwirken, danach folgte ein zweiter Ton von ebenfalls 20 msek auf das andere Ohr. Im Vergleich zur Schwelle für die Entdeckung von nur einem der beiden Töne war der Wert auch hier halbiert: die Summation kann also *binaural* erfolgen. Ähnliche Beobachtungen am visuellen System bei binokularer Darbietung (Abschnitt 3.3.1) weisen darauf hin, daß Summation als eine Integration und Vereinfachung einlaufender Signale aufzufassen ist. Die Verarbeitung erfolgt erst nach der Reizaufnahme durch die Rezeptoren der Retina bzw. Cochlea. Sie ist als Funktion der Detektoren zu verstehen.

3.3.4 Akustische Maskierung

Meistens erfolgt die Aufnahme akustischer Signale zusammen mit anderen Signalen, die ihre Auswahl erschweren. Messungen in einem typischen Büro ergeben einen allgemeinen Geräuschpegel zwischen 50 und 60 dB, der durch Büromaschinen, Unterhaltungen, Bewegen von Papieren usw. verursacht wird. Damit überhaupt eine Unterhaltung in dieser Umgebung möglich ist, müssen sich die Stimmen der Gesprächspartner von diesem Geräuschhintergrund abheben. Die Erschwerung der Signalaufnahme durch das Vorhandensein anderer akustischer Reize nennt man *akustische Maskierung*. Die Maskierung zeigt sich meistens als Erhöhung der Schwelle oder als Herabsetzung der Empfindlichkeit für ein Signal.

Normalerweise wird das Ausmaß der Maskierung als Veränderung der absoluten Schwelle (ausgedrückt in dB) durch das Vorhandensein mehrerer gleichzeitig auftretender Signale gemessen. Das heißt, man mißt die Schwelle für einen gegebenen Reiz mit und ohne ein zweites Signal und bestimmt den Schwellenunterschied für beide Bedingungen.

Unter Laborbedingungen können Testreiz und Maskierreiz genau definiert werden. Man kann die Verarbeitung beider Reize bei Variation zahlreicher Faktoren der Reizdarbietung untersuchen. So können Test- und Maskierreiz zum Beispiel demselben Ohr (monaural), verschiedenen Ohren (interaural), oder beiden Ohren gleichzeitig (binaural) dargeboten werden. Ebenso läßt sich die Zusammensetzung der Signale variieren. Man kann reine Töne oder Komplextöne verschiedener Bandbreite – also Töne mit unterschiedlichen Frequenzverteilungen – darbieten. Bei solchen Versuchen ist das Verhältnis zwischen den Frequenzen und ihren Amplituden sehr wichtig. Schließlich ist auch die zeitliche Folge der Signale von Bedeutung. Bei der akustischen Maskierung, im Gegensatz zur visuellen Maskierung, werden Test und Maskierreiz gleichzeitig dargeboten, obwohl in manchen Untersuchungen auch eine zeitliche Trennung vorgenommen wurde. Ebenso wie im visuellen Bereich spricht man von Vorwärtsmaskierung bei Darbietung des Maskierreizes vor dem Testreiz und Rückwärtsmaskierung bei Darbietung des Testreizes vor dem Maskierreiz.

In frühen Untersuchungen wurden fast ausschließlich Töne als Test- und Maskierreize benutzt. Zu erwähnen wäre hier der klassische Versuch von Wegel und Lane (1924), in dem einem Ohr gleichzeitig verschiedene reine Töne dargeboten wurden. In einem solchen Experiment war der Maskierreiz ein Ton von 1200 Hz, der mit einer Amplitude von 40, 60 oder 80 dB SL gegeben wurde. Testreize waren Töne mit Frequenzen zwischen 40–4000 Hz. Die Versuchsergebnisse sind in Abbildung 3.15 wiedergegeben.

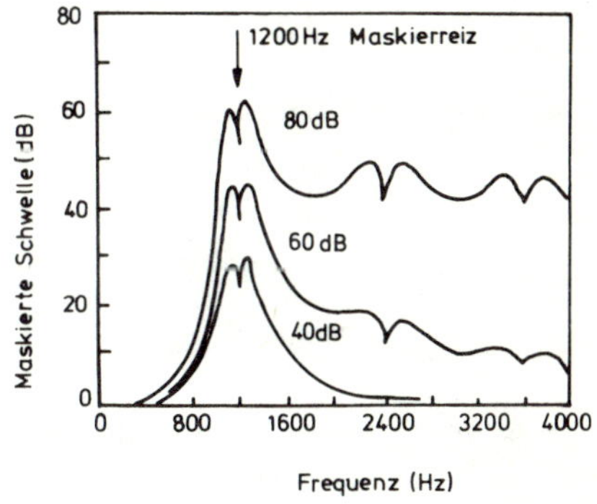

Abb. 3.15 Monaurale Maskierung von reinen Tönen bei drei Amplituden durch einen reinen Maskierton von 1200 Hz (nach Wegel und Lane, 1924).

Die Abbildung zeigt die Intensität (in dB), die der Testreiz zusätzlich zu seiner sonst üblichen absoluten Schwelle mindestens haben muß, um in Gegenwart des Maskierreizes gehört zu werden. Dabei zeigt sich die Abhängigkeit von der Frequenz bei den drei Amplituden des Maskierreizes. Bei Werten unterhalb des jeweiligen Kurvenzuges ist nur der Maskierreiz hörbar, während oberhalb dieser Grenze sowohl Test- als auch Maskierreiz erkannt wurden. Bei einem Maskierreiz von 40 dB SL findet man einen gleichmäßigen Verlauf der Maskierung über den Bereich von 600–2400 Hz. Maskiert werden also Töne mit anderen Frequenzen als jener des Maskierreizes, wobei das Ausmaß der Maskierung ständig abnimmt, je stärker sich der Testreiz in seiner Frequenz vom

Maskierreiz unterscheidet. Bei höheren Amplituden des Maskierreizes (60 und 80 dB SL) sind die Kurvenverläufe keineswegs gleichmäßig. Vor allem werden hier alle Töne mit Frequenzen, die höher als die des Maskierreizes liegen, besonders stark betroffen. Das schnelle Abfallen der Kurven für niedrigere Frequenzen als jene des Maskierreizes bleibt jedoch erhalten. Auffallend sind weiterhin die Zacken bei 1200, 2400 und 3600 Hz. Da diese Frequenzen dem Maskierton bzw. seinen Obertönen entsprechen, wurde das Auftreten von Schwebungen als mögliche Erklärung in Betracht gezogen. Offensichtlich gilt die Logik dieser Hypothese aber nicht, da neuere Ergebnisse von Greenwood (1971) zeigten, daß diese Unebenheiten auf Grund tonaler Verzerrungen bei der Methode von Wegel und Lane zurückzuführen sind.

Um solche Verzerrungen zu vermeiden, zogen es mehrere Forscher vor, anstelle reiner Töne weißes Rauschen als Maskierreiz zu benutzen. Fletcher (1940) untersuchte die Beziehung zwischen Maskierung und Bandbreite des Maskierreizes. Er stellte die unbedingt notwendige Amplitude eines reinen Tones (Testsignal) fest, die erforderlich war, damit sich das Signal von einem weißen Rauschen abhob. Danach verkleinerte er die Bandbreite des Maskierreizes und maß abermals die Schwelle für das Testsignal. Dabei konnte er beobachten, daß die Abnahme der Bandbreite anfangs keinen Einfluß auf die Schwelle ausübte. Es gab jedoch eine bestimmte maximale Bandbreite, unter der mit kleiner werdender Breite des Stör-Rauschens das Testsignal bei geringer werdender Schwellen-Amplitude erkannt werden konnte. Bei Maskierreizen mit größeren Bandbreiten bestand keine Beziehung zwischen Bandbreite und Maskierung. Die genannte minimale Bandbreite bezeichnet man als *kritische Bandbreite*. Inzwischen wissen wir, daß diese Bandbreite mit der Frequenzgruppe bei der Summation gleichzusetzen ist. Fletcher fand eine ähnliche Beziehung zwischen Zentralfrequenz und notwendiger Bandbreite

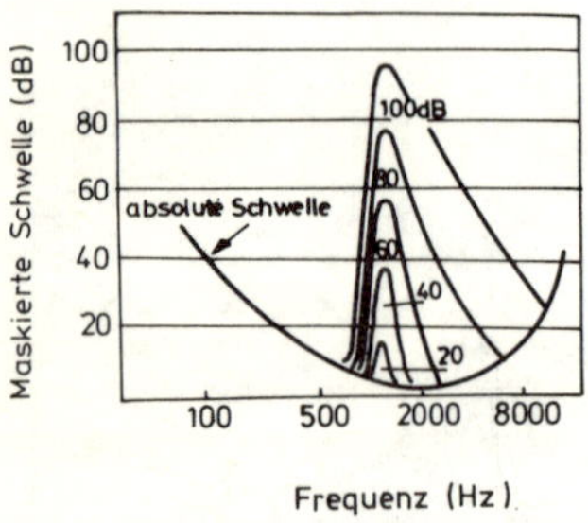

Abb. 3.16 Monaurale Maskierung von reinen Tönen bei fünf Amplituden durch ein 200-Hz-Rauschen mit einer Zentralfrequenz von 1200 Hz (nach Zwicker und Scharf, 1965).

für die Maskierung wie sie später für die Summation (Abbildung 3.14) von Zwicker et al. (1957) berichtet wurde.

Neuerdings griffen Zwicker und Scharf (1965) das Problem der kritischen Bandbreite für die Maskierung reiner Töne erneut auf. Den Autoren ging es vor allem um die Beziehung zwischen Amplitude des Maskierreizes und Ausmaß der Schwellenveränderung bei Frequenzen, die höher oder niedriger als die Zentralfrequenz des Maskierreizes liegen. Ihr Maskierreiz hatte eine Bandbreite von 200 Hz und eine Zentralfrequenz von 1200 Hz. Insgesamt wurden 10 verschiedene Amplituden des Maskierreizes dargeboten. Die Ergebnisse für fünf dieser zehn Amplituden sind in Abbildung 3.16 aufgezeichnet. Für jede Amplitude kann man ablesen, welche Amplitude des Signalreizes notwendig ist, damit er gehört wird. Als Beispiel nehmen wir die Entdeckung eines Testreizes von 2000 Hz: bei einem Maskierreiz von 80 dB mußte dieser Reiz auf 60 dB SPL erhöht werden, damit er gerade noch wahrgenommen werden konnte.

Wiederum fanden Zwicker und Scharf die zu erwartende Beziehung zwischen Amplitude des Maskierreizes und Ausmaß der Maskierung (Schwellenverschiebung). Ferner wurde die stärkste Maskierung bei Testreizen festgestellt, deren Frequenzen der Zentralfrequenz des Maskierreizes sehr ähnlich waren. Maskierreize unterhalb 60 dB führten zu etwa symmetrischen Effekten. Bei höheren Intensitäten fanden die Autoren einen immer breiter werdenden Bereich der Maskierung der Töne mit höheren Frequenzen, aber nicht für niedrigere Frequenzen. Das heißt, die Maskierfunktion wurde immer deutlicher asymmetrisch, je mehr die Amplitude des Maskierreizes anstieg. Wenn man diese Kurven mit den früheren Ergebnissen von Wegel und Lane (Abbildung 3.15) vergleicht, die reine Töne als Maskier- und Testreiz benutzten, so fällt das Verschwinden der Zacken auf. Vor allem sind die Gesetzmäßigkeiten, die von Zwicker und Scharf gefunden wurden, hervorzuheben: eine Zunahme der Amplitude des Maskierreizes bewirkt eine gleichstarke Schwellenverschiebung bei der Wahrnehmung des Testreizes. Das heißt, eine Amplitudenzunahme von 20 dB bewirkt eine Schwellenverschiebung von 20 dB für einen Testreiz mit derselben Frequenz wie die Zentralfrequenz des Maskierreizes. Als Hauptergebnis ist hervorzuheben, daß der Testreiz (1200 Hz) gerade wahrnehmbar wurde bei einer Amplitude, die um 4 dB schwächer war als der Maskierreiz und zwar unabhängig von der allgemeinen Amplitude des Maskierreizes. Die Beobachtung des breiten Wirkungsbereiches bei höheren Testfrequenzen ist Gegenstand zahlreicher theoretischer Überlegungen. Obwohl die Hypothesen zum Teil sehr kompliziert sind (s. für eine ausführliche Diskussion Green 1976), scheint der Befund allgemein mit der Tatsache zusammenzuhängen, daß Reize höherer Frequenz nach einem anderen Prinzip verarbeitet werden als jene niedriger Frequenz. Die verschiedenen Prinzipien werden in Abschnitt 5.4.3 besprochen.

Eine Maskierung von Rauschen kann durch zwei Töne erfolgen. Auch bei dieser Anordnung findet man eine kritische Bandbreite. Das Rauschen wird maskiert, wenn zwei solche Töne die Bandbreite des Rauschens umfassen. Voraussetzung dafür ist allerdings, daß die Töne sich in der Frequenz um weniger als eine kritische Bandbreite unterscheiden. Das Ausmaß der Maskierung fällt steil ab, sobald ein Ton oder beide Töne außerhalb der kritischen Bandbreite liegen.

> Für die Psychoakustik hat das Konzept der kritischen Bandbreite oder Frequenzgruppe zentrale Bedeutung. Zahlreiche Experimente haben immer wieder bewiesen, daß grundlegende Wahrnehmungsunterschiede zwischen der Aufnahme akustischer Reize innerhalb einer kritischen Bandbreite im Vergleich zur Verarbeitung von Reizen außerhalb der kritischen Bandbreite bestehen. Was den tatsächlichen Frequenzbereich solcher kritischen Bandbreiten anbelangt, so kam Scharf (1970) nach seiner Literaturübersicht zu dem Schluß, Fletcher (1940) habe die Breite um das Dreifache unterschätzt. Das heißt also, die kritische Bandbreite ist etwa dreimal größer, als von Fletcher angenommen wurde.

Bisher haben wir nur von Simultanmaskierung – also gleichzeitiger Darbietung von Test- und Maskierreizen – berichtet. Elliott (1962a, b) beobachtete den Einfluß eines 90 dB SPL weißen Rauschens auf die Wahrnehmung eines 1000-Hz-Tones von 5 msek Dauer. Dabei wurde die Zeit zwischen Abklingen des Tones und Beginn des Rauschens (Rückwärtsmaskierung) oder zwischen Abklingen des Rauschens und Beginn des Tones (Vorwärtsmaskierung) variiert. Die Zwischenzeit konnte einen Wert von 0 bis 50 msek annehmen. Seine Ergebnisse sind in Abbildung 3.17 graphisch dargestellt.

Auf der Ordinate dieser Abbildung ist die notwendige Amplitudenerhöhung des Testreizes (in dB) aufgetragen, die oberhalb der absoluten Schwelle erfolgen muß, damit er wahrgenommen wird. Wie aus der Darstellung ersichtlich ist, nimmt die notwendige Erhöhung

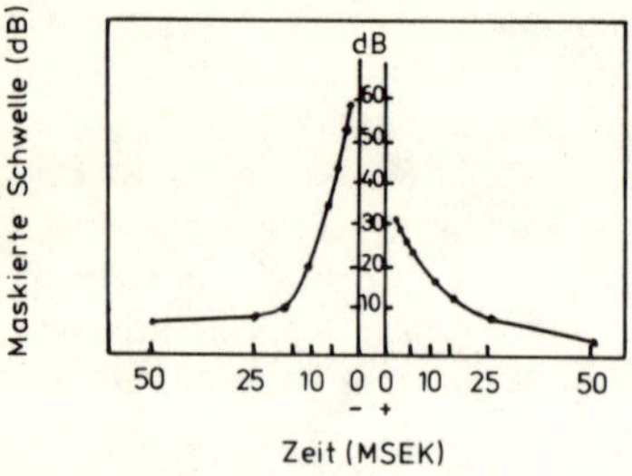

Abb. 3.17 Rückwärtsmaskierung (links) und Vorwärtsmaskierung (rechts) eines 5 msek langen 1000-Hz-Tones durch 50 msek langes weißes Rauschen mit einer Amplitude von 90 dB SPL (nach Elliott, 1962 a, b).

mit zunehmendem zeitlichen Abstand beider Reize ab. Bei Intervallen von mehr als 15–25 msek ist das Ausmaß der Maskierung äußerst gering und zwar sowohl bei Rückwärts- als auch Vorwärtsmaskierung. Allerdings ist der allgemeine Effekt bei der Rückwärtsmaskierung (linke Seite der Ordinate) größer, was an der höheren Schwellenveränderung zu erkennen ist.

Die Ergebnisse von Elliott sowie die von Wright (1964) werden dahingehend gedeutet, daß der Maskierreiz eine Verkürzung der Wahrnehmungsdauer der Testreize bewirkt und folglich ihre Wahrnehmbarkeit beeinträchtigt. Allem Anschein nach überholt der Maskierreiz den Testreiz und unterdrückt seinen Anfang (Vorwärtsmaskierung) oder sein Ende (Rückwärtsmaskierung). Neuere Arbeiten, wie die von Divenyi und Hirsh (1975), bestätigen diese Annahme. Ihre Beobachter sollten die Reihenfolge von drei 20 msek langen Tönen angeben. Dabei waren die drei Töne (891, 1000 und 1118 Hz) mit »tief«, »mittel« und »hoch« in Abhängigkeit von ihrer Reihenfolge zu identifizieren. Wurde ein vierter Ton nach der Darbietung der Dreiergruppe hinzugefügt, so war das Erkennen der zeitlichen Ordnung bei den vorhergehenden Tönen gestört. Der letzte Ton der Serie war davon am stärksten betroffen.

Manche Experimentatoren versuchten den Einfluß des zeitlichen Abstandes von zwei Tönen genauer zu erfassen. Ehmer et al. (1968) fanden bei einem zeitlichen Unterschied von weniger als 25 msek zwischen Test- und Maskierreiz einen sehr breiten Bereich der Maskierung benachbarter Frequenzen. Je größer das Intervall gewählt wurde, um so geringer wurde der Bereich der maskierten Frequenzen.

> Die Experimente mit zeitlicher Trennung der Reize weisen auf eine untere Grenze der temporalen Auflösung akustischer Signale hin. Diese Grenze liegt bei 15–25 msek. Das heißt, das akustische System benötigt mindestens diese Zeit, um einen Reiz erfolgreich zu verarbeiten.

Unsere bisherige Diskussion beschäftigt sich lediglich mit monauraler Maskierung, bei der aller Reize demselben Ohr dargeboten wurden. Nunmehr sollen einige Beobachtungen zur interauralen und binauralen Maskierung erläutert werden. Bei solchen Versuchen sind einige neue Aspekte zu berücksichtigen. Vor allem besteht hier die Möglichkeit einer Variation der Phase. Zum Beispiel können die Signale beiden Ohren phasengleich oder phasenungleich dargeboten werden. Bei umgekehrter Phase (Änderung der Schwingungen um 180°), um ein Beispiel zu nennen, sind die Bewegungen der Trommelfelle in beiden Ohren genau gegenläufig.

Zum Ausgangspunkt interauraler und binauraler Maskierversuche nimmt man jene Situation, die die größte Maskierung bewirkt. Alle anderen Variationen haben eine Zunahme oder zumindest keine Veränderung der Aufnahmefähigkeit – also geringere oder unveränderte Maskierung – zur Folge. Dieser Ausgangspunkt besteht in der gleichzeitigen Darbietung von Maskierreiz und Testreiz auf beide Ohren und zwar phasengleich. Die Aufgabe

des Beobachters besteht darin, ein Signal so einzustellen, daß es gerade noch wahrzunehmen ist. Damit wird ein Vergleichswert ermittelt, der als Null-Wert (0 dB) angenommen werden kann. Nunmehr können die Komponenten der Anordnung variiert und das Ausmaß des Maskierungseffektes bestimmt werden. Die jeweils registrierte Abnahme der Signalstärke unter den verschiedenen Versuchsbedingungen kann zum Null-Wert in Beziehung gesetzt werden.
In Anlehnung an die Übersichten von Green (1976) und Scharf (1975), sowie eine Reihe originaler Arbeiten, haben wir in Tabelle 3.3 die wichtigsten Ergebnisse der monauralen, interauralen und binauralen Maskierung zusammengestellt. Unter der Rubrik »Bedingung« wird die jeweilige Art der Reizdarbietung gekennzeichnet, die dann durch die Reizanordnungen (T (Testreiz) und M (Maskierreiz)) für jedes Ohr beschrieben werden. Das Symbol ↶ bezeichnet eine Umkehrung der Phase bei dem Reiz des jeweiligen Ohres. Die Reihenfolge der Bedingungen wird durch das Ausmaß der Empfindlichkeitszunahme jeweils im Vergleich zur Ausgangsbedingung (0) bestimmt. Diese Werte sind als relative Werte anzusehen und beziehen sich auf einen Testreiz von 500 Hz und ein Maskierreiz von 60 dB. Mehrere Untersuchungen zeigten mit zunehmender Frequenz eine geringere Empfindlichkeitszunahme als bei 500 Hz (Hirsch 1948, Robinson & Jeffress 1963). Mit einer Frequenz des Testreizes von 1 000 Hz wäre zum Beispiel die Zunahme bei Bedingung 5 etwa 6 dB statt 15 dB. Eine Abnahme der Frequenz scheint keine große Veränderung zu bewirken (Dolan 1968). Die letzte Eintragung in dieser Tabelle (Kontrolle) stellt die Situation ohne Maskierreiz dar. Daher muß die Amplitude des Testreizes um ca. 60 dB herabgesetzt werden, wenn seine absolute Schwelle unterschritten werden soll.

Tabelle 3.3: Die Abnahme der Maskierung als Funktion der monauralen, interauralen und binauralen Reizdarbietungen (Beschreibung im Text)

	Bedingung	Linkes Ohr	Rechtes Ohr	Empfindlichkeits-zunahme (in dB)
0	Ausgangsver.	T M	T M	0
1	Binaural	T M	↶T ↶M	0
2	Monaural	T M		0
3	Monaural Test Binaural Mask	T M	↶M	6
4	Monaural Test Binaural Mask	T M	M	9
5	Binaural	T M	T ↶M	13
6	Binaural	T M	↶T M	15
7	Monaural Mask Binaural Test	T	T M	46
8	Monaural Mask Binaural Test	T	↶T M	46
9	Interaural	T	M	46
10	Kontrolle	T		60

Wie aus der letzten Spalte der Tabelle zu entnehmen ist, erhält man bei monauraler Darbietung der Test- und Maskierreize auf das gleiche Ohr genauso viel Maskierung wie bei binauraler Darbietung auf beide Ohren. Auch eine Umkehrung der Phase beider Reize bewirkt keine Veränderung des Maskierausmaßes.

Etwas andere Ergebnisse findet man beim Wegfall des Testreizes bei einem Ohr. Nehmen wir an, die Versuchsperson stellt den Testreiz bei binauraler Darbietung auf den Schwellenwert ein, um ihn eben noch hörbar zu machen (Null-Wert). Nun schaltet der Versuchsleiter den Testreiz des einen Ohres aus (Bedingung 4). Unmittelbar darauf ist der Testreiz klar und deutlich zu hören. Um den Testreiz auf seine absolute Schwelle zu bringen, muß die Amplitude um 9 dB vermindert werden. Obwohl beim binauralen Ausgangsversuch eine Umkehrung der Phase keine Schwellenveränderung – also keine Abnahme der Maskierung – zur Folge hat, nimmt in dieser Anordnung die Maskierung bei umgekehrter Phase wieder zu (Bedingung 3). Würde die Amplitude hier beim Wegfallen des Testreizes auf das eine Ohr um 9 dB verringert, so müßte bei Umkehrung der Phase des Maskierreizes um ca. 3 dB erhöht werden, um eine Demaskierung des Testreizes zu erreichen.
Nach Einstellung der Schwelle im Ausgangsversuch muß die Amplitude des Testreizes bei Umkehrung der Phase des Maskierreizes um 13 dB verringert werden (Bedingung 5). Bei Phasengleichheit des Maskierreizes und Umkehrung der Phase des Testreizes fällt der Maskiereffekt um weitere 2 dB ab (Bedingung 6).
Allgemein kann man feststellen, daß eine Umkehrung der Phase des Maskierreizes eine Empfindlichkeitsabnahme bewirkt (Bedingung 3 gegen 4, 5 gegen 6 und vor allem 0 gegen 5). Allerdings wird dabei vorausgesetzt, daß die Phase nicht bei beiden Reizen umgekehrt wird (Bedingung 2). Zwei wichtige Variationen sind die Bedingungen 7 und 8. Hier wird der Testreiz auf beide Ohren gegeben – entweder phasengleich oder in umgekehrter Phase – während der Maskierreiz nur auf ein Ohr einwirkt. In beiden Fällen erfolgt eine deutlich erkennbare Abnahme des Maskiereffektes. Es scheint als ob das akustische System in der Lage sei, den Maskierreiz völlig auszuschalten und nur auf den Testreiz zu hören. Diese Überlegung gilt ebenfalls für die interaurale Bedingung (9). Alle einlaufenden Reize werden nicht ohne weiteres aufgenommen und vermischt. Die Fähigkeit der Reiztrennung spielt eine wichtige Rolle bei der Steuerung der Aufmerksamkeit, wie wir in Abschnitt 5.5.3 noch genauer sehen werden.
Wir konnten bei der Umkehrung der Phase des Testreizes (Bedingung 0 und 6) eine größere Zunahme der Empfindlichkeit feststellen. Jeffress et al. (1962) unternahmen eine systematische Untersuchung dieser Beziehung, indem sie die maskierte Schwelle bei allen Phasenverhältnissen zwischen 0° (phasengleich) und 180° (umgekehrte Phase) prüften. Ihre Ergebnisse sind in Abbildung 3.18 enthalten. Dieses eindeutige Ergebnis zeigt eine kontinuierliche Zunahme der Empfindlichkeit – also den Abbau der Maskierung – in dem Maße, indem die Phasendifferenz der Testreize auf beiden Ohren größer wurde.

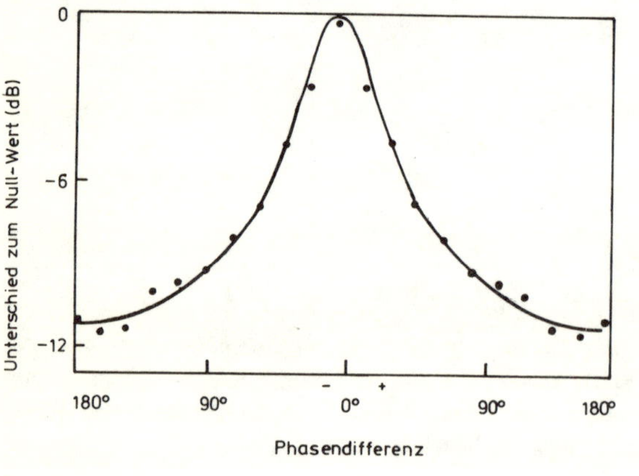

Abb. 3.18 Das Ausmaß der Maskierung eines 167-Hz-Testreizes bei binauraler Darbietung als Funktion des Phasenverhältnisses durch Darbietung auf beide Ohren (nach Jeffress et al., 1962).

Aus der Fülle der Beobachtungen geht hervor, daß offenbar zwei Elemente beim Abbau der Maskierung wirksam zu sein scheinen:

1. die Darbietung des Testreizes auf nur ein Ohr;
2. eine Veränderung der Phase des Test- oder Maskierreizes.

Diese beiden Beobachtungen wurden zur Grundlage einer Erklärung des Maskierungseffektes von Webster (1951) und später von Jeffress (1972). Die Theorie wurde *Lateralisationstheorie* genannt. Danach wird der Maskierungseffekt bei Verschiebung des wahrgenommenen Ursprungsortes eines oder beider Reize abgebaut. Nehmen wir zuerst den Ausgangsversuch, bei dem sowohl Test- als auch Maskierreiz beiden Ohren dargeboten werden. Die Versuchsperson lokalisiert – also erlebt – beide Reize zentral im Kopf. Sie sind schwer voneinander zu trennen, der Maskierungseffekt ist groß. Bei Wegfall des Testreizes in einem Ohr (Bedingungen 3 und 4) erfolgt eine Lateralisation des wahrgenommenen Ursprungsortes. Nun erlebt man den Testreiz in der Nähe des linken Ohrs, während der Maskierreiz noch zentral im Kopf lokalisiert ist. Folglich kann der Testreiz besser gehört werden. Eine ähnliche Überlegung kann bei Bedingungen 7, 8 und 9 angestellt werden. Hinzu kommt die Hypothese der Ausschaltung der Reizaufnahme in einem Ohr. Unter diesen Bedingungen führen die veränderten Orte der Reize sowie eine Ausschaltung der Aufnahme des rechten Ohres zu einer beinahe vollständigen Aufhebung des Maskierungseffektes. Übrigens kann mit der Lateralisationstheorie auch der größere Maskierungseffekt bei der Umkehrung der Phase des Maskierreizes erklärt werden (Bedingung 3 gegen 4). Bei umgekehrter Phase scheint es keinen festen Ursprungsort für den Reiz zu geben. Vielmehr erleben die Beobachter eine ausgedehnte, unspezifische Position des Reizes, die nicht so einfach vom wahrgenommenen Ursprungsort des Testreizes zu unterscheiden ist. Folglich nimmt der Maskierungseffekt zu.
Allerdings ergeben sich für diese Theorie bei den Bedingungen 5 und 6 gewisse Probleme. Durch die Umkehrung der Phase erlebt man den Testreiz an einem bestimmten Ort (5), während der Maskierreiz undifferenziert lokalisiert zu sein scheint. Dieser Umstand sollte zwar eine Abnahme der Maskierung bewirken, jedoch in geringerem Ausmaß als bei Bedingung 4, bei der Test- und Maskierreiz an zwei verschiedenen Orten erlebt werden. Hierfür steht eine Erklärung noch aus.
In der letzten Zeit scheint ein relativ großes Interesse an der akustischen Maskierung zu bestehen (s. Green & Yost 1976). Leider haben wir hier nur einen summarischen Überblick geben können.

3.3.5 Das psychologische Moment

Im Laufe der Diskussion behandelten wir eine Reihe von zeitlichen Einflüssen auf die Diskriminationsfähigkeit. Obwohl nicht alle Beobachtungen in ein bestimmtes Modell passen, kann man sowohl in der akustischen als auch bei der visuellen Wahrnehmung ähnliche Zusammenhänge erkennen. Schon Helmholtz (1866), der die Verbindung zwischen Leuchtdichte und Reizdauer antizipierte, die später von Bloch (1885) genauer erforscht wurde, wies auf die Notwendigkeit der Annahme einer Summation eindringender Signale hin. Erst durch Hylan (1903) und später durch Stroud (1956) und White (1963) wurde das Konzept des *psychologischen Moments* charakterisiert. Danach soll die Aufnahme von Signalen nicht zeitlich kontinuierlich vorlaufen, sondern durch eine Zusammenfassung von nur kurzzeitig getrennten Elementen. Das heißt, wenn die Zeit zwischen zwei aufeinanderfolgenden Reizen unterhalb einer kritischen Grenze liegt, dann werden sie zusammengefaßt wahrgenommen: sie werden als gleichzeitig eintreffend erlebt. Das psychologische Moment soll diese kritische Zeitspanne darstellen. Da die Zeitwerte für das visuelle und akustische System verschieden sind, werden wir sie gesondert besprechen.

Um den Begriff des psychologischen Moments für die visuelle Wahrnehmung zu verdeutlichen, betrachten wir zunächst einen Versuch von Fraisse (1966). Mit einem Tachistoskop wurden drei Buchstaben, die ein einfaches Wort bildeten, 15 msek lang gezeigt. Entweder gleichzeitig oder mit einer Verzögerung bis zu 320 msek wurden drei weitere Buchstaben ebenfalls während 15 msek dargeboten, die ein einfaches Wort formten. Beide Reizvorlagen waren so kombiniert, daß die Buchstaben des ersten Reizes zwischen die Buchstaben des zweiten projiziert wurden. Das heißt, das erste Wort nahm die Positionen 1, 3 und 5 ein, während das zweite die Buchstabenpositionen 2, 4 und 6 belegte. Alle 6 Buchstaben zusammen ergaben ebenfalls ein sinnvolles Wort. Wenn man die Darbietungspause zwischen dem ersten und zweiten Wort stufenweise verlängerte, konnte man die kritische Spanne feststellen, bis zu der noch das Gesamtwort erfaßt wurde. Diese Zeit lag bei 80–100 msek. Darüber hinaus nahm die Wahrscheinlichkeit für die Wahrnehmung der beiden drei-Buchstaben-Worte zu. Bei Verzögerungen von mehr als 200 msek Dauer wurden immer beide Worte gesehen. Nach der oben erwähnten Konzeption des psychologischen Moments fielen beide Reizvorlagen bei Zeitspannen unter 100 msek in den gleichen Moment und wurden als gleichzeitig gegeben wahrgenommen. Mit gewissen Einschränkungen kann man sagen, daß das psychologische Moment eine Dauer von etwa 100 msek hat.

Auf die Grenze von 100 msek sind wir bereits bei dem Blochschen Gesetz der visuellen Summation und der visuellen Maskierung gestoßen. In den Untersuchungen über die Möglichkeit der Erkennung zeitlicher Unterschiede zwischen zwei visuellen Reizen ergeben sich ähnliche Grenzwerte (Schmidt & Kristofferson 1963, Collyer 1974). Bei solchen Versuchen werden zwei Lichtreize dargeboten, deren Dauer entweder gleich oder verschieden ist. Bei Unterschieden unter 100 msek werden die Reize als gleichlang wahrgenommen. Bei allen Beobachtungen dieser Art erhält man eine gewisse Variation der Werte. Man kann sie mit der Annahme erklären, daß bei zunehmender zeitlicher Trennung beider Reize die Wahrscheinlichkeit, das sie in zwei verschiedene Momente fallen, zunimmt. Es ist natürlich auch bei sehr kleinem Abstand möglich, daß ein Reiz zufällig am Ende des Moments und der andere am Anfang des nächsten Moments erscheint. In diesem Fall könnten sie beide getrennt wahrgenommen werden. Bei kleineren Zeitspannen ist die Wahrscheinlichkeit einer solchen zeitlichen Verteilung jedoch gering. Übrigens bleibt die Frage ungeklärt, ob das Moment durch eine Reizaufnahme ausgelöst bzw. angefangen wird ober ob es kontinuierlich in 100-msek-Einheiten abläuft (s. Murch 1973).

Den Grenzwert von 100 msek fanden wir auch bei der unterschwelligen Wahrnehmung. Aufgrund der Theorie des psychologischen Moments müßte für die unterschwellige Wahrnehmung die Voraussetzung erfüllt sein, daß unterschwellige Reizvorlage und oberschwellige Testvorlage in dasselbe Moment fallen. Dieser Wert trat auch bei der Flimmerverschmelzungsschwelle auf. Dort zeigte sich die höchste Empfindlichkeit um 10 Hz, was ebenfalls einer Zeitspanne von 100 msek entspricht.

Zusammenfassend können wir sagen, das visuelle System scheint eine Summation oder Integration von Umweltreizen vorzunehmen, die zeitlich voneinander 50–100 msek getrennt sind. Allerdings hängt dieser Wert von verschiedenen Reiz- und Systemeigenschaften ab. So scheint zum Beispiel die Dauer des Moments von der Leuchtdichte der Reizvorlage stark abhängig zu sein. Anglin und Mansfield (1968) haben versucht, diese Abhängigkeit als Potenzfunktion zu beschreiben.

Es muß hier noch betont werden, daß wir von einer Summation mehrerer Reizelemente sprechen. Wie bereits erwähnt, scheint das visuelle System in der Lage zu sein, eine visuelle Abbildung (Icon) etwa 200–250 msek gegenwärtig zu halten. Die subjektive Dauer eines Lichtreizes beträgt ebenfalls – wenn kein zweiter Reiz folgt – etwa 200 msek (s. Abbildung 1.4). Daher darf man wohl annehmen, daß Reizelemente mit einem zeitlichen Abstand von 50–100 msek summiert werden, und daß das visuelle System diese summierte Information im Reizspeicher für etwa 200 msek gegenwärtig halten kann.

Wenn man berücksichtigt, daß die saccadischen Augenbewegungen in einer Zeit von 200 msek erfolgen, und daß das visuelle System in der Lage ist, die aufgenommene Information etwa für 200 msek festzuhalten, so liegen all diese Zeitwerte in einer annähernd gleichen Größenordnung. Während der saccadischen Augenbewegungen tritt bekanntlich ein Ausfall der Wahrnehmung auf. Seine Funktion könnte darin bestehen, die Integrierung neuer Reizeigenschaften zu verhindern, die die Verarbeitung der vorangegangenen Reize beeinträchtigen würden. Was wir bisher Maskierung genannt haben, ist dann nichts anderes als die Wirkungsweise dieses Mechanismus. Ebenso wie Matin (1974) sind wir der Meinung, daß die visuellen Maskierversuche eigentlich diesen normalen Prozeß im Labor hergestellt haben. Das heißt, im alltäglichen Wahrnehmungsprozeß wird das Aufeinandertreffen zweier ungleicher Reize meistens durch Augenbewegungen verursacht.

Das visuelle System faßt alle Reizeigenschaften als gleichzeitig eintreffend auf, die mit einem zeitlichen Abstand von 50–100 msek aufgenommen werden. Deren summierte Abbildung, Icon genannt, kann im Reizspeicher für etwa 200 msek festgehalten werden.

Die Signale der visuellen Wahrnehmung aus der Umwelt sind räumlich verteilt. Das System hat die Aufgabe, durch ein schnelles, visuelles Abtasten die Komponenten des Angebotes zu erfassen. Dieses Abtasten erfolgt durch mehrere schnelle Augenbewegungen. Untersuchungen über die Folge von Augenbewegungen bei komplizierten Bildern, wie die von Mackworth und Morandi (1967), zeigen eine Häufung der Fixation bei den Teilen der Vorlage, die viele Konturen, Ecken usw. aufweisen: bei den Teilen mit hohem Informationsgehalt. Viele Gebiete einer Vorlage werden dagegen nicht einmal angesehen. Um alle wichtigen Informationen aus der Vorlage zu bekommen, muß ein Mechanismus zur Herstellung von Iconen vorhanden sein, mit dem Verarbeitungszeit eingespart werden kann. Während der Verarbeitung werden neue Gebiete durch neue Augenbewegungen ausgesucht. Die Maskierung verhindert währenddessen eine Verwischung des Icons und erlaubt die Fortsetzung der Verarbeitung.

Auf die akustische Wahrnehmung scheinen die Begriffe Icon und psychologisches Moment ebenfalls anwendbar zu sein, wobei man hier statt des Wortes ›Icon‹ oft die Bezeichnung ›Econ‹ verwendet. Allerdings muß vorwegnehmend bemerkt werden, daß das visuelle und das akustische System hinsichtlich der Zeit verschieden organisiert sind. Zeitliche Trennung ist für die visuelle Wahrnehmung ein Nebenprodukt des visuellen Abtastens. In der akustischen Wahrnehmung enthält die zeitliche Folge dagegen wesentliche Information über die Umweltereignisse. Beim Hören einer Melodie müssen die zeitlichen Zusammenhänge analysiert werden, während ein Bild in seinen räumlichen Zusammenhängen erfaßt werden muß.

Bei akustischer Maskierung werden in der Fülle der Geräusche unwesentliche Elemente unterdrückt: die Funktion der Maskierung besteht darin, bei gleichzeitigem Eintreffen mehrerer Signale die weniger bedeutsamen zu unterdrücken. Die zeitliche Grenze der Maskierung liegt hier bei etwa 25 msek (Wright 1964). Danach können wir die Größe des psychologischen Moments mit etwa 25 msek annehmen. In Gegensatz zum visuellen System werden bei der akustischen Verarbeitung zeitliche Zusammenhänge weitgehend beibehalten. Nach Versuchen von Hirsh (1959) sind Beobachter in der Lage, zwei Töne als gleichzeitig oder aufeinanderfolgend bereits bei zeitlichen Abständen von nur 2 msek richtig identifizieren zu können. Um allerdings zusätzlich anzugeben, welcher von zwei Tönen zuerst da war, muß der Abstand nochmals 25 msek betragen (Gescheider 1966). Zusammenfassend kann man feststellen, daß das akustische psychologische Moment kürzer ist als das visuelle und zeitliche Trennungen ermöglicht, die bei der visuellen Reizaufnahme verloren gehen.

Die Funktion der akustischen Summation besteht offensichtlich darin, die Empfindlichkeit für nahe beieinander liegende Frequenzen zu erhöhen, die bei geringem zeitlichen Abstand auftreten. Maskierung und Summation sind offenbar Komplementärprozesse, die es dem akustischen System gestatten, wichtige und ähnliche Elemente auslesen zu können. Da Summation innerhalb von 200 msek erfolgt, können wir die Dauer des Icons oder Econs auch bei der akustischen Wahrnehmung in diesem Zeitintervall ansetzen.

Die Dauer des akustischen Econs kann auch auf andere Weise ermittelt werden. Huggins (1975) nahm einen einfachen, gesprochenen Text auf Band auf. Zwischen den gesprochenen Worten wurden Pausen von 200 msek eingelegt. Wenn man Textabschnitte von 200 msek abwechselnd mit 200 msek Unterbrechungen vorspielte, war der Text zu 90% verständlich (gemessen an der Anzahl der erkannten Wörter). Huggins variierte daraufhin die Dauer der Textabschnitte, während die Unterbrechungen konstant auf 200 msek gehalten wurden. Die Textabschnitte konnten eine Dauer zwischen 30 und 500 msek haben. Für eine Dauer zwischen 180 und 500 msek blieb die Verständlichkeit bei 90%. Bei einer Dauer unterhalb 180 msek fiel die Verständlichkeit jedoch rapide ab, bis sie bei 30 msek nur noch 10% betrug. Hier scheint auch das kritische Intervall von 180 msek wieder auf eine Icon-Dauer von ca. 200 msek hinzuweisen.

In der akustischen Wahrnehmung müssen wichtige Aspekte der Signale hervorgehoben werden. Das erfolgt durch Maskierung unwichtiger Komponenten und durch Summation, die eine erhöhte Empfindlichkeit für ähnliche Frequenzen bewirkt. Ebenfalls müssen zeitliche Zusammenhänge registriert werden, was durch ein kürzeres psychologisches Moment bei der akustischen im Vergleich zur visuellen Wahrnehmung möglich wird.

3.4 Fragen

1. Geben Sie die wesentlichen Veränderlichen an, die einen Einfluß auf die visuelle Sehschärfe ausüben.
2. Beschreiben Sie die Beziehung zwischen visueller Summation und Maskierung sowie die zwischen akustischer Summation und Maskierung.
3. Welche Rolle wird den verschiedenen Augenbewegungen in der Wahrnehmung zugeschrieben?
4. Erläutern Sie die Beziehung zwischen Frequenz und Amplitude in bezug auf die Hörbarkeit von Tönen.
5. Was versteht man unter Frequenzgruppe und kritische Bandbreite?
6. Was ist das psychologische Moment?

Teil IV: Die Leistungsfähigkeit der Wahrnehmungssysteme

Nach der Diskussion der Signale der Wahrnehmung und der Diskriminationsfähigkeit der visuellen und akustischen Wahrnehmungssysteme sind nun die notwendigen Voraussetzungen gegeben, um die weitere Verarbeitung der Information zu besprechen. Hierbei geht es um jene Leistungsfähigkeiten der Wahrnehmungssysteme, die den gesamten Wahrnehmungsapparat beanspruchen, so daß wir jetzt im Sinne des Modells von einer Perzeptbildung sprechen dürfen. Allerdings wollen wir in diesem Teil nur diejenigen Leistungsfähigkeiten beschreiben, die nach der heutigen Auffassung von den Erfahrungen eines Beobachters weitgehend unabhängig sind. Zum Beispiel können wir die Fähigkeit der Farbwahrnehmung als solche behandeln und sie erst später mit Erfahrungen in Zusammenhang bringen. Die Leistungsfähigkeit, Farben zu erkennen, ist die Voraussetzung für das Wirksamwerden einer Farbe im Erlebnis als Reizeigenschaft eines bekannten Objektes. Daher kann die Fähigkeit des visuellen Systems, grün wahrzunehmen, beispielsweise als Voraussetzung für die Erkennung einer Pflanze anhand ihrer Farbe betrachtet werden. Ebenso setzt die erfahrungsbedingte Fähigkeit der Musikwahrnehmung voraus, daß man Tonhöhen unterscheiden kann.
Zum Teil ist es schwierig, genau zwischen Leistungsfähigkeit der Sinnessysteme und erfahrungsbedingten Fähigkeiten zu unterscheiden. Als Beispiel aus der Psychophysiologie seien die ursprünglichen Untersuchungen von Hubel und Wiesel (1963, 1970) genannt. Die Autoren wiesen darauf hin, daß die Fähigkeit mancher Detektoren im Kortex, Streifenorientierungen auf der Netzhaut zu erkennen, angeboren ist. Spätere Untersuchungen (Creutzfeldt & Heggelund 1975, Garey & Pettigrew 1974) zeigten jedoch, daß die Orientierungsempfindlichkeit dieser Detektoren weitgehend von spezifischen Erfahrungen der Versuchstiere abhing. Daher ist bei der Einteilung in angeborene und erfahrungsbedingte Wahrnehmungsaspekte Vorsicht geboten.
In diesem Teil betrachten wir die visuelle Leistungsfähigkeit bei der Helligkeitswahrnehmung und bei der Wahrnehmung von neutralen und chromatischen Farben, sowie die akustische Leistungsfähigkeit bei der Wahrnehmung von Lautstärken und Tonhöhen. Schließlich wollen wir die Wahrnehmung von einfachen Reizgebilden oder Figuren beschreiben. Dabei sind die organisatorischen Leistungsfähigkeiten besonders hervorzuheben.

4.1 Die Wahrnehmung von neutralen Farben und Helligkeit

Die Leuchtdichte eines Umweltobjektes hängt unter anderem von der Beleuchtung und der Reflektionsverteilung des Objekts ab (s. Formel 3.1.1). Dessen Aussehen kann sowohl durch eine Veränderung der Beleuchtung als auch durch eine Veränderung der Reflektionsverteilung beeinflußt werden. Im Falle von Reflektionsverteilungen, die alle Wellenlängen gleichmäßig wiedergeben, sprechen wir von *neutralen* oder *achromatischen Farben*. Die Menge des zurückgeworfenen Lichts kann ohne Veränderungen der Wellenlängenverteilung variiert werden. Die Variation der neutralen Farbe drückt sich in der Wahrnehmung von weiß – grau – schwarz aus. Das heißt, wenn Objekte den größten Teil des Lichtes reflektieren, nähert sich die neutrale Farbe dem Weiß. Bei sehr geringer Reflektion erscheint die Farbe schwarz. Zwischen diesen beiden Möglichkeiten verteilen sich alle Grautöne. Eine neutrale Farbe kann also von weiß über grau bis schwarz variieren.

Die Veränderung der Beleuchtung bewirkt eine zweite Modifikation des Aussehens. In diesem Fall erscheint das Objekt bei zunehmender Beleuchtung *heller* und bei abnehmender Beleuchtung *dunkler*. Wir nennen das eine Veränderung der *Helligkeit*. Eine objektive Veränderung der Beleuchtung bewirkt eine Veränderung der subjektiv wahrgenommenen Helligkeit. Ebenso verursacht eine Veränderung der prozentualen Reflektion des Objekts eine Veränderung der subjektiv wahrgenommenen neutralen Farbe. In beiden Fällen kommt es jedoch physikalisch zu einer Veränderung der Leuchtdichte.

> Im alltäglichen Leben sind die Variationen neutraler Farben und Helligkeiten oft nur schwer voneinander zu trennen. Die Definition der Leuchtdichte eines Objekts berücksichtigt beide Veränderungen. So kann zum Beispiel ein Objekt mit einer Leuchtdichte von 50 mL nur eine geringe Menge des Lichts zurückwerfen und dennoch stark beleuchtet sein. Bei einem Objekt, das viel Licht reflektiert und nur wenig beleuchtet ist, kann die Leuchtdichte ebenfalls 50 mL betragen.

Würden die Helligkeit eines Reizes und seine neutrale Farbe eine einfache lineare Beziehung zur Leuchtdichte aufweisen, hätten wir dieses Thema als Diskriminationsfähigkeit behandeln können. Daß wir dies nicht getan haben, liegt daran, daß die Beziehung nicht so einfach ist. Es ist möglich, eine einfache Helligkeitsskala aufzustellen, bei der die Beziehung zwischen der objektiven Beleuchtung und der subjektiven Helligkeit bestimmt werden kann. Diese Skala, die sogenannte *Bril-Skala*, wurde von Stevens (1955) entwickelt. Die Beziehung zwischen der Beleuchtung und der subjektiven Einstufung der Helligkeit eines isolierten Lichtes läßt sich als Potenzfunktion mit einem Exponenten von 0,66 darstellen. In Abhängigkeit von den System- und Reizeigenschaften, die einen Einfluß auf die Sehschärfe ausüben – was in Teil III ausführlich abgehandelt wurde –, können wir die Wahrnehmung von Beleuchtungsunterschieden ausreichend beschreiben. Zunächst scheint es sich also doch um eine einfache Beziehung zu handeln.
Die Problematik der Helligkeitswahrnehmung sowie der Wahrnehmung von neutralen Farben und ihrer Beziehung zur Leuchtdichte läßt sich anhand des bekannten *Gelb-Phänomens* zeigen. Gelb (1929) beleuchtete eine schwarze Scheibe auf solche Weise, daß im völlig abgedunkelten Raum nur die Scheibe sichtbar war. Dem Betrachter erschien die Scheibe keineswegs schwarz, sondern relativ hell und fast weiß, ja sogar selbstleuchtend. Nur wenn eine weiße Karte neben der schwarzen Scheibe gezeigt wurde, erschien die Scheibe schwarz. In Abhängigkeit von der Beleuchtung der Karte konnte man fast alle möglichen neutralen Farben auf der Scheibe erscheinen lassen, obwohl die Leuchtdichte (Beleuchtung × Rückstrahlung) der Scheibe immer konstant blieb. Dieser Versuch zeigt, daß keine einfache Beziehung zwischen Leuchtdichte und neutraler Farbe besteht. Bei unveränderter Leuchtdichte veränderte sich das Aussehen der schwarzen Scheibe in dem Maße, wie die Beleuchtung der Vergleichskarte variiert wurde. Die neutrale Farbe hing vom Kontrast zwischen Testscheibe und Vergleichskarte ab. Je höher die Beleuchtung der Karte war, desto »grauer« erschien die Scheibe. Das Aussehen des Vollmondes gibt ein ähnliches Erlebnis. Gegen den dunklen Himmel erscheint er hell und selbstleuchtend, während er am Tage grau und matt wirkt.
Wie wir sehen werden, hängt auch die Helligkeit von dem Kontrast zwischen Testreiz und Vergleichsreiz ab. Eine Untersuchung von Horeman (1965) zeigt diese Abhängigkeit in quantitativer Weise. Die Helligkeit eines neutralen Testreizes wurde als Funktion der Leuchtdichte eines Vergleichsreizes ermittelt. Die Ergebnisse sind in Abbildung 4.1 zu finden. Die unterbrochene Linie zeigt die übliche Beziehung zwischen Leuchtdichte und Helligkeit eines einzelnen Lichtes (ausgedrückt in Bril). Die Messung erfolgte jeweils für einen Testkreis, der von einem Ring umgeben war. Wenn die Leuchtdichte beider

Reize gleich war, erhielt man die unterbrochene Funktion. Ließ man jedoch die Leuchtdichte des äußeren Ringes konstant, so fiel die Helligkeit bei Herabsetzung der Leuchtdichte des Testreizes viel steiler ab. Wenn zum Beispiel der Vergleichsring mit 85 dB festgelegt war, erhielt man mit der Herabsetzung der Leuchtdichte des Testreizes eine Funktion mit einem Exponenten um 2,0. Das heißt, der Testreiz erschien in Gegenwart des hellen Vergleichsreizes erheblich dunkler.

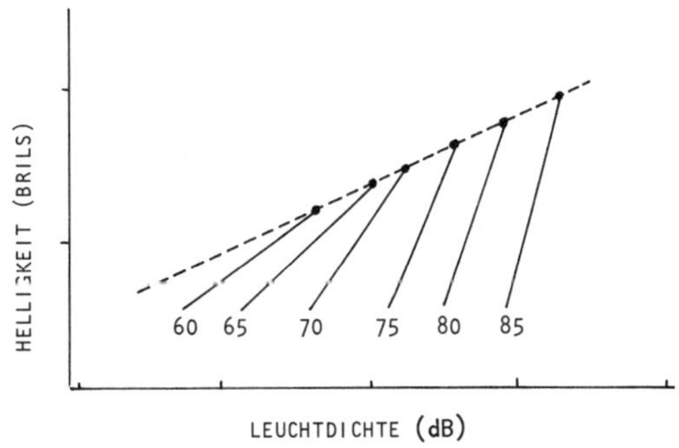

Abb. 4.1 Die Helligkeit eines isolierten Lichtes (unterbrochene Linie) und die Helligkeit eines Lichtes als Funktion der Leuchtdichte eines umschließenden Ringes (nach Horeman, 1965).

Eine totale Abhängigkeit der neutralen Farbe vom Kontrast scheint nicht zu bestehen. Wallach (1948) wiederholte den Versuch von Gelb (1929) und bekam auch ähnliche Ergebnisse. Er fügte eine weitere Bedingung hinzu, indem bei gleichzeitiger Darbietung von Karte und Scheibe die Beleuchtung beider Reize schrittweise herab- oder heraufgesetzt wurde. Trotz erheblicher Veränderung der Beleuchtung blieb das Aussehen – also die neutrale Farbe – der Scheibe und der Karte unverändert. Dieses Phänomen nennt man *Konstanz*. Gleichzeitig wuchs bei veränderter Beleuchtung die Helligkeit als Funktion der Beleuchtungsintensität. Das heißt, beide Reize behielten den gleichen Farbton, wurden jedoch bei zunehmender Beleuchtung immer heller.

Die Veränderung der Helligkeit oder der neutralen Farbe durch Vergleichsreize heißt *Kontrast*, während die Beibehaltung der neutralen Farbe trotz Veränderung der Beleuchtung als *Konstanz* bezeichnet wird.

4.1.1 Kontrast

Obwohl schon einige frühere Untersuchungen die Gesetzmäßigkeiten bei der Wahrnehmung neutraler Farben erforscht haben, sind die heutigen Kenntnisse auf diesem Gebiet im wesentlichen Wallach (1948) zu verdanken. Er entwickelte eine genauere Meßanordnung, um das Gelb-Phänomen gründlich zu untersuchen. Die Anordnung bestand aus zwei Diaprojektoren. Der eine projizierte eine Scheibe auf eine Leinwand, während der zweite dort einen Ring abbildete, und zwar so, daß die Scheibe gerade in den Ring hineinpaßte. Bei gleichbleibender Leuchtdichte der Scheibe konnte Wallach nun die Leuchtdichte des Ringes kontinuierlich variieren. Bei Herabsetzung der Leuchtdichte des Ringes wirkte die Scheibe weißer und heller. Bei Anstieg der Leuchtdichte des Ringes nahm die neutrale Farbe der Scheibe ab, bis sie nahezu schwarz erschien.
In einer anderen Untersuchung wurde mit zwei weiteren Diaprojektoren die gleiche Anordnung nochmals aufgebaut. Nun hatte man zwei Scheiben, jede mit einem sie

umgebenden Ring. Wallach stellte eine Scheibe und einen Ring auf eine beliebige Leuchtdichte ein. Nehmen wir zum Beispiel den Fall, daß die Scheibe eine Leuchtdichte von 10 mL und der Ring eine von 20 mL hatten. Beim zweiten Projektorenpaar setzt der Versuchsleiter den Ring auf eine bestimmte Leuchtdichte (z. B. 40 mL). Nun soll der Beobachter die Scheibe so einstellen, daß ihre neutrale Farbe genau der der anderen Scheibe gleicht. Die Beobachter stellten die Leuchtdichte der variablen Scheibe immer so ein, daß das gleiche Leuchtdichte-Verhältnis zwischen Ring und Scheibe wie beim Vergleichspaar vorhanden war. Das heißt in unserem Beispiel: die Vpn werden die Leuchtdichte der Scheibe auf 20 mL einstellen, obwohl dieser Wert eigentlich das Zweifache der wirklichen Leuchtdichte der Vergleichsscheibe darstellt. Trotzdem erschienen beide Scheiben gleich hell: Das Verhältnis Ring/Scheibe ist in beiden Fällen 2 zu 1.
Nach den Ergebnissen von Wallach hängt die neutrale Farbe und die Helligkeit eines Reizes nicht von seiner Leuchtdichte ab, sondern von den Verhältnissen der Leuchtdichten zwischen verschiedenen Reizen *(Verhältnisgesetz)*. Dementsprechend sind die Kontrasterscheinungen von Gelb (1929) zu verstehen. Die Wahrnehmung der neutralen Farbe ist also eine Leistungsfähigkeit des visuellen Systems. Sie entsteht nach der Verarbeitung mehrerer Reize und stellt eine perzeptuelle Eigenschaft dar, die zwar aus den Reizeigenschaften der Umwelt gewonnen wird, jedoch als Endprodukt einer weiteren Verarbeitung anzusehen ist. In irgendeiner Weise »errechnet« das visuelle System die Verhältnisse zwischen den Leuchtdichten im Reizangebot und ermittelt so die neutrale Farbe für die einzelnen Elemente des Angebots.
Abbildung 4.2 zeigt ein weiteres Phänomen, das sich aufgrund der Verhältnisse zwischen einem Testreiz und einem Vergleichsreiz erklären läßt: den *Simultankontrast.* Alle drei grauen Vierecke weisen die gleiche Reflektionsverteilung und somit auch, bei gleicher Beleuchtung, die gleiche Leuchtdichte auf. Sie scheinen verschiedene neutrale Farben und Helligkeitswerte zu haben, da die Leuchtdichten-Verhältnisse zwischen Viereck und Hintergrundsfläche verschieden sind. Übrigens üben auch die benachbarten Vergleichs- und Testreize sowie die weiße Seite eines Buches einen Einfluß auf die Kontrast-Wahrnehmung aus. Die Farbe wird aus den Verhältnissen im gesamten Feld errechnet. Dabei rührt der größte Einfluß von benachbarten Flächen her.

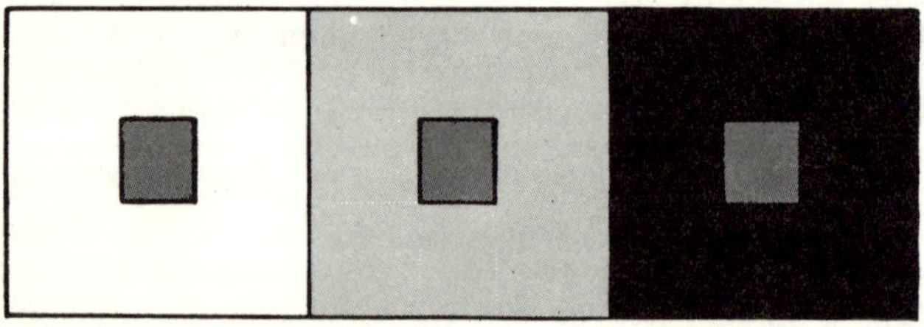

Abb. 4.2 Abhängigkeit der neutralen Farbe und der Helligkeit von der neutralen Farbe benachbarter Reizfelder.

Wallachs Verhältnisgesetz hat aber gewisse Grenzen. Wie Heinemann (1955) zeigte, behält es seine Gültigkeit bis in den Leuchtdichten-Bereich von etwa 3000 mL. Bei Proben mit einem Ring, der dunkler als die umringte Scheibe ist, scheint jedoch das Verhältnisgesetz schon bei geringer Veränderung nicht mehr zuzutreffen. Allerdings entstehen diese Grenzen, wie Kaufman (1974) ausführt, möglicherweise als obere und untere Grenzen der neutralen Farbe. Da neutrale Farbe eine Wahrnehmungseigenschaft darstellt, ist es möglich, die Leuchtdichte oder das Verhältnis zwischen zwei Reizen immer noch zu variieren, obwohl man bereits bei dem höchsten oder tiefsten Grad der Ausprägung

der Farbe angelangt ist. Das heißt, nachdem die Scheibe total schwarz ist, kann sie nicht noch schwärzer erscheinen.
Noch problematischer ist die Beobachtung, daß bestimmte Abweichungen grundsätzlich immer auftreten. Die Farbe ist nicht ganz aus den Leuchtdichteverhältnissen voraussagbar. Derartige Abweichungen hängen von einer umfangreichen Reihe von Variablen ab, die bisher keineswegs ausreichend verstanden werden. Bei manchen Beobachtungen waren Abweichungen auf Versuchsfehler zurückzuführen. Wenn die beiden Testanlagen (Scheibe–Ring) einander räumlich zu nah waren, traten Kontrastwirkungen zwischen beiden auf. So wäre zum Beispiel bei einem Ring von 300 mL und einer Scheibe von 100 mL im Vergleich zu einem Ring mit 30 mL und einer Scheibe mit 10 mL das Verhältnis (3:1) konstant. Beide Scheiben sollen gleich erscheinen. Der hellere Ring (300 mL) wird jedoch eine Herabsetzung der neutralen Farbe bei dem dunkleren Ring (30 mL) bewirken und die darin enthaltene Scheibe etwas weißer erscheinen lassen. Einige Untersuchungen versuchten, solche Einflüsse zu umgehen, indem der Ring dem einen Auge und die Scheibe dem anderen Auge dargeboten wurden. Leider tritt hier eine Reihe von neuen Problemen auf, die auf die Summation zwischen den beiden Augen zurückzuführen sind (Levelt, 1965). Über höhere Leuchtdichten ist die Summation wahrscheinlich additiv, mit einem Exponenten von 1,0 (deWeert & Levelt 1974), bei niedrigeren Leuchtdichten ist die Beziehung jedoch erheblich komplizierter (Treisman 1970).
Eine andere Erklärung für Abweichungen wurde von Festinger, Coren und Rivers (1970) vorgeschlagen. Sie meinen, daß die Elemente des Reizangebotes, die die größte Aufmerksamkeit hervorrufen, in der Kontrastberechnung überbewertet werden. Die Autoren konnten zeigen, daß Beobachter dunkle Farben noch dunkler einschätzten, wenn sie sich auf eben diese Farben konzentrierten. Es tritt demnach eine Erhöhung der Farbausprägung bei jenen Reizen auf, auf die der Beobachter seine Aufmerksamkeit richtet.
Brussell und Festinger (1973) untersuchten diese Hypothese weiter. Mit einem weißen oder schwarzen Vergleichsreiz und einer größeren grauen Scheibe maßen sie die neutrale Farbe der Scheibe in Abhängigkeit von der Größe des Vergleichsreizes. Sie gingen von der Annahme aus, daß ein schwarzer oder weißer Vergleichsreiz die Aufmerksamkeit um so mehr auf sich zieht, je kleiner er ist. Daher sollte bei dem Vorhandensein eines kleinen Vergleichsreizes die graue Scheibe grauer erscheinen als ohne Vergleichsreiz. Das heißt, wenn der Vergleichsreiz klein ist, sollte er kaum Kontrastwirkungen haben. Wenn Aufmerksamkeit eine Rolle spielt, müßte man daher eine Herabsetzung der Farbe und der Helligkeit der grauen Scheibe ermitteln können, gleichgültig ob der Vergleichsreiz weiß oder schwarz ist. Bei zunehmender Größe des Vergleichsreizes sollte auch die Kontrastwirkung immer mehr zunehmen. Diese letzte Vorhersage basiert auf der Arbeit von Brussell (1973), in der eine Verbindung zwischen der Größe eines Reizes und seiner wahrgenommenen Helligkeit bestand. Ein dunkler Reiz wird mit zunehmender Größe

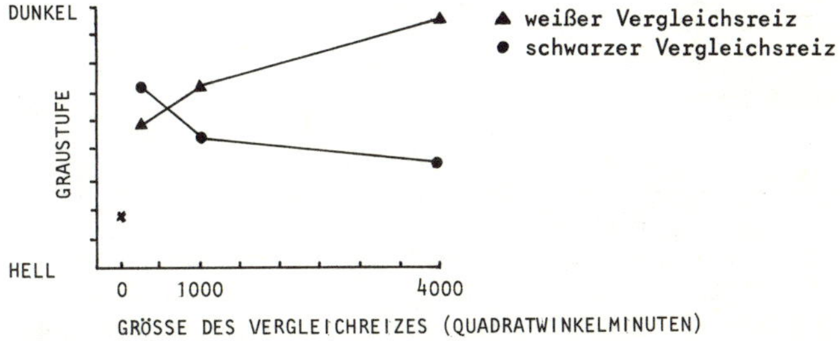

Abb. 4.3 Die Einwirkung der Aufmerksamkeit bei der Wahrnehmung neutraler Farben (nach Brussell und Festinger, 1973).

noch dunkler, während ein heller Reiz mit zunehmender Größe noch heller wirkt. Daher: je größer der Reiz ist, um so stärker sollen die Kontrasterscheinungen sein.
In den Versuchsergebnissen von Abbildung 4.3 findet man auf der Ordinate die Graustufen aufgetragen. Als Vergleichswert stellt das Kreuz (×) die Messung der grauen Scheibe ohne Vergleichsreiz dar. Auf der Abszisse sind die Größen der Vergleichsreize aufgetragen. Beim kleinsten Vergleichsreiz läßt der schwarze Reiz die Scheibe sogar als tiefer grau oder dunkler erscheinen als der weiße Reiz. Beide ergeben eine neutrale Farbe der Scheibe, die weniger ausgeprägt ist als die Farbe ohne Vergleichsreiz. Damit wäre also die Hypothese von der Einwirkung der Aufmerksamkeit bestätigt, derzufolge der kleine Vergleichsreiz gewissermaßen Aufmerksamkeit von der grauen Scheibe abzieht, die infolgedessen neutraler erscheint. Ferner treten mit zunehmender Größe des Vergleichsreizes die üblichen Kontrasterscheinungen auf. Mit schwarzem Vergleichsreiz scheint die Scheibe also heller zu sein als mit weißem Vergleichsreiz.
Die Verbindung dieser Ergebnisse mit den Abweichungen vom Verhältnisgesetz basieren auf einer früheren Beobachtung von Graham (1929), derzufolge die Aufmerksamkeit des Beobachters auf den Teil eines Reizangebotes mit ausgeprägt starker Farbe gelenkt wird. Danach gilt: wenn der Testreiz weißer ist als der Vergleichsreiz, wird er die Aufmerksamkeit des Beobachters gewinnen und daher noch weißer erscheinen und zugleich den Vergleichsreiz schwärzer erscheinen lassen. Umgekehrt entsteht bei weißem Vergleichsreiz eine Überbewertung des Vergleichsreizes, was eine Abnahme der Farbe des Testreizes zur Folge hat. Obwohl – wie wir sehen werden – hiermit nicht alle Abweichungen vom Verhältnisgesetz geklärt sind, gehen diese Voraussagen in die passende Richtung.

> Im Sinne unseres Modells kann man davon ausgehen, daß die Elemente des Reizangebotes, die zentral im Perzept eine Rolle spielen, eine größere Bedeutung oder Bewertung erhalten als diejenigen, die nebenbei mitverarbeitet werden.

Ein weiteres Problem im Zusammenhang mit den Abweichungen vom Verhältnisgesetz ergibt sich aus Versuchen von Horeman (1965). Die Veränderung der Leuchtdichte beeinflußte sowohl die neutrale Farbe als auch die Helligkeit eines Reizes. Bei den meisten Versuchen geht es um die Ermittlung der neutralen Farbe. Gleichzeitig wird jedoch die Helligkeit des Reizes verändert, die ihrerseits auch vom Kontrast abhängt. Für Beobachter ist es schwer, die neutrale Farbe von der Helligkeit zu trennen. Wenn daher eine Testscheibe durch ihr Verhältnis zu einem weißen Ring schwarz erscheint, wirkt sie auch dunkler. Diese Veränderung der Helligkeit wird in die Berechnung der neutralen Farbe einbezogen. Die enge Verbindung von neutraler Farbe und Helligkeit bereitet der Forschung vielfach Schwierigkeiten. Oft wurden die beiden Begriffe nicht deutlich genug unterschieden. Frühere Abhandlungen über Kontrasterscheinungen berücksichtigten nur den Helligkeitskontrast, was natürlich zu verschiedenen Mißverständnissen führte.

> Wir stellen fest: 1. Ein isoliertes Licht, dessen Leuchtdichte variiert wird, verändert seine Helligkeit; das heißt, seine neutrale Farbe verändert sich nicht, sondern nur seine Helligkeit.
> 2. Wenn zwei oder mehr Vergleichsreize ebenfalls in ihrer Leuchtdichte variiert werden, verändern sich sowohl Helligkeit als auch neutrale Farbe. In diesem Fall hängen beide (Helligkeit und neutrale Farbe) von den Leuchtdichteverhältnissen im Feld ab. Bei Kontrasterscheinungen ist es fast unmöglich, beide Komponenten voneinander zu trennen.

4.1.2 Assimilation

Die Rolle der Aufmerksamkeit kann zur Erklärung eines weiteren Aspektes der Wahrnehmung neutraler Farben herangezogen werden, der zuerst von Bezold (1874) beschrieben wurde. Ein Beispiel ist in Abbildung 4.4 zu finden.

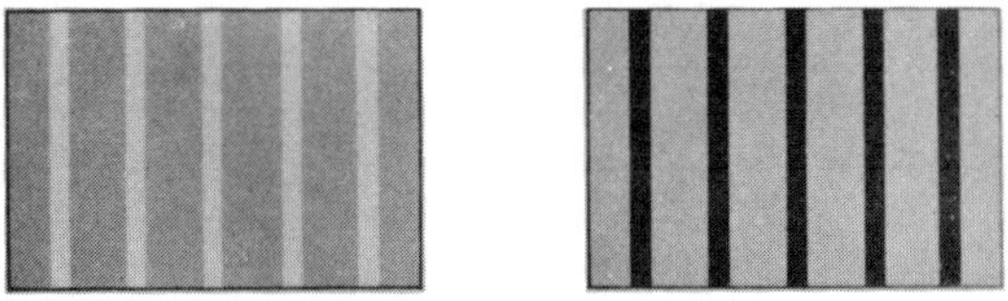

Abb. 4.4 Assimilationsmuster.

Wenn man die Farbe der grauen Streifen schätzt, sehen diejenigen mit schwarzem Trennstreifen (rechts) dunkler aus als diejenigen mit weißem Trennstreifen (links). Im Gegensatz zum Kontrast heißt dieses Phänomen *Assimilation.* Hier erscheint eine mittlere Graufläche dunkler in Gegenwart eines schwarzen Vergleichsreizes und heller in Gegenwart eines weißen Vergleichsreizes. Helson (1964b) erforschte dieses Phänomen. Mit einem ähnlichen Reizmuster wie in Abbildung 4.4 vergrößerte er die Breite der Trennstreifen. Mit zunehmender Breite der Trennstreifen nahm die Assimilation ab. Nach einer bestimmten Größe trat Kontrast ein.
Im Sinne der Aufmerksamkeitshypothese sind diese Ergebnisse zu erwarten. Man überbewertet die weißen Streifen in der linken Figur und die schwarzen Streifen in der rechten, da diese die kleineren Elemente sind und die größte bzw. niedrigste »Farbe« aufweisen. Festinger et al. (1970) zeigten, daß, wenn die Beobachter trainiert wurden, nur auf die grauen Streifen zu achten, die grauen Streifen links dunkler als die grauen Streifen rechts erschienen (Kontrast). Unter dieser Bedingung lag also wieder eine Kontrastwirkung vor. Umgekehrt trat Assimilation auf, wenn die Aufmerksamkeit auf die Trennstreifen gerichtet war.

4.1.3 Konstanz

In einem klassischen Versuch von Katz (1935) wurden Paare grauer Scheiben beurteilt. In der Versuchsanordnung wurden zwei graue Scheiben vor einer Fläche gezeigt. Zwischen den beiden Scheiben war eine Trennwand angebracht. Der Beobachter saß der Fläche so gegenüber, daß beide Scheiben – eine links und eine rechts der Trennwand – gut sichtbar waren. Als Beleuchtung diente das Tageslicht, das durch ein Fenster fiel, dabei wurde nur die eine Scheibe direkt beleuchtet, während die zweite im Schatten der Trennwand lag. Die Scheiben waren auf einem *Farbmischer* angebracht und bestanden zur Hälfte aus weißer und schwarzer Farbe, die sich bei schneller Rotation zu einem mittleren Grau vermischten. Das Verhältnis schwarz zu weiß konnte bei der einen Scheibe vom Versuchsleiter und bei der anderen von der Versuchsperson variiert werden. Nehmen wir den Fall, daß der Versuchsleiter die von der Sonne beleuchtete Scheibe auf ein Verhältnis von 50/50 einstellte. Katz fand, daß auch die Beobachter ihre Scheibe auf ein Verhältnis von 50/50 einstellten, wenn sie beide Scheiben gleich erscheinen lassen sollten. Trotz der verschiedenen Beleuchtung nahmen die Beobachter beide Scheiben als gleich wahr. Dieses Phänomen heißt *Konstanz.* Obwohl beide graue Scheiben verschieden beleuchtet waren, erschienen sie gleich. Früher sprach man in diesem Zusammenhang von Helligkeitskonstanz, wir werden aber zeigen, daß hier eine Konstanz der neutralen

Farbe und keine Helligkeitskonstanz vorliegt. Besser wäre daher der Ausdruck *Farbkonstanz.*

Würde bei der obigen Anordnung eine zweite Tennwand zwischen dem Beobachter und den Scheiben so angebracht, daß nur die beiden Scheiben – also nicht die Fläche dahinter – durch zwei Löcher in der Trennwand sichtbar sind, dann würde die Konstanz verschwinden. Die Scheiben würden bei einer 50/50-Mischung sehr ungleich aussehen. Trotzdem lassen sich beide Versuchsergebnisse aus dem Verhältnisgesetz ableiten. In der Versuchssituation mit der zweiten Trennwand könnte man die Mischungen der Versuchsperson nach dem Verhältnisgesetz wie folgt voraussagen: Nehmen wir an, die zweite Trennwand habe eine Leuchtdichte von 100 mL, die vom Tageslicht beleuchtete Scheibe eine Leuchtdichte von 50 mL und die im Schatten befindliche Scheibe eine viel geringere Leuchtdichte – sagen wir 25 mL bei demselben Verhältnis von schwarz zu weiß auf der Scheibe. Also muß die Versuchsperson erheblich mehr weiß zumischen, um auf eine Leuchtdichte von 50 mL zu kommen. Für die vom Versuchsleiter eingestellte Scheibe ist das Verhältnis (Trennwand = 100 mL)/(Scheibe = 50 mL) gleich 2/1. Die Versuchsperson stellt ihre Scheibe nun auch auf ein Verhältnis von 2/1 ein. Die empirisch gefundenen Ergebnisse sind auf diese Weise direkt aus dem Verhältnisgesetz voraussagbar.
Wenn nach einer solchen Einstellung die zweite Trennwand entfernt wurde, waren die Versuchspersonen überrascht, wie ungleich die beiden Scheiben aussahen. Um die gleiche neutrale Farbe zu erhalten, mußten die Beobachter ihre Scheibe wieder auf ein Verhältnis von 50/50 einstellen. Abermals sagt das Verhältnisgesetz diesen Wert voraus. Da die Trennwand zwischen den Scheiben ihren Schatten nicht nur auf die eine Scheibe, sondern auch auf die sich dahinter befindliche Fläche wirft, wurde die Farbe aus den Verhältnissen zwischen Scheibe und Hintergrund berechnet. Die zweite Trennwand mit den zwei Lochern, durch die nur die beiden Scheiben sichtbar waren, war gleichmäßig beleuchtet und beide Scheiben wurden im Verhältnis zu dieser Wand eingestellt. Ohne die Wand standen die Scheiben im Vergleich zu einem Hintergrund, der bei einer Scheibe vom Tageslicht beleuchtet wurde und bei der anderen im Schatten lag. Nehmen wir an, die vom Tageslicht beleuchtete Scheibe zeigte eine Leuchtdichte von 50 mL, während die Ebene dahinter 100 mL aufwies. Auf der Schattenseite zeigte die Ebene 50 mL, so daß die Scheibe auf 25 mL eingestellt werden mußte, was durch eine Einstellung von 50/50 zu erreichen war. Das Verhältnis ist in beiden Fällen 2/1.

Es ist schade, daß sich die Ausdrücke Kontrast und Konstanz in der Wahrnehmungspsychologie so stark eingebürgert haben. Im Grunde genommen ist die Wahrnehmung neutraler Farben weitgehend durch das Verhältnisgesetz vorauszusagen. Dies gilt sowohl für Kontrast als auch für Konstanz, wobei diese sich lediglich durch die angewandte Versuchsanordnung unterscheiden. Man spricht von Konstanz bei Anordnungen, die so angelegt sind, daß ein Beobachter die gleiche Leuchtdichte bei zwei Reizen wählt, und von Kontrast bei solchen Anordnungen, bei denen ein Beobachter verschiedene Leuchtdichten wählt. Kontrast und Konstanz sind keine unabhängigen Phänomene: Sie unterscheiden sich nur in den zu erwartenden Ergebnissen eines Versuches. Besser wäre der Ausdruck Kontrast für die übliche Wahrnehmung von neutraler Farbe, wobei dann der Ausdruck Konstanz nur bei jenen Situationen anzuwenden wäre, bei denen eine Fläche – trotz der Erwartung aufgrund des Verhältnisgesetzes (wie bei Koffkas Ring) – unverändert (konstant) in ihrem Aussehen bleibt.

Nochmals muß auf den Unterschied zwischen neutraler Farbe und Helligkeit hingewiesen werden. Bei der Konstanz muß die gleiche neutrale Farbe hergestellt werden, um die beiden Scheiben gleich aussehen zu lassen. Nur wenn die neutrale Farbe gleich ist, sind auch die Leuchtdichteverhältnisse gleich. Beim Kontrast können die entsprechenden

Leuchtdichteverhältnisse nur durch Veränderung der neutralen Farbe erreicht werden. In beiden Fällen beziehen sich die Ausdrücke Kontrast und Konstanz auf die Veränderung bzw. Gleichheit der neutralen Farbe. Wie wir jedoch sehen werden, können bei Konstanzen noch Helligkeitsunterschiede auftreten, die zumeist eine erhebliche Einwirkung auf die Wahrnehmung neutraler Farben haben.

Bei der Konstanz treten – genau wie beim Kontrast – verschiedene Abweichungen auf. Hurvich und Jameson (1966) zeigten gleichzeitig 5 verschieden graue Vierecke über ein Feld verteilt. Alle fünf wiesen unterschiedliche Reflexionsverteilungen auf. Es wurden Nachmischungen der neutralen Farben aller Vierecke bei verschiedenen Leuchtdichten vorgenommen. Das heißt, die Versuchspersonen vergrößerten oder verkleinerten die Beleuchtung so, daß die Leuchtdichte aller Reizflächen zu- oder abnahm. Dabei blieben die Verhältnisse der Leuchtdichten gleich. Man sollte also bei den Nachmischungen Konstanz erhalten. Die Ergebnisse sind in Abbildung 4.5 aufgetragen.

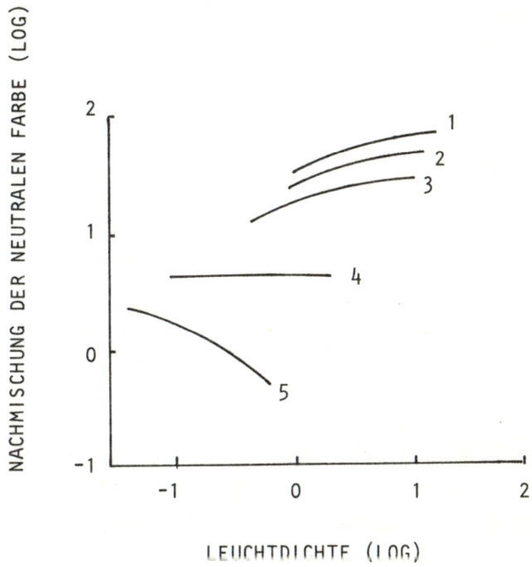

Abb. 4.5 Nachmischungen der neutralen Farbe von fünf Testflächen als eine Funktion der Leuchtdichte (nach Hurvich und Jameson, 1966).

Für das Viereck 4 bekam man die erwartete Konstanz. Mit zunehmender Beleuchtung blieb die neutrale Farbe also unverändert. Für die helleren Objekte wichen die Messungen von der Konstanz ab, indem diese Flächen mit zunehmender Beleuchtung heller und weißer erschienen. Das dunkelste Viereck (5) wurde mit zunehmender Beleuchtung sogar dunkler. Nach der Theorie der Konstanz erwartet man nur, daß die neutrale Farbe aller Reize gleichbleibt. Es ist möglich, daß einige dieser Effekte auf Helligkeitsunterschiede zurückzuführen sind. So wäre es etwa möglich, daß beim dunkelsten Viereck die niedrigste Beleuchtungsstufe zu gering war, um diesen Reiz ausreichend vom Hintergrund abzuheben. Bei Leuchtdichten unterhalb einer spezifischen Grenze reicht die Intensität der Reizung nicht aus für das photopische System, was eine Verminderung der Sehschärfe zur Folge hat. Ähnliche Abweichungen vom Verhältnisgesetz wurden von MacLeod (1947) bei Reizvorlagen ohne klare Differenzierung vom Hintergrund beobachtet. Zum Teil ließen sich hiermit auch die Abweichungen bei den helleren Reizvorlagen erklären. Wenn ein Viereck dunkler erscheint, beeinflußt es das Verhältnis zwischen den anderen Vierecken, die infolgedessen heller erscheinen werden. Als weiterführende Literatur hierzu bietet sich ein ausgezeichnetes Referat von Freeman (1967) an.

Abbildung 4.6 zeigt eine weitere Abweichung vom Verhältnisgesetz: *Koffkas Ring.*

Abb. 4.6 Koffka-Ring.

Der Teil des Ringes auf schwarzem Hintergrund müßte nach dem Verhältnisgesetz dunkler erscheinen als der Teil auf dem weißen Grund. Gerade das tritt auch ein, wenn man ein Streichholz oder eine Schnur über die Trennungslinie zwischen dem weißen und dem schwarzen Hintergrund legt. Koffka (1915) war der Meinung, daß der Ring als Gestalt – also als einheitliche Figur – wahrgenommen wird und daher eine einheitliche graue Farbe behält. Erst bei der Zerstörung der Einheitlichkeit der Figur treten die Kontrasterscheinungen auf. Die Trennung dient der Herstellung zweier Figuren aus der einen.

Hierzu sei ein interessanter Versuch von Wist und Susen (1973) genannt. Mit einer Abwandlung des Koffka-Ringes wurde der Trennstreifen räumlich durch ein Spiegelsystem versetzt. Das heißt, der Trennstreifen konnte visuell vor oder hinter den Ring und den Hintergrund verlagert werden. Wenn der Strich nicht in derselben Tiefenebene wie die Reizfigur wahrgenommen wurde, übte er keinen Einfluß aus. Das heißt, der Ring schien überall dieselbe Helligkeit und neutrale Farbe zu haben. Nach Koffka wären Strich und Ring in diesem Fall unabhängige Figuren.

Mit einem ähnlichen Versuchsaufbau erhielten Gogel und Mershon (1969) Helligkeitsurteile beim Simultankontrast für Test- und Vergleichsreize, die in verschiedenen Tiefen wahrgenommen wurden. Ähnlich wie die Einwirkung der räumlichen Trennung führte nach ihren Befunden die Trennung in der Tiefe ebenfalls zur Abnahme des Kontrasteffektes. Einige Abweichungen vom Verhältnisgesetz lassen sich also auf räumliche Trennung der Reizelemente zurückführen. Ferner unterstützt diese Beobachtung die Aussage, daß das Verhältnisgesetz für phänomenal nebeneinander liegende Flächen gültig ist.

Nehmen wir jetzt die gewöhnliche Situation einer Ecke, die auf der einen Seite eine starke Beleuchtung als auf der anderen empfängt. Wenn beide Flächen die gleiche neutrale Farbe haben, sollten sie bei Wirkung der Konstanz gleich aussehen. Konstanz sollte auch bei einer Fläche, auf die ein Schatten fällt, wirksam sein. Wenn man jetzt das Aussehen der beiden Flächen nachmischt, sollte man bei totaler Konstanz dieselben Werte für beide Flächen erhalten. Wenn Kontrast vorliegt, müssen die Werte dagegen verschieden sein. Nehmen wir den Fall, daß beide Flächen die gleiche neutrale Farbe haben, die 50% der Beleuchtung zurückstrahlt. Die weniger beleuchtete Fläche werde nur halb so stark beleuchtet wie die andere. Nun soll ein Beobachter die dunklere Fläche so einstellen, daß sie der helleren Fläche gleich erscheint. Wenn bei dieser Einstellung Konstanz herrscht, stellt er eine neutrale Farbe ein mit derselben Reflexion wie bei der helleren Fläche (50%). Wenn er auf Kontrast reagiert, wählt er eine neutrale Farbe, die um die Hälfte mehr Licht zurückstrahlt, um die geringere Beleuchtung auszugleichen (50% + (1/2 von 50%) = 75%). Die Verhältnisse lassen sich in einer einfachen Formel von Brunswik (1929) ausdrücken.

$$\text{Konstanzverhältnis} = \frac{R-K}{Z-K} \qquad (4.2.1)$$

Dabei ist R die Reflexion der Nachmischung der Versuchsperson, Z ist die Reflexion der neutralen Farbe und K ist die notwendige Reflexion, um die Leuchtdichte beider

Flächen gleichzusetzen. In unserem Beispiel zeigt die Versuchsperson Konstanz, wenn sie eine Reflexion von 50% wählt (50 – 75/50 – 75) = 1,0. Kontrast ergibt einen Wert von null (75 – 75/50 – 75) = 0. Gewöhnlich tritt bei einem solchen Versuch weder totale Konstanz noch totaler Kontrast auf. Meistens stellen die Versuchspersonen einen Wert ein, der sich dem Wert der totalen Konstanz nur annähert. In unserem Beispiel kann die Versuchsperson zwischen 50 (Konstanz) und 75 (Kontrast) variieren. Mit einem Wert von 55 ergibt sich so zum Beispiel ein Konstanzverhältnis von 0,80 oder 80% Konstanz (55 – 75/50 – 75) = 0,80.

Beck (1965) nahm Messungen der Farbe unter Ecke-Bedingungen wie oben erwähnt vor. Versuchspersonen mußten das Aussehen von beiden Seiten einer Ecke nachmischen. Die eine Fläche war stärker beleuchtet als die andere. Seine Ergebnisse zeigten weitgehend Konstanz (65–75%). Wenn jedoch die gleiche Reizvorlage durch ein Loch in einer Trennwand beurteilt wurde, neigten die Versuchspersonen zu Kontrast (5–10%). Bei diesem letzten Versuch lassen sich die Ergebnisse nach dem Verhältnisgesetz voraussagen. Wenn die Reizvorlage aus zwei nebeneinander stehenden Flächen ohne irgendwelche Hinweise auf die Beleuchtung besteht, findet man hauptsächlich Kontrast. Sind jedoch – wie im ersten Versuch – die Beleuchtungsverhältnisse erkennbar, dann ist das System in der Lage, die neutrale Farbe als unverändert zu erkennen. Wir müßten allerdings besser sagen ›weitgehend in der Lage‹, da man durch das Fehlen einer totalen Konstanz eine zusätzliche Einwirkung der Helligkeit erkennt.

Wenn das Verhältnisgesetz gültig ist, sollte man annehmen, daß die Abweichung von der Konstanz unter optimalen Bedingungen aufgrund von Helligkeitsunterschieden zustandekommt. Burzlaff (1931) zeigte graue Flächen unter gewöhnlicher Zimmerbeleuchtung. Die Versuchspersonen sollten aus einem Satz von 48 Grautönen die gleiche neutrale Farbe wie jene des Testreizes auswählen. Die Auswahlfarben waren von der Zimmerbeleuchtung weiter entfernt als die Testfläche. Da die Versuchspersonen die relativen Positionen bei beidäugiger Betrachtung gut erkennen konnten, mußte man eine hohe Konstanz erwarten. Das war auch der Fall. Es ergaben sich Konstanzwerte um 90%. Die Abweichungen von totaler Konstanz sind auf Helligkeitsunterschiede zurückzuführen. Das heißt, da die Auswahlgrautöne weiter entfernt von der Beleuchtung waren, erschienen sie dunkler. Unter solchen Bedingungen kann man die Einwirkung der Helligkeit als Unterschied zwischen völliger Konstanz und den ermittelten Werten berechnen. Nach der Beurteilung der neutralen Farbe sind die Beobachter in der Lage, ein Helligkeitsurteil abzugeben. Wenn nun diese Helligkeitsurteile zur Beurteilung der neutralen Farbe hinzuaddiert werden, kann man weitgehend die Abweichungen negieren.

Nur unter optimalen Bedingungen also können Helligkeit und neutrale Farbe auseinander gehalten werden. Sobald Information über die Beleuchtung nicht vorhanden und die räumliche Position der Flächen nicht erkennbar ist, fällt die Konstanz ab. Als Beispiel betrachten wir einen Versuch von Gilchrist (1975). Seine Versuchsanordnung ist in Abbildung 4.7 dargestellt. Er maß jeweils die neutrale Farbe der kleinen waagerecht und senkrecht herausragenden Vierecke, die von der Leuchtdichte her gleich waren.

Die Messungen erfolgten durch die Auswahl von Grautönen, die neutrale Farben von weiß bis schwarz darstellten. Zum einen wurde die Helligkeitsmessung bei einäugiger Betrachtung durchgeführt. In diesem Fall war die Tiefe nicht erkennbar und beide Flächen – wie rechts in Abbildung 4.7 – schienen auf dem Hintergrund zu liegen. Die Urteile folgten dem Verhältnisgesetz. Das heißt, das vertikale weiße Viereck sah schwarz aus, während das schwarze, horizontale Viereck weiß erschien. Bei beidäugiger Betrachtung konnten die Beobachter erkennen, daß die beiden Flächen nicht auf dem Hintergrund lagen, sondern im rechten Winkel dazu standen. In diesem Fall erschien das vertikale, weiße Viereck weiß und das schwarze, horizontale Viereck schwarz. Voraus-

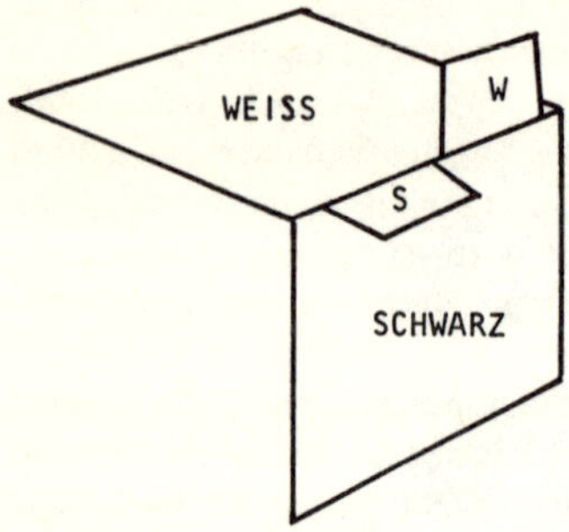

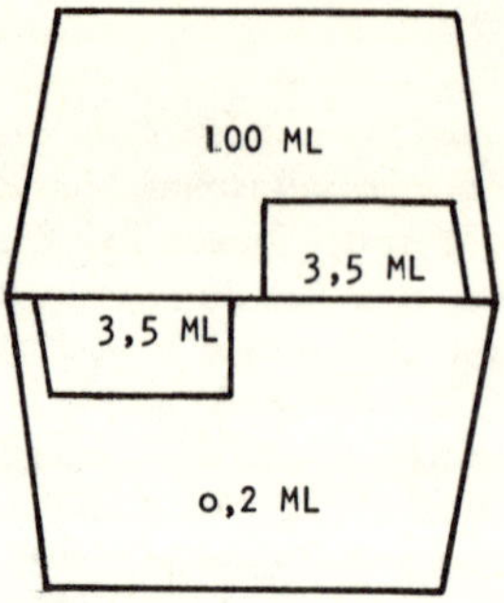

Abb. 4.7 Die Versuchsanordnung von Gilchrist (1975). Links ist eine Perspektivzeichnung und rechts ist die Reizvorlage aus der Sicht der Versuchsperson.

setzung für die Gültigkeit des Verhältnisgesetzes ist das phänomenale – also erlebte oder wahrgenommene – Nebeneinanderliegen. Bei beidäugiger Betrachtung schienen die Testflächen nicht auf dem Hintergrund zu liegen, es herrschte Konstanz und die Flächen wurden als weiß und schwarz erkannt. Das Schöne an dieser Anordnung ist das Wegfallen von Helligkeitseinflüssen. Beide Flächen hatten die gleiche Leuchtdichte, waren also gleich hell. In Abhängigkeit von der Information über Tiefenlage konnte man zwischen totalem Kontrast und Konstanz wechseln.

Neutrale Farben entstehen aufgrund der Verhältnisse zwischen Reizelementen des Wahrnehmungsfeldes. Unter normalen Sehbedingungen treten weitgehend Konstanzerscheinungen auf. Mit zunehmenden Helligkeitsunterschieden oder Verschlechterungen der Sehbedingungen üben jedoch Beleuchtungsunterschiede und somit Helligkeitsunterschiede einen zunehmenden Einfluß aus. Eine weiße Fläche mit einem Schatten auf einem Teil der Fläche bleibt weiß in ihrer Erscheinung. Eine Ecke oder zwei Wände mit verschiedener Beleuchtung behalten weitgehend konstante Farbe. Je größer jedoch ihre phänomenale Trennung und je größer die Beleuchtungsunterschiede sind, desto wirksamer sind die Helligkeitsunterschiede und desto geringer wird die Konstanz.

4.1.4 Weitere Phänomene der neutralen Farbe

Bisher haben wir uns mit der Wahrnehmung von Flächen befaßt, die die gleiche Leuchtdichte aufweisen. Man kann aber auch nach dem Aussehen einer Fläche fragen, bei der sich die Reflektionsverteilung kontinuierlich verändert. So könnte man zum Beispiel gleichmäßig die Menge des von einer Fläche zurückgeworfenen Lichtes variieren. Man erhält dabei eine Fläche, die kontinuierlich von weiß bis schwarz variiert. Die Helligkeit der Fläche läßt sich nach dem Verhältnisgesetz voraussagen. Bei anderer Betrachtungsweise stellt diese Fläche eine kontinuierliche Veränderung der neutralen Farbe dar.
Wenn die Menge des zurückgeworfenen Lichts zu schnell abnimmt, sieht die Fläche nicht mehr regelmäßig aus. Es treten Streifen auf, die eigentlich nicht vorhanden sind. Diese Streifen wurden zuerst von Ernst Mach (Mach 1865) beobachtet und tragen heute den Namen *Machsche Bänder*. Anstelle einer schnellen oder plötzlichen Veränderung der Leuchtdichte wird also eine Diskontinuität wahrgenommen. Eine Reihe ausgezeichneter Beispiele von Machschen Bändern sind bei Cornsweet (1970) auf den Seiten 272–279 zu sehen.
Die Machschen Bänder sind sehr wahrscheinlich mit der neurophysiologischen Funktion der *lateralen Hemmung* zu erklären (Ratliff 1965). Wie physiologisch nachgewiesen werden konnte (Hartline 1969), scheinen in der Retina benachbarte Rezeptoren einen hemmenden

Einfluß aufeinander ausüben zu können. Das heißt, bei stärkerer Aktivität eines Rezeptors wird die Reaktionsfähigkeit oder Ansprechbarkeit der benachbarten Rezeptoren herabgesetzt. Wenn die neutrale Farbe einer Fläche zu schnell abnimmt, führen solche Hemmungen zu einer verminderten Aktivität an der entsprechenden Stelle. Die neutralen Farben entlang dieser Grenze bilden dann Streifen.
Obwohl man die Funktion dieses Mechanismus noch nicht vollständig erkannt hat, scheint es so zu sein, daß das visuelle System auf diese Weise Grenzen zwischen Bereichen unterschiedlicher Leuchtdichte ausbildet. Das heißt, das System kann die Verhältnisse über eine kontinuierlich variierende Fläche nur mit Schwierigkeiten erkennen. Klare Grenzen bieten die Möglichkeit, Leuchtdichtedifferenzen leichter zu erfassen und erleichtern damit die Auslese von Reizeigenschaften. Cornsweet (1970) versuchte, auch das Verhältnisgesetz durch die laterale Hemmung zu erklären. Beobachtungen, daß das Verhältnisgesetz auch dann zutrifft, wenn zwei Flächen nur phänomenal nebeneinander zu liegen scheinen (Gilchrist 1975), sprechen indessen dagegen. Auch die Beobachtung, daß mit einer Veränderung der Aufmerksamkeit Helligkeitsunterschiede auftreten, spricht gegen die laterale Hemmung als Mechanismus für das Verhältnisgesetz. Eher wäre sie ein Mechanismus zur Bildung von Grenzen, die notwendig sind, um das Verhältnisgesetz überhaupt erst wirksam werden zu lassen.
Als Erklärung für das sogenannte *Hermann-Heringsche Muster* scheint die laterale Hemmung angebracht zu sein. Das Muster ist in Abbildung 4.8 zu sehen.

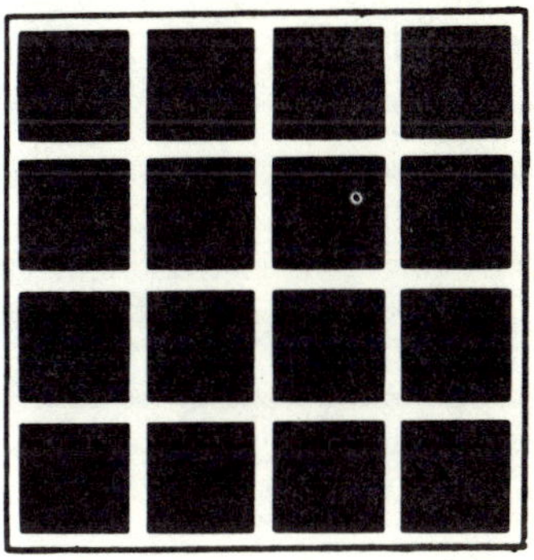

Abb. 4.8 Hermann-Hering-Muster.

Bei allen Kreuzungen der weißen Streifen – außer derjenigen, die man gerade fixiert, – erscheint eine graue Fläche. Man nimmt an, daß die Hemmungen bei den Kreuzungen am größten sind, da dort die vier Kanten der dunklen Ecken den größten Einfluß ausüben (größte laterale Hemmung). Dieses soll auch der Fall sein bei der Kreuzung, die man fixiert. Hier tritt jedoch keine graue Fläche auf. Das Fehlen der Fläche liegt möglicherweise an der Häufigkeit und Dichte der Stäbchen in der Fovea der Netzhaut.
Im Gegensatz zu den Kontrasterscheinungen tritt der genannte Effekt bei der Verteilung des Musters auf die beiden Augen nicht auf. Utall und Matheson (1971) zeigten vertikale Streifen dem einen Auge und horizontale Streifen dem anderen. Die Reize waren so angelegt, daß bei beidäugiger Betrachtung das gesamte Muster wie in Abbildung 4.8 erschien, nur mit dem Unterschied, daß keine grauen Flächen auftraten: Laterale Hemmung scheint also ihre Wirksamkeit in der Retina auszuüben.
Die Wahrnehmung neutraler Farben ist eine Leistungsfähigkeit des visuellen Systems. Es scheint kein einfacher Mechanismus physiologischer Art hierfür verantwortlich zu sein. Möglicherweise sind bei der Wahrnehmung neutraler Farben Erfahrungen des Beobachters von Wichtigkeit. In unserer Beschreibung war es jedoch möglich, diese

Phänomene ohne Annahme erfahrungsbedingter Elemente zu beschreiben. Für weitere Informationen empfiehlt sich ein Buch von Beck (1972a).

4.2 Die Wahrnehmung chromatischer Farben

Die neutralen Farben variieren zwischen schwarz und weiß. Sie entstehen – von den Reizeigenschaften her – aus den Verhältnissen zwischen Reizflächen verschiedener Leuchtdichten. Bei neutralen Farben sind sowohl in der Beleuchtung als auch in der Reflexionsverteilung alle wahrnehmbaren Wellenlängen gleichermaßen vertreten. Wenn demgegenüber alle Wellenlängen nicht in gleichem Ausmaß vorhanden sind, bewirkt die Reizvorlage eine Wahrnehmung von *chromatischen Farben*. Dieser Zustand kann entweder aufgrund der Wellenlängen in der Beleuchtungsverteilung oder aufgrund der Reflexionsverteilung der wahrgenommenen Fläche entstehen. So erscheint z. B. eine neutrale Fläche rot, wenn sie von einem Selbstleuchter angestrahlt wird, der mehr lange Wellen aussendet. Ebenfalls rot erscheint eine Fläche, die von neutralem Licht beleuchtet wird, aber mehr lange Wellen zurückstrahlt.

Wie aus der Formel 2.1.3 zu erkennen war, sind die Signale für die Farbwahrnehmung aus den Remissionseigenschaften der Umweltobjekte zu entnehmen. Auch hier besteht keine einfache Beziehung zwischen Wellenlänge und Farbe. Zwar kann man durch die Variation der Wellenlänge eines Farbreizes eine deutliche Beziehung zwischen der Wellenlänge und der Farbbenennung erhalten, jedoch ist die Veränderung keineswegs kontinuierlich und eindimensional. Obwohl es eine große Anzahl von Farbnamen in jeder Sprache gibt, fanden Smith, Dokorny und Swarthy (1973) in einer Zusammenfassung der Literatur zu diesem Thema, daß normal farbtüchtige Versuchspersonen in der Lage sind, das gesamte Sehspektrum mit vier *Grundfarben* oder *reinen Farben* zu beschreiben: Rot, Gelb, Grün und Blau. Alle weiteren Farbbenennungen lassen sich in der Wahrnehmung als Mischungen dieser Grundfarben beschreiben. Ein Beispiel für solche Ergebnisse aus einem Versuch von Murch und Ball (1976) ist in Abbildung 4.9 zu finden.

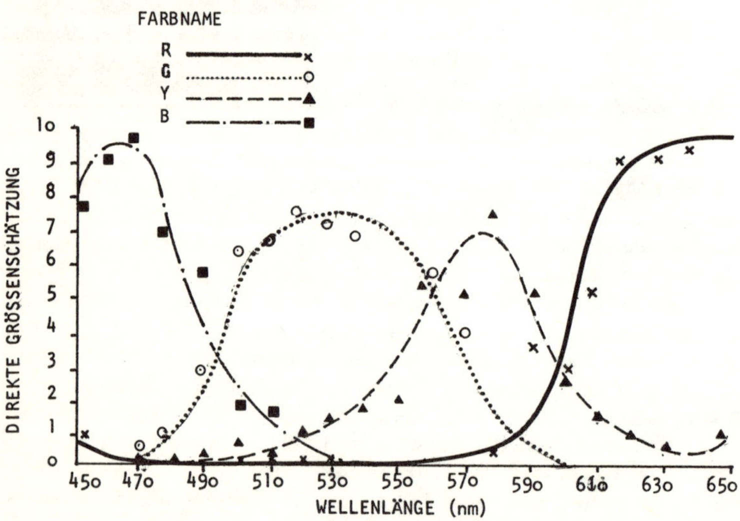

Abb. 4.9 Die Beschreibung von Farben anhand von vier Farbnamen (R = Rot, G = Grün, Y = Gelb, B = Blau) nach der Methode der direkten Größenschätzung (nach Murch und Ball, 1976).

Die Versuchspersonen waren acht Studenten mit normaler Farbtüchtigkeit. Nach der Methode der direkten Größenschätzung beurteilten sie Farbreize daraufhin, wieviel von jeder der vier Grundfarben in jedem Reiz enthalten war. Das heißt, es wurden bei *Maxwellscher Sehbedingung* verschiedene Farben mit spezifischen Wellenlängen, die bei jedem Reiz 10 nm (Bandbreite) umfaßten, vorgelegt. Die Maxwellsche Sehbedingung umschreibt eine optische Methode zur Darbietung von visuellen Reizen, bei der die Einwirkung von Störvariablen streng kontrolliert werden kann. Unter anderem werden die Reizvorlagen durch eine künstliche Pupille betrachtet, welche die genaue Berechnung der Leuchtdichte erlaubt. Ferner ist es mit dieser Anordnung möglich, den Reiz so darzubieten, daß keine anderen Reize außer dem wahrzunehmenden im Sehfeld vorhanden sind. Die Reize in dem Versuch von Murch und Ball wurden nach einer Zufallsreihenfolge dargeboten und erstreckten sich über das Sehspektrum von 450 nm bis 650 nm. Bei allen Farben war die Leuchtdichte immer gleich; sie unterschieden sich lediglich in der Wellenlänge. Die Beobachter hatten bei jedem Reiz vier Zahlen anzugeben, die jeweils den Anteil jeder der vier Grundfarben kennzeichneten. So erhielt z. B. ein Farbreiz mit einer Wellenlänge von 500 nm (Bandbreite 495–505 nm) den Durchschnittswert 6 für grün, 2 für blau, 1 für gelb und 0 für rot (vgl. Abbildung 4.9). Aus den Kurven in Abbildung 4.9 ist zu erkennen, daß sich die Beurteilungen nicht gleichmäßig über die gesamte Dimension der Wellenlänge erstrecken. Grün und rot scheinen einen relativ breiten Bereich zwischen 500–550 nm bzw. oberhalb 610 nm zu umfassen, während blau und gelb jeweils nur einen relativ schmalen Gipfel um 460–470 nm bzw. um 580 nm aufweisen. Auch die Zunahme von Roturteilen bei 450 nm ist interessant. Diese Beobachtung ist noch weiter ausgeprägt bei Farbbeurteilungen unterhalb 450 nm, wie Boynton und Gordon (1965) zeigten. Da rot ansonsten weitgehend mit längeren Wellenlängen assoziiert wird, unterstreicht der Anteil dieser Farbe bei der Beurteilung kurzer Wellenlängen das Problem der Beziehung zwischen Farbe und Wellenlänge.

Das Problem der Farbwahrnehmung ist inzwischen zu so einem komplizierten und mit derart exakten Methoden bearbeiteten Gebiet geworden, daß die moderne Farblehre einen eigenen Wissenschaftszweig darstellt (s. Wyszecki & Stiles 1967). Im Rahmen einer allgemeinen Diskussion der Wahrnehmung scheint es daher angebracht, zunächst die modernen Erkenntnisse der Farbbeschreibung und Farbmischung aufzuführen. Weiterhin wird eine Theorie der Farbwahrnehmung kurz geschildert; im Anschluß daran werden einige wichtige Farbphänomene – insbesondere im Vergleich mit der Theorie – erläutert. Wir wissen jedoch, daß unsere Abhandlung keineswegs ausreicht, um der Gesamtproblematik der Farbwahrnehmung gerecht zu werden.

4.2.1 Die Farbbeschreibung

Die Entwicklung eines Systems zur Beschreibung von Farben ist von besonderer praktischer Bedeutung. Unabhängig von der Entstehung einer Farbe, sei es durch die Beleuchtungs- oder die Remissionseigenschaften eines Objektes, muß der Farbeindruck gekennzeichnet werden können. Zwar wissen wir aus der vorangegangenen Diskussion, daß die Erscheinungsweise einer Farbe von zahlreichen Einflußfaktoren abhängig ist, dennoch müßte es möglich sein, eine Farbe zur gegebenen Zeit und unter bestimmten Sehbedingungen genau zu beschreiben.

Inzwischen sind sich die Farbwissenschaftler über die Eigenschaften eines Farbreizes – vom Wahrnehmungsaspekt her – ziemlich einig. Jede Farbe kann durch die Ausprägung dreier Eigenschaften beschrieben werden: *Farbton*, *Sättigung* und *Helligkeit* (Indow und Kanazawa, 1960).

Der Farbton eines Reizes wird weitgehend von den Anteilen der vier Grundfarben bestimmt; er stellt die qualitative Veränderung der Farbe in Abhängigkeit von der Wellenlänge dar. Die Sättigung des Reizes beschreibt die Reinheit der Farbe im Sinne der Ausgeprägtheit des Farbtones. Die Farben rot und rosa können denselben Farbton aufweisen, sie unterscheiden sich jedoch aufgrund der Sättigung. Die Sättigung einer Farbe kann soweit reduziert sein, daß der sie kennzeichnende Farbton verloren ist: In diesem Fall spricht man wieder von einer neutralen Farbe. Die letzte Eigenschaft, Helligkeit, bereitet einige Schwierigkeiten, was aufgrund der Beschreibung der neutralen Farben im Kapitel 4.1 zu erwarten war. Zunächst können wir einfach sagen, daß die Helligkeit einer Farbe auf die Dimension des Hell- und Dunkelseins hinweist. So könnte man sich eine helle oder eine dunkle Farbe rosa vorstellen.
Gehen wir nun zu der Verbindung zwischen Farbton und Helligkeit über. Alle Farbtöne haben verschiedene subjektive Helligkeiten. Diese verschiedenen Werte entsprechen in etwa der photopischen Leuchtdichtekurve aus Abbildung 2.6. Die Farben in der Mitte des Sehspektrums erscheinen – bei gleicher Beleuchtung – heller als Farben an den Seiten des Sehspektrums. Gelb erscheint zum Beispiel heller als blau oder rot. Ferner verändert sich der Farbton in Abhängigkeit von der Helligkeit. Dies demonstriert ein klassischer Versuch von Purdy (1937), dessen Ergebnisse in Abbildung 4.10 aufgezeichnet sind.

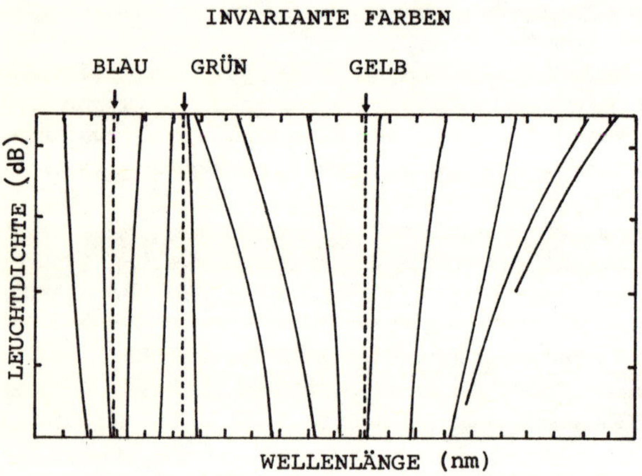

Abb. 4.10 Die Veränderung des Farbtones mit zunehmender Leuchtdichte. Die Veränderungen treten in jedem Farbbereich außer bei den drei Bezold-Brücke-Invariaten (oben) auf (nach Purdy, 1937).

Es wurden 70 Paare von Farben vorgelegt. Die Darbietung erfolgte mittels einer Scheibe, wobei die eine Hälfte mit einer spezifischen Farbe mittlerer Leuchtdichte bestrahlt wurde. Auf der anderen Hälfte der Scheibe befand sich zum Vergleich eine zweite Farbe mit gleichem Farbton, aber geringerer Leuchtdichte. Die Versuchsperson konnte die Wellenlängenverteilung des Vergleichsreizes variieren und sollte, parallel zur kontinuierlichen Erhöhung der Leuchtdichte durch den Versuchsleiter, den Vergleichsreiz so einstellen, daß beide Farben gleich erschienen. Wie aus der Abbildung zu erkennen ist, mußten die Versuchspersonen die Wellenlängenverteilung mit zunehmender Leuchtdichte verändern. Der Farbreiz mit einem Ausgangswert von 553 nm und geringer Leuchtdichte mußte zum Beispiel, um den gleichen Farbton wie der Vergleichsreiz aufzuweisen, bei hoher Leuchtdichte eine Wellenlänge von 525 haben. Solche Veränderungen werden – außer bei drei Wellenlängen – über das gesamte Sehspektrum beobachtet. Diese drei Wellenlängen werden nach den ersten Entdeckern des Phänomens *Bezold-Brücke-Invarian-*

ten genannt. Sie liegen bei 478 nm (blau), 503 nm (grün) und 572 nm (gelb). Diese drei Stellen im Sehspektrum decken sich mit den Grundfarben. Die Tatsache, daß keine invariante Stelle für rot gefunden wurde, hängt wahrscheinlich damit zusammen, daß eine reine rote Farbe außerhalb des normalen Sehspektrums liegt.

Wenden wir uns nun der Verbindung zwischen Farbton und Sättigung zu. Die Sättigung einer Farbe wird durch die Reinheit der Farbe im Sinne der Größe der Beimischung einer neutralen Farbe bestimmt. Der höchste Sättigungsgrad liegt bei Farbtönen mit sehr engen Wellenlängenverteilungen. Sowie eine neutrale Farbe beigemischt wird oder vertreten ist, nimmt die Sättigung ab. Allerdings ist die Sättigung von verschiedenen Farbtönen auch bei höchstem Grad der Reinheit nicht einheitlich. Indow und Stevens (1966) zeigten, daß die Sättigung von Farben als Potenzfunktion der *kolorimetrischen Reinheit* zunimmt. Die kolorimetrische Reinheit beschreibt die Breite der Wellenlängenverteilung. In diesem Fall wurde sie durch den prozentualen Anteil der reinen Farben im Verhältnis zum zugefügten Weiß definiert. Für rot und für grün war der Exponent 1,7. Für gelb betrug er 2,9 und für blau 1,4. Man erhielt also in jedem Fall eine Potenzfunktion, allerdings mit verschiedenen Steigungen.

Bei der Beziehung zwischen Helligkeit und Sättigung ist das Problem ähnlich wie bei der Beziehung zwischen Helligkeit und neutraler Farbe. Indow und Uchizono (1960) zeigten, daß naive Beobachter in der Lage waren, Farbreize nach zwei unabhängigen Dimensionen (Sättigung und Farbton) bei Konstanthaltung der Helligkeit zu beschreiben. Daraus kann man jedoch nicht unbedingt schließen, daß beide Dimensionen voneinander unabhängig sind. Daher wurde das Problem von Davidoff (1974) wieder aufgegriffen. Mit der Methode des Paarvergleichs wurden Farbreize verschiedener Helligkeiten und Sättigungen vorgelegt. Die Beobachter sollten jedoch nur ein Urteil über die Helligkeit abgeben. Wenn Helligkeit und Sättigung tatsächlich voneinander unabhängig sind, mußten die Versuchspersonen ihr Urteil ohne Beachtung der Sättigung abgeben können. Die Ergebnisse zeigten, daß die Beobachter weitgehend in der Lage waren, dies zu tun. Allerdings ließen sich die Beurteilungen nicht nur nach der Helligkeit skalieren. Es bestand keine totale Unabhängigkeit zwischen den beiden Dimensionen.

Die Sättigung einer Farbe bringt etwas eigenartige Probleme mit sich, auf die Stevens (1975) hinweist. Bei geringer Leuchtdichte eines Farbreizes ist zwar der Farbton erkennbar, jedoch erscheint die Farbe sehr ungesättigt. Bei zunehmender Leuchtdichte nimmt die Sättigung zu, erreicht jedoch bei einem für jeden Wellenbereich spezifischen Wert ein Maximum. Nach weiterer Zunahme der Leuchtdichte nimmt die Sättigung wieder ab. Die maximale Sättigungsgrenze tritt für eine reine gelbe Farbe (572 nm) und für ein Rot von 700 nm bei einer höheren Leuchtdichte ein als bei den übrigen Farben.

Trotz dieser Schwierigkeiten kann man sagen, daß bei einer gegebenen Helligkeit die Komponenten Farbton und Sättigung als unabhängig voneinander aufzufassen sind. Innerhalb gewisser Grenzen läßt sich auch die Verbindung zwischen Helligkeit und Sättigung als relativ unabhängig voneinander betrachten.

Zur Beschreibung von Farbreizen wird das *Munsell-System* (Munsell 1941, Wyszecki 1960) weitgehend bevorzugt. Hier werden sowohl neutrale als auch chromatische Farbvorlagen nach Helligkeit, Sättigung und Farbton bestimmt. Ein ähnliches System, das vor allem auch in Deutschland angewandt wird, ist das von Richter (1953) entwickelte *DIN-Farbsystem*. Die Beziehungen zwischen den beiden Systemen wurden von Kundt und Wyszecki (1955) ausgearbeitet. In der Grundlagenforschung zur Farbwahrnehmung scheint das Munsell-System bevorzugt zu werden, während in Deutschland das DIN-Farbsystem weitgehend im industriellen Bereich Gebrauch findet.

Im Munsell-System werden die kontinuierlichen Farben des Sehspektrums in 100 Einheiten (Farbtöne) zerlegt, die nach verschiedenen psychophysischen Methoden gleiche subjektive Unterschiede aufweisen. Das heißt, das gesamte Sehspektrum wird unterteilt, wobei der Abstand zwischen je zwei benachbarten Vorlagen qualitativ gleich ist. Die 100 Farbtöne werden durch fünf Hauptfarben und fünf Zwischenfarben unterteilt und zwar: Rot (R), Gelb-Rot (YR), Gelb (Y), Grün-Gelb (GY), Grün (G), Blau-Grün (BG), Blau (B), Purpur-Blau (PB), Purpur (P) und Rot-Purpur (RP). Jeder dieser 10 Farben werden 10 Ausprägungsgrade zugewiesen, wobei die Haupt- bzw. Zwischenfarbe jeweils in der Mitte der 10 Abstufungen liegt (z. B. 5 G oder 5 RP). Niedrigere Zahlen (z. B. 3 G oder 3 RP) bezeichnen Abstufungen in Richtung der längeren Wellenlängen (d. h. im Beispiel: Richtung GY bzw. Richtung B), während größere Zahlen in die Richtung der kürzeren Wellenlängen weisen (z. B. 7 G oder 7 RP). Wichtig ist die psychophysische Erkenntnis, daß alle Farbtöne gleichmäßig voneinander zu trennen sind. Dies gilt auch für den Übergang zwischen Rot-Purpur und Rot. Obwohl man bezüglich der physikalischen Eigenschaften von extrem kurzen zu extrem langen Wellen übergeht, sind nach den subjektiven Einstufungen die Übergänge auch hier kontinuierlich.

Die zweite Dimension (Helligkeit) entspricht zunächst der neutralen Farbe (schwarz bis weiß), aber auch der Bestimmung der Helligkeit. Die neutralen Farben werden in 10 Abstufungen zerlegt (10 = Weiß bis 0 = Schwarz, d. h. keine neutrale Farbe). Jeder Farbton kann je nach seiner Ausgangshelligkeit einer neutralen Farbe zugeordnet sein.

Die letzte Dimension entspricht der Sättigung. Diese Skala beginnt für alle 10 neutralen Farben bei 0 und setzt sich bis maximal 10 fort. Wir sagen maximal, weil der höchste Grad der Sättigung nicht bei allen Farbtönen vorhanden ist. Ferner werden nicht alle Farbtöne den gleichen neutralen Farben zugeordnet. Man muß also bei jedem Farbton eine Sättigungsskala zwischen dem Farbton und der zugeordneten neutralen Farbe des spezifischen Farbtons aufstellen. Die Helligkeit entlang dieser Abstufung bleibt immer gleich. Abbildung 4.11 zeigt schematisch die räumlichen Beziehungen zwischen den Farbdimensionen des Munsell-Systems.

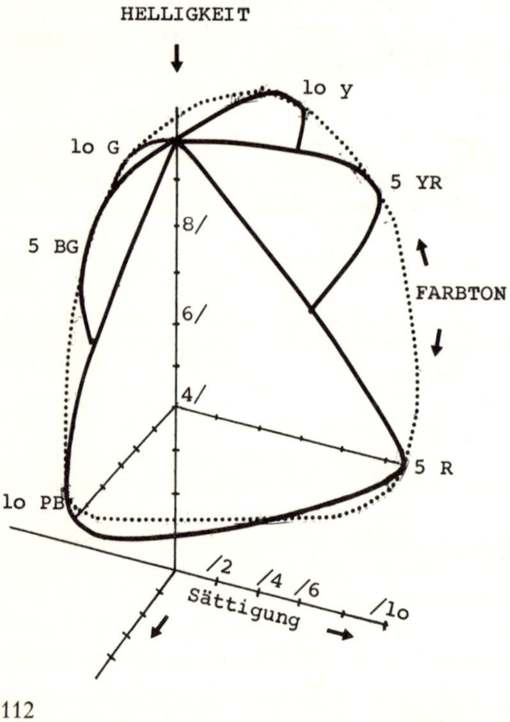

Abb. 4.11 Dreidimensionale Darstellung des Munsell-Systems für 6 Farbtöne.

In der Abbildung befinden sich entlang der vertikalen Achse die neutralen Farben. Als Kreis um diese Achse verteilen sich die Farbtöne. Die schräge Lage des Farbkreises wird bestimmt aus der Helligkeit des jeweiligen Farbtons bei höchster Sättigung. Jeder Farbton soll auf gleicher Höhe liegen wie die neutrale Farbe mit gleicher Helligkeit. Entlang der horizontalen Achse zwischen Farbton und neutraler Farbe verändert sich die Sättigung.
Die Bestimmung einer Farbe nach dem Munsell-System erfolgt durch den Vergleich der Farbe mit den Farbvorlagen aus dem Munsell-Buch. Nachdem die passende Farbvorlage ermittelt worden ist, kann die Farbe gekennzeichnet werden. Die Bestimmung der Farbe kann zum Beispiel die Form 4R/6/3 haben. Der erste Wert bestimmt den Farbton, der zweite die Helligkeit und der dritte die Sättigung.
Wichtig ist die Tatsache, daß sowohl bei dem Munsell-System als auch bei dem DIN-Farbsystem nur Annäherungen der Farbbeschreibung geleistet werden können. Die zur Beschreibung einer Vergleichsfarbe ausgewählte Farbvorlage ist dieser jeweils nur ähnlicher als irgendeine andere Farbvorlage. Die Methode ermöglicht also keine genaue Farbbeschreibung. Unter anderem trägt die Definition der Helligkeit aus der Reflexionsgleichheit zwischen einer neutralen Farbe und einer chromatischen Farbe zu dieser Ungenauigkeit bei. Evans (1974) schlägt sogar vor, das Munsell-System als vierdimensional anzusehen. Erst dann kann die Verbindung zwischen Helligkeit, neutraler Farbe und Sättigung ausgearbeitet werden.

4.2.2 Farbmischung

Der Farbeindruck einer Fläche kann durch die Veränderung der Wellenlängenverteilung der Beleuchtung oder durch die Veränderung der Remissionseigenschaft der Fläche bewirkt werden. Will man die Remissionseigenschaft der Fläche ändern, so kann man durch die Auftragung von Farbstoffen oder Pigmenten einen anderen Farbeindruck erstehen lassen. Durch die Mischung der Farbstoffe können neue Farben erzeugt werden. Solche Farbeindrücke lassen sich nach den Gesetzen der *subtraktiven Farbmischungen* voraussagen. Dabei entstehen durch die Mischungen von Farbstoffen Flächen mit veränderten Remissionseigenschaften. Erscheint z. B. eine Fläche gelb, so strahlt ihr Farbstoff nur die Wellen im gelben Bereich zurück; die restlichen Wellen werden absorbiert. Ebenso werden bei einem blauen Farbstoff nur die kurzen Wellen zurückgestrahlt, während alle anderen absorbiert werden. Bei der Mischung eines gelben und eines blauen Farbstoffs entsteht die Farbe Grün. Da der blaue Farbstoff die längeren Wellen und der gelbe Farbstoff die kürzeren Wellen absorbiert, bleibt nur ein Rest in der Mitte – also grün. Fügt man einen roten Farbstoff hinzu, so werden alle Wellen absorbiert und man erhält schwarz. Diese Beziehungen sind in Abbildung 4.12 dargestellt.
Durch entsprechende Farbfilter (Farbstoffschichten) können die Wellenlängenverteilungen der Beleuchtung ebenfalls nach den Gesetzen der subtraktiven Farbenmischung verändert werden. Bei einer Beleuchtung, die alle sichtbaren Wellenlängen enthält (weißes Licht), absorbiert ein blauer Filter alle längeren Wellen. Wird zusätzlich ein gelber Filter benutzt, so werden, wie aus Abbildung 4.12 zu entnehmen ist, auch die kürzeren Wellen absorbiert. Aus dem ursprünglich weißen Licht ist nur grün übrig geblieben. Mit entsprechend gewählten Filtern oder Pigmenten, die im blauen, gelben und roten Bereich durchlässig sind bzw. zurückstrahlen, können alle wahrnehmbaren Farben nach der subtraktiven Farbmischung hergestellt werden. Dabei sind jedoch die Verläufe der Absorptionsspektren zu berücksichtigen. So könnte ein anderer blauer Filter alle Wellen unterhalb 448 und oberhalb 453 nm absorbieren, während ein zweiter gelber Filter nur Wellen mit einer Länge zwischen 580 und 615 nm durchläßt. Schaltet man diese beiden Filter hintereinander,

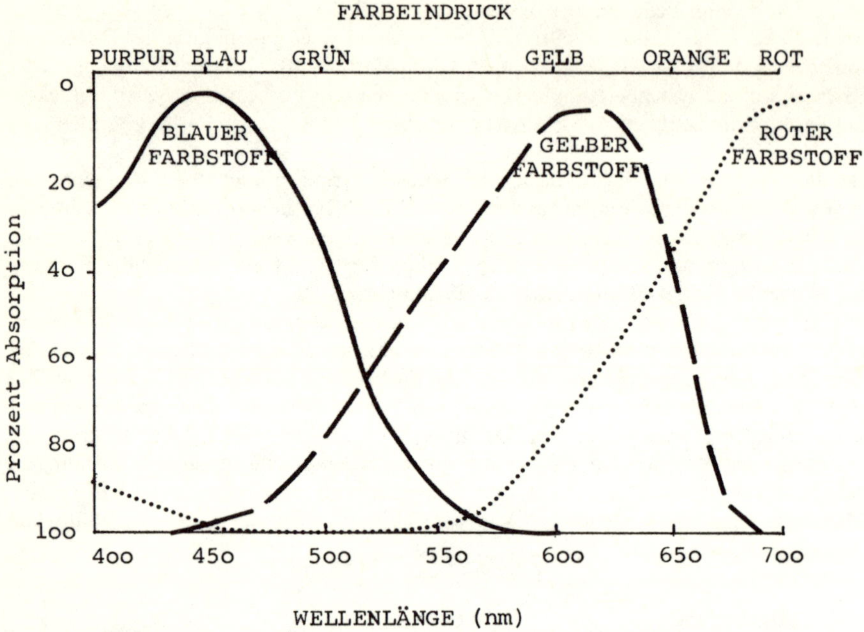

Abb. 4.12 Primärfarben für die subtraktive Farbmischung.

so bleibt keineswegs grün übrig, sondern völlige Dunkelheit. Diese Beziehungen prägen sich formal im *Beerschen Gesetz* der subtraktiven Farbenmischung aus (Beer 1852).

Die zweite Möglichkeit der Farbmischung erfolgt durch die Zusammensetzung mehrerer Farben. Nehmen wir zum Beispiel zwei weiße Lichter: Vor ein Licht setzen wir einen grünen Filter, der alle Wellenlängen außer grün absorbiert. Vor das zweite Licht setzten wir einen roten Filter. Projiziert man die beiden gefilterten Lichter auf eine gemeinsame Fläche, erhält man eine gelbe Farbe. Das heißt, die beiden Farben summieren sich oder addieren sich auf. Eine solche Farbmischung nennt man *additive Farbmischung*. Die Verhältnisse können aus den drei Wellenlängenverteilungen in Abbildung 4.13 erklärt werden.

Der Prozeß der additiven Farbmischung verläuft beinahe spiegelbildlich zur subtraktiven Farbmischung. Zwar sind, wie in Abbildung 4.13 zu sehen ist, in den Wellenlängenverteilungen des roten und grünen Lichtes die Wellenlängen des gelben Bereiches weniger vertreten. Bei der additiven Farbenmischung bildet sich jedoch der Farbeindruck aus dem Mittelwert der aufaddierten Wellenlängen. Es ist durchaus möglich, einen Farbeindruck entstehen zu lassen, dessen Wellenlängenbereich gar nicht vorhanden ist. Wenn z. B. die Wellenlängenverteilungen eines roten Lichtes mit einer Bandbreite von 10 nm und Mittelwert von 640 nm mit einem grünen Licht ebenfalls mit einer Bandbreite von 10 nm, aber mit einem Mittelwert von 540 nm gemischt wird, ergibt sich bei der Projektion beider Farben auf eine gemeinsame Fläche eine gelbe Farbe. Diese Farbe gleicht einer »echten« gelben Farbe mit einem Mittelwert von 590 nm. Solche Farbpaare, die zwar gleich erscheinen, jedoch aus verschiedenen Wellenlängenverteilungen gebildet werden, nennt man *metamerische Farbpaare*.

Wird im obigen Beispiel eine weitere Farbe bei beiden Mischungen zugeführt, so verändert sich das Aussehen beider Mitglieder des metamerischen Paares. Die neue Farbe bildet

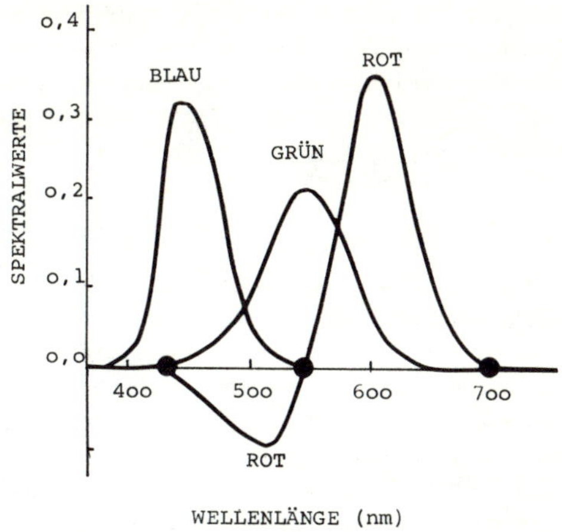

Abb. 4.13 Primärfarben für die additive Farbmischung (eigentliche und uneigentliche Farbmischung).

jedoch ein weiteres metamerisches Farbpaar. Wird die Intensität bei einer Farbe der Mischung gesteigert, so verändert sich das Aussehen der Nachmischung. Der Farbeindruck verlagert sich in der Richtung der stärksten Intensität. Mit zunehmendem Rotanteil erscheint die Farbe nicht mehr gelb, sondern orange. Bei Abnahme der roten Farbe verschiebt sich die Mischung in Richtung grün. Fügt man eine dritte Wellenlängenverteilung aus dem blauen Bereich hinzu, so kann man bei geeigneter Variation der Intensität alle Farbeindrücke des Sehspektrums entstehen lassen. Diese Gesetzmäßigkeiten liegen dem *Grassmannschen Gesetz* der additiven Farbmischung zugrunde (Grassmann 1854):

$$(L_v)F_v = (L_1)B + (L_2)G + (L_3)R \qquad (4.2.1)$$

Diese Gleichung besagt, daß man die Farbe (F) durch Variation der Leuchtdichten (L_1, L_2, L_3) der drei *Primärfarben* blau (B), grün (G) und rot (R) nachmischen kann. Allerdings muß hinzugefügt werden, daß die Menge der nachmischbaren Farben von den Wellenlängenverteilungen der drei Primärfarben abhängt. Um diese Menge so breit wie möglich zu gestalten, wählt die Internationale Beleuchtungskommission (genannt *CIE* – Commission Internationale de l'Eclairage 1932) die Wellenlängenverteilung der Primärfarben, die in Abbildung 4.13 aufgetragen sind. Die *dominanten Wellenlangen* – also Mittelwert der Verteilung oder die definierende Wellenlänge – wurden mit 435,8 für blau, 546,1 nm für grün und 700,0 für rot festgelegt. Wenn durch spezifisches Nachmischen der Primärfarben eine Vergleichsfarbe hergestellt werden kann, spricht man von einer *eigentlichen* Farbmischung. Bei manchen Farben aus dem unteren Wellenbereich sind eigentliche Farbmischungen nicht möglich. In diesen Fällen muß eine Primärfarbe (meistens rot) von der nachzumischenden Farbe abgezogen werden. Solche Mischungen nennt man *uneigentliche Farbmischungen.* Diese Notwendigkeit ergibt sich aus der Umkehrung des Kurvenverlaufs für rot im kurzen Wellenlängenbereich.

Übrigens ist es möglich, die additive Farbenmischung mit einem *Farbmischer* darzustellen. Eine Scheibe wird in drei Sektoren (rot, grün und blau) unterteilt. Dabei kann die Sektorengröße beliebig verändert werden. Bei schneller Umdrehung der Scheibe verschmelzen die Farben und rufen einen einheitlichen Farbeindruck hervor. Das heißt, das visuelle System integriert die Farben und bildet eine Mischung. Die Gesetzmäßigkeiten der additiven Farbmischung sind für einen Farbmischer ebenfalls gültig.

Durch die eigentliche und uneigentliche Mischung der Primärfarben aus Abbildung 4.13 können alle Spektralfarben erzeugt werden. Die Mischung aller drei Primärfarben in einem bestimmten Verhältnis ergibt eine neutrale Farbe. Das heißt, die Mischung zweier Primärfarben (z. B. rot und grün = gelb) mit der dritten Primärfarbe (blau) ergibt eine neutrale Farbe. Solche Farbpaare (z. B. gelb und blau, rot und blau-grün, purpur und grün), die bei Zusammenmischung keine chromatische Farbe ergeben, heißen *Komplementärfarben.*

4.2.3 Farbtheorie

Ebenso reichhaltig wie die empirischen Befunde der Farbwissenschaft sind die theoretischen Überlegungen der Farbwissenschaftler. Die bekanntesten Theorien aus der Geschichte dieses Wissenschaftszweiges waren die *trichromatische Theorie* von Helmholtz (1866), die sich an die früheren Arbeiten von Young (1807) anlehnte, und die *Gegenfarben-Theorie* von Hering (1878, 1920). Beide Theorien postulierten physiologische Mechanismen der Farbwahrnehmung.

Helmholtz ging aus von der Beobachtung, daß man alle Farben aus einer Mischung von drei Primärfarben herstellen konnte. Er schlug die folgende Theorie vor: Es bestehen drei Farbrezeptoren, die den Primärfarben rot, blau und grün entsprechen. Die Farbempfindungen entstehen demnach aus dem Verhältnis der Reaktionsstärke der drei Rezeptoren zueinander. Das heißt, bei einer gelben Farbe reagieren die roten und grünen Rezeptoren – ohne Beteiligung der blauen Rezeptoren. Bei Orange wäre die Beteiligung der roten Rezeptoren größer als die der grünen Rezeptoren usw. Die Wahrnehmung von weiß ergibt sich aus dem Zusammenwirken aller drei Rezeptoren.

Hering dagegen benutzte die Beobachtung, daß alle Farbempfindungen aus den Beziehungen zwischen den vier Grundfarben rot, gelb, grün und blau – nach Hering *Urfarben* genannt – beschrieben werden konnten. Ferner beobachtete er, daß sich diese vier in Paare von Komplementärfarben (rot-grün und gelb-blau) aufteilen ließen, die nie gleichzeitig auftreten konnten. Das heißt, eine Farbempfindung eines rötlichen Grün oder eines gelblichen Blau gibt es nicht, wohl aber die eines rötlichen Gelb oder eines bläulichen Grün. Nach Herings Vorstellung gab es zwei Rezeptorenarten, die jeweils den relativen Anteil von (1) rot und grün sowie (2) von gelb und blau melden; eine dritte Rezeptorenart sollte weiß und schwarz übermitteln.

Die moderne Neurophysiologie zeigte, daß beide Theorien richtig sind. Das heißt, in der Netzhaut scheint es drei Arten von Farbrezeptoren zu geben (Marks, Dobelle & MacNichol 1964, Wald & Brown 1965), während im weiteren neuronalen System der Retina eine Zusammenfassung im Sinne von Hering zu erfolgen scheint (DeValois & Jacobs 1968). Allerdings muß man sagen, daß einige Farbwissenschaftler solche Stufen oder Zonen der Farbverarbeitung bereits früher vorausahnten (von Kries 1905, Adams 1923, Müller 1930).

In der heutigen Farbwissenschaft arbeiten die Neurophysiologen an einer Beschreibung der Mechanismen der Farbwahrnehmung, während die Psychologen die Funktionen der Farbwahrnehmung zu beschreiben versuchen. Eine Zusammenfassung beider Forschungsrichtungen leistet die Theorie von Hurvich und Jameson (Hurvich & Jameson 1957, Hurvich 1973); diese scheint zur Zeit den Vorrang zu haben. Die Theorie von Hurvich und Jameson stellt eine Weiterverarbeitung des Zonenmodells mit starker Anlehnung an die Theorie von Hering dar. In Abbildung 4.14 ist eine schematische Darstellung der Theorie zu finden.

Nach diesem Schema gibt es drei Rezeptoren, die auf verschiedene Wellenlängen unterschiedlich sensitiv reagieren (α: kurze Wellen, β: mittlere Wellen und γ: lange Wellen). Damit diese auf die Reaktionsempfindlichkeit für die drei menschlichen Stäbchenarten abgestimmt werden können, werden von Hurvich und Jameson maximale Empfindlichkei-

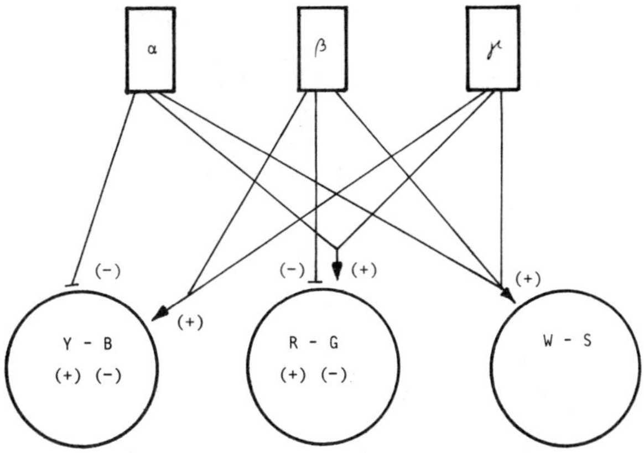

Abb. 4.14 Schematische Darstellung der Farbtheorie von Hurvich und Jameson.

ten 440 nm (α), 530 nm (β) und 570 (γ) angenommen. Die Meldungen der drei Rezeptoren werden in den Farbdetektoren (Y-B, R-G und W-S) zusammengefaßt, deren Output als Grundlage für die Farbwahrnehmung dient. Diese Detektoren sind nach dem Prinzip der Gegenfarben aufgebaut. Das heißt, wenn eine Meldung von einem Rezeptor eintrifft, erhöht sich die Reaktion des Detektors über ein bestimmtes Ausgangsniveau hinaus. Die Meldung zum gleichen Detektor von einem anderen Rezeptor führt dagegen zu einer Herabsetzung der Reaktion unter das Ausgangsniveau. Für die Farbwahrnehmung sind diese beiden Reaktionsmöglichkeiten die Signale für die Farbe. Nehmen wir zuerst den Y-B-Detektor. Die Meldungen vom β-Rezeptor (mittlere Wellen) und vom γ-Rezeptor (lange Wellen) werden summiert und treffen bei dem Y-B-Detektor ein. Die Stärke der Reaktion des Detektors und die Richtung der Reaktion (+ oder −) hängt ab von dem Verhältnis $((\beta+\gamma)/\alpha)$ dieser summierten Meldungen zu der Meldung vom α-Rezeptor (kurze Wellen). Ist die Meldung positiv $(\beta+\gamma>\alpha)$, dann erhöht sich die Aktivität des Detektors. Diese Reaktion signalisiert das Vorhandensein einer gelblichen Farbe. Bei Überwiegen der kurzwelligen Rezeptoren $(\alpha>\beta+\gamma)$ verringert sich die Aktivität des Y-B-Detektors; es wird Blau gemeldet. Die genaue Farbe kann aber erst nach Betrachtung der Aktivität des zweiten Detektors (R-G) bestimmt werden. Hier wird das Verhältnis $((\alpha+\gamma)/\beta)$ errechnet. Bei $(\beta>\alpha+\gamma)$ handelt es sich um grün und die Aktivität des Detektors wird herabgesetzt. Andersherum $(\alpha+\gamma>\beta)$ nimmt die Aktivität zu, und es wird die Farbe Rot gemeldet. Wie bereits angedeutet, wird die genaue Farbe aus den Beziehungen beider Detektorenarten bestimmt. Wäre z. B. die Farbe Orange gegeben, dann erhielte man die stärkste Reaktion vom Langwellen-Rezeptor (γ) und eine geringere Reaktion vom Mittelwellen-Rezeptor (β). Die Kurzwellen-Detektoren wären unbeteiligt. Da $\alpha+\gamma>\beta$, meldet R-G die Farbe als rot. Bei Y-B erhielte man $\beta+\gamma>\alpha$ und die Meldung gelb. Die Farbe bildet sich also aus einer Mischung von gelb und rot.

Aufgrund dieser Beziehungen entsteht immer eine bestimmte Meldung beider Detektorenarten. Allerdings besteht die Möglichkeit eines genauen Ausgleichs zwischen den Meldungen eines Detektors. Bei einer spezifischen Aktivität des Kurzwellen-Rezeptors könnte man die Meldungen $\gamma+\alpha=\beta$ und $\alpha>\beta+\gamma$ erhalten. In diesem Fall würde eine erhöhte Aktivität nur bei einem Detektor erfolgen, der die Farbe Blau ankündigt. Eine solche Situation führt zur Wahrnehmung des reinen Blau, die nicht bei der höchsten Reaktionsmöglichkeit des Kurzwellen-Rezeptors, sondern bei einer Reaktion von Kurz- und Mittelwellen-Rezeptoren erfolgt. Diese Voraussage der Theorie stimmt mit den

Erkenntnissen über die reinen Farben und den Bezold-Brücke-Invarianten gut überein. Ähnliche Möglichkeiten gibt es auch für gelb und grün, jedoch nicht für rot. Da die Meldung des Langwellen-Rezeptors auch bei der Ermittlung von Y-B beteiligt ist, erhält man bei allen roten Farben auch eine Reaktion des Y-B-Detektors. Diese Voraussage erklärt das Fehlen einer reinen roten Farbe (vgl. S. 110).
Wir haben bisher den dritten Detektor (W-S) nicht erwähnt. Eine Meldung von irgendeinem Rezeptor führt zur Aktivität dieses Detektors und übermittelt somit die Helligkeit der Farbe. Ferner erfolgt bei der gleichzeitigen Aktivität aller drei Rezeptoren keine Meldung der beiden Farbdetektoren; wohl aber erhält man eine Reaktion des W-S-Detektors, der dann eine neutrale Farbe signalisiert. Allerdings tritt hiermit erneut das Problem der Verarbeitung von Helligkeit und neutraler Farbe durch denselben Mechanismus auf. Von der Farbtheorie her ist man sich über die Verbindung zwischen Farbrezeptoren und Farbdetektoren ziemlich einig, bezüglich der Helligkeit und der neutralen Farbe gibt es jedoch keine derartige Übereinstimmung. Andere Vorstellungen über den Prozeß der Farbwahrnehmung sind bei Guth (1972) zu finden.

4.2.4 Simultane Farbphänomene

Bei der Diskussion der Farbwahrnehmung bleibt abschließend auf einige weitere Phänomene des Farbensehens hinzuweisen. Trotz der wissenschaftlichen Fortschritte auf diesem Gebiet muß eingestanden werden, daß viele bereits seit längerer Zeit bekannte Phänomene bei dem heutigen Stand des Wissens immer noch nicht ausreichend erklärt werden können. Die Beschreibung der Farbphänomene teilen wir in *Simultaneffekte* und *Sukzessiveffekte* auf. Von Simultaneffekten sprechen wir bei Phänomenen, die sofort, d. h. ohne zeitliche Verzögerung, bei der Darbietung der Vorlagen auftreten. Sukzessiveffekte sind demgegenüber erst nach einer gewissen Verzögerung wahrzunehmen.
Bei der Wahrnehmung neutraler Farben wurde ein Vergleich von Kontrast und Konstanz vorgenommen. Bei farbigen Reizen können ähnliche Beobachtungen gemacht werden. Wallach und Galloway (1946) beleuchteten ein rotes Objekt mit blau-grünem Licht. Die Wellenlängenverteilung der Beleuchtung wurde auf die Remissionseigenschaft des Objekts dermaßen abgestimmt, daß von dem Objekt, wenn es durch ein Loch in einer Trennwand betrachtet wurde, nur eine neutrale Farbe wahrgenommen wurde. Die Farbe ließ sich nach dem Verhältnisgesetz (Reflexionsverhältnis von Trennwand zu Objekt) voraussagen. Ohne Trennwand behielt das Objekt jedoch weitgehend seine rote Farbe. Trotz der Beleuchtung herrscht also *Farbenkonstanz*. Ohne Trennwand konnten Objekt und Hintergrund gleichzeitig beobachtet werden. Da der Hintergrund von dem blau-grünen Licht beleuchtet wurde, erschien er blau-grün; das rote Objekt erschien hingegen rot. Die gleiche Beobachtung kann bei einer neutralen Farbe, die von einem blau-grünen Feld umgeben ist, gemacht werden. Wiederum erscheint die neutrale Farbe rötlich gefärbt. Bei dieser häufig benutzten Versuchsanordnung spricht man von *induzierten Farben*. Die Bezeichnung bezieht sich auf das Vorhandensein des Rot, das bei der eigentlich neutralen Farbe durch das umgebende Feld induziert wird.
Die Farbtöne solcher induzierten Farben hängen – ähnlich wie bei den neutralen Farben – von der Leuchtdichte und der Farbe des Hintergrundes ab. Innerhalb gewisser Grenzen kann man sagen, daß die induzierten Farben etwa der Komplementärfarbe der Hintergründe entsprechen. Aus dem Verhältnis der Leuchtdichte und der Farbe des Hintergrundes läßt sich die Helligkeit und die Farbe der neutralen Fläche voraussagen (Wallach 1963, Beck 1972a).
Im alltäglichen Wahrnehmungsleben kann das Phänomen der Farbkonstanz beim Tragen einer Sonnenbrille beobachtet werden. Trotz der meistens grünlichen Verfärbung erschei-

nen die verschiedenfarbigen Objekte mit normaler Farbe. Allerdings sind hier starke Grenzen gesetzt, wie eine Versuchsreihe von Helson und Jeffers (1940) zeigt. Verschiedene chromatische Flächen mit unterschiedlichen Reflexionsverteilungen und Leuchtdichten wurden jeweils unter einer Beleuchtung von rot, gelb, grün und blau beurteilt. Der Hintergrund war ein neutrales Grau. Bei solchen Flächen, die im Vergleich zum Hintergrund eine relativ hohe Leuchtdichte hatten, zeigte sich Farbkonstanz. Das heißt, sie behielten ihre Farbe bei, obwohl die Sättigung oft verändert erschien. Flächen mittlerer Leuchtdichte schienen eine neutrale Farbe zu haben, während bei geringer Leuchtdichte eine Komplementärfarbe hervorgerufen wurde. Diese letzte Beobachtung setzte allerdings einen hohen Kontrast zwischen der zu beurteilenden Fläche und dem Hintergrund voraus.

Ein ähnliches Phänomen wird bei der Darbietung farbiger Flächen und farbiger Hintergründe beobachtet. So erscheint z. B. ein roter Kreis, der von einem blauen Feld umgeben ist, nicht rot: Er nimmt eine orangene Farbe an. Nach den Ergebnissen von Akita, Graham und Hsia (1964) verändert sich die Farbfläche ungefähr im Sinne einer Beimischung der Komplementärfarbe des umgebenden Feldes. Die allgemeine Bezeichnung für solche Phänomene ist *Simultankontrast*. Der Begriff »simultan« bezieht sich – wie bereits erläutert – auf die Tatsache, daß die Veränderung der Farbfläche sofort erfolgt und daß betrachtete Fläche und induzierende Umgebung gleichzeitig gegeben sind. Natürlich gilt dies auch für die induzierten Farben.

Eine interessante Forschungsmethode für Simultankontrast und induzierte Farbe wurde von Goethe (1808) beschrieben: Hierbei handelt es sich um die *farbigen Schatten*. Man beleuchtet ein Objekt mit einem weißen und einem roten Licht, so daß auf einer Wand hinter dem Objekt der Schatten des Objektes zu sehen ist. Dort, wo beide Lichter auf die Wand treffen, mischen sie sich und bilden eine rosa Farbe. Im Gebiet des Schattens, der eine neutrale Farbe haben sollte, erscheint die Fläche jedoch grünlich gefärbt. Es wird also eine grüne Farbe induziert. Ein solcher Simultankontrast tritt ebenfalls bei der Verwendung von zwei farbigen Lichtern auf.

Wir müssen nun auf den letzten Fall von Simultankontrast hinweisen. Hierbei wird eine Farbe von einem neutralen Feld umgeben, und die Leuchtdichte des Feldes wird variiert. Die Farbe verändert sich mit zunehmender Leuchtdichte in ihrem Farbton. Die von Coren und Keith (1970) festgestellten Veränderungen sind denjenigen sehr ähnlich, die von Purdy (1937) beobachtet wurden (vgl. Abbildung 4.10). Auch hier treten die Bezold-Brücke-Invarianten auf.

Bei der Wahrnehmung neutraler Farben lehnten wir die laterale Hemmung als hierfür verantwortlichen Mechanismus ab. Dort sahen wir, daß, um Kontrasteffekte auszulösen, die Flächen phänomenal nebeneinander, aber nicht unbedingt physikalisch nebeneinander stehen mußten. Bei den Machschen Bändern und dem Hermann-Hering-Muster war jedoch die physikalische Nähe eine Voraussetzung. Bei diesen Phänomenen scheint die laterale Hemmung als verantwortlicher Mechnismus durchaus denkbar. Wahrscheinlich ist sie auch für den Simultankontrast und für die induzierten Farben verantwortlich. Erstens können mit dem Hermann-Hering-Muster auch bei einer farbigen Vorlage (d. h. rote statt schwarze Quadrate in Abbildung 4.8) induzierte Farben (i. e. grün) hergestellt werden. Zweitens verschwinden die Effekte bei beidäugig getrennter Darbietung der Elemente. Burch (1900) bot einem Auge ein graues Viereck dar, das von einem roten Feld umgeben war. Dem anderen Auge wurde ebenfalls ein graues Viereck dargeboten, das sich jedoch auf einem blauen Feld befand. Dabei mischten sich die Hintergründe zu einer einheitlichen Purpurfarbe. Beide grauen Flächen waren sichtbar. Trotz einheitlichem Untergrund erschien das graue Viereck auf dem roten Feld etwas grünlich, während das graue Viereck auf dem blauen Feld etwas gelblich erschien. Dies war feststellbar, ohne daß der Beobachter erkennen konnte, welches Viereck zu welchem Feld gehörte. Es scheint also die physikalisch umgebende Farbe und nicht die phänomenal umgebene Farbe maßgebend zu sein. Eine laterale Hemmung in der Netzhaut wäre ein möglicher Mechanismus.

Nehmen wir an, daß das Vorhandensein einer spezifischen Farbe im Blickfeld einen hemmenden Einfluß auf die Wahrnehmung dieser Farbe in anderen Teilen des Sehfeldes bewirkt – hemmend vor allem bei unterschiedlichem Anteil der Farbe bei der gehemmten Fläche. Eine von rot umrandete graue Scheibe erscheint durch die hemmenden Einflüsse des roten Feldes grünlich. Nach der Theorie von Hurvich und Jameson würde bei der Meldung der grauen Farbe eine Herabsetzung des Langwellen-Rezeptors (γ) aufgrund der Hemmung durch das rote Feld zu einer Überbewertung des Anteils der beiden anderen Rezeptoren (α, β) führen. Hurvich und Jameson (1960) führten entsprechende Berechnungen durch und konnten mit ihrer Theorie die Phänomene der induzierten Farbe und des Simultankontrasts gut voraussagen.

Die verschiedenen Phänomene, die wir bisher erwähnt haben, haben gemeinsam, daß sie sofort, d. h. ohne zeitliche Verzögerung auftreten. Diese Simultaneffekte lassen sich im Rahmen der Farbtheorie von Hurvich und Jameson erfassen. Nach dem heutigen Wissensstand kann man solche Effekte wahrscheinlich als Folgen einer lateralen Hemmung verstehen. Die beim Simultankontrast zu beobachtenden Farben sind meistens Komplementärfarben.

4.2.5 Sukzessive Farbphänomene

Eine weitere Gruppe von Farbphänomenen kann als Sukzessiveffekte bezeichnet werden. Diese treten in zeitlichem Abstand nach der Reizdarbietung auf. Im voraus können wir zusammenfassend sagen, daß solche Effekte nicht durch laterale Hemmung zu erklären sind. Ferner erscheinen andere Farben als bei den Simultaneffekten.

Der bekannteste Sukzessiveffekt ist das *Nachbild.* Fixiert man bei einer farbigen Vorlage einen zentralen Punkt für mehrere Sekunden, so erscheint bei Verlagerung des Blickpunktes auf einen neutralen Hintergrund ein Nachbild der Vorlage. Das heißt, man sieht für einige Sekunden einen farbigen Fleck. Eigentlich umfaßt das Wort Nachbild eine Reihe von Nachempfindungen, die ausführlich von Brown (1965b) und Heckhausen (1969) beschrieben wurden. Die bekanntesten Nachbilder sind *positive, homochromatische Nachbilder* (extrem kurzanhaltende Farbempfindungen nach Ausschalten des Reizes, die in der Helligkeit sowie im Farbton dem auslösenden Reiz ähnlich sind) und *negative, Heringsche Nachbilder* (länger anhaltende Farbempfindungen nach Ausschalten des Reizes, die sich in der Helligkeit sowie im Farbton von dem auslösenden Reiz stark unterscheiden). Leider wurde bei den negativen, Heringschen Nachbildern oft von Komplementärfarben des Nachbildes gesprochen. Die Farben sind keine Komplementärfarben, wie in Abbildung 4.15 zu sehen ist.

Die in Abbildung 4.15 dargestellten Daten wurden von Murch und Ball (1976) erhoben. Die Methode war dieselbe wie bei den Untersuchungen zur Farbbenennung in Abbildung 4.9. In diesem Fall beschreiben die Beobachter nach der Methode der direkten Größenschätzung die Anteile von rot, grün, gelb und blau bei den negativen, Heringschen Nachbildern. Daß die Farben des Nachbildes keine Komplementärfarben sind, kann man aufgrund von zwei Eigenschaften der Größenschätzungen erkennen. Erstens wird bei allen auslösenden Reizen unter 570 nm ein sehr viel höherer Anteil von Rot genannt als nach der Komplementärfarben-Annahme zu erwarten wäre. Zweitens scheinen die Farbnamen gelb und grün schwer auseinanderzuhalten sein. Eigentlich können mit Hilfe

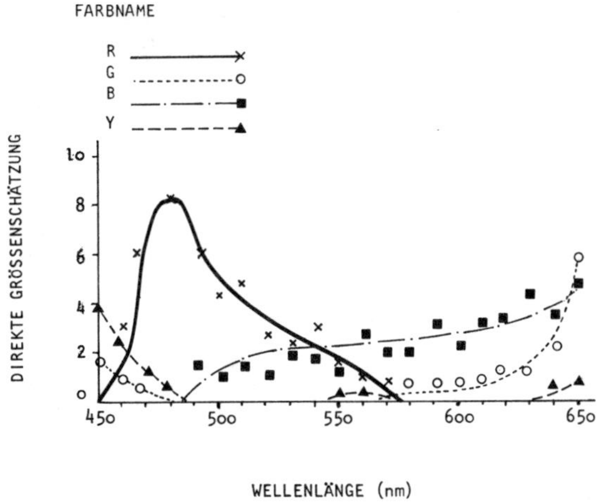

Abb. 4.15 Die Beschreibung von Nachbildern anhand von vier Farbnamen (R = Rot, G = Grün, B = Blau, Y = Gelb) nach der Methode der direkten Größenschätzung (nach Murch und Ball, 1976).

der Farbempfindungen rot, grün und blau alle Nachbilder ausreichend beschrieben werden.

Die Dauer eines Heringschen Nachbildes hängt von verschiedenen Variablen ab. Unter anderem hängt sie ab von der Wellenlängenverteilung des auslösenden Reizes (Brindley 1962), von dem Adaptationszustand des Beobachters (Feinbloom 1938), von der Leuchtdichte des auslösenden Reizes (Aubert 1865) und von seiner Dauer (Helmholtz 1866). Die Beziehungen zwischen allen einwirkenden Variablen sind relativ kompliziert. Scheller (1973) zeigte z. B., daß die Dauer des auslösenden Reizes einen größeren Einfluß auf die Dauer des Heringschen Nachbildes ausübt als die Leuchtdichte des Reizes.

Nachbilder können weitgehend durch selektive Adaptation der Rezeptoren in der Netzhaut erklärt werden. Daß Nachbilder hauptsächlich auf retinale Prozesse zurückführbar sind, wird durch ihre Abhängigkeit vom gereizten Netzhautgebiet gezeigt. Das heißt, das Nachbild wird nur auf jenem Teil der Netzhaut gebildet, der vom auslösenden Reiz stimuliert wurde. Dies kann man weiterhin dadurch demonstrieren, daß bei Veränderung der Entfernung der Testvorlage, die das Nachbild hervorruft, letzteres einen konstanten Sehwinkel beibehält (s. Abbildung 3.2). Diese Beziehung wird oft auch als *Emmertsches Gesetz* bezeichnet.

Nach der Farbtheorie entstehen Nachbilder durch die *Adaptation* von Farbrezeptoren. Adaptation nennt man die Veränderung der Empfindlichkeit eines Rezeptors aufgrund andauernder Reizung. Wird zum Beispiel die Empfindlichkeit der Langwellen-Rezeptoren (γ) durch andauernde Betrachtung eines roten Feldes herabgesetzt, so wird bei der anschließenden Betrachtung einer neutralen Fläche eine verhältnismäßig starke Reaktion bei den nichtadaptierten Rezeptoren (α und β) erfolgen. Die neutrale Fläche erscheint dann blau-grün. Ähnliche Verhältnisse treten bei der anschließenden Betrachtung von farbigen Flächen auf, eine gelbe Fläche sieht etwa nach vorheriger Betrachtung eines roten Auslöserreizes grünlich aus.

Der große Anteil der roten Farbe und die geringen Gelbnennungen bei Heringschen Nachbildern (s. Abbildung 4.15) wird von der in 4.2.3 dargestellten Farbtheorie erfaßt. Da die Meldungen sowohl der Kurzwellen- als auch der Langwellen-Rezeptoren den Output des R-G-Detektors bestimmen, ist bei allen Auslösereizen eine starke Rotmeldung zu erwarten. Weiterhin setzt die Wahrnehmung von gelb die Adaptation sowohl der Mittelwellen- als auch der Langwellen-Rezeptoren voraus; dies würde jedoch nur bei einer Farbvorlage mit einer breiten Wellenlängenverteilung erfolgen. Bei dem Versuch von Murch und Ball war die Bandbreite jeweils nur 10 nm. Allerdings muß gesagt werden, daß die Nachbildfarbe nur in der von der Theorie vorausgesagten Richtung auftritt. Zum Teil kann dies an der Tatsache liegen, daß die negativen Nachbilder auch eine stark veränderte Helligkeit aufweisen. Wie bereits bei der Darstellung der Farbtheorie gesagt wurde, ist die Beschreibung der Helligkeitswahrnehmung durch diese Theorie nicht ganz zufriedenstellend.

An dieser Stelle soll erwähnt werden, daß ein Analogon zum visuellen Nachbild im akustischen System zu finden ist: Das *akustische Nachbild*. Zwicker (1964) bot seinen Versuchspersonen ein weißes Rauschen mittlerer Amplitude (60 dB SPL) dar, wobei ein relativ kleiner Frequenzbereich ausgelassen wurde. Nach Abschalten des Rauschens hörten die Versuchspersonen einen Ton mit einer Tonhöhe, die den fehlenden Frequenzen entsprach. Offensichtlich läuft bei der akustischen wie bei der visuellen Wahrnehmung ein Prozeß der Adaptation ab. Die Empfindlichkeit des Systems für die Frequenzen des weißen Rauschens wird herabgesetzt, so daß nach der Adaptation ein Ton aus dem nicht adaptierten Bereich zu hören ist. Genau wie beim visuellen Nachbild entsteht das akustische Nachbild nur im gereizten Ohr, was auf eine Adaptation der akustischen Rezeptoren hinweist.

Wegen der verschiedenen Phasen, welche die visuellen Nachbilder in kurzer Zeit durchlaufen (s. Brown 1965b, Scheller 1973) bieten sie kaum geeignete Forschungsmöglichkeiten. Stattdessen bedient man sich oft der Methode der *chromatischen Adaptation* (s. Boynton 1971). Hierbei wird eine farbige Vorlage für eine bestimmte Zeit dargeboten, danach eine zweite Farbe, und im Anschluß daran wieder die erste Farbe. Die Veränderung der ersten Farbe aufgrund der Adaptation an die zweite läßt Rückschlüsse auf die Farbmechanismen zu. Wäre die erste Farbe zum Beispiel gelb und die zweite Farbe rot, würde das ursprüngliche Gelb bei der zweiten Betrachtung grünlich aussehen. Zur genauen Bestimmung der Farbeindrücke benutzt man einen *Kolorimeter*. Mit diesem Apparat kann die Versuchsperson die Farbe einer Fläche in ihrem Farbton, ihrer Helligkeit und ihrer Sättigung verändern. Dadurch kann die Farbe im DIN- oder MUNSELL-System aus den Nachmischungen bestimmt werden. Auch hier stößt man auf Grenzen der Farbtheorie. Zwar findet man bei der chromatischen Adaptation ungefähr die vorausgesagten Farben, jedoch mit manchen Abweichungen, die noch weiterer Erklärungen bedürfen.

Ein anderer Sukzessiveffekt hat den Namen *Fechnersche Farben*. Diese werden am besten mit Hilfe der *Benhamschen Scheibe*, die in Abbildung 4.16 dargestellt ist, erzeugt.

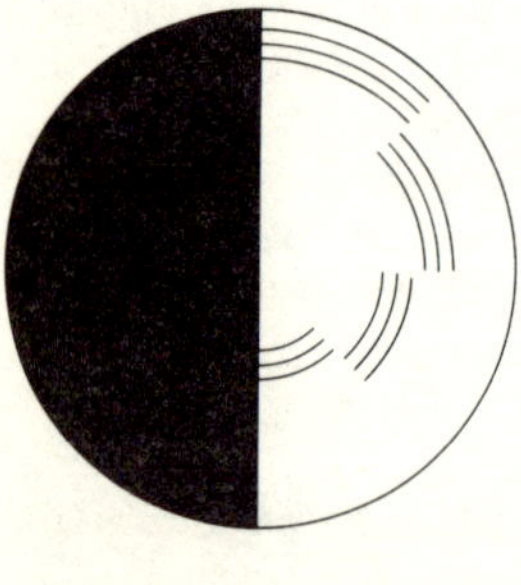

Abb. 4.16 Die Benhamsche Scheibe für die Darstellung Fechnerscher Farben.

Bei Rechtsdrehung mit einer Geschwindigkeit von ca. 8–10 Umdrehungen pro Minute treten nach einigen Sekunden ungesättigte Farben bei den vier Dreier-Streifen auf. Die äußeren Streifen erscheinen purpur und die restlichen erscheinen – in der Reihenfolge von außen nach innen – als blau, grün und rot. Bei Änderung der Drehrichtung nach links treten die Farben in umgekehrter Reihenfolge auf (rot, grün, blau und purpur von außen nach innen). Solche Farben können auch durch schnelle Lichtblitze mit spezifischer Wellenform erzeugt werden (Festinger, Allyn & White 1971). Die genaue Ursache dieser Farben ist noch unbekannt. Es sind subjektive Farben in dem Sinne, daß keine Veränderung der Remissionseigenschaft durch die Umdrehung der Scheibe erfolgt. Wir wissen lediglich, daß die Phasen des schnellen Wechsels zwischen hell und dunkel für die spezifischen Farben verantwortlich sind. Unter den verschiedenen Erklärungen scheint die von Helmholtz (1866) noch am besten zu sein. Danach ist die zeitliche Ansprechbarkeit der drei Rezeptorenarten unterschiedlich. Da jede spezifische Rezeptorart ihre eigene Reaktionsträgheit besitzt, können die Phasen des Hell- und Dunkel-Wechsels so eingestellt werden, daß gerade die maximale Reaktion getroffen wird. Zwar reagiert jeder Rezeptor auf Weiß, jedoch mit verschiedener Schnelligkeit. Anstelle von Weiß nimmt man die Meldungen der einzelnen Rezeptoren wahr.

Als letztes Farbphänomen soll ein relativ neuer und noch nicht zu erklärender Effekt erläutert werden: *der McCollough-Effekt.* Dieser Effekt, der zuerst von McCollough (1965) beschrieben wurde, wird erzielt durch die abwechselnde Darbietung eines vertikalen Streifenmusters auf rotem Grund (schwarze vertikale Streifen, zwischen denen sich Rot befindet) und eines horizontalen Streifenmusters auf grünem Grund. Jedes Muster wird etwa 10 Sekunden lang gezeigt, und die Reihe wird meistens bis zu 20 Darbietungen eines jeden Musters fortgesetzt. Nach dieser Inspektionsperiode werden die beiden vertikalen und horizontalen Streifenmuster auf weißem Grund gezeigt (Testmuster). Das vertikale Testmuster scheint dann von einem schwach gesättigten Grün gefärbt zu sein, während das horizontale Testmuster rosa aussieht.

Der McCollough-Effekt hat einige sehr interessante Merkmale. Der Nacheffekt kann unter bestimmten Umständen noch nach mehreren Monaten durch die Testmuster ausgelöst werden (Skowbo, Gentry, Timney & Morant 1974, Jones & Holding 1975). Die Farben beim McCollough-Effekt sind weder Komplementärfarben, noch sind sie nach der Farbtheorie von Hurvich und Jameson zu erwarten. Sie entsprechen auch nicht den Farben eines Heringschen Nachbildes (Murch & Paulson 1978). Die Farben werden nur bei der Darbietung eines geeigneten Testmusters sichtbar. Dreht man die Muster von der ursprünglichen vertikalen und horizontalen Lage weg, so werden die Farben fortschreitend schwächer (Fidell 1970).

Aus diesen und ähnlichen Gründen ist zu vermuten, daß der McCollough-Effekt kein normaler Sukzessiveffekt ist. Möglicherweise entsteht der Effekt aufgrund einer einfachen Assoziation nach den Gesetzen der *klassischen Konditionierung* (s. Bredenkamp & Wippich 1977) zwischen der Farbvorlage und der Musterorientierung. Aufgrund des ursprünglich gemeinsamen Auftretens von Form und Farbe kann später allein die Form den Adaptationszustand auslösen, der vorher von der Farbe hervorgerufen wurde (Murch 1976a). Bei der normalen Farbwahrnehmung besteht das Signal aus einer Wellenlängenverteilung. Diese Verteilung löst den Wahrnehmungsvorgang aus und bewirkt zugleich eine Veränderung des Adaptationszustandes des Farbsystems. Bei dem McCollough-Effekt scheint es möglich, daß die Streifenmuster die Funktion der Signale übernehmen. Ähnliche Vorgänge sind bei Nachbildern demonstriert worden. Davies (1974) konnte – in Anlehnung an eine frühere Arbeit von Popov und Popov (1953) – das Auftreten eines Nachbildes davon abhängig machen, daß gleichzeitig ein akustischer Reiz gegeben wurde. Auch hier könnte man von Konditionierung sprechen, wobei die normalen Farbsignale durch einen anderen Reiz ersetzt wurden.

4.3 Die akustischen Leistungsfähigkeiten

Bei der bisherigen Beschreibung der Diskriminationsfähigkeiten im akustischen Bereich wurden in erster Linie die physikalischen Eigenschaften Frequenz und Amplitude in Beziehung zur Reizaufnahme gesetzt. Diese beiden Eigenschaften reichen zur Kennzeichnung der distalen Reizung aus; sie können jedoch nicht zur Beschreibung des akustischen Perzepts angewandt werden. Ebenso wie bei der visuellen Wahrnehmung entsteht ein akustisches Perzept erst nach der Auslese und Verarbeitung der Signale aus der Umwelt: Es sollen nun die Leistungsfähigkeiten des akustischen Systems betrachtet werden, die darin bestehen, aus dem Umweltangebot Perzepte mit Komponenten wie Tonhöhe, Lautstärke, Tonbreite, Klangfarbe usw. zu bilden.

4.3.1 Tonhöhe

Die Tatsache, daß wir Tönen verschiedene Namen geben, deutet darauf hin, daß wir Unterschiede in der Höhe von Tönen wahrnehmen. Damit bietet sich die Tonhöhe als gutes Beispiel für eine metathetische Skala an (s. Abschnitt 2.2.3). Die Dimension der Tonhöhe ist am engsten mit der Frequenz eines Tones verbunden: Eine Erhöhung der Frequenz bewirkt die Wahrnehmung einer zunehmenden Tonhöhe, während eine Verringerung der Frequenz zur Wahrnehmung einer abnehmenden Tonhöhe führt. Zugleich hängt aber die Höhe eines Tones von einer Reihe anderer Aspekte, wie z. B. der Amplitude, der Dauer und der Komplexität des Schalls, ab.
Die Ermittlung der genauen Beziehung zwischen Frequenz und Tonhöhe bereitete einige Schwierigkeiten. Eine Kontroverse hierüber wurde im vorigen Jahrhundert zwischen den bedeutenden Psychologen Carl Stumpf und Wilhelm Wundt so ausgedehnt, daß eine Reihe von persönlichen Angriffen entstand, ohne daß dadurch die ursprüngliche Fragestellung ausreichend beantwortet wurde (s. Boring 1950).
Es ging darum, die Frequenz derjenigen Tonhöhe vorauszusagen, die den wahrgenommenen Tonhöhenunterschied zwischen zwei Tönen mit verschiedener Frequenz genau in zwei gleiche Teile zerlegt. Wundt vertrat die Meinung, gestützt durch empirische Ergebnisse seiner Mitarbeiter (Lorenz 1890), daß die Frequenz der gesuchten Tonhöhe bei dem arithmetischen Mittel aus den Frequenzen der beiden vorgegebenen Töne liegt (z. B. wäre bei Tönen von 330 Hz und 880 Hz ein Ton von 605 Hz zu erwarten). Stumpf ging dagegen von seinen großen Kenntnissen auf dem Gebiet der Musik aus: Er identifizierte den Zwischenton als das geometrische Mittel, ein Wert, der – wie wir sehen werden – dem Mittelwert zweier Klänge auf der musikalischen Tonleiter entspricht (im obigen Beispiel wurde der Abstand zwischen 330 Hz $= E_4$ und 880 Hz $= A_5$ durch einen Ton mit der Frequenz von 523 Hz $= C_5$ halbiert). Erst durch die Versuche von Stevens und Volkmann (1940) konnte die Kontroverse geklärt werden: Sowohl die Voraussagen von Stumpf als auch die von Wundt waren für manche Beobachter und für manche Tonhöheunterschiede richtig, für den Gesamtbereich aller Tonhöheunterschiede waren jedoch beide Behauptungen falsch.
In ihren Versuchen verwandten Stevens und Volkmann zwei verschiedene psychophysische Methoden. Bei der Methode der *Fraktionierung* hatten die Beobachter einen veränderbaren Ton so einzustellen, daß seine subjektive Höhe genau der halben Tonhöhe eines vorgegebenen Testtons entsprach. Bei der Methode der *Gleichteilung* erhielten die Beobachter die Aufgaben, verschiedene Frequenzabstände jeweils in vier gleich große Tonhöhenstrekken zu zerlegen. Bei beiden Methoden wurden Testtöne mit verschiedenen Frequenzen, die sich über den gesamten Hörbereich erstreckten, jeweils mit einer Lautstärke von 40 dB SPL vorgegeben. Erfreulicherweise lieferten beide Methoden dieselben Ergebnisse, die zusammengefaßt zu der in Abbildung 4.17 (durchgezogene Linie) dargestellten

Tonhöhenskala führten. Auf der linken Ordinate der Graphik sind die wahrgenommenen Tonhöhen und auf der Abszisse die entsprechenden Frequenzen abgetragen. Stevens und Volkmann nannten ihre Skala die *Mel-Skala.* Der Wert von 1000 Mel wurde, um einen Ausgangspunkt zu bekommen, dem Wert von 1000 Hz gleichgesetzt. Bei der Abbildung ist deutlich zu erkennen, daß zwischen Tonhöhe und Frequenz keine lineare Beziehung besteht. Zwar steigt die Tonhöhe mit zunehmender Frequenz an, die Mel-Werte nehmen jedoch oberhalb 1000 Hz schneller und unterhalb von 1000 Hz langsamer zu. Folglich erhält man für Töne unterhalb 1000 Hz einen niedrigen Mel-Wert als die Frequenz und für Töne oberhalb 1000 Hz einen Mel-Wert, der größer als die Frequenz (in Hz) ist. Je weiter die beiden Werte von 1000 entfernt sind, desto größer ist der numerische Unterschied zwischen Mel und Frequenz. Die Werte der Mel-Skala drücken ein festes Verhältnis zu den jeweiligen subjektiven Höhen der Töne aus. Das heißt, die wahrgenommene Höhe eines Tons von 500 Mel ist das Zweifache der Höhe eines Tons von 250 Mel und die Hälfte der Höhe eines Tons von 1000 Mel.

Eine einfache Beziehung besteht zwischen Tonhöhen auf der Mel-Skala und der Frequenzgruppe. Eine Frequenzgruppe umfaßt immer 100 Mel, und zwar unabhängig von der

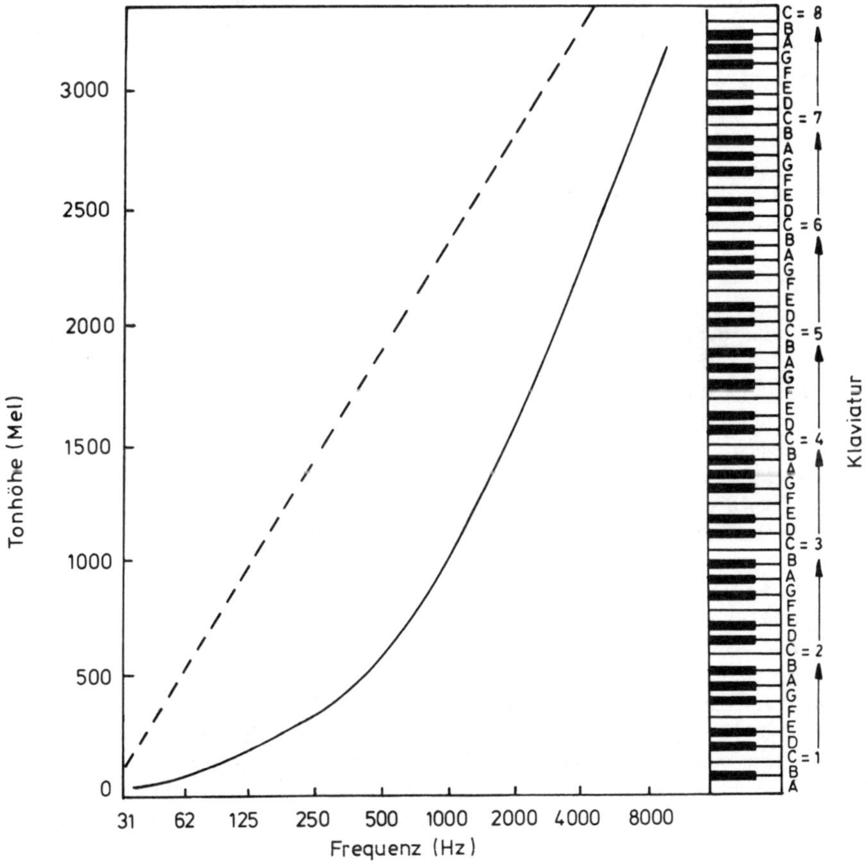

Abb. 4.17 Zwei Tonhöhenskalen: Mel (durchgezogene Linie) und Musik (unterbrochene Linie). Auf der linken Ordinate sind die Werte der Mel-Skala der Tonhöhe, auf der rechten Ordinate die der Musik-Skala (Klaviatur) abgetragen.

Höhe der Zentralfrequenz der Frequenzgruppe. Wie in Abbildung 3.14 gezeigt wurde, nimmt die Breite der Frequenzgruppe mit steigender Frequenz zu. Gleichzeitig steigen auch die Mel-Werte schneller als die Frequenzen (Abbildung 4.17). Daraus ergibt sich die konstante Beziehung zwischen Breite der Frequenzgruppe und Mel-Differenz.

> Durch die nicht lineare Beziehung zwischen Tonfrequenz und subjektiver Tonhöhe ergab sich die Notwendigkeit der Erstellung einer Tonhöhenskala. Diese Skala, genannt Mel-Skala, beschreibt die wahrgenommene Tonhöhe in subjektiv gleichabständigen Schritten. Die Skala wurde so konzipiert, daß eine Frequenzgruppe jeweils 100 Mel umfaßt.

Eine zweite Skala der Tonhöhe, die Tonleiter der Musik, ist allgemein bekannter als die Mel-Skala. Daher ist es wichtig, zwischen diesen beiden Skalen zu unterscheiden. Bei der Tonleiter besteht eine feste Beziehung zwischen der Tonhöhe und der Frequenz. Die Beziehung entspricht weitgehend einer logarithmischen Skala, zumindest bis etwa 4000 Hz. In Abbildung 4.17 ist auf der rechten Ordinate die Klavier-Tastatur mit den heute üblichen Bezeichnungen der Klänge aufgetragen. Anhand der gestrichelten Linie kann man die entsprechenden Frequenzwerte der einzelnen Klänge ablesen. In Gegensatz zu der Mel-Skala ist diese Beziehung bei logarithmischer Frequenz-Skala fast linear. Jede Folge von 8 Buchstaben umfaßt eine *Oktave*. Eine Oktave entspricht immer einem festen Verhältnis der Frequenzen von 2 zu 1. Es ist noch nicht geklärt, ob die musikalischen Zusammenhänge zwischen den Tönen aufgrund einer erworbenen oder angeborenen Fähigkeit entstehen (Lundin 1967).

Obwohl die Frequenzabstände zwischen den Höhen der Töne auf der Tonleiter über die gesamte Tonleiter hinweg in Oktaven, Töne und Halbtöne eingeteilt werden können, nimmt die subjektive Breite der Abstände mit zunehmender Frequenz zu. Tatsächlich werden höhere Oktaven als breiter empfunden als niedrigere. Bei der Mel-Skala bleiben die subjektiven Abstände zwischen den Tonhöhen über den gesamten skalierten Bereich hinweg gleich groß. Ein Vergleich der beiden Tonhöhen-Skalen anhand von Abbildung 4.17 zeigt, daß der größte Unterschied zwischen beiden Skalen im unteren Frequenzbereich besteht.

Eine zweite Variable, deren Veränderung eine Verschiebung der wahrgenommenen Tonhöhe bewirkt, ist die Amplitude eines Tones. Glücklicherweise ist diese Veränderung für Komplextöne, wie zum Beispiel Musikklänge, relativ gering. Auch hier gehen die Kenntnisse der entscheidenden Beziehungen auf die Forschungen von Stevens (1935) zurück. Er ließ seine Beobachter zwei Töne mit geringem Frequenzunterschied hintereinander hören. Der Beobachter sollte die Amplitude von einem Ton (Testton) solange verändern, bis er dieselbe Tonhöhe wie der zweite Ton (Vergleichston) aufwies. Insgesamt benutzte Stevens 11 Vergleichstöne mit Frequenzen zwischen 150–12000 Hz. Stevens transformierte die erhobenen Werte derart, daß er die wahrgenommene Tonhöhe für alle Vergleichstöne als Funktion der Amplitude erkennen konnte. Bei Vergleichstönen hoher Frequenz (über 3000 Hz) stieg die wahrgenommene Tonhöhe mit zunehmender Amplitude an. Zum Beispiel stieg die Tonhöhe eines 8000 Hz Tones bei einer Veränderung der Amplitude von 40 dB auf 60 dB um 6% und entsprach dann (bei 60 dB) der Tonhöhe eines 8048 Hz-Tones mit 40 dB. Im Bereich der maximalen Hörempfindlichkeit (1000–3000 Hz) erfolgt nur eine geringfügige Veränderung der Tonhöhe (höchstens 2%). Bei Vergleichstönen unterhalb 1000 Hz erhielt Stevens eine umgekehrte Beziehung: Die wahrgenommene Tonhöhe nahm mit zunehmender Amplitude ab. Für den 150 Hz Vergleichston bedeutet die Veränderung der Amplitude von 40 dB auf 60 dB eine Verschiebung von 3% nach unten, er war also (bei 60 dB) subjektiv so hoch wie ein 145,5 Hz-Ton mit 40 dB.

Neuere Untersuchungen (Gulick 1971) haben die Ergebnisse von Stevens bestätigt, die gefundenen Veränderungen waren jedoch meistens etwas geringer. Die Tatsache, daß diese Effekte bei Musikklängen weniger ausgeprägt sind, hängt wohl damit zusammen, daß die Grundtöne der musikalischen Klänge meistens in jenen Bereich fallen, in dem die geringsten Tonhöhenverschiebungen bei Amplitudenänderung auftreten. Ferner sind die Amplitudenunterschiede in der Musik relativ gering.

> Interessant ist ein Vergleich zwischen Farbton und -intensität einerseits und Tonhöhe und Amplitude andererseits: Außer bei den Bezold-Brücke-Invarianten bewirkt eine Zunahme der Intensität eine Veränderung des Farbtons. Im allgemeinen ist die Veränderung am größten für solche Farbtöne, die von den Stellen maximaler Urfarbenempfindlichkeit relativ weit entfernt sind (s. Abbildung 4.10). Ebenso verschiebt sich die Tonhöhe mit zunehmender Amplitude. Auch hier ist die Veränderung am größten bei Tönen außerhalb des Bereichs der maximalen Empfindlichkeit.

Eine weitere Variable, die einen Einfluß auf die Tonhöhenwahrnehmung ausübt, ist das akustische System selbst. Bei der Verarbeitung von reinen Tönen tritt eine Reihe von Verzerrungen auf, deren Ursachen noch nicht ausreichend bekannt sind (Dallos 1973). Die Verzerrungen bestehen aus einer Reihe zusätzlicher Obertöne, die gehört werden, obgleich sie im Reizton nicht vorhanden sind. Ausgeprägt sind diese Effekte nur bei relativ hoher Intensität.

Anfangs wurde erwähnt, daß auch die Dauer eines Tones seine wahrgenommene Höhe beeinflußt. Bei einer Darbietungsdauer von weniger als 100 msek werden die Töne als ein Knacken ohne eigentliche Tonhöhe wahrgenommen. Bei einer Verlängerung der Darbietungszeit auf 200 msek hört man zwar noch ein Knacken; hier ist jedoch die Tonhöhe bereits wahrnehmbar. Doughty und Garner (1947) nannten dieses Erlebnis eine Knack-Tonhöhe. (Übrigens besteht die bereits beschriebene Abhängigkeit der Tonhöhe von der Frequenz und der Amplitude auch für Knack-Tonhöhen.) Wenn die Dauer des Tones auf 250 msek verlängert wird, hört man eine klare Tonhöhe. Bei diesen Tönen kann man bei einer Abnahme ihrer Dauer ähnliche Veränderungen der wahrgenommenen Tonhöhe feststellen wie sie bei einer Zunahme der Amplitude gefunden wurden: Bei einer Verringerung der Darbietungszeit werden Töne mit niedrigeren Frequenzen höher und solche mit höheren Frequenzen niedriger. Auch hier ist diese Veränderung im Bereich der maximalen Hörempfindlichkeit minimal (Pollack 1968).

Mittlerweile sind unsere Kenntnisse über die Tonhöhenwahrnehmung bei reinen Tönen ziemlich vollständig. Leider begegnet man aber außerhalb eines akustischen Labors reinen Tönen fast nie. Obwohl komplexe Töne, sofern sie *periodische Töne* (d. h. sich wiederholende Töne) sind, durch eine Fourieranalyse in einzelne Komponenten zerlegt werden können, ist der Mechanismus der Verarbeitung des gesamten Tones noch weitgehend unklar (s. Plomp 1975, Green 1976).

Betrachten wir zuerst einen komplexen Ton, der nur aus zwei reinen Tönen gleicher Stärke besteht. Wenn die Frequenzen der beiden Töne sehr nah beieinanderliegen, treten die bereits beschriebenen Schwebungen auf. Man hört nur eine Tonhöhe, die der Durchschnittsfrequenz der beiden Töne entspricht. Je näher die Frequenzen aneinandergebracht werden, desto langsamer werden die Schwebungen. Bei Frequenzgleichheit hören die Schwebungen auf.

> Oberhalb eines bestimmten Frequenzabstandes zwischen zwei gleichzeitig auftretenden Tönen erfolgt keine Vermischung: Beide Töne werden gehört. Die Tonhöhen entsprechen den Tonhöhen beider Einzeltöne. Hier zeigt sich also ein wesentlicher Unterschied zwischen

der visuellen Farbwahrnehmung und der akustischen Tonhöhenwahrnehmung. Bei der akustischen Wahrnehmung sind beide Frequenzkomponenten aus dem Komplexton herauszuhören. Dagegen mischen sich bei der simultanen Darbietung zweier Wellenlängen im optischen Bereich beide Elemente zu einer einheitlichen Farbe: Es ist nicht möglich, die einzelnen Komponenten herauszusehen.

Wenn der Abstand zwischen den Frequenzen zweier gleichzeitig auftretender Einzeltöne nach und nach vergrößert wird, so entstehen drei qualitative Veränderungen in der Wahrnehmung der Töne. Zunächst hört man bei nahe beieinanderliegenden Frequenzen die Schwebungen. Bei einem gewissen Abstand der Frequenzen geht die Wahrnehmung eines Tones in die Wahrnehmung zweier Töne über. Die beiden Töne hören sich allerdings sehr rauh an. Beim weiteren Auseinanderrücken der Frequenzen werden die Töne rund und glatt. Die beiden Übergänge entsprechen den Grenzen der Frequenzdiskrimination und der Frequenzgruppe. Der Frequenzabstand, der zum Übergang von dem einen in den anderen Bereich notwendig ist, hängt für die Frequenzdiskrimination und für die Frequenzgruppe von der Zentralfrequenz der beiden Töne ab. Mit anderen Worten: der erforderliche Abstand zwischen zwei Tönen wird mit zunehmender Höhe der Zentralfrequenz fortwährend größer. Für die Frequenzgruppe wurde diese Beziehung bereits in Abbildung 3.14 gezeigt. Als Daumenregel kann man sagen, daß die Grenze der Frequenzdiskrimination ähnlich verläuft, allerdings mit einem konstanten geringeren Abstand. Bei zwei Tönen mit den Frequenzen von 2000 Hz und 2010 Hz hört man Schwebungen. Die Tonhöhe des Komplextones ist die der Durchschnittsfrequenz: 2005 Hz. Bei einer Veränderung der Frequenz des zweiten Tones auf 2200 Hz erreicht man die Grenze der Frequenzdiskrimination: Man hört zwei rauhe Töne. Bei einer weiteren Erhöhung der Frequenz des zweiten Tones auf 2300 Hz erreicht man die Grenze der Frequenzgruppe, und beide Töne hören sich glatt an.

Die Rauhigkeit bei zwei Tönen ähnlicher Frequenz erfolgt dadurch, daß die durch die beiden Töne des Komplextons verursachten Ausschläge der Basilarmembran zu nahe aneinanderliegen. Diese Behauptung läßt sich leicht bestätigen, wenn man die beiden Töne den beiden Ohren getrennt darbietet: In diesem Fall hören sich die beiden Töne bei Erreichung der Grenze der Frequenzdiskrimination rund und glatt an.

Bei einem aus zwei Tönen bestehenden Komplexton treten bei höheren Amplituden eine Reihe von hörbaren, aber im Schall nicht vorhandenen Frequenzen auf. Solche subjektiven Töne bezeichnet man als *Kombinationstöne*. Dabei können diese der Summation der einzelnen Frequenzen (1200 Hz und 800 Hz = 2000 Hz) oder der Differenz zwischen den Frequenzen (1200 Hz − 800 Hz = 400 Hz) entsprechen. Die letztere Art kommt bei Kombinationstönen am häufigsten vor. Es kann allerdings eine ganze Reihe solcher Töne auftreten (z. B. Kombinationstöne zweiter Ordnung: 2 × 1200 Hz ± 800 Hz = 1600 Hz und 3200 Hz; Kombinationstöne dritter Ordnung: 3 × 1200 Hz ± 800 Hz = 2800 Hz und 4400 Hz). Meistens werden die oberen Kombinationstöne jedoch durch die starken Einzeltöne verdeckt (»maskiert«).
Wie bereits mehrfach erwähnt wurde, kann man bei Komplextönen mit zwei Komponenten beide Komponente hören – vorausgesetzt, die Frequenzen unterscheiden sich um einen bestimmten Mindestbetrag voneinander. Wenn nun ein Beobachter versuchen soll, eine einzelne Tonhöhe dem Komplexton zuzuordnen, so ist auch dies überraschenderweise relativ leicht zu machen. Nehmen wir als Beispiel die gleichzeitige Darbietung von zwei reinen Tönen mit 1000 Hz und mit 1500 Hz. Die subjektive Tonhöhe des Komplextones entspricht jener bei 500 Hz. Dieser Wert ergibt sich aus der zeitlichen Wiederholungs-

folge oder Periodizität des gesamten summierten Komplextones, wie dies in Abbildung 4.18 graphisch dargestellt ist.

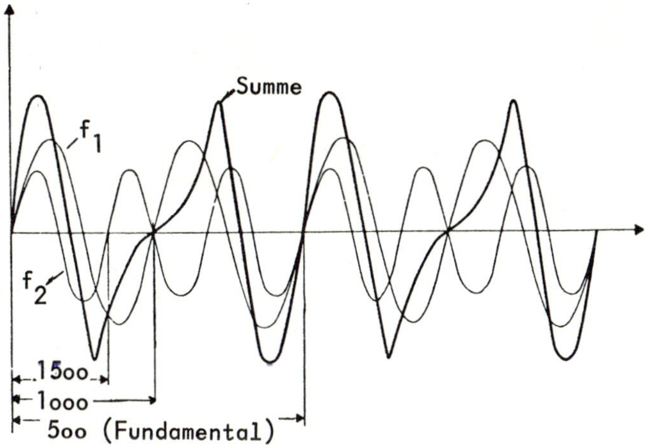

Abb. 4.18 Ein Komplexton (dicke Linie = Summe), bestehend aus zwei reinen Tönen von 1 000 Hz (f_1) und 1 500 Hz (f_2). Die wahrgenommene Tonhöhe des Komplextons ergibt sich aus der Periodizität des Komplextons (Fundamental) (nach Roederer, 1973).

In der Abbildung sind die beiden Komponenten des Komplextones (1 000 Hz und 1 500 Hz) sowie die resultierende Mischung zu sehen. Der Komplexton wiederholt sich in Abständen von 500 Hz (500mal pro Sekunde). Man bezeichnet diesen Wert als *Fundamental* des Komplextones. Er ist für die wahrgenommene Tonhöhe des Komplextones verantwortlich. Übrigens müssen solche periodizitätsabhängigen Fundamentaltonhöhen grundsätzlich von den oben beschriebenen Kombinationstönen unterschieden werden. Man würde bei dem Komplexton in Abbildung 4.19 auch noch einen Differenzton von 500 Hz erwarten (1 500 − 1 000 Hz = 500 Hz). Solche Töne treten aber nur bei großen Amplituden auf. Ferner hört man den Fundamentalton auch, wenn beide Komponenten den beiden Ohren getrennt dargeboten werden (Houtsma & Goldstein 1972). Daraus folgt nicht nur, daß Kombinationstöne und Fundamentaltöne verschiedene Ursachen haben, sondern zugleich auch, daß die Fundamentaltöne im Nervensystem hinter der Schnecke (Cochlea), also nach der Mischung der Signale aus beiden Ohren, auftreten.

> Im allgemeinen läßt sich das Fundamental eines Komplextons als größtmöglicher Teiler der Komponenten-Frequenzen errechnen (Goldstein 1973). Ein Komplexton, der sich aus 800, 1 200 und 1 600 Hz zusammensetzt, hätte demnach die Tonhöhe eines reinen Tons von 400 Hz. Fügt man Komponenten von 1 000 und 1 400 Hz hinzu, so verändert sich die Tonhöhe auf jene eines reinen Tons von 200 Hz.

Das Fundamental bestimmt die wahrgenommene Tonhöhe, obwohl oft die Frequenz des Fundamentals als Komponente des Komplextones selbst nicht vorhanden ist. Bei vielen Komplextönen, wie z. B. den Musikklängen, ist das Fundamental aber selbst vorhanden. Die Frequenzkomponenten der A-Saite einer Geige (Abbildung 2.4 (2)) bieten ein gutes Beispiel. Der Ton besteht aus einzelnen Komponenten von 440, 880, 1 320, 1 760, 2 200, 2 640 und 3 080 Hz. Weitere Obertöne sind zwar vorhanden, sie fallen jedoch innerhalb derselben Frequenzgruppe und tragen folglich nicht zur Wahrnehmung des Tones bei. Der Komplexton der Saite wiederholt sich mit einem Fundamentalwert von 440 Hz (größtmöglicher Teiler). In diesem Fall wird die Tonhöhe durch den sogenannten Grundton bestimmt, während alle anderen Komponenten Obertöne des Grundtones darstellen. Sie entstehen durch das Vibrieren der Saite als Ganzes, Halbes, Drittel usw. Heute wissen wir, daß die Bezeichnung »Grundton« unangebracht war: Die Tonhöhe hängt nicht vom Grundton, sondern von der zeitlichen Wiederholung des Komplextones ab. Die Bedeutungslosigkeit des Grundtons zur Bestimmung der Tonhöhe zeigt sich durch die Tatsache, daß sich die Tonhöhe der Saite nicht verändert, wenn die Saite leise gespielt wird: Der Grundton selbst wird dabei nicht genügend Energie haben, um die Hörschwelle zu überschreiten.

Wie man erwarten würde, unterscheiden sich Komplextöne darin, mit welcher Deutlichkeit ihre Tonhöhe wahrnehmbar ist. Manche Komplextöne mischen sich dermaßen, daß fast nur das Fundamental zu hören ist. Andere Töne hingegen mischen sich sehr wenig. Man erlebt in diesen Fällen eine Variation entlang der Dimension *Konsonanz – Dissonanz*. Unsere heutige Auffassung von Konsonanz und Dissonanz basiert weitgehend auf den Beobachtungen von Helmholtz (1863). Er zeigte, daß wir bei Komplextönen Konsonanz hören, wenn zwischen den Komponenten der Töne einfache Verhältnisse bestehen. Die Oktave der Tonleiter bietet ein gutes Beispiel: Man spielt C_3 (131 Hz) und C_4 (262 Hz) auf einem Klavier; der resultierende Komplexton hat eine hohe Konsonanz. Die Fundamentale stehen in einem Verhältnis von 2 zu 1, und alle vorhandenen Obertöne decken sich genau, da sie alle Vielfache des Fundamentals sind. Bei zunehmender Komplexität der Verhältnisse nimmt der Grad der Dissonanz zu. Weiterhin hören sich zwei Töne mit ähnlichen, aber nicht übereinstimmenden (harmonischen) Fundamentalen dissonant an. Hier treten Schwebungen zwischen den Fundamentalen, aber auch zwischen den Obertönen auf. Auch hier spielt die Frequenzgruppe eine Rolle: Nach den Ergebnissen von Plomp und Levelt (1965) tritt Dissonanz bei solchen Tönen auf, die in eine Frequenzgruppe fallen. Töne aus zwei verschiedenen Frequenzgruppen hören sich konsonant an.

> Die Tonhöhe eines Komplextones wird durch die zeitliche Wiederholung oder Periodizität des Komplextones bestimmt. Dieser Wert ergibt das Fundamental des Komplextons. Bei Musikklängen deckt sich das Fundamental weitgehend mit dem Grundton des Klanges, obwohl der Grundton selbst keinen weiteren Einfluß auf die Tonhöhe ausübt: Er bestimmt lediglich den größtmöglichen Teiler und somit die Periodizität des Klanges. Um die Tonhöhe des Komplextones hören zu können, braucht der Grundton nicht mit überschwelliger Energie vorhanden zu sein.

4.3.2 Lautstärke

Die Lautstärke bezeichnet die subjektive Stärke oder Quantität eines Tons. Vom Skalierungsaspekt her gesehen, ist die Lautstärke das Musterbeispiel für eine prothetische Skala (s. Abschnitt 2.2.3). Diese Skala wird folgendermaßen ermittelt: Die wahrgenommene Lautstärke von Tönen soll durch solche Werte angegeben werden, die das Anwachsen der Ton-»Menge« in gleichmäßigen Schritten kennzeichnen. Die Lautstärke stellt jedoch keine unabhängige Dimension eines Tons dar: Sie hängt – genau wie die Tonhöhe – von der Amplitude, Frequenz, Dauer und Komplexität des Tons ab.

Ähnlich wie bei der Beziehung zwischen Tonhöhe und Frequenz läßt sich – zumindest für reine Töne und breitbandiges Rauschen – eine einfache Beziehung zwischen Amplitude und wahrgenommener Lautstärke feststellen. Um diese Beziehung ganz genau zu erfassen, wurden zahlreiche psychophysische Skalierungsmethoden angewandt: Ziel der Forschung war es, die subjektive Lautstärke numerisch zu kennzeichnen.

Eine frühe Untersuchung zur Lautstärke wurde von Richardson und Ross (1930) mit Hilfe der direkten Größenschätzung durchgeführt. Ein Vergleichston mit einer bestimmten Amplitude wurde dargeboten; diesem wurde der Wert 1 gegeben. Danach folgten verschiedene Testtöne, deren Lautstärke im Verhältnis zu dem Vergleichston durch Angabe einer Zahl zu beschreiben war. Die Ergebnisse des Versuchs zeigten mit zunehmender Amplitude eine steile Zunahme der Lautstärke, die jedoch nach einer bestimmten Amplitude einen immer geringeren Zuwachs aufwies. Schon zu dieser Zeit häuften sich die Hinweise, daß die Dezibelskala für die Lautstärke nicht ganz brauchbar war. Diese einfache logarithmische Skala basiert auf der Annahme, daß bei einer logarithmischen Zunahme der Amplitude die subjektive Lautstärke in gleichmäßigen Intervallen ansteigt (s. die ausführliche Diskussion in Abschnitt 2.2.3). Heute wissen wir, daß die tatsächliche Beziehung zwischen Amplitude und Lautstärke mit einer Potenzfunktion besser zu beschreiben ist. Zwar hängen die genauen Exponenten der Potenzfunktion von der angewandten Skalierungsmethode ab, jedoch läßt sich in allen Fällen die subjektive Lautstärke als Potenzfunktion darstellen (eine Zusammenfassung dieser Skalierungsversuche findet sich bei Stevens 1975).
Bereits 1936 versuchte Stevens, alle empirischen Skalierungsdaten zusammenzufassen, um dadurch eine Alternativ-Skala zu der Dezibelskala der Lautstärke zu entwickeln. Als Meßeinheit für diese Skala wurde das *Son* vorgeschlagen, wobei 1 Son gleich der Lautstärke eines 1000-Hz-Tons bei 40 dB SPL gesetzt wurde (Stevens & Davis 1938). Die Skala setzt sich so fort, daß eine Zunahme von 1 Son jeweils einer Verdoppelung der wahrgenommenen Lautstärke entspricht. Inzwischen hat sich die Son-Skala als internationale Meßskala für die Lautstärke weitgehend durchgesetzt.
Die Abhängigkeit der Lautstärke von der Frequenz eines Tons ist leicht zu zeigen, wenn man die Lautstärke von zwei Tönen mit verschiedenen Frequenzen miteinander vergleicht. Ausgehend von dem Wert von 40 dB SPL und 1000 Hz werden Testtöne mit unterschiedlichen Frequenzen so eingestellt, daß ihre Lautstärke jeweils dem Vergleichston angeglichen wird. Nehmen wir einen Testton mit 100 Hz: Damit er genauso laut wie der Vergleichston erscheint, muß er auf 60 dB SPL eingestellt werden. Für jede hörbare Frequenz kann ein Wert in dB SPL ermittelt werden, bei dem die wahrgenommene Lautstärke mit der des Vergleichstons übereinstimmt. Für alle Amplituden des Vergleichstons lassen sich Kurven gleicher Lautstärke als Funktion der Frequenz aufstellen. Die ersten Versuche, solche Kurven zu ermitteln, wurden von Fletcher und Munson (1933) begonnen und von Robinson und Dadson (1956) erweitert. Abbildung 4.19 zeigt die Ergebnisse solcher Messungen, und zwar wurden diese unter MAF-Hörbedingungen (freies Feld) vorgenommen. Messungen unter MAP-Bedingungen (Kopfhörer) ergeben ähnliche Werte – mit den zu erwartenden, in Abschnitt 3.2 erläuterten Abweichungen. Obwohl die Kurven gleicher Lautstärke in ihrem Verlauf ähnlich sind, gibt es keine, die mit einer anderen identisch ist. Im allgemeinen findet man bei tieferen Frequenzen eine größere Frequenzabhängigkeit als bei höheren Frequenzen.
Da jede Kurve aus Abbildung 4.19 diejenige Beziehung zwischen Frequenz und Amplitude zeigt, die notwendig ist, um gleiche Lautstärke zu erzielen, ist es möglich, jeder solchen Kurve einen Lautstärke-Meßwert zuzuordnen. Die Einheit für eine solche Meß-Skala heißt *Phon*. Die Phon-Skala bezieht sich jeweils auf die Amplitude in dB SPL für einen reinen Ton von 1000 Hz. Daraus ergibt sich, daß alle Töne (einfache und komplexe) und alle Geräusche, deren subjektive Lautstärke gleich jener eines 1000-Hz-Tons empfunden wird, durch dessen dB-Wert gekennzeichnet werden: Ein Geräusch mit gleicher Lautstärke wie einen 40-dB-Ton von 1000 Hz erhält also einen Wert von 40 Phon. Dadurch sind Vergleiche zwischen Schallereignissen hinsichtlich der empfundenen Lautstärke auch dann möglich, wenn die Frequenzkomponenten sehr verschieden sind. Bei

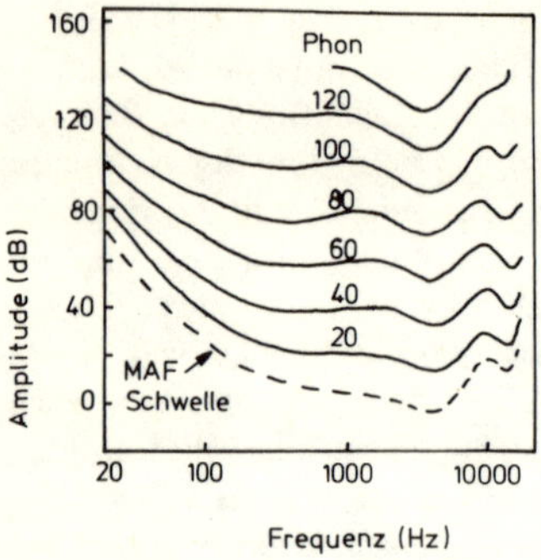

Abb. 4.19 Kurven gleicher Lautheit. Ausgehend von der Hörschwelle werden einzelne Kurven dargestellt, auf denen jeweils die wahrgenommene Lautstärke für jede Frequenz und die entsprechende Amplitude unverändert bleibt (nach Robinson und Dadson, 1956).

der Messung der Innengeräusche eines Pkw werden, um eine Vergleichbarkeit der Werte zu ermöglichen, die Geräusche in Phon angegeben. Nehmen wir als Beispiel zwei Wagen, die bei einer Geschwindigkeit von 120 km/h ein Innengeräusch von 80 dB bzw. 87 dB haben. Wenn diese Geräusche aufgrund ihrer verschiedenen Frequenzzusammensetzung in beiden Fällen gleich laut wie ein Vergleichston von 1000 Hz bei 70 dB SPL sind, haben beide Wagen ein Innengeräusch von 70 Phon.

An dieser Stelle soll auf den Unterschied zwischen Son und Phon hingewiesen werden. Phon-Werte weisen auf eine Gleichheit der wahrgenommenen Lautstärke hin, während Son-Werte eine Skala der empfundenen Lautheit ergeben. Da beide Skalen von einem 1000-Hz-Ton ausgehen, entspricht ein 40-dB-Ton von 1000 Hz 1 Son und zugleich 40 Phon. Die Fortsetzung der Beziehung ist in Abbildung 4.20 abzulesen. Oberhalb 30 Phon verdoppelt sich die Lautstärke eines Tones, in Son ausgedrückt, in Stufen von jeweils 10 Phon (d. h. 1 Son = 40 Phon; 2 Son = 50 Phon; 4 Son = 60 Phon usw.). Wie aus der graphischen Darstellung ersichtlich ist, ist die Beziehung unterhalb 30 Phon etwas komplizierter. Der Zusammenhang zwischen Son und Phon ermöglicht einen Vergleich zwischen unterschiedlichen Schallereignissen, die aus verschiedenen Frequenzen und Lautstärken zusammengesetzt sind.

Wenn z. B. zwei Schallereignisse von 60 bzw. 80 Phon gegeben sind, läßt sich mittels Abbildung 4.20 sagen, daß das zweite Ereignis um 12 Son (also 12mal) lauter als das

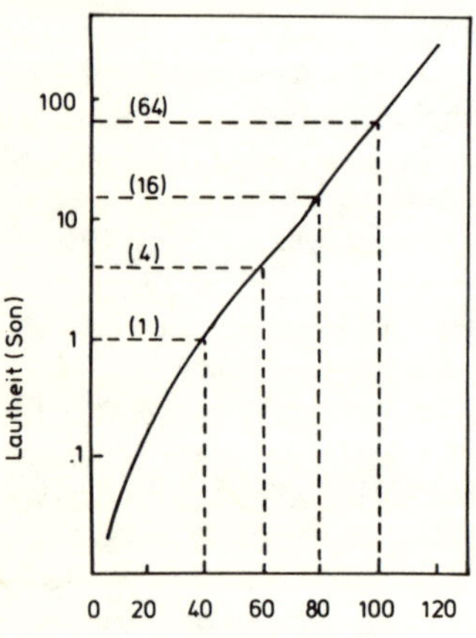

Abb. 4.20 Die Beziehung zwischen der Son-Skala und der wahrgenommenen Lautheit in Phon (nach Scharf, 1975).

erste ist. Dagegen beträgt der Unterschied zwischen zwei Ereignissen von 40 und 60 Phon nur 4 Son. Folglich können akustische Ereignisse verschiedener Phon-Werte durch die Übersetzung in Son bezüglich ihrer subjektiven Lautheit miteinander verglichen werden.

Den Einfluß der Dauer eines Tons auf seine Lautstärke haben wir bereits im Zusammenhang mit der Summation (Abschnitt 3.3.3) erwähnt. Hierbei ist der Wert von 200 msek als Mindestdauer hervorzuheben. Unterhalb dieser Zeit muß die Amplitude bei einer Verkürzung der Darbietungsdauer entsprechend erhöht werden.

Was die Beziehung zwischen der Komplexität und der Lautstärke anbetrifft, so läßt sich sagen, daß Komplextöne lauter als reine Töne mit gleicher Amplitude erscheinen. Diese Summation von Lautstärken hängt von der Verteilung der Frequenzkomponenten und deren Amplituden ab (Scharf 1959). Bei zwei Frequenzkomponenten gleicher Amplitude, die in verschiedene Frequenzgruppen fallen, ergibt sich eine höhere Lautstärke, als wenn beide Komponenten aus derselben Frequenzgruppe stammen. Die geringere Lautstärke bei Komponenten aus einer Frequenzgruppe hängt sicherlich mit der Maskierung zusammen.

Nach Stevens (1956) gilt die Faustregel, daß zwei gleiche reine Töne zusammen etwa um ein Viertel lauter als ein Ton allein erscheinen. Bei verschieden lauten Tönen aus unterschiedlichen Frequenzgruppen hat der resultierende Komplexton eine Lautheit, die gleich der Lautstärke des lauteren Tons plus ein Drittel der Lautstärke des leiseren Tons ist. Zum Beispiel würde die Lautstärke eines Komplextons, der aus einer 300-Hz-Komponente von 1,5 Son und einer 100-Hz-Komponente von 2,0 Son besteht, gleich 2,50 Son sein $(2{,}0 + 1{,}5\ (1/3) = 2{,}50)$.

Bei der Anwendung dieser Faustregel ist allerdings Vorsicht geboten: Die Anzahl der Abweichungen von der Regel ist fast so groß wie die Anzahl der Übereinstimmungen. Vor allem ist man heute nicht in der Lage, die Lautheit sehr komplexer Schallereignisse genau vorauszusagen.

4.3.3 Klangfarbe

Die *Klangfarbe* bezeichnet – neben der Tonhöhe – eine zweite Qualität eines Komplextones: Sie ermöglicht es, verschiedene Komplextöne mit gleichem Fundamental voneinander zu unterscheiden. Leider sind aber die Versuche, diese Qualität zu erfassen, weniger erfolgreich als die Versuche zur Tonhohe. Die Klangfarbe ist vor allem ein wichtiger Begriff in der Musik. Wenn man auf zwei verschiedenen Instrumenten denselben Ton (z. B. C_4) spielt, lassen sich die Töne voneinander unterscheiden: Sie haben eine andere Klangfarbe. Wir wissen, daß sich die beiden Klänge in der Ausprägung ihrer Obertöne unterscheiden. Es ist gerade die Kombination von Obertönen, welche die Klangfarbe des Musikklanges bestimmt. Auf welche Weise diese Kombination von Obertönen zu einer Klangfarbe geformt wird, ist Gegenstand mehrerer Theorien.

Es war Helmholtz (1863), der eine erste Theorie zur Klangfarbe entwickelte: die Theorie der harmonischen Struktur. Die Theorie besagt, daß sich die Klangfarbe aus der Verteilung der Obertöne und deren relativen Amplituden ergibt. Folglich müßte für ein gegebenes Instrument die Verteilung der Obertöne oder das *Spektrum* eines Klanges gleich sein, und zwar unabhängig von der jeweiligen Tonhöhe. Abbildung 4.21 (oberer Teil) zeigt das erwartete Spektrum für drei Musikklänge (C_4, C_5 und C_6). Jeder Ton hat 15 Komponenten; davon tragen aber höchstens die ersten sieben Obertöne zur Wahrnehmung der Klangfarbe bei (Plomp 1964). Unabhängig von dem Fundamental sollen die relativen Amplituden der Obertöne gleich bleiben: In dem Beispiel ragt immer der siebte Oberton heraus.

Mittlerweile ist es möglich, genaue Messungen des Spektrums eines Komplextones vorzunehmen. Zwar ergibt sich für jedes Instrument ein ihm eigenes Spektrum; dieses verändert sich jedoch beim Spielen unterschiedlicher Klänge. Der untere Teil von Abbildung

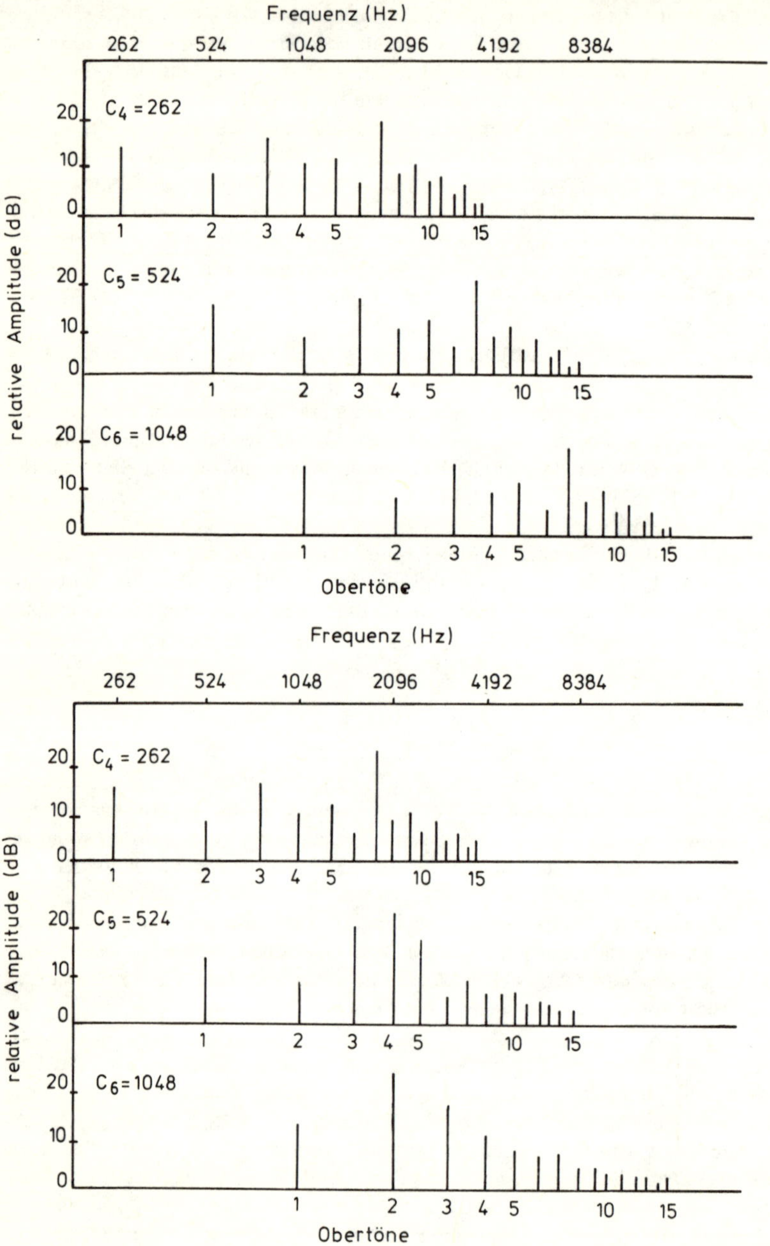

Abb. 4.21 Die Voraussage der Theorie der harmonischen Struktur (oben) und der Formanten-Theorie (unten) für die Obertöne dreier Klänge (nach Corso, 1967).

4.21 zeigt die Vorhersage einer zweiten Theorie der Klangfarbe, der Formanttheorie. Ein *Formant* entspricht einem spezifischen Frequenzbereich, der durch die Resonanzcharakteristik eines gegebenen Instrumentes besonders hervorgehoben wird. Nach dieser Theorie ergibt sich die Klangfarbe eines Instruments aus dessen Formanten. In dem Beispiel (Abbildung 4.21, unterer Teil) liegt der Formant um 1800 Hz. Folglich werden die Obertöne, die bei einem spezifischen Klang hervorgehoben werden, diejenigen sein, die in den Bereich um 1800 Hz fallen. Beim C_4 fällt der siebte Oberton in diesen Bereich, beim C_5 der vierte und beim C_6 der zweite. Jedes Instrument kann mehrere Formanten haben, die jeweils bestimmte Frequenzbereiche verstärken.

Obwohl sich nach Abbildung 4.21 die Voraussage der beiden Theorien der Klangfarbe widersprechen, muß festgehalten werden, daß zur Beschreibung der physikalischen Gegebenheiten beide Theorien teilweise richtig sind. Verschiedene Instrumente unterscheiden sich bei einem bestimmten Klang in der Zusammensetzung der Obertöne (harmonische Struktur). Beim Spielen verschiedener Klänge auf einem Instrument verändert sich das Spektrum, in welchem die Obertöne aus einem spezifischen Frequenzbereich (Formant) hervorgehoben werden. Wie bereits gesagt, sind die Theorien teilweise richtig bei der Beschreibung der physikalischen Aspekte eines Klanges; diese könnten möglicherweise bei der Wahrnehmung der Klangfarbe eine Rolle spielen. Wie das Wahrnehmungssystem selbst aus diesen Gegebenheiten die Klangfarbe als Eigenschaft eines Klanges entwickelt, bleibt unerklärt.

Plomp (1970) schlug eine Theorie zur Wahrnehmung der Klangfarbe vor. Nach seiner Auffassung verarbeitet das akustische System das Spektrum eines Klanges aufgrund der innerhalb einer Frequenzgruppe vorhandenen Amplituden. Daraus ergibt sich als Eigenschaft für die Klangfarbe die absolute Energie pro Frequenzgruppe. Um diese Theorie weiter zu unterstützen, maßen Plomp und Steeneken (1971) die in verschiedenen Frequenzgruppen vorhandene Energie für Klänge verschiedener Instrumente. Es ließen sich solche Klänge feststellen, die sehr ähnliche, und solche, die sehr unterschiedliche Energieverteilungen über die Frequenzgruppen für verschiedene Instrumente aufwiesen. Beurteilungen von Beobachtern danach, ob verschiedene Klänge in ihrer Klangfarbe »ähnlich oder unähnlich« wahrgenommen wurden, zeigten eine hohe Korrelation mit der tatsächlichen Ähnlichkeit der Energieverteilungen über die Frequenzgruppen.

Offensichtlich bleiben bei der Klangfarbe mehrere Fragen unbeantwortet. Nach Roederer (1973) hängt die Klangfarbe auch von dem musikalischen Kontext eines Klanges ab. Wenn geübte Musiker verschiedene Instrumente außerhalb des Kontexts eines Orchesters aufgrund ihrer Klangfarbe zu identifizieren versuchen, sind die Leistungen relativ schwach. Saldanha und Corso (1964) nahmen dieselben drei Klänge von 10 Instrumenten auf ein Tonband auf. Das Tonband wurde Musikern, die das jeweilige Instrument zu erkennen versuchten, vorgespielt: Den Musikern wurde vorher gesagt, welche 10 Instrumente auf dem Tonband enthalten seien. Die durchschnittliche Leistung lag bei einer Erkennungsrate von 40%. Es ergaben sich – der Reihenfolge nach – folgende Erkennungshäufigkeiten:

1.	Klarinette	84%
2.	Oboe	75%
3.	Flöte	61%
4.	Französisches Horn	46%
5.	Saxophon	35%
6.	Trompete	29%
7.	Posaune	23%
8.	Geige	19%
9.	Cello	9%
10.	Fagott	9%

Sicherlich ist die Wahrnehmungsleistung, Klangfarben zu hören, von einer ganzen Reihe von Umwelt- und Beobachtereigenschaften abhängig, von denen bisher nur wenige erkannt worden sind.

4.3.4 Tonvolumen und Tondichte

Mit den Dimensionen Tonhöhe, Lautstärke und Klangfarbe haben wir die Hauptmerkmale von Komplextönen und Klängen beschrieben. In der Musik- und Wahrnehmungsliteratur findet man auch noch eine Reihe anderer subjektiver Merkmale wie Tonigkeit, Tonfarbe, Helligkeit, Brillanz, Stumpfheit, Angenehmheit usw. Zwei solcher weiterer Merkmale, *Tonvolumen* und *Tondichte*, haben besonderes Interesse gefunden und sollen daher kurz geschildert werden.

Leider hat der Ausdruck »Volumen« in verschiedenen Wissenschaftszweigen eine sehr unterschiedliche Bedeutung. Zum Beispiel bedeutet in der Physik Volumen oft Amplitude oder Lautstärke. Dagegen entspricht in der Psychoakustik Tonvolumen der Tatsache, daß Töne »voll« oder »dünn« sein können. Oft wird Tonvolumen mit dem Begriff der »Geräumigkeit« erfaßt. Das heißt, tiefe Töne erscheinen »massiv«, während höhere Töne »dünn« und »spitz« erscheinen. Danach nimmt also Tonvolumen mit zunehmender Frequenz ab. Zugleich spielt aber auch die Amplitude eine Rolle: Laute Töne werden mit höherem Tonvolumen empfunden. Folglich kann durch eine Variation der Amplitude und der Frequenz das Tonvolumen verändert werden. Terrace und Stevens (1962) skalierten diese Beziehung mit der Methode der direkten Größenschätzung. Das Tonvolumen ließ sich als Potenzfunktion der Amplitude beschreiben, wobei der jeweilige Exponent von der Frequenz abhing. Zum Beispiel hatte ein 100-Hz-Ton einen Exponenten von 0,10 und ein 5000-Hz-Ton einen solchen von 0,75. Die geringeren Exponenten für tiefe Frequenzen lassen sich dadurch erklären, daß niedrigere Frequenzen schon allein ein hohes Tonvolumen haben: Eine Zunahme der Amplitude kann keinen wesentlichen Einfluß auf das Tonvolumen mehr bewirken.

Die Tondichte umschreibt die Härte und Kompaktheit eines Tones. Töne höherer Frequenz weisen hohe Tondichte auf: Sie sind dicht. Töne niedrigerer Frequenz wirken dagegen diffus. Guirao und Stevens (1964) stellten – wiederum mit der Methode der direkten Größenschätzung – fest, daß sich die Tondichte auch als eine Potenzfunktion der Amplitude beschreiben läßt. In diesem Fall ergaben sich größere Exponenten für niedrigere als für höhere Frequenzen. Ferner errechneten Guirao und Stevens die Kurven gleicher Tondichte, die in Abbildung 4.22 gezeigt werden. Wie bei den Skalen von Stevens und seinen Mitarbeitern üblich, wurde ein 1000-Hz-Ton von 40 dB SPL als Ausgangswert benutzt; dieser erhält einen Tondichtewert von 1,0. Um die Tondichte

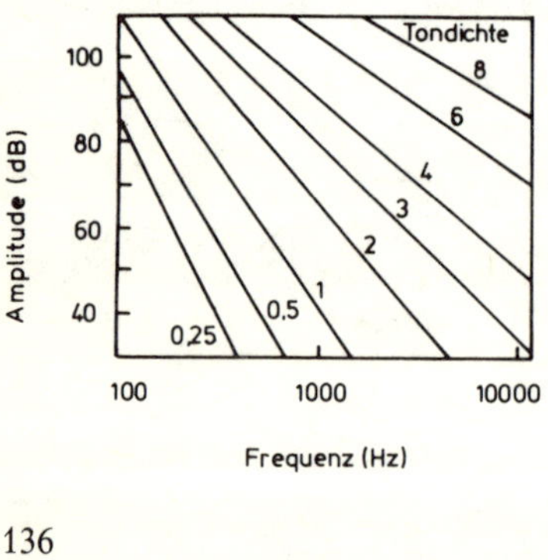

Abb. 4.22 Kurven gleicher Tondichte (nach Guirao und Stevens, 1964).

auf einem bestimmten Wert zu halten, muß bei zunehmender Frequenz die Amplitude entsprechend abnehmen (d. h. ein 300-Hz-Ton von 100 dB hat eine Tondichte von 2: Wird die Frequenz auf 2000 Hz erhöht, so muß die Amplitude auf 50 dB gesenkt werden, um die Tondichte von 2 beizubehalten).
Stevens, Guirao und Slawson (1965) zeigten eine interessante Beziehung zwischen Tondichte, Tonvolumen und Lautstärke. Sie nahmen unabhängige Messungen aller drei Dimensionen vor. Daraus ergab sich, daß die Summe der jeweiligen Exponenten für Tonvolumen und Tondichte den Exponenten für die Lautstärke ergab:

$$\text{Lautstärke} = \text{Tonvolumen} \times \text{Tondichte} \qquad (4.3.1)$$

Um die Richtigkeit dieser Aufstellung zu überprüfen, ließen sie den »unteren« Pol jeder Dimension, d. h. Sanftheit, Zusammengedrängtheit und Diffusheit, ebenfalls skalieren. Hier ließ sich die erwartete Beziehung genauso aufstellen:

$$\text{Sanftheit} = \text{Zusammengedrängtheit} \times \text{Diffusheit} \qquad (4.3.2)$$

Für Komplexklänge muß gesagt werden, daß hier unsere Kenntnisse über die Tonhöhenwahrnehmung am weitesten vorangeschritten sind. Bei der Lautstärke bleiben mehrere Probleme ungelöst, vor allem bei der Feststellung der subjektiven Lautstärke sehr komplexer Schallereignisse (s. Sader 1966). Es läßt sich allerdings eine klare Beziehung zwischen der Lautstärke, der Tondichte und dem Tonvolumen erkennen, die jedoch durch das Fehlen einer völligen Klarheit über die Lautstärke als Dimension eines Hörreizes etwas an Bedeutung verliert. Schließlich muß auch die Problematik der Klangfarbe erwähnt werden: Wie in der Wahrnehmung oft zu sehen ist, läßt sich durch eine bloße Aufstellung von physikalischen Merkmalen – ohne Feststellung der Verarbeitungsweise des Wahrnehmungssystems – selten ein Phänomen erfassen.

4.4 Figur- und Formwahrnehmung

Als letztes Thema der Diskussion der Leistungsfähigkeiten der Sinnessysteme behandeln wir nun die Wahrnehmung einfacher Formen. Mit *Form-* oder *Figurwahrnehmung* meinen wir die Leistungsfähigkeit, spezifische visuelle und akustische Reizmuster als differenzierte Aspekte des Umweltangebots aufzunehmen. Dieser Leistungsfähigkeit stellen wir die *Form-* oder *Figurenerkennung* gegenüber, die im nachfolgenden Teil (Teil V) behandelt wird. Die Formwahrnehmung wird als Leistungsfähigkeit beschrieben. Damit meinen wir, daß keine spezifische Erfahrung des Beobachters vorausgesetzt werden muß. Diese Leistungsfähigkeit ist ihrerseits die Voraussetzung für Formerkennung.
Die Aufteilung der Perzeptbildung in Formwahrnehmung und Formerkennung kann anhand des eingangs in Abbildung 1.2 dargestellten Beispiels der zweideutigen Figur demonstriert werden. Um dieses Muster als eine bestimmte Figur wahrzunehmen – also als solches zu erkennen –, muß zuerst eine ganzheitliche Form wahrgenommen werden. Die Erfahrung kann bei der Perzeptbildung einer erkannten Figur erst dann wirksam werden, wenn das System in der Lage ist, die Form aufzunehmen.

Die Erkennung einer spezifischen Figur setzt die Differenzierung der wahrzunehmenden Figur als ein einheitliches, zusammengehöriges Gebilde voraus.

Gerade die Aufteilung der Figurwahrnehmung in eine angeborene und eine erfahrungsbedingte Komponente ist eine vieldiskutierte Frage, die vor allem in der Auseinandersetzung der Gestaltpsychologie mit dem Behaviorismus immer wieder auftaucht. Hier können wir nur auf einige Abhandlungen zu diesem Problem hinweisen (s. Zusne 1971, Klix 1971, Murch 1973, Rock 1975). Zusammenfassend kann festgestellt werden, daß es in der heutigen Wahrnehmungspsychologie keine einheitliche Meinung gibt. Wir werden hier den Standpunkt annehmen, daß die Erkennung einer Figur das Vorhandensein eines einheitlichen Gebildes voraussetzt. Das heißt, die Wahrnehmung einer Form wird als angeborene Fähigkeit behandelt, während die Wahrnehmung einer spezifischen Figur – vor allem die Erkennung der Figur – als erfahrungsbedingte Fähigkeit betrachtet wird.

Im Sinne unseres Modells muß das Wahrnehmungssystem dazu in der Lage sein, aus der distalen Reizung wichtige Elemente herauszulesen. Diejenigen Merkmale, die aus der distalen Reizung herausgelesen werden, werden im Rahmen der Leistungsfähigkeit des Wahrnehmungssystems als proximale Reize bereitgestellt: diese proximalen Reize sind zur Suche im Langzeitspeicher notwendig. Erst bei der Bereitstellung dieser Merkmale können Informationen aus dem Langzeitspeicher entnommen werden, die eine Erkennung des Gebildes ermöglichen.

Aufgrund der bisherigen Beschreibung kennen wir bereits einige Leistungsfähigkeiten der Wahrnehmungssysteme zur Formwahrnehmung. Das visuelle System ist dazu fähig, aus den Signalen der Umwelt Unterschiede der Helligkeit, der neutralen und der chromatischen Farbe aufzunehmen. Diese Fähigkeit ermöglicht wiederum die Wahrnehmung spezifischer Attribute, wie z. B. Konturen, Ecken, Helligkeitsgradienten und Bewegung. Hinzu kommt die Leistungsfähigkeit, kurz aufeinanderfolgende Reize zu integrieren (Summation und Maskierung). Bei der akustischen Wahrnehmung sind die Leistungsfähigkeiten der Unterscheidung von Tonhöhen, Lautstärken und Klangfarben sowie die innerhalb einer Frequenzgruppe erfolgende Integration durch Summation und Maskierung hervorzuheben.

4.4.1 Formdifferenzierung

Die Mindestvoraussetzung für eine differenzierte Wahrnehmung ist das Vorhandensein einer Inhomogenität in der distalen Reizung. Das heißt, zur Wahrnehmung einer Figur sind irgendwelche Helligkeits- oder Farbunterschiede zwischen den Elementen der Umwelt erforderlich. Diese Tatsache kann anhand von Erfahrungen aus dem Alltag demonstriert werden: Das typische Wahrnehmungserlebnis im starken Nebel wird dadurch gekennzeichnet, daß ein Verlust der Orientierung und Tiefenwahrnehmung eintritt – was beim Autofahren höchst gefährlich sein kann. Bei völliger Gleichartigkeit der Reizung scheint die Tätigkeit des visuellen Systems auszusetzen. Einen ähnlichen Wahrnehmungsausfall findet man auch beim Skilaufen auf undifferenzierten Schneefeldern, auf denen sich nur wenige Bäume, Steine oder Unebenheiten befinden. Die Reizung durch den weißen, homogenen Schnee bewirkt die sogenannte Schneeblindheit.

Im Labor hat man versucht, die Wirkung homogener Reizung mit Hilfe des *Ganzfelds* zu untersuchen (Avant 1965). In früheren Untersuchungen, wie z. B. der von Metzger (1930), wurden die Innenwände eines größeren Kastens mit einem Weiß, das bei starker Beleuchtung eine hohe Leuchtdichte hatte, angestrichen. Das Wahrnehmungserlebnis eines Beobachters, der sich innerhalb des Kastens befand, entsprach einem weißen Nebel und wurde durch einen Orientierungsverlust gekennzeichnet. In den Versuchen von Metzger traten in den Ecken des Kastens gewisse Inhomogenitäten auf. Katz (1967) vermied dieses Problem, indem er eine größere Kugel herstellte, deren Wand gleichmäßig beleuchtet wurde. Cohen (1960) ließ seine Beobachter mit einem Auge das Innere einer Kugel, die einen Durchmesser von einem Meter hatte, betrachten. Er konnte zeigen, daß im Ganzfeld ein echter Wahrnehmungsausfall zustande kommt. Bei einer farbigen Beleuchtung der Kugel berichteten die Beobachter zunächst über die Farbe. Nach einigen Minuten war der Farbeindruck jedoch bereits abgeklungen. Cohen zeigte ferner, daß, während der Beobachter einen Ausfall der Wahrnehmung erlebt, die Darbietung einer einfachen Figur zu keiner Wahrnehmung der Figur führte. Das heißt, die Figur wurde einfach nicht gesehen.

Das Vorhandensein einer Inhomogenität ist also nicht nur eine Voraussetzung für die Figurwahrnehmung, sondern die Voraussetzung für Wahrnehmung überhaupt.

Eine andere Methode zur Untersuchung der Figurwahrnehmung wurde von Sander (1939) entwickelt. Diese Methode bezeichnet man als *Aktualgenese* oder *Mikrogenese*. Hier wurde eine komplexe Figur kurzzeitig dargeboten. Die Expositionszeit der Figur wurde ständig vergrößert, und der Beobachter beschrieb fortlaufend sein Wahrnehmungserlebnis. Zuerst berichtet die Versuchsperson typischerweise von unspezifischen Helligkeitsunterschieden. Danach durchläuft die Wahrnehmung mehrere Phasen, in denen die Differenziertheit ständig zunimmt. In der letzten Phase erfolgt die Figurerkennung (Forgus 1966).
Bei der Aktualgenese erfolgt die Wahrnehmung der einzelnen Aspekte einer Figur nicht nach dem Zufall. Bestimmte Komponenten wie Kanten oder Konturen werden bei kürzeren Darbietungszeiten wahrgenommen als beispielsweise Winkel (Cheatham 1952). Bei der Darbietung eines Dreieckes fanden Johnson und Uhlarik (1974), daß das erste Element, das differenziert wird, fast immer die untere, horizontale Kante ist. Eine erheblich längere Zeit wurde zur Wahrnehmung der Winkel benötigt. Auf die größere Empfindlichkeit für Kanten im Vergleich zu Winkeln werden wir später bei der Diskussion der Formerkennung zurückkommen.
Differenzierung bedeutet, daß ein Element wahrgenommen wird, das von dem Hintergrund unterschieden werden kann. Ein einfaches Beispiel findet man in Abbildung 4.23 (A). Nach der Gestaltpsychologie (Koffka 1935) hebt sich ein differenzierter Teil der Abbildung hervor. Dieser Teil wird als *Figur* erlebt. Der Rest der Abbildung wird als Hintergrund oder einfach als *Grund* erlebt. Dabei erscheint die Figur differenziert, einheitlich und auf oder vor dem Grund zu liegen. Nach Auffassung der Gestaltpsychologie macht die Einheitlichkeit der Figur diese zur *Gestalt*.

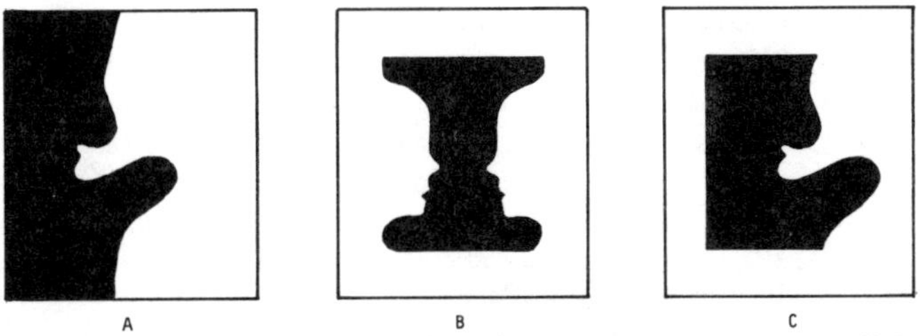

Abb. 4.23 Figur-Grund-Differenzierung. Teil A: Eine zweideutige unspezifische Figur. Teil B: Die Rubin-Figur (Rubin 1921). Teil C: Eine unspezifische Figur (nach Rock und Kremen, 1957).

Die Figur in Abbildung 4.23(A) ist eine zweideutige Figur. Entweder kann das Schwarze als Figur auf weißem Grund oder das Weiße als Figur auf schwarzem Grund gesehen werden. Bei längerer Betrachtung wird die Abbildung so »organisiert«, daß ein Wechsel zwischen beiden Möglichkeiten erfolgt. In Abbildung 4.23(B) ist die bekannte zweideutige

Figur von Rubin dargestellt. In diesem Fall spielt auch die Erkennung eine Rolle, da man als Figur eine schwarze Vase auf weißem Grund oder das Profil zweier weißer Gesichter auf schwarzem Grund sehen kann.

In Anlehnung an die früheren Arbeiten von Rubin (1921) haben Rock und Kremen (1957) festzustellen versucht, ob spezifische Erfahrungen, die bei einer Organisation der sinnlosen Figur, wie sie in Teil C von Abbildung 4.23 dargestellt wird, gemacht wurden, die Wahrnehmung der Organisation von Teil A in Abbildung 4.23 beeinflussen könnten. Versuchspersonen, die mehrere Male eine spezifische Figur gesehen hatten, bevorzugten die dabei benutzte Organisation bei der späteren Darbietung der zweideutigen Figur nicht. Hier scheint also Erfahrung kaum eine Wirkung zu haben. Wenn die zuerst erforderliche Organisation mit höherer Wahrscheinlichkeit später wieder benutzt wird, wird unterstellt, daß die Erfahrung einen Einfluß auf die ursprüngliche Wahrnehmung der Figur ausgeübt hat. Bevor die Erfahrung ihren Einfluß geltend gemacht hat, hätte man überhaupt nichts wahrnehmen müssen. Offensichtlich ist das bei der Figur-Grund-Organisation nicht der Fall. Sogar bei der Rubin-Figur (Abbildung 4.23(B)) muß, damit die Vase oder die Gesichter erkannt werden können, eine Organisation bereits stattgefunden haben. Danach wäre also die Aufteilung in Figur und Grund eine angeborene Leistungsfähigkeit.

Allerdings können auch hier bestimmte Bevorzugungen bei der Organisation in Figur und Grund beobachtet werden. Nach Rock (1975) werden kleinere Elemente bevorzugt als Figur wahrgenommen. Bei zweideutigen Figuren oder *Kippfiguren* – wie in Abbildung 4.23A und B – werden die helleren Elemente als Figur bevorzugt; bei einer Abnahme des Anteils der helleren oder dunkleren Fläche sieht man meistens die weniger vertretene Farbe als Figur (Catano 1975). Bei größeren Figuren erfolgt die Aufteilung des Wahrnehmungsfeldes in Figur und Grund erst nach verschiedenen Augenbewegungen. Dabei scheint die distale Reizung in der Peripherie des Sehfeldes solche Augenbewegungen zu steuern (Hochberg 1971). Nach den Ergebnissen von Sanders (1963) können Elemente, die in einem Sehwinkel bis zu 80° in der Peripherie liegen, solche Augenbewegungen verursachen. Diese Bewegungen konzentrieren sich auf die Konturen der Figur und scheinen die Funktion zu haben, die Figur abzugrenzen (Hochberg 1968). Bei der Figur-Grund-Aufteilung scheint die Information in der Peripherie oft schon zur Abgrenzung der Figur auszureichen. Das heißt, der Beobachter braucht nicht alle Kanten zu fixieren (Zusne und Michels 1964). Dabei spielt sicherlich auch die Tendenz eine Rolle, eine abgegrenzte Figur auszufüllen.

Wie bereits in Teil I erwähnt, wurde die Aufteilung in Figur und Grund durch Inhomogenitäten des Reizangebotes von Hebb (1949) als primitive Einheit bezeichnet. Diese primitive Einheit stellt für Hebb eine angeborene Leistungsfähigkeit dar. Daß die Figur-Grund-Aufteilung eine Leistungsfähigkeit ist, kann mittels verschiedener Ansätze bestätigt werden. So können z. B. blinde Patienten, die nach einer Hornhautoperation das Augenlicht wiedererlangen, Figur-Grund-Differenzierungen vornehmen. Sie sind jedoch nicht in der Lage, Figuren zu erkennen; diese Leistung lernen sie erst mühsam (von Senden 1932, Gregory & Wallace 1963).

Neisser (1967) beschreibt die Aufteilung des Wahrnehmungsfeldes als *präattentiven Prozeß*. Nach seiner Auffassung wird eine globale Zerlegung vorgenommen, die Voraussetzung für die *attentive* oder *fokale* Wahrnehmung ist. Gleichzeitig können, um eine Figur-Grund-Differenzierung vorzunehmen, mehrere Merkmale aufgenommen werden. Allerdings sind nicht alle Psychologen der Meinung, daß die einfache Figur-Grund-Differenzierung als angeborene Leistungsfähigkeit zu betrachten ist. Hochberg (1971) vertritt den Standpunkt, daß die Aufteilung erst durch die Wahrnehmung der Tiefenlage von Objekten im Wahrnehmungsfeld erfolgt: die Elemente auf einer Tiefenebene werden zur Figur. Somit bleiben

Elemente des Feldes auf anderen Tiefenebenen unscharf und bilden den Grund. Diese Auffassung setzt natürlich voraus, daß Tiefenwahrnehmung aufgrund der Erfahrung des Beobachters zustandekommt. Gerade diese Annahme kann aber angezweifelt werden (s. Abschnitt 5.1). So wäre es zum Beispiel möglich, daß die Figur-Grund-Aufteilung tatsächlich durch die Tiefenwahrnehmung beeinflußt wird, daß jedoch diese Tiefenwahrnehmung ebenfalls als eine angeborene Leistungsfähigkeit angesehen werden kann. Bei dem homogenen Ganzfeld erlebt ein Beobachter einen Verlust der Tiefenwahrnehmung. Daraus kann man schließen, daß das Vorhandensein von Figuren seinerseits Voraussetzung für die Tiefenwahrnehmung ist.
Obwohl wir hier nur von der Figur-Grund-Differenzierung bei der visuellen Wahrnehmung gesprochen haben, kann diese Analyse auch bei der akustischen Wahrnehmung gemacht werden. Um ein Geräusch oder einen Komplexton zu erkennen, muß es von dem akustischen Gesamtangebot differenziert werden. Vor allem in der Musik ist es möglich, ein spezifisches Instrument dominieren zu lassen, während vom Orchester ein tonaler Hintergrund dargeboten wird. Für die Differenzierung von akustischen Reizen scheint die Lautstärke besonders wichtig zu sein. Laute Töne werden meistens als Figuren wahrgenommen. Ebenfalls scheint die Bandbreite eines Komplextones eine Rolle zu spielen: Töne mit geringer Bandbreite heben sich hervor.
Der Unterschied zwischen Formwahrnehmung und Formerkennung bei akustischer Reizung wird besonders deutlich bei dem sog. Cocktail-Party-Phänomen (s. 1.2.2): Die Erkennung des eigenen Namens kann erst bei der Differenzierung des Reizgebildes von den übrigen Geräuschen erfolgen. Auch hier könnte man – im Sinne Wertheimers (1923) – von einer Gestalt sprechen.

4.4.2 Figurale Organisation

Durch die Figur-Grund-Differenzierung wird eine Aufteilung des Wahrnehmungsfeldes bewirkt, dies gilt auch für größere Figuren, die nicht ohne Blickbewegungen erfaßt werden können. Es können hierbei mehrere Elemente zusammengefaßt und als Figur wahrgenommen werden: diese bildet dann eine Wahrnehmungseinheit. Sie braucht dazu in dem Signal aus der Umwelt nicht als Einheit vorhanden zu sein. Demnach kann eine Figur aus einer Inhomogenität oder einem zusammengefaßten, gruppierten Muster, das sich aus mehreren Inhomogenitäten zusammensetzt, entstehen. Einige Beispiele sind in Abbildung 4.24 zu finden.

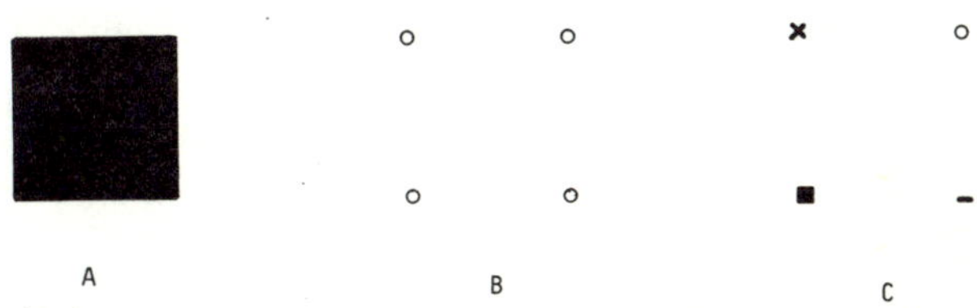

Abb. 4.24 Die figurale Organisation.

Teil A dieser Abbildung zeigt eine einfache Figur, die von dem Untergrund der Druckseite differenziert werden kann. Die Figur ist in sich homogen – im Sinne einer einheitlichen Farbe innerhalb der abgegrenzten Konturen. Im Anschluß an die Figur-Grund-Differenzierung ist es möglich, diese Figur als ein Quadrat zu erkennen. Im Teil B sind vier Punkte zu sehen. Diese Punkte werden jedoch nicht als vier unabhängige Figuren wahrgenommen, sondern zu einem Quadrat zusammengefaßt. Nun erhebt sich wieder die Frage,

ob die *Organisation* dieser Punkte zu einer Figur oder Gestalt durch erfahrungsbedingte Elemente der Wahrnehmung zustande kommt, oder ob dieser Organisation eine spontane, angeborene Leistungsfähigkeit zugrunde liegt. Nach der Auffassung der Gestaltpsychologie (Wertheimer 1923, Koffka 1935, Metzger 1966, 1976) stellt die Organisation eine Leistungsfähigkeit des Sinnessystems dar. Zwar ist es sicherlich erfahrungsbedingt, die Figur als ein Quadrat zu erleben, da diese Wahrnehmung aufgrund der Erfahrung mit bestimmten rechteckigen Figuren entsteht. Um diese spezifische Erfahrung jedoch wirksam werden zu lassen, müssen die Elemente bereits als eine Figur zusammengefaßt sein. Also ist eine gewisse Organisation der Elemente zur Figur die Voraussetzung für die Figurerkennung. Man spricht dabei von einer *Gestaltbindung* zwischen den Elementen des Musters. In Teil C der Abbildung 4.24 sind wiederum vier Elemente zu sehen. In diesem Fall kommt es seltener vor, daß eine Organisation zum Quadrat erfolgt. Zwischen diesen Elementen besteht also keine starke Gestaltbindung. Allerdings besteht bei der Anordnung C, wenn sie im Zusammenhang mit den Teilen A und B dargeboten wird, eine gewisse *Einstellung*, diesen Teil C ebenfalls quadratförmig zu sehen. Da diese Einstellung erfahrungsbedingt ist, soll sie in Teil V beschrieben werden.
Das Problem der Erfahrungsbedingtheit bei Gestaltbindungen wurde von Gottschaldt (1926, 1929) aufgegriffen. So ist zum Beispiel bei der Abbildung 4.25 Teil A in Teil B enthalten. Da B nicht als eine Aneinanderreihung unabhängiger Elemente, sondern als eine zusammengefaßte Gestalt wahrgenommen wird, ist es schwierig, die Figur A in Teil B wiederzufinden. Gottschaldt zeigte zwei Gruppen von Versuchspersonen eine Reihe solcher Figuren wie sie in Teil A abgebildet sind. Die eine Gruppe sah diese einfachen Figuren nur dreimal, während der anderen Gruppe die Figuren 520mal dargeboten wurden. Daraufhin wurde die komplizierte Figur gezeigt, die die einfache Figur enthielt. Spontan, d. h. ohne Aufforderung, berichteten die Beobachter kaum von der Beziehung zwischen einfacher und komplizierter Figur (6.6% bei der Gruppe mit 3 Darbietungen und 5,0% bei der Gruppe mit 520 Darbietungen). Sogar nach der Aufforderung, die einfache Figur innerhalb der komplizierten Figur zu suchen, waren beide Gruppen nur bei etwa 30% der Muster in der Lage, sie auch zu finden. Auch hier hatte die Anzahl der vorausgegangenen Darbietungen keinen Einfluß.

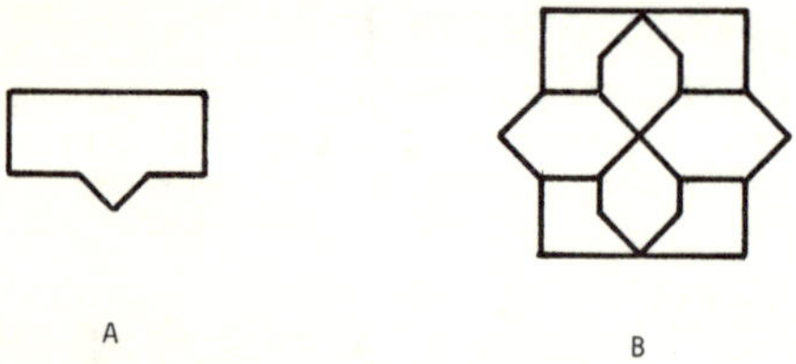

Abb. 4.25 Ein Beispiel der Gottschaldt-Figuren (nach Gottschaldt, 1926, 1929).

Dieses Ergebnis wurde allerdings von Postman (1963) kritisiert. Vor allem meinte er, daß die Wahrnehmungsbeschreibungen der Versuchspersonen keine genaue Meßmethode darstellen. Sie seien nicht empfindlich genug, um irgendwelche Einwirkungen der vorangegangenen Erfahrungen mit der einfachen Figur aufzudecken. Nippert (1969) ging dieser Frage nach. Bestimmte einfache Figuren wurden bei ihrer Darbietung immer mit einem schwachen Elektroschock gekoppelt. Nach einigen Versuchsdurchgängen war bei diesen Figuren eine bedingte Reaktion (s. Bredenkamp & Wippich 1977) festzustellen, die als Herabsetzung des Hautwiderstandes (GSR) unmittelbar nach der Darbietung der »Schock-Figuren« gemessen wurde. Danach wurde eine komplizierte Figur, die die einfache

Figur enthielt, dargeboten. Hier erfolgte keine Veränderung des Hautwiderstandes; die bedingte Reaktion war also nicht aufgetreten. Die Erfahrung im Sinne einer bedingten Reaktion prägte sich bei der komplizierten Figur nicht aus. Daraus ist zu schließen, daß eine starke Gestaltbindung nicht durch spezifische Erfahrungen mit einzelnen Komponenten der Gestalt beseitigt werden kann.

Für die Gestaltpsychologie bestand die Aufgabe der Wahrnehmungspsychologie darin, zu beschreiben, wie diese Organisation von Elementen des Umweltangebots erfolgt. Sie ging mit Wertheimer (1923) von der logischen Annahme aus, daß Elemente des Umweltangebots nicht unabhängig voneinander aufgenommen werden können. Gewisse Organisationen der Elemente müssen sehr früh im Wahrnehmungsprozeß erfolgen, um eine chaotische Überflutung mit Merkmalen zu vermeiden. Zu diesen Organisationen gehörte die Figur-Grund-Differenzierung und die Bildung von Figuren aus den Elementen der Signale. Solche Organisationen ergeben einheitliche, zusammengefaßte Gebilde, die als »Gestalten« bezeichnet wurden. Nach Koffka (1935) erfolgt diese Organisation nach dem *Prägnanzgesetz*. Dieses Gesetz besagt, daß eine Tendenz besteht, das Wahrnehmungsfeld zur besten, einfachsten und stabilsten Organisation hin zu gestalten. Solche Organisationen weisen nach Koffka eine interne Konsistenz auf und geben charakteristische Merkmale des Feldes wieder.

> Eine Gestalt besteht nicht aus einer losen Zusammenfassung aller Einzelmerkmale, sondern unterscheidet sich von der einfachen Summe ihrer Elemente. Diesen Unterschied nennt man *Gestaltqualität*. So ist es zum Beispiel möglich, alle Elemente einer Gestalt nach einem konstanten Prinzip zu verändern, ohne daß dadurch die Gestaltqualität verlorengeht. In Teil B von Abbildung 4.23 könnte man alle vier Punkte durch eines der Symbole aus Teil C ersetzen: die Organisation zur Gestalt würde sich nicht verändern. Eine Melodie kann in eine andere Tonart transponiert werden, ohne daß die Gestaltqualität dadurch gestört wird.

Die Organisation des Wahrnehmungsfeldes erfolgt nach dem Prägnanzgesetz, welches oft auch *Gesetz der guten Gestalt* genannt wird. Die Auswirkung des Prägnanzgesetzes und die daraus entstehende Organisation kann mit einer Reihe von *Gestaltfaktoren* beschrieben werden. Diese Faktoren beziehen sich auf Aspekte der Umwelt oder auf Erfahrungen des Beobachters, die zur Bildung der guten Gestalt führen. Zwar wurden diese Faktoren selbst oft Gesetze genannt (vgl. Metzger 1966, Metzger 1976), sie sollten jedoch eigentlich nur die Wirkungsweise des Prägnanzgesetzes erläutern.

Die Anzahl der wichtigsten Gestaltfaktoren unterlag in der Geschichte der Wahrnehmungspsychologie großen Schwankungen. Helson (1933) beschrieb 114 Gestaltfaktoren; diese wurden von Boring (1942) auf 14 reduziert. Metzger (1966) blieb in seiner ausgezeichneten Abhandlung bei 7 Faktoren:

1. Faktor der Gleichartigkeit: Gleiche oder ähnliche Elemente des Wahrnehmungsfeldes werden zu einer Gestalt zusammengefaßt.
2. Faktor der Nähe: Benachbarte Elemente werden zusammengruppiert.
3. Faktor des gemeinsamen Schicksals: Hier wird besonders die Zusammengehörigkeit sich gleichmäßig bewegender Elemente hervorgehoben.
4. Faktor der objektiven Einstellung: Wird eine Reihe von Elementen nach einem bestimmten Prinzip organisiert, so besteht eine Tendenz, neu hinzukommende Elemente auch weiterhin nach dem gleichen Prinzip zu gruppieren.
5. Faktor des Aufgehens ohne Rest: Meistens werden bei der Organisation alle Elemente des Reizangebots einbezogen.

6. Faktor der durchgehenden Kurve: Wo irgendmöglich, wird eine durchgehende Linie oder Reihe so wahrgenommen, daß sie sich geradlinig fortsetzt.
7. Faktor der Geschlossenheit: Unterbrochene Elemente werden meistens zu geschlossenen Gestalten gemacht.

Zahlreiche Untersuchungen haben die Wirksamkeit dieser Faktoren überprüft. Man hat auch mehrere Faktoren gleichzeitig einander gegenübergestellt, um zu erfassen, welcher Faktor im Vergleich zu anderen bei der Organisation bevorzugt wird (s. Zusne 1971). Daß solche Gruppierungen tatsächlich erfolgen, scheint außer Zweifel zu sein. Der Begriff Prägnanz stellt allerdings noch ein Problem dar. Zwar ist der Begriff der guten Gestalt phänomenologisch einleuchtend, seine Definition ist jedoch verschwommen.

Hochberg und McAlister (1953) versuchten mittels der *Informationstheorie* (s. Prinz 1966) diese Verschwommenheit zu umgehen. Demnach wäre die beste Organisation einer Figur diejenige, bei der die größte Redundanz – Anzahl der sich wiederholenden Elemente – auftritt und die geringstmögliche Information zur Erfassung der Figur notwendig ist. Teil A der Abbildung 4.26 gibt ein Beispiel hierfür. Nach dieser Analyse ist die beste Organisation dann gegeben, wenn man zwei übereinanderliegende Rechtecke statt vier Rechtecke und ein Quadrat wahrnimmt. Teil B und C der Abbildung zeigen weitere Beispiele von Hochberg und Brooks (1960). Beide Figuren können als zwei- oder als dreidimensionale Figuren organisiert werden. Bei C ergibt eine dreidimensionale Organisation die größte Redundanz und die geringste Information, die zur Erfassung der Figur notwendig ist. Bei B ist dies für die zweidimensionale Organisation der Fall.

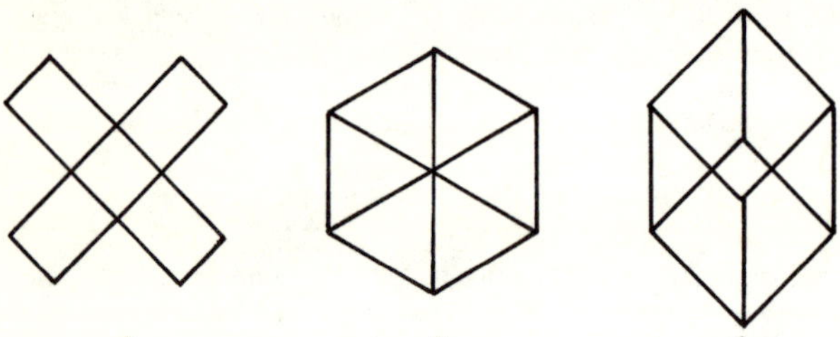

A B C

Abb. 4.26 Die Organisation von Figuren nach dem Prinzip der Redundanz (Teil B und C nach Kopfermann, 1930).

Nach der Informationstheorie haben die Gestaltfaktoren die Funktion, Unsicherheit – also das Ausmaß der notwendigen Information zur Erfassung der Figur – herabzusetzen. Eine prägnante Gestalt hat eine hohe Redundanz. Man kann die Redundanz und die Unsicherheit eines Punktmusters aufgrund der Entfernung zwischen den einzelnen Punkten (Faktor der Nähe) und ihrer Form (Faktor der Gleichartigkeit) berechnen (Hepke & Stadler 1972). Garner (1962) weist jedoch darauf hin, daß man Redundanz eigentlich als eine Eigenschaft einer Menge verschiedener Figuren auffassen müsse. Jedes Muster kann einem Satz anderer Muster oder Figuren mehr oder weniger ähnlich sein. Je kleiner die Anzahl ähnlicher Figuren, um so größer ist die Redundanz des Musters. Natürlich hängt die Unsicherheit auch davon ab, wieviele mögliche Alternativen es zu einer bestimmten Figur gibt. Nach Auffassung von Garner läßt sich die Prägnanz aus der Redundanz und der Unsicherheit einer Figur berechnen. Ausgezeichnete Figuren, wie zum Beispiel ein Kreis, sind prägnant. Sie haben eine hohe Redundanz – sie sind in sich redundant und stehen zu keiner anderen Figur in enger Verbindung. Die Unsicherheit ist bei solchen Figuren klein.

Zur Überprüfung dieser Auffassung von Prägnanz benutzten Garner und Clement (1963) verschiedene Punktmuster. Jeweils fünf Punkte wurden nach dem Zufall auf eine Matrix mit 3 × 3 gleichgroßen Feldern verteilt. Dabei ergaben sich 90 mögliche Verteilungen der Punkte – wenn die Einschränkung vorgenommen wurde, daß in jeder horizontalen und vertikalen Reihe bzw. Spalte der Matrix mindestens ein Punkt vorhanden sein mußte. Das Ausmaß der Eigenartigkeit jedes Musters ergibt sich daraus, welche Anzahl neuer Muster entsteht, wenn man das Ausgangsmuster jeweils um 90° dreht oder es spiegelbildlich abzeichnet. Abbildung 4.27 zeigt drei Beispiele. Teil A ist eine in diesem Sinne einzigartige Figur, da sie sich durch Drehung oder Spiegelung nicht verändert. Sie weist die höchste Prägnanz auf. Teil B hat eine mittlere Prägnanz, da aus der Drehung und Spiegelung vier äquivalente Figuren entstehen. Bei Teil C ergeben sich dagegen acht verschiedene Verteilungen; dieses Muster hat demnach die geringste Prägnanz.

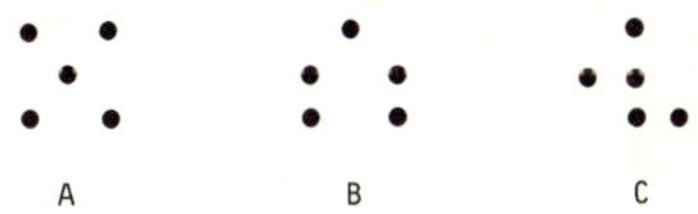

Abb. 4.27 Prägnanz und Redundanz (nach Garner und Clement, 1963).

Garner und Clement (1963) ließen ihre Beobachter alle 90 Muster mit der Methode der Größenschätzung nach ihrer Prägnanz beurteilen. Die Ergebnisse zeigten eine Korrelation von 0,84 zwischen dem Prägnanzurteil und der Figurenäquivalenz. Glushko (1975) ließ seine Beobachter 17 solcher Figuren nach der Methode des Paarvergleiches beurteilen. Bei jedem Paar sollte immer die beste Figur ausgewählt werden. Wiederum konnten die Urteile durch die Auffassung der Prägnanz nach Garner gut vorausgesagt werden.

Allerdings sind bei der Gruppierung von Figurelementen einige interessante Grenzen beobachtet worden. Olson und Attneave (1970) fanden, daß bei Strichen Gruppierungen nach dem Faktor der Gleichartigkeit aufgrund ihres Neigungsgrads und ihrer Länge, jedoch nicht aufgrund gleicher Winkel vorgenommen werden. Beispiele hierfür sind in Abbildung 4.28 zu sehen.

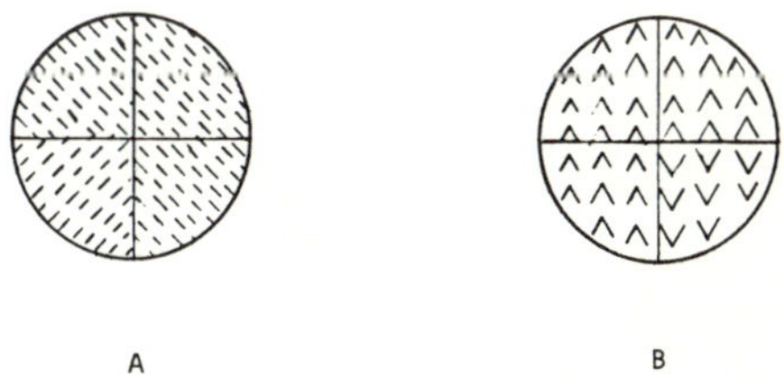

Abb. 4.28 Gruppierung von Diagonalstrichen und Winkeln (nach Olson und Attneave, 1970).

Bei jedem Durchgang hatte der Beobachter die Aufgabe, so schnell wie möglich den ungleichen Quadranten der Figur zu identifizieren. Bei einer prägnanten Gruppierung der Elemente müßte diese Aufgabe leichter zu lösen sein als bei einer nicht-prägnanten Gruppierung. Tatsächlich waren die Reaktionen, wenn der Quadrant einen anderen Neigungsgrad (Teil A) oder eine andere Strichlänge als der übrige Teil der Figur hatte, schnell und fehlerfrei. Wenn sich die Quadranten jedoch aufgrund ihrer Winkel unterschieden (Teil B), waren die Reaktionen langsamer und oft auch falsch. Diese Abgrenzung bezieht sich nur auf die Gruppierung der Elemente, denn Beck (1972b) konnte bei der Erkennung einer Figur, die tachistoskopisch dargeboten wurde, keine Überlegenheit von diagonalen Strichen über Winkel nachweisen. Das visuelle System ist also nicht allgemein gegenüber Winkeln unempfindlich, diese werden lediglich bei der Gruppierung von Elementen einer Figur nicht bevorzugt.

> Die Figur-Grund-Differenzierung und die Figur-Organisation scheinen die Funktion zu haben, eine Vereinfachung des aufgenommenen Reizangebotes herbeizuführen. Ohne die Einwirkung solcher Faktoren gäbe es eine Überzahl von Merkmalen aus der Umwelt. Irgendeine Auslese ist – je nach der Leistungsfähigkeit des Systems – unbedingt notwendig.

4.4.3 Figurale Interaktionen

Die Wahrnehmung von differenzierten Formen, Figuren und Mustern hängt auch davon ab, welche Beziehungen zwischen deren einzelnen Elementen bestehen. Ein Teil dieser Einflüsse auf die Wahrnehmung kann als Leistungsfähigkeit des Sinnessystems betrachtet werden. Das heißt, systemeigene Prozesse sind für ihr Entstehen verantwortlich. Dazu gehören die *figuralen Nacheffekte*, die *Formnacheffekte* und einige *optische Täuschungen.* Betrachten wir zunächst die Nacheffekte. Abbildung 4.29 zeigt ein Beispiel der figuralen Nacheffekte nach Köhler und Wallach (1944) (Teil A) und des Formnacheffekts nach Gibson (1933). Bei Teil A soll das x unter dem linken Teil der Figur (genannt *Inspektionsfigur* oder *I-Figur*) 15–20 Sekunden lang fixiert werden. Eine längere Betrachtung scheint keine Verstärkung des Effekts zu bewirken (Oyama 1953). Unmittelbar im Anschluß an diese Inspektion soll das x zwischen den beiden gleichgroßen Quadraten fixiert werden. Diese Figur nennt man *Testfigur* oder *T-Figur.* Aufgrund der vorangegangenen Inspektion der I-Figur soll dann bei der Testfigur das obere Quadrat kleiner als das untere erscheinen. Bei dem Gibson-Effekt (Teil B) soll keine strenge Fixation eingehalten werden. In diesem Fall soll der Blick zwischen den beiden Kreuzen – also horizontal über die gekrümmte Linie – hin und her bewegt werden. Nach einigen Sekunden soll dann bei der Betrachtung der geraden Linie eine leichte Krümmung in der entgegengesetzten Richtung wahrzunehmen sein. Die Dauer der vorangegangenen Inspektion beeinflußt die Dauer des Nacheffekts, jedoch nicht dessen Stärke (Ikeda & Obonai 1953). Die horizontale Blickbewegung bewirkt den stärksten Effekt. Vertikale Bewegungen des Auges entlang der Inspektionsfigur oder eine starre Fixation ergeben keinen Nacheffekt (Blakemore & Over 1974).

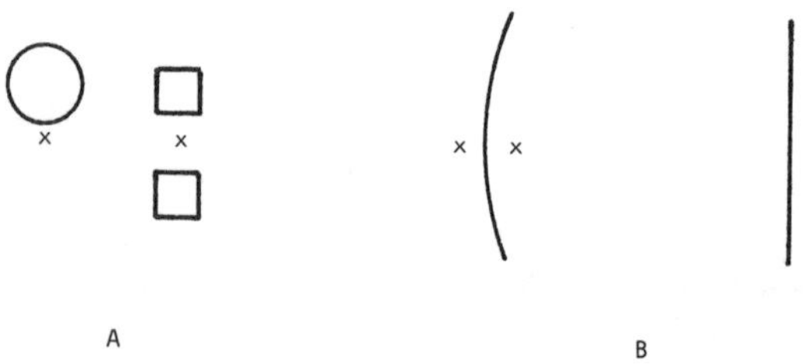

Abb. 4.29 Ein figuraler Nacheffekt (Teil A, nach Köhler und Wallach, 1944) und ein Formnacheffekt (Teil B, nach Gibson, 1933).

Wichtig ist bei beiden Effekten, daß nach Betrachtung der Inspektionsfigur ein anhaltender Prozeß beobachtet werden kann. Offensichtlich hat die Wahrnehmung einer Figur einen Einfluß auf die Wahrnehmung nachfolgender Figuren. Eine ausführliche Beschreibung der Forschung zu den Nacheffekten findet sich in einem Sammelreferat von Malhotra

(1966). Die Suche nach der Erklärung dieser Nacheffekte führte zu mehreren Theorien. Köhler und Wallach (1944) versuchten, solche Effekte im Rahmen der Gestalttheorie mit einer neurophysiologischen Theorie der Gehirnfunktion zu erklären. Danach bewirkt die Aufnahme einer bestimmten Figur eine Sättigung oder Hemmung in denjenigen Kortikalzellen, die auf die Konturen der Figur reagiert haben. Solche Zellen haben in der Zeit nach der Inspektion eine verminderte Aufnahmefähigkeit, so daß die neuen Konturen der Testfigur von diesen Zellen nicht verarbeitet werden können. Dies führt zu einer Verlagerung der neuen Kontur, und zwar dadurch, daß die Verarbeitung nun von nicht gesättigten Zellen übernommen wird. Die durch die Konturen der Inspektionsfigur hervorgerufene Sättigung bewirkt nach dieser Theorie also eine Verlagerung der Konturen der Testfigur von dem Gebiet der höchsten Sättigung weg.
Eine Reihe späterer Untersuchungen sowohl neurophysiologischer (Sperry & Miner 1955) als auch psychologischer Art sprachen gegen diese These. Heute findet die Theorie von Köhler und Wallach kaum noch Anhänger. Unter anderem wurden zahlreiche Nacheffekte entdeckt, bei denen eine Verlagerung der Konturen in diejenige Richtung erfolgte, in der die höchste Sättigung zu vermuten war (Malhotra 1958).
Eine andere Erklärung der Nacheffekte wurde von Ganz (1966a, b) entworfen. Als erstes wies er darauf hin, daß die Konturenverlagerungen bei den Nacheffekten gewisse Ähnlichkeiten mit einigen geometrisch-optischen Täuschungen haben. Einige Beipiele sind in Abbildung 4.30 zu sehen.

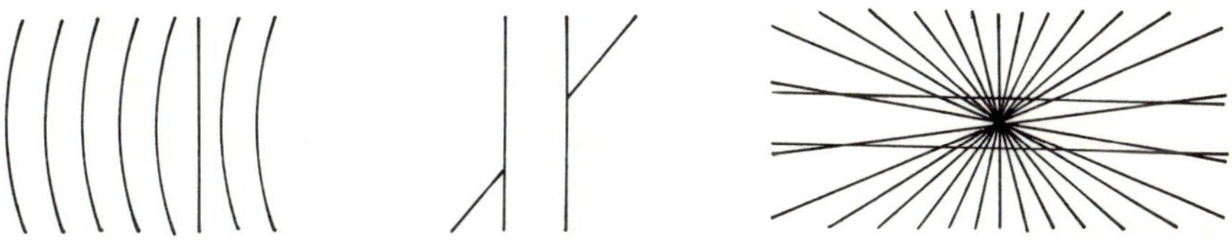

Abb. 4.30 Drei geometrisch-optische Täuschungen, die im Rahmen der Theorie der lateralen Hemmung zu erklären sind (Teil B: Poggendorf-Täuschung, Teil C: Hering-Täuschung).

In allen drei Beispielen scheint eine Verlagerung der Konturen durch andere Elemente des Musters zu erfolgen. In Anlehnung an Deutsch (1964) versuchte Ganz für die Nacheffekte sowie für verschiedene Täuschungen die laterale Hemmung verantwortlich zu machen. Demnach kann die Aufnahme einer Kontur eine hemmende Wirkung auf benachbarte Rezeptoren haben. Bei Teil A und C der Abbildung 4.30 wird die Verarbeitung der geraden Striche durch die gekrümmten bzw. schrägen Striche gehemmt. Bei den Nacheffekten (Abbildung 4.29) werden hemmende Einflüsse der Inspektionsfigur von den gehemmten Konturen zeitlich getrennt. Nach Ganz sind diese Einflüsse noch nach kurzer zeitlicher Trennung wirksam, etwa im Sinne eines Nachbildes der Inspektionsfigur. Bei Teil B der Abbildung 4.30 (Poggendorf-Täuschung) wird angenommen, daß die Hemmung eine Verschiebung der beiden Schrägstriche bewirkt. Allerdings könnte diese Täuschung auch einfach aufgrund einer verminderten Sehschärfe an den Winkeln der Figur auftreten. Das heißt, man ist nicht in der Lage, den genauen Punkt zu sehen, an dem die Schrägstriche auftreffen und unterschätzt daher die spitzen Winkel. Deshalb erscheint kein durchgehender Strich, sondern die beiden Teilstücke scheinen nach oben und unten verlagert zu zu sein.
Ein Problem für die Erklärung aufgrund der lateralen Hemmung ist die Beobachtung, daß sich bei den figuralen Nacheffekten eine *binokulare Übertragung* zeigt. Das heißt, man kann die Inspektionsfigur einem Auge darbieten und anschließend die Testfigur

dem anderen Auge. Die Nacheffekte treten dabei trotzdem auf. Ganz vertritt die Meinung, daß bei der Reizung des zweiten Auges die hemmenden Einflüsse aus dem ersten Auge noch wirksam sind und daher ihre Wirkung immer noch ausüben können. Eine andere Möglichkeit wäre, daß die laterale Hemmung zwar für den Nacheffekt verantwortlich ist, jedoch nicht im Sinne einer retinalen Hemmung. Möglicherweise erfolgen hemmende Einflüsse auch nach der binokularen Mischung der Informationen aus beiden Augen. Ganz selbst (Ganz & Day 1965) zeigte, daß bei geringem zeitlichen Abstand zwischen Inspektions- und Testfigur eine Annäherung statt einer Verlagerung auftritt, was zunächst gegen die laterale Hemmung zu sprechen scheint. Allerdings hat auch Westheimer (1967) solche Interaktionen beobachtet: Bei einer Trennung auf der Netzhaut von 5 Minuten erfolgten Hemmungen, während bei Trennungen unterhalb 5 Minuten eine Verstärkung zu beobachten war. Das heißt, hierbei erfolgte die Verlagerung in Richtung der Konturen (Annäherung).

Die Daten von Westheimer (1967) können eine Schwierigkeit überwinden, die bei der Theorie der lateralen Hemmung besteht. Pollach (1967) und Immergluck (1966) wiesen darauf hin, daß bei manchen Täuschungen eine entgegengesetzte Verlagerung der Konturen auftritt, wenn man das Muster zerlegt und es wie bei den Untersuchungen zu den figuralen Nacheffekten darbietet. Bei der *Delboeuf-Täuschung* werden als Muster zwei gleichgroße Kreise gezeigt; einer der beiden wird zusätzlich von einem größeren Kreis umgeben und erscheint infolgedessen größer als der andere (Annäherung). Wenn man das gleiche Muster zur Erzeugung eines Nacheffekts darbietet, ist seitlich des größeren Kreises, der die Inspektionsfigur darstellt, ein Punkt zu fixieren. Danach fixiert man einen Punkt zwischen den beiden gleich großen Testkreisen. In diesem Fall erscheint nun der Kreis dort, wo vorher bei der Inspektion der größere Kreis war, kleiner (Verlagerung). Diese Beobachtung scheint zunächst gegen die laterale Hemmung zu sprechen. Bei einer genaueren Betrachtung und bei Berücksichtigung der Daten von Westheimer (1967) ist dies jedoch nicht der Fall. Ikeda und Obonai (1955) untersuchten dieses Phänomen systematisch. Als Testfigur dienten zwei Kreise mit einem Durchmesser von jeweils 30 mm. Die Inspektionsfigur waren Kreise mit verschiedenen Durchmessern (10–80 mm). Die Ergebnisse sind in Abbildung 4.31 zu sehen.

Die negativen Zahlen bedeuten, daß der Testkreis an dem Ort des Inspektionskreises im Vergleich zu dem anderen Testkreis kleiner erscheint. Bei den Werten links von der vertikalen unterbrochenen Linie ist der Inspektionskreis kleiner, bei den Werten rechts davon größer als der Testkreis. Betrachten wir zuerst die oberste Darstellung, bei der der Inspektionskreis und die Testkreise gleichzeitig für 500 msek dargeboten wurden. Wenn der Inspektionskreis erheblich kleiner als der Testkreis war (10 mm), erschien der Testkreis etwas größer als der Vergleichskreis (Konturverlagerung). Wenn jedoch die Größe des Inspektionskreises zunahm, erschien der Testkreis nunmehr kleiner (Annäherung). Genau diese Beziehung wäre nach den Ergebnissen von Westheimer (1967) zu erwarten. Wenn der Inspektionskreis größer als der Testkreis war (rechts von der unterbrochenen Linie), erfolgte zuerst eine Annäherung und dann, nach einer bestimmten Größe des Inspektionskreises, wiederum eine Konturenverlagerung. Bei der zeitlichen Trennung von Inspektions- und Testfigur verschob sich der Ort, an dem die Kurve von Annäherung in Verlagerung umschlug (graphische Darstellung B und C).

Bei B wurde die Darbietung der Testkreise nach dem Darbietungsanfang der Inspektionsfigur um 200 msek verzögert. Bei C wurde die Darbietung der Testkreise um 600 msek verzögert. In diesem Fall traten die beiden Elemente hintereinander auf (500 msek I-Figur, 100 msek Pause, 500 msek T-Figur).

Es scheint so, als ob der Bereich der Hemmung kontinuierlich größer wird. Man könnte hier von einer sich ausdehnenden Hemmung sprechen (s. Ratliff 1965). Man kann also

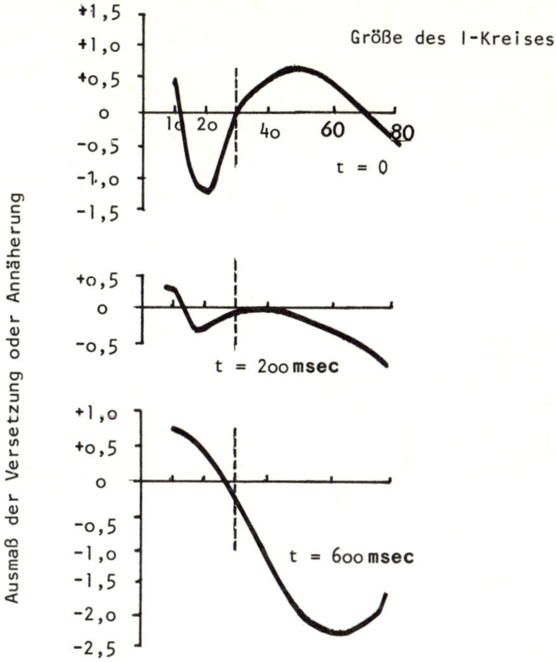

Abb. 4.31 Die Delboeuf-Täuschung als figuraler Nacheffekt und als optische Täuschung jeweils als Funktion der Zeit (t) zwischen der Darbietung der Teilfiguren und Größe der Inspektionsfigur (nach Ikeda und Obonai, 1955).

die Daten des untersten Kurvenzugs als so zustandegekommen ansehen, daß sich diejenigen Hemmungsbereiche, die bei der gleichzeitigen Darbietung der Figurenteile den linken Teil des Kurvenzuges bilden, bei einem größeren zeitlichen Abstand verschieben.

Eine weitere Möglichkeit, den Mechanismus dieser Effekte zu spezifizieren, ergibt sich aus einem neuen Nacheffekt, der von Blakemore und Sutton (1969) berichtet wurde. Abbildung 4.32 zeigt diesen Effekt.

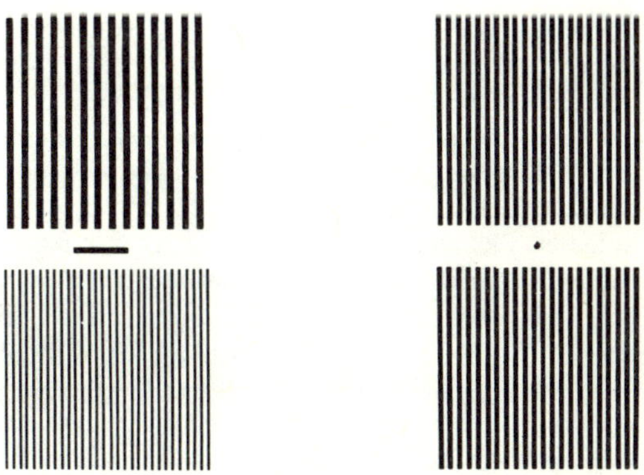

Abb. 4.32 Ortsfrequenz-Nacheffekt (nach Blakemore und Sutton, 1969).

Im Anschluß an die Betrachtung der linken Figur für etwa 2 Minuten scheint es eine Verschiebung der Ortsfrequenzen des Testmusters zu geben: Die oberen Streifen erscheinen schmaler und aneinandergerückt (höhere Frequenz) und die unteren Streifen erscheinen breiter und auseinandergerückt (niedrigere Frequenz). Hier scheint zur Erklärung der Begriff der »Frequenz-Detektoren« angebracht.

Nehmen wir an, daß Figuren aufgrund ihrer Ortsfrequenzen analysiert werden. Die Verarbeitung einer Figur führt zur allgemeinen Herabsetzung der Empfindlichkeit des Systems für die vorhandenen Frequenzen. Als Beispiel kann ein analoger Prozeß bei den Farbrezeptoren angeführt werden. Dauerreizung mit Rot führt zur Adaptation für Rot. Eine nachfolgende neutrale Farbe erscheint nicht grau, sondern blau-grün, da sie nur von den nicht adaptierten Rezeptoren (grün und blau) aufgenommen werden kann. Das Gleichgewicht der Rezeptoren ist also durch die Dauerreizung zerstört worden. Bei der Ortsfrequenz führt die Beanspruchung der Detektoren für eine spezifische Frequenz zur Adaptation. Bei der Verarbeitung eines nachfolgenden Musters ist der Anteil dieser Detektoren vermindert und folglich wird eine Verlagerung der wahrgenommenen Ortsfrequenz bewirkt (s. Mollen 1974).

Ähnliche Überlegungen können bei dem *Gibson-Effekt* angestellt werden. Man stellt sich eine Population von Merkmalsdetektoren vor, die auf Striche unterschiedlicher Neigung oder Krümmung ansprechen. Dauerreizung durch Striche mit einer bestimmten Krümmung führt zu einer Herabsetzung der Empfindlichkeit für diejenigen Detektoren, die auf diese Krümmung reagieren. Bei der Darbietung eines neuen Reizes liegt ein System vor, das nicht mehr im Gleichgewichtszustand adaptiert ist; daher kommt es zu einer Veränderung der Wahrnehmung des neuen Reizes. Der neue Strich ist zwar wirklich gerade, jedoch wird er – ohne Beteiligung der adaptierten Detektoren – als gekrümmt gemeldet.

Um die Leistungsfähigkeit solcher Detektoren zu untersuchen, geht man in ähnlicher Weise vor wie bei der Erforschung der Farbempfindlichkeit mittels der chromatischen Adaptation. Blakemore und Campbell (1969) ließen Beobachter ein Streifenmuster mit einer bestimmen Ortsfrequenz (z. B. 7 Hz) für einige Minuten betrachten. Daraufhin wurde für verschiedene Frequenzen oberhalb und unterhalb der Inspektionsfrequenz die Schwelle gemessen, und zwar durch eine Veränderung des Kontrasts. Blakemore und Campbell fanden die stärkste Herabsetzung der Empfindlichkeit bei der Frequenz des Inspektionsmusters und von dort ab über den Bereich zwischen 3 Hz und 14 Hz hinweg eine kontinuierlich geringer werdende Veränderung der Schwelle. Außerhalb dieser Werte war keine Veränderung der Schwelle zu finden. Bei dem Nacheffekt in Abbildung 4.32 ist die Frequenz des Testmusters, wenn es aus einer Entfernung von etwa 30 cm betrachtet wird, ungefähr gleich 5 Hz. Aus der gleichen Entfernung hat das obere Streifenmuster des Inspektionsmusters eine Frequenz von etwa 3 Hz und das untere Muster eine Frequenz von etwa 7 Hz. Würde man die Frequenzen des oberen Inspektionsmusters halbieren und die des unteren verdoppeln, so würde kein Effekt auftreten (s. Uttal 1973).

In diesem Fall läge also die Frequenz des Inspektionsmusters außerhalb des Frequenzbereichs der Detektoren, die vom Testmuster gereizt würden. Ähnliche Ergebnisse wurden mit der Empfindlichkeit für die Orientierung eines Streifenmusters erzielt (Gilinsky 1968).

Bei dem Gibson-Effekt ist eine horizontale Blickbewegung eine Voraussetzung für das Auftreten des Effekts. Diese Bewegung bewirkt die Adaptation einer Detektorenmenge. Vertikale Blickbewegungen würden keine Adaptation bewirken, da sich die Adaptation ausgleichen würde. Wie bereits erwähnt, fanden Blakemore und Over (1974) genau dieses Ergebnis. Aus den gleichen Gründen ist die Einhaltung eines Fixationspunktes bei den Mustern zu den Nacheffekten nach Köhler und Wallach (1944) erforderlich, da sonst die Adaptation von entgegengesetzten Detektoren erfolgen würde. Als Folge davon würde im System das Gleichgewicht der Detektoren eingehalten.

Auf diese Weise werden zahlreiche Detektoren im visuellen System erforscht. Hierbei können auch die Beziehungen zwischen Detektoren untersucht werden. Bisher konnten Detektoren für Ortsfrequenz, Konturen und Bewegungen nachgewiesen werden. Detektoren für Winkel sind nicht nachgewiesen worden. Dies steht im Einklang mit den Ergebnissen von Olson und Attneave (1970), wenn man solche Detektoren, wie es Kaufman (1974) vorschlägt, auch für die Gruppierung von Figurelementen verantwortlich machen möchte.

Übrigens sind die Funktionsebenen der verschiedenen Detektoren nicht alle gleich. Detektoren für Ortsfrequenzen und für Konturen sind bei der Reizung beider Augen ansprechbar. Das heißt, sie zeigen binokulare Übertragung. Bewegungsdetektoren scheinen hingegen sowohl monokulare als auch binokulare Anteile zu haben. Eine drehende Spirale ergibt einen starken Bewegungsnacheffekt im gereizten Auge, aber einen verminderten Effekt in dem anderen Auge *(Spiralen-Nacheffekt)*. Farbdetektoren scheinen nur monokular zu sein. In zwei Versuchen (Murch 1972, 1974) wurde der McCollough-Effekt (Farbdetektoren), jeweils zusammen mit dem Blakemore-Sutton-Effekt (Ortsfrequenzdetektoren), hergestellt. Die Inspektion erfolgte nur für ein Auge. Wenn das Testmuster dem anderen Auge dargeboten wurde, traten in beiden Fällen die Nacheffekte auf, jedoch nicht der McCollough-Effekt.

> Nach der heutigen Auffassung zur Figurwahrnehmung scheint der Begriff der Merkmalsdetektoren wichtig zu sein. Danach differenzieren das visuelle und das akustische System durch ihre Merkmalsdetektoren Elemente des Reizangebotes. Zusammenfassungen im Sinne der Figur-Grund-Differenzierung sowie die Gruppierung erfolgen aufgrund der Gleichwertigkeit von Elementen bezüglich der Beteiligung spezifischer Detektoren. Genau wie die Rezeptoren des Wahrnehmungssystems zeigen die Merkmalsdetektoren auch Adaptation und laterale Hemmung. Nach diesem Prinzip sind Nacheffekte und manche optischen Täuschungen zu verstehen.

Der Ansatz zur Beschreibung der Figurwahrnehmung durch Merkmalsdetektoren ist relativ neu. Es bleibt noch abzuwarten, ob dieser Ansatz – mit seiner Verbindung zur Neurophysiologie – so ergiebig sein kann, wie die früheren Leistungen der Gestaltpsychologie.

4.5 Fragen

1. Beschreiben Sie das Verhältnisgesetz bei der Wahrnehmung neutraler Farben!
2. Worin besteht der Unterschied zwischen Konstanz und Kontrast bei neutralen und chromatischen Farben?
3. Welche drei »psychologischen« und welche drei »physikalischen« Eigenschaften haben chromatische Farben?
4. Was ist der Unterschied zwischen subtraktiver und additiver Farbmischung?
5. Wie sagt man die Tonhöhe eines komplexen Tons voraus?
6. Was ist der Unterschied zwischen Mel, Son und Phon?
7. Welche Argumente stützen die Annahme, daß die Formwahrnehmung erfahrungsunabhängig ist?
8. Was ist das Prägnanzgesetz, und welche Faktoren bestimmen sein Auftreten?

Teil V. Zusammenspiel der Leistungsfähigkeit und der Erfahrung

Im Laufe des Lebens sammelt jeder Wahrnehmende Erfahrungen über die Signale der Umwelt. Diese Erfahrungen kommen als weitere Komponente beim Prozeß der Wahrnehmung hinzu. Es bleibt folglich noch die Aufgabe, im letzten Teil dieses Buches, die Rolle der Erfahrung zu behandeln. So wie es schwierig ist, die Diskriminations- und die Leistungsfähigkeiten des Wahrnehmungsprozesses losgelöst von der Erfahrung zu besprechen, so ist es auch kaum möglich, die Erfahrung ohne Einfluß der beiden anderen Komponenten zu beschreiben, denn zwischen Wahrnehmung und Erfahrung besteht eine enge Wechselbeziehung. In unserem Modell bietet das Wahrnehmungssystem die Möglichkeit, Signale aus der Umwelt auszulesen. Wir beschrieben diese Auslese durch die Diskriminationsfähigkeit. Gewisse weitere Selektionen, Zusammenfassungen und Vereinfachungen wurden als Resultate der Leistungsfähigkeit betrachtet. Nun soll die Wirkung der Erfahrungen hinzugefügt werden.

Meistens ist es sehr schwierig, eine Trennung zwischen erfahrungsbedingten und angeborenen Einflüssen durchzuführen. Dies ist dennoch sehr wichtig, denn beim Fehlen einer Leistungsfähigkeit können entsprechende Maßnahmen erst nach Klärung dieser Frage getroffen werden. Kinder machen oft Fehler beim Erkennen von Buchstaben, was erhebliche Leseschwierigkeiten zur Folge hat. Um entsprechende Maßnahmen dagegen durchführen zu können, muß erst festgestellt werden, inwiefern diese Störung auf angeborenen oder erfahrungsbedingten Einflüssen beruht.

Bei den bisher behandelten Leistungsfähigkeiten wurde weitgehend von einer Erfahrungsunabhängigkeit ausgegangen. Zur Überprüfung dieser Annahme findet man verschiedene Ansätze in der Wahrnehmungspsychologie. Der einfachste Ansatz besteht darin festzustellen, inwieweit eine Wahrnehmungsleistung durch Training verändert werden kann. Zum Beispiel könnte man versuchen, die visuelle oder akustische Seh- bzw. Hörschärfe durch Training zu erhöhen. In beiden Fällen findet man zwar eine Leistungsverbesserung, jedoch scheint diese Erfahrung mehr ein *Strategielernen* zu sein, d. h. man lernt, optimal mit den Leistungsfähigkeiten des Systems umzugehen. Eine Rolle der Erfahrungseinwirkung ist demnach das Erlernen der optimalen Anwendung angeborener Leistungsfähigkeiten. Solche Erfahrungen können in manchen Fällen zu erheblichen Leistungssteigerungen (z. B. Diskrimination von Tonhöhen), in anderen aber auch nur zu geringen Veränderungen (z. B. Richtungslokalisation bei Tönen) führen.

Daß Erfahrung keine eigentliche Verbesserung der Wahrnehmungsfähigkeit darstellt, ist oft schwer zu erkennen. Ein klassisches Beispiel hierfür bietet die Zunahme der Hörschärfe bei Blinden. Früher hat man angenommen, daß Blinde ein bestimmtes *Gesichtssehen* entwickeln, das das Erkennen von Gegenständen in unmittelbarer Nähe ermöglicht. Jedoch konnten Supa, Cotzin und Dallenbach (1944) zeigen, daß diese angeblich erworbene Fähigkeit in Wirklichkeit eine verstärkte Anwendung der Leistungsfähigkeit des Hörsystems ist. Was gelernt wurde, war eine genauere Beachtung der durch das Auftreten auf Gegenständen verursachten Veränderungen des Schalls, der von den eigenen Schritten herrührte. Diese Fertigkeit konnte auch ohne weiteres von Sehenden erlernt werden.

Die zweite Möglichkeit der Erfahrungseinwirkung findet sich bei Wahrnehmungsleistungen, die nur durch spezifische Erfahrung eines Beobachters möglich werden. Das Erkennen bestimmter Gegenstände bietet hierfür ein Beispiel. Doch auch hier ist die Erfassung von Lerneffekten schwierig. Zahlreiche Untersuchungen an Kleinkindern überprüften das Vorhandensein oder Fehlen bestimmter Fertigkeiten (s. Gibson 1969, Lang i. Vorb.). In einer einfallsreichen Versuchsreihe untersuchte Bower (1964, 1965) die Fähigkeit von

Kleinkindern, Tiefe wahrzunehmen. Kinder im Alter zwischen 75–85 Tagen lernten bei der Darbietung eines 30 cm² großen Quadrats in einer Entfernung von einem Meter eine Kopfbewegung zu machen. Die Reaktion wurde durch das »Kuck-Kuck-Spiel« des Versuchsleiters verstärkt (Der Versuchsleiter versteckt sich, so daß das Kind ihn nicht sieht, und springt unmittelbar nach der Darbietung des Quadrats lächelnd hervor). Kleinkinder können stundenlang mit dem Spiel unterhalten werden und lernen leicht ein bestimmtes Verhalten, um diese Verstärkung zu bekommen. In zufälliger Reihenfolge wurde als weiterer Reiz ein Quadrat von 90 cm² Größe dargeboten, diesmal jedoch wurden die Kopfbewegungen nicht verstärkt. Nachdem das Kind diese Diskrimination gelernt hatte, wurden in der Testphase, in der keine Verstärkungen mehr erfolgten, beide Quadrate einzeln in einer Entfernung von 3 Metern gezeigt. Wenn das Kind Tiefe wahrnehmen kann, erwartet man eine höhere Anzahl von Kopfbewegungen bei dem 30 cm² großen Quadrat. Falls es Tiefe nicht wahrnehmen kann, ist eine größere Reaktionshäufigkeit bei dem 90 cm² Quadrat zu erwarten, da dies nun genauso groß erscheint wie das vorher mit Verstärkung assoziierte Quadrat (s. Abbildung 3.2). Die meisten Reaktionen erfolgten auf dem 30 cm² großen Quadrat. Man kann daraus schließen, daß Kinder bereits nach einem Vierteljahr Tiefe wahrnehmen können. Diese Beobachtung deutet auf eine angeborene Komponente bei der Tiefenwahrnehmung, schließt jedoch die Wirkung von Erfahrungen nicht aus.

Die dritte Art von Untersuchungen zur Rolle der Erfahrung nennt man *Deprivationsversuche*. Visuelle Reize werden den Versuchstieren entzogen, die verschieden lange Zeitperioden entweder in Dunkelheit oder unter diffusen Lichteinwirkungen aufwachsen. Nach einer bestimmten Reifezeit werden die Tiere auf verschiedene Leistungsfähigkeiten getestet. Nach den Ergebnissen von Walk (1966) u. a. waren Tiere verschiedener Arten zu adäquater Tiefenwahrnehmung in der Lage, obwohl sie vor dem Test nie Gelegenheit gehabt hatten, etwas wahrzunehmen.

Allerdings besteht bei solchen Untersuchungen immer die Gefahr, daß das Wahrnehmungssystem während der Deprivationszeit geschädigt wird. Das Fehlen einer Leistungsfähigkeit kann dann sowohl auf das Fehlen der notwendigen Erfahrungen als auch auf das Fehlen der normalen Entwicklung des Systems zurückgeführt werden. Es ist anzunehmen, daß Einsatz und Verwendung des Wahrnehmungssystems Voraussetzung für seine normale Entwicklung sind (Riesen 1960).

In letzter Zeit ist die alte Kontroverse zwischen Empirismus und Nativismus erneut diskutiert worden. Hier fragt man, ob der gesamte Wahrnehmungsprozeß auf spezifische Erfahrungen des Individuums oder auf angeborene Leistungen zurückzuführen ist. Nach den neuesten neurophysiologischen Ergebnissen ist die These gerechtfertigt, daß spezifische Erfahrungen zur Entwicklung der Leistungsfähigkeiten notwendig sind. Ein Beispiel: Katzen zeigen im visuellen Teil des Kortex eine Reihe von Merkmalsdetektoren, die auf Striche verschiedener Orientierung, Länge und Bewegungsrichtung ansprechen. Methodisch geht man so vor, daß man zunächst eine *Mikroelektrode* in das Gehirn einführt. Dann werden der Netzhaut verschiedene Reize dargeboten, wobei durch Anästhesie die Augenmuskulatur funktionsunfähig gemacht wird (Hubel & Wiesel 1962). Werden Katzen in einer Umgebung großgezogen, in der nur vertikale Striche vorhanden sind, findet man hauptsächlich Detektoren, die für vertikale Striche besonders empfindlich sind (Blakemore & Mitchell 1973). Obwohl diese Beobachtung nicht immer bestätigt werden konnte (s. Hubel & Wiesel 1970), ist sie als Hinweis auf die Erfahrungsabhängigkeit bei der Entwicklung der Merkmalsdetektoren aufzufassen. Man müßte auch eine erhöhte Diskriminationsfähigkeit für vertikale gegenüber horizontalen Streifen bei diesen Tieren erwarten. Genau dieses Ergebnis wurde von Hirsch (1972) berichtet.

Zu einer erneuten Auseinandersetzung zwischen den Empiristen und den Nativisten kam es anläßlich der Frage, ob die Wahrnehmungssysteme spezifische angeborene Schaltungen besitzen oder ob diese Schaltungen erst durch die Umweltreizung entwickelt werden. Auf jeden Fall deuten Ergebnisse darauf hin, daß Wahrnehmungssysteme viel plastischer sind, als man bisher angenommen hatte. Die Grenzen dieser Plastizität sind jedoch noch nicht bekannt.
Wir werden uns in diesem Teil des Buches mit der Wirkung der Erfahrung einerseits im Sinne des Strategielernens und andererseits im Sinne des Erlernens spezifischer Beziehungen zwischen Aspekten der Umweltreizung beschäftigen. Dabei soll die Rolle der Erfahrung des Beobachters bei seiner aktiven Auseinandersetzung mit der Umwelt besonders betont werden. Es ist das Zusammenspiel zwischen Erfahrungen und den Diskriminations- und Leistungsfähigkeiten des Wahrnehmungssystems, das der Wahrnehmung ihren dynamischen Charakter verleiht.

5.1 Die visuelle Raumwahrnehmung

Als Raumwahrnehmung wird das visuelle Erleben des dreidimensionalen Raums bezeichnet, in dem die eigene Person im Zentrum steht. Die Wahrnehmung der eigenen Position im Raum stellt die *egozentrische Wahrnehmung* dar. In der Beschreibung der Wahrnehmung des Raumes haben dessen Elemente, bezogen auf den Beobachter, spezifische Entfernungen. Wir sprechen hier von der *Entfernungswahrnehmung*. Elemente können in bestimmten räumlichen Beziehungen zueinander wahrgenommen werden. Diese Fähigkeit heißt *Tiefenwahrnehmung*. In allen Fällen entstehen die Wahrnehmungsfähigkeiten aus dem Zusammenspiel zwischen angeborenen Leistungsfähigkeiten und erfahrungsbedingten Einflüssen.
Wir wollen zuerst die Leistungsfähigkeiten der Raumwahrnehmung behandeln. (Trotz zahlreicher empirischer Befunde und einfallsreicher Theorien muß zugestanden werden, daß die Mechanismen der Raumwahrnehmung noch nicht völlig aufgeklärt sind.) Raumwahrnehmung ist weitgehend angeboren. Zu dieser angeborenen Leistungsfähigkeit können eine Reihe von Komponenten hinzugefügt werden, die mit großer Wahrscheinlichkeit erfahrungsbedingt sind.
Diese Aufteilung geht von der einfachen Annahme aus, daß bei manchen Aspekten der Raumwahrnehmung eine Einwirkung spezifischer Erfahrungen, logisch gesehen, nicht erforderlich ist. Zunächst scheint es sehr unwahrscheinlich zu sein, daß ein neugeborenes Kind seine Umwelt nicht als »draußen« erlebt. Damit besteht bereits die allgemeine Grundlage der Raumwahrnehmung. Schon durch die Wahrnehmung der Umwelt als von der eigenen Person unabhängig ist eine Basis für die Entwicklung einer egozentrischen Wahrnehmung gegeben. Die Zuordnung der Elemente der Umwelt außerhalb oder entfernt von der eigenen Person ist die Voraussetzung für Entfernungswahrnehmung sowie für die Wahrnehmung von Beziehungen zwischen einzelnen Elementen, die Grundlage der Tiefenwahrnehmung ist. Wir gehen von einer angeborenen Leistungsfähigkeit für die Raumwahrnehmung aus. Durch den Umgang mit dieser Leistungsfähigkeit entwickeln sich Strategien zur genauen Erfassung des Raumes. Ferner können, in Verbindung mit der angeborenen Leistungsfähigkeit der Raumwahrnehmung neue Beziehungen erlernt werden, die dann zu einer immer genaueren Wahrnehmung des Raumes beitragen.

5.1.1 Die Leistungsfähigkeit der Raumwahrnehmung

Vier angeborene Leistungsfähigkeiten sind bei der Raumwahrnehmung beteiligt: Akkommodation, Konvergenz, Stereopsie und Kinästhesie.

Akkommodation bezeichnet die Veränderung der Krümmung der Augenlinse in Abhängigkeit von der Entfernung eines distalen Objekts. Dadurch kann eine scharfe Abbildung eines Objektes bei verschiedenen Entfernungen gewährleistet werden. Durch die Krümmungsveränderung verändert sich die *Brennweite* der Linse, was eine Verschiebung des *Brennpunktes* zur Folge hat. In Anbetracht der verschiedenen Elemente des Auges, die eine Lichtbrechung verursachen (Hornhaut usw.), bewirkt die Akkommodation eine Veränderung der Brennweite zwischen 14 mm und 17 mm. Das heißt also, daß bei stärkster Krümmung Objekte in einer Entfernung von 20 cm auf der Netzhaut scharf abgebildet werden können. Die größte Brennweite besteht bei Entfernungen von etwa 3 Meter. Bei noch größeren Entfernungen verändert sich die Krümmung nicht weiter.

Jedes Objekt, das nicht durch Akkommodation auf der Netzhaut scharf abgebildet wird, erscheint verschwommen. Der Grad der Verschwommenheit hängt von dem Entfernungsunterschied zwischen diesem Objekt und dem Fixationspunkt ab. Die Verschwommenheit dient als Reiz zur Auslösung der Akkommodation. Sie erfolgt im Sinne eines Regelungsprozesses, indem das System durch Veränderung des Fixationspunktes das neue Objekt scharf abzubilden versucht (von Holst 1957). Akkommodation steht nicht unter bewußter Kontrolle des Beobachters, sondern wird durch unregelmäßige Veränderungen des Fixationspunktes auf Objekte in verschiedenen räumlichen Entfernungen ausgelöst. Sie scheint demnach keine Information über Entfernungen oder räumliche Beziehungen zu übermitteln, sondern bereits eine Folge der Entfernungswahrnehmung zu sein. Die Akkommodation trägt also vor allem zur Erhöhung der Sehschärfe oder Diskriminationsfähigkeit nach der Übermittlung der räumlichen Beziehungen bei.

Enggekoppelt mit der Akkommodation ist die *Konvergenz*. Konvergenz beschreibt die Richtungsänderung der beiden Augen, die nötig ist, um die Abbildung entfernter Objekte auf die korrespondierenden Netzhautgebiete beider Augen fallen zu lassen. Abbildung 5.1 zeigt ein Beispiel. Bei Veränderung der Fixation von Punkt A auf den weniger entfernten Punkt B muß das linke Auge nach rechts gedreht werden und das rechte nach links. Diese Bewegung ist eine Konvergenz. Bei der Veränderung der Fixation von B zurück nach A erfolgt *Divergenz*. Dennoch bezeichnet man üblicherweise alle diese Vorgänge als Konvergenz.

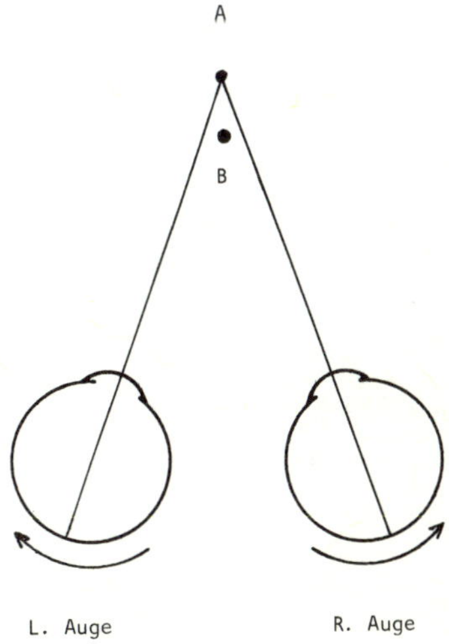

Abb. 5.1 Die Konvergenzbewegungen der Augen.

Konvergenzbewegungen müssen von den Verfolgungsbewegungen (s. 3.1.2) unterschieden werden. Letztere dienen der Verfolgung bewegter Objekte. Ebenfalls unterscheiden sich Konvergenzbewegungen von saccadischen Augenbewegungen, die einer Veränderung des Fixationspunktes dienen. Sowohl bei saccadischen Augenbewegungen wie auch bei Verfolgungsbewegungen drehen sich beide Augen immer in die gleiche Richtung. Bei einer Veränderung des Fixationspunktes zu einer weiter entfernten Stelle erfolgen sowohl Konvergenz als auch saccadische Bewegungen. Saccadische und Verfolgungsbewegungen werden aktiv durch den Beobachter kontrolliert. Sie dienen dazu, einen Reiz auf der Fovea der Netzhaut abzubilden.

Dagegen können Konvergenzbewegungen zwar bewußt kontrolliert werden, sie werden jedoch meistens durch zwei andere Reizgegebenheiten ausgelöst. Erstens scheint die Verschwommenheit von Reizen in verschiedenen Entfernungen als Auslöser der Konvergenzbewegungen und der Akkommodation zu dienen. Schließt man z. B. ein Auge, fixiert ein Objekt mit dem anderen Auge, und verändert dann den Fixationspunkt auf ein weiter entferntes Objekt, so erfolgen die Konvergenzbewegungen, obwohl das zweite Auge geschlossen ist. Der zweite Auslöser für Konvergenzbewegungen ergibt sich dadurch, daß alle Objekte der Umwelt, die weiter oder näher als der Fixationspunkt liegen, doppelt gesehen werden. Bei der beidäugigen Betrachtung des nach oben gerichteten Daumens bei gestrecktem Arm sieht man alle Objekte hinter dem Daumen doppelt. Verändert man den Fixationspunkt zum entfernten Objekt, so erscheint ein Doppelbild des Daumens.

Bei der Fixation auf ein Objekt werden durch Konvergenzbewegungen beide Augen in ihrer Richtung aufeinander abgestimmt. Das heißt, die beiden Netzhäute werden auf *korrespondierenden Stellen* durch die distale Reizung stimuliert. Alle anderen Objekte des Wahrnehmungsfeldes werden auf nicht korrespondierende Stellen abgebildet, so daß sie ein Doppelbild hervorrufen. Man bemerkt solche Doppelbilder normalerweise nicht, da sie meistens auf Stellen außerhalb der Fovea fallen. Wenn jedoch – wie bei dem Beispiel mit dem Daumen – ein Objekt in einer anderen Entfernung als der Fixationspunkt zentral wahrgenommen wird, dann erscheint es als Doppelbild. In Abhängigkeit

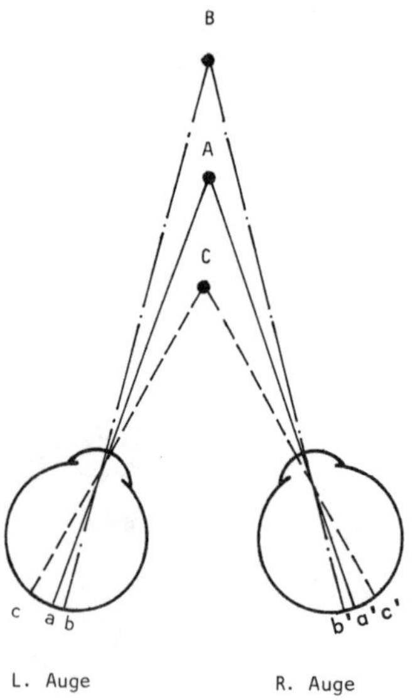

Abb. 5.2 Die Querdisparation. Bei Fixation auf Punkt A erfolgt ungekreuzte Querdisparation bei Punkt B und gekreuzte Querdisparation bei Punkt C.

von der Entfernung verschiedener Objekte relativ zum Fixationspunkt verändert sich das Ausmaß der Abweichung von den korrespondierenden Stellen der Netzhaut. Dieses Ausmaß bezeichnet man als *Querdisparation.* Alle Objekte, die weiter entfernt als das fixierte Objekt liegen, zeigen eine zunehmende *ungekreuzte Querdisparation* (das entfernte distale Objekt wird auf nicht korrespondierenden Stellen weiter zur Nase als die Abbildung des fixierten Objektes projiziert). Alle Objekte, die näher als das fixierte Objekt liegen, zeigen eine zunehmende *gekreuzte Querdisparation* (das nähere distale Objekt wird auf nicht korrespondierenden Stellen weiter zu den Ohren als die Abbildung des fixierten Objektes projiziert). Diese Verhältnisse sind in Abbildung 5.2 dargestellt.
Das Doppelbild, oder besser gesagt die Querdisparation, kann als auslösender Reiz für die Konvergenzbewegungen angesehen werden. Die Reizung korrespondierender Stellen nach erfolgter Konvergenz ruft ein Einzelbild aus der Kombination der Signale von den beiden Augen hervor.
Da die Konvergenzbewegungen durch spezifische, von der Netzhautreizung abhängige Reizsituationen ausgelöst werden, liefern sie eine Möglichkeit zur Feststellung der Entfernung verschiedener Objekte. (Roelofs 1960). Mehrere Theorien wurden hierzu entwickelt: Sherrington (1918) glaubte an Rückmeldungen aus den Augenmuskeln, die die Position der Augen übermittelten; Helmholtz (1866) meinte, daß die Signale zur Durchführung der Konvergenzbewegungen die Entfernungsinformation enthielten, und von Holst (1957) bevorzugte mit seinem *Reafferenzprinzip* eine Kombination beider Prozesse. Gegen alle drei Theorien lassen sich Einwände finden (s. Kaufmans (1974) Kritik an Sherrington und Helmholtz und Dröslers (1966) Kritik an von Holst).
Wie bei der Akkommodation besteht auch hier die Möglichkeit, daß die Konvergenzbewegungen als Folge der Entfernungswahrnehmung entstehen und nicht zu seiner Feststellung beitragen. Danach ist die Querdisparation selbst das Signal für die Entfernungswahrnehmung. Die Querdisparation ist als Signal möglich, da es bei Entfernungen bis 600 m Unterschiede zwischen den beiden Augen gibt (Forgus 1966), während Akkommodation bei 3 Metern und Konvergenz bei 25 Metern keinen Unterschied mehr anzeigen. Experimentelle Ergebnisse legen nahe, daß die wirksamen Entfernungen für Akkommodation und Konvergenz sogar noch geringer sind (s. Wallach & Floor 1971).
Wichtig ist die Erkenntnis, daß die relative Querdisparation für eine bestimmte Reizsituation konstant und unabhängig von der jeweiligen Konvergenz der beiden Augen ist (s. Drösler 1966). Man spricht dabei von *Stereopsie.* Von der Reizsituation her bezeichnet man den Unterschied entsprechend dem Grad der Querdisparation zwischen Objekten verschiedener Entfernungen als *Binokularparallaxe.* Sie wird aus der Entfernung zwischen den Augen und einem Objekt (A_1) und einem zweiten Objekt (A_2) berechnet:

$$b = \frac{a(A_1 - A_2)}{(A_1 \times A_2)}, \qquad (5.1.1)$$

wobei a die Distanz zwischen den beiden Augen darstellt. Im Durchschnitt beträgt diese Distanz etwa 6,4 cm, wobei eine Variation zwischen 5,2 und 7,6 cm für erwachsene Beobachter registriert werden kann (Julesz 1971). Das Maß der Binokularparallaxe (b) entspricht dem Unterschied zwischen zwei Winkeln, die wie bei Abbildung 5.2 gebildet werden können. Das heißt also, daß die binokulare Parallaxendifferenz zwischen B und C in der Abbildung erheblich größer ist als zwischen A und B. Dies zeigt sich an den Positionen a, b und c und a', b' und c' auf den Netzhäuten beider Augen. Die binokulare Parallaxendifferenz ergibt sich also aus der relativen Position der Abbildungen von Umweltelementen verschiedener Entfernungen auf den Netzhäuten. Durch Konvergenzbewegungen kann die Fixation zwischen A, B und C variieren. Solche Bewegungen bringen die Abbildungen des jeweils fixierten Punktes auf korrespondierende Stellen und beseitigen die *absolute Querdisparation* für diesen Punkt. Jedoch bleibt die *relative Querdisparation* erhalten, die man als binokulare Parallaxendifferenz bezeichnet. Diese bei unterschiedlicher Konvergenz konstanten Beziehungen zwischen den Abbildungen distaler Objekte scheinen die Information für die Raumwahrnehmung zu liefern. Man kann dann von den stereoptischen Signalen der Raumwahrnehmung sprechen und Stereopsie selbst als eine Leistungsfähigkeit der Wahrnehmung betrachten.

Zur Darstellung der Rolle der Binokularparallaxe wurden mehrere Instrumente hergestellt. Die bekanntesten davon sind die *Stereoskope* von Wheatstone (1838) und Brewster (1847). In beiden Fällen wurden zwei Zeichnungen – später zwei Fotos – angefertigt, die jeweils eine Szene aus dem Blickwinkel der einzelnen Augen zeigten. Die Zeichnungen (genannt *Halbbilder*) wurden den beiden Augen getrennt geboten. Nach einer anfänglichen doppelten Abbildung verschmelzen die beiden Bilder zu einem Einzelbild, in dem die dargestellten Objekte aufgrund der relativen Querdisparation in räumlicher Tiefe erscheinen. Allerdings bestehen einige Grenzen der Binokularparallaxe. Wenn die Querdisparation zu groß ist (i. e. das Daumenbeispiel), dann verschmelzen die beiden Bilder nicht miteinander. Es bleibt ein Doppelbild. Nach dem ursprünglichen Entdecker dieses Phänomens spricht man hier von der *Panumschen Verschmelzungsgrenze* (Panum 1858). Danach kann es zu einem Einzelbild nur innerhalb gewisser Grenzen der relativen Querdisparation kommen (s. Heinerth 1970). Dennoch bleibt die relative Querdisparation als Signal für die Tiefenwahrnehmung bestehen, da auch ohne Vereinigung der beiden Reizgebilde – also bei Bestehenbleiben des Doppelbildes – Tiefe wahrgenommen werden kann (Krekling 1975).

Daß die absolute Querdisparation oder Konvergenz nicht an der Übermittlung der Tiefenwahrnehmung beteiligt ist, geht aus dem Stereoskop selbst hervor. Beide Zeichnungen werden aus gleicher Entfernung betrachtet, so daß keine Konvergenzveränderung zur Erfassung der verschiedenen Elemente des Bildes notwendig ist. Die Konvergenzbewegungen stellen sogar für die Herstellung eines Stereoskops ein besonderes Problem dar, das ausführlich bei Kaufman (1974) beschrieben wird.

Heute stehen mehrere Instrumente zur Erzeugung stereoptischer Wahrnehmung zur Verfügung. Der populäre Viewmaster und die dreidimensionalen Ansichtskarten sind Beispiele, bei denen jedem Auge getrennte Bilder durch vertikalgerichtete, dreiecksförmige Plastikstreifen gezeigt werden. Oft werden stereoskopische Bilder mit einem *Anaglyphen* erzeugt. Bei diesem Verfahren werden die beiden Zeichnungen oder Bilder in verschiedenen Farben (normalerweise rot und grün) gedruckt. Die Vorlage wird durch entsprechende Farbfilter von den Augen beobachtet, dadurch werden die separaten Bilder den Augen getrennt gezeigt. Zahlreiche Beispiele sind in den Büchern von Gregory (1970) und Julesz (1971) sowie in einem Sonderband der Zeitschrift Perception (1975, Vol. 4 (2)) enthalten.

Innerhalb der wirksamen Grenzen der Stereopsie werden die Reizkonfigurationen der beiden Augen verschmolzen gesehen. Dabei scheint eine Anpassung zwischen den beiden Vorlagen zu erfolgen, wobei einige Elemente der beiden Reize aufeinander abgestimmt werden. Die restlichen Elemente verteilen sich aufgrund der relativen Querdisparation entlang der Tiefendimension. Ein einfaches Beispiel zeigt Abbildung 5.3.

Werden die beiden Striche a und a′ vereint, so fallen b und b′ auf nicht korrespondierende Stellen. Innerhalb der Panumschen Verschmelzungsgrenze erscheint jedoch kein Doppelbild, sondern ein Tiefenunterschied zwischen den vereinten Strichen. Der Strich b erscheint weiter entfernt als Strich a. In diesem Beispiel erfolgt die Verschmelzung aufgrund gleichartiger Konturen, sie kann aber auch aufgrund gleicher Helligkeiten erfolgen (Kaufman & Pitblado 1965).

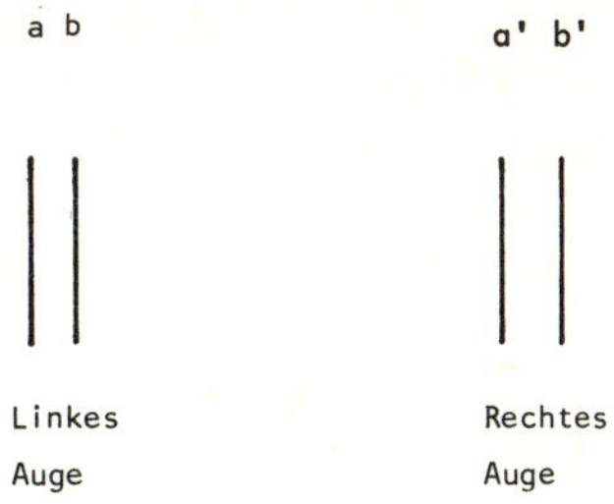

Abb. 5.3 Vorlage zur Demonstration der Stereopsie.

Wichtig für das Zustandekommen einer Tiefenwahrnehmung sind lediglich irgendwelche topographischen Merkmale der Struktur der beiden Reizvorlagen (Moning 1969). Untersuchungen mit Zufallsmustern sprechen dafür, daß die Stereopsie eine angeborene Leistungsfähigkeit ist.

Die Verbindung zwischen Querdisparation und Stereopsie ist mittlerweile ziemlich deutlich geworden. Wir wissen, daß die Tiefenwahrnehmung durch binokulare Parallaxendifferenzen – also relative Querdisparation – zustande kommt. Noch fraglich ist jedoch die Klärung des Mechanismus, mit dem das visuelle System diese Information verwendet. Inzwischen sind hier einige Fortschritte aus der Neurophysiologie erzielt worden. Wie bereits erwähnt, scheint es Merkmalsdetektoren im Kortex zu geben, die auf spezifische Umweltsignale, wie z. B. Konturen ansprechen. Im Kortex der Menschenaffen, der dem des Menschen sehr ähnlich ist, fanden Hubel und Wiesel (1970) Detektoren für Konturen, die nur bei der Reizung korrespondierender Stellen der beiden Netzhäute reagierten. In einem anderen Teil des Kortexes wurden Detektoren entdeckt, die nur bei einer spezifischen Querdisparation reagierten. Zu ähnlichen Ergebnissen kamen auch Blakemore und Pettigrew (1970).

Solche neurophysiologischen Befunde scheinen zunächst die *Verschmelzungstheorie* der Stereopsie zu unterstützen, die im Laufe der Jahre in verschiedenen Formen entwickelt wurde (Boring 1933). Nach dieser Auffassung verschmelzen die Signale der beiden Augen. Aufgrund der Querdisparation werden die räumlichen Verhältnisse »errechnet«. Sperling (1970) spricht zum Beispiel von einer Versetzung der Signale der beiden Augen, die zu einer Verschmelzung führt, wobei die Tiefenlage aus der Richtung und dem Ausmaß der notwendigen Versetzung bis zur Verschmelzung der Vorlagen hervorgeht.

Problematisch an dieser Theorie ist unter anderem die Tatsache, daß Stereopsie auch ohne Verschmelzung zur Tiefenwahrnehmung führt (Krekling 1975). Die Interpretation der neurophysiologischen Befunde kann ebenfalls in Frage gestellt werden, denn die binokularen Zellen könnten auch Übermittler der absoluten und nicht der relativen Querdisparation sein und daher für Konvergenzbewegungen verantwortlich sein.

Die zweite Theorie der Stereopsie ist die *Unterdrückungstheorie* (Verhoeff 1935). Nach dieser Auffassung werden die Signale aus einem Auge aufgrund der Querdisparation unterdrückt. Ein Einzelbild kommt dadurch zustande, daß zu jedem Zeitpunkt bestimmte Signale nur aus jeweils einem Auge verarbeitet werden. Damit ist nicht gemeint, daß man abwechselnd mit den beiden Augen wahrnimmt, sondern daß disparate Elemente nie aus dem Reizangebot der beiden Augen gleichzeitig wahrgenommen werden. Dabei liefern das Ausmaß und die Richtung der notwendigen Unterdrückung die Information über die räumlichen Verhältnisse der distalen Reize. Rock (1975) weist auf die Alltagserfahrung hin, daß bei der Schließung eines Auges keine Abnahme der Helligkeit erfolgt. Wenn die Signale der beiden Augen summiert würden (Verschmelzungstheorie), würde man bei der Halbierung der Energie eine Abnahme der wahrgenommenen Helligkeit erwarten müssen. Daß keine Helligkeitsabnahme zu beobachten ist, steht im Einklang mit der Unterdrückungstheorie.

Noch klarer ist die Übereinstimmung bei der Darbietung verschiedener Vorlagen für die beiden Augen. Statt einander entsprechender Konturen oder Helligkeiten werden z. B. dem einen Auge ein vertikaler und dem anderen Auge ein horizontaler Balken gezeigt. Die Wahrnehmung in dieser Situation ist keine Verschmelzung der beiden Vorlagen; man nimmt entweder den vertikalen Balken oder den horizontalen Balken wahr. Es entsteht eine *binokulare Rivalität*. Von Interesse ist vor allem der Vergleich verschiedenartiger Vorlagen, um herauszufinden, welche Vorlagen verschmelzen und welche Rivalität bewirken. Konturen verschiedener Richtungsorientierung führen zur Rivalität (Levelt 1965). Ebenfalls entsteht Rivalität bei verschiedenen Helligkeiten (Wallach und Adams 1954). Die meisten Farben führen demgegenüber zu einer Verschmelzung bei binokularer Darbietung und ergeben die zu erwartende additive Mischung der beiden Farben (Thomas, Dimmick & Luria 1961).

Allerdings ist die Rivalität nicht immer vollständig. Kaufman (1963) bot dem einen Auge zwei dünne vertikale Striche dar und dem anderen Auge einen dünnen horizontalen Strich. Es kam meist zur Rivalität, jedoch wurden manchmal beide Vorlagen gleichzeitig gesehen, wobei bei dem horizontalen Strich bei der wahrgenommenen Kreuzung mit den vertikalen Strichen ein Teil fehlte. Es erfolgte also gerade bei den korrespondierenden Stellen der beiden Retinae eine Unterdrückung. Der Bereich der Unterdrückung entsprach dabei der Panumschen Verschmelzungsgrenze.

Wie eingangs erwähnt, ist der Mechanismus der Stereopsie nicht eindeutig geklärt. Manche Ergebnisse sprechen für die Verschmelzungstheorie und manche für die Unterdrükkungstheorie. Auch einige andere Theorien stehen im Einklang mit bestimmten Aspekten des Phänomens (s. Kaufman 1974). Es besteht auch die Möglichkeit, daß sowohl die Verschmelzungstheorie als auch die Unterdrückungstheorie richtig sind. So wäre z. B. die These aufzustellen, daß die Verschmelzung durch Reizung korrespondierender Stellen und Unterdrückung durch Reizung disparater Stellen erfolgt. Demzufolge wäre die absolute Querdisparation als Auslöser der Konvergenzbewegungen anzusehen, die zu einer Verschmelzung entsprechender Reizungen auf den korrespondierenden Stellen führen, während die relative Querdisparation und die Reizung nicht korrespondierender Stellen Stereopsie ergibt. Das heißt, ein verschmolzenes Einzelbild entsteht bei der Betrachtung eines Reizes nach erfolgreicher Konvergenz. Die Reizung nicht korrespondierender Stellen bewirkt eine Unterdrückung. Aus der relativen Querdisparation der unterdrückten Elemente »errechnet« das visuelle System die räumliche Anordnung der Vorlage.

Eine weitere Leistungsfähigkeit der Raumwahrnehmung, die der Stereopsie sehr ähnlich ist, nennt man *Kinästhesie*. Nach dem einfachen Beispiel von Helmholtz (1866) ist beim Abdecken eines Auges Stereopsie nicht möglich. Tatsächlich wird nach einigen Sekunden eine Abnahme des Tiefeneindruckes beobachtet, der zwar durch das Vorhandensein zahlreicher erfahrungsbedingter Erkenntnisse über Tiefenverhältnisse nicht vollkommen ist (Barrett & Williamson 1966). Bewegt man nun den Kopf seitlich, dann entsteht während der Bewegung ein starker Tiefeneindruck. Die Signale der Kinästhesie entstehen durch die *Bewegungsparallaxe*, die in Abbildung 5.4 graphisch dargestellt wird.

Man fixiert in Position I mit einem Auge Punkt F und bewegt sich dann seitlich zu Position II. Bei Beibehaltung des Fixationspunktes verändern sich die Positionen der Punkte A und C relativ zum Fixationspunkt. Punkt C versetzt sich in einer Richtung entgegen der Versetzung von Punkt A. Je kleiner die Entfernung zwischen dem Beobachter und dem fixierten Objekt, desto größer wird die Versetzung auf der Netzhaut. Je entfernter ein Objekt ist, desto kleiner wird die Versetzung.

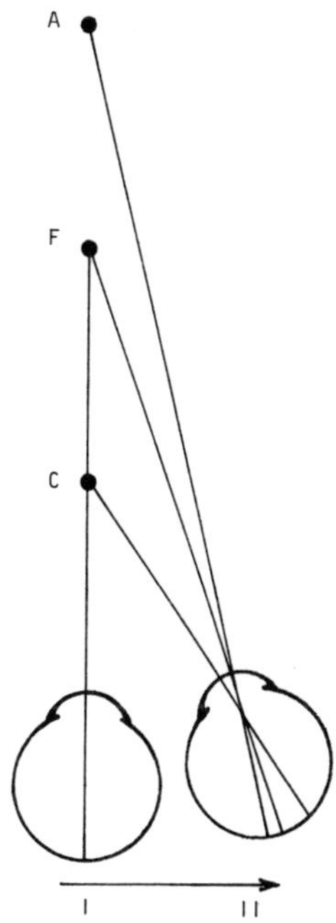

Abb. 5.4 Bewegungsparallaxe.

Ein gutes Beispiel für die Bewegungsparallaxe ist die Beobachtung von Gegenständen in verschiedener Entfernung durch das Seitenfenster eines sich bewegenden Autos: nahe Objekte verändern ihre Position mit hoher Geschwindigkeit, wobei die Richtung der Veränderung entgegen der Fahrtrichtung ist. Weiter entfernte Objekte verändern ihre Position langsamer und in der gleichen Richtung wie die Fahrtrichtung. Sehr weit entfernte Objekte, wie der Mond oder entfernte Berge scheinen dagegen ihre Position nicht zu verändern und scheinen sogar mitzuziehen.
Allerdings zeigen die Ergebnisse von Gibson (1950, 1966), daß die Versetzung einfacher Punkte nicht ausreicht, um die Tiefenverhältnisse zwischen Objekten wahrzunehmen. Es muß auch eine Transformation der Gradienten der Objekte erfolgen. Gibson spricht in diesem Fall von *Bewegungsperspektive.* Danach entsteht eine Tiefenwahrnehmung durch die Veränderung der Abbildungen auf die Retina erst bei einer Vielzahl von abgebildeten Elementen in verschiedener räumlicher Anordnung.
Einige Bemerkungen zum Problem der angeborenen Leistungsfähigkeiten der Raumwahrnehmung müssen zum Schluß genannt werden. Oft werden zahlreiche Kriterien aufgezählt, die sicherlich zur Raumwahrnehmung beitragen. Man gewinnt den Eindruck, daß ohne eine Mindestzahl von solchen Kriterien – seien diese angeboren oder erfahrungsbedingt – keine Tiefenwahrnehmung möglich sei. Gerade das Gegenteil scheint der Fall zu sein. Man muß eigentlich von einer Tendenz sprechen, Anordnungen immer räumlich wahrzunehmen. Es ist keineswegs so, als ob die dritte Dimension mühsam erworben werden müßte, sie entsteht vielmehr als natürliches Element des Wahrnehmungsprozesses: Statt zu fragen »Welche Aspekte der Umgebung oder des Systems können eine Tiefenwahrnehmung hervorrufen?« scheint es angebrachter zu fragen »Welche Aspekte der Umgebung oder des Systems tragen zu der natürlichen Wahrnehmung einer räumlichen Anordnung bei?«

Zusammenfassend können wir auf vier mögliche, systemeigene Leistungsfähigkeiten hinweisen, die zur Raumwahrnehmung beitragen können. Inwiefern diese Fähigkeiten tatsächlich dies leisten, ist bei dem heutigen Stand der Wissenschaft nicht zu sagen. Wir sehen eine natürliche Fähigkeit, Tiefe wahrzunehmen, die zweifellos von Akkommodation, Konvergenz, Stereopsie und Kinästhesie unterstützt wird.

5.1.2 Erfahrungsbedingte Elemente der Raumwahrnehmung

Die Fotografie einer Landschaft ruft einen Tiefeneindruck hervor. Obwohl die Fotografie nur zweidimensional ist, erscheinen die abgebildeten Objekte in verschiedener Entfernung zu liegen. Bei zweidimensionalen Bildern werden die bisher besprochenen Informationsquellen der Raumwahrnehmung ausgeschaltet. Der Tiefeneindruck wird dennoch aufgrund einer Reihe von spezifischen Beziehungen zwischen den Elementen der Bilder ermöglicht. Nach einem analytischen Verfahren ist es möglich, zahlreiche solcher Kriterien zu identifizieren, die zum Tiefeneindruck eines Bildes beitragen können. Es folgen einige Beispiele:
Interposition oder Verdeckung: Wenn ein Objekt ein zweites Objekt teilweise verdeckt, wird das zweite Objekt als weiter entfernt wahrgenommen.
Relative Helligkeit und Klarheit: Mit zunehmender Helligkeit und Klarheit oder Schärfe eines Objektes verringert sich die wahrgenommene Entfernung.
Größe- und Dichte-Gradienten: Durch das Verkleinern dargestellter Objekte gleicher Größe nimmt die wahrgenommene Entfernung zu. Zugleich nimmt die Dichte der Objekte zu (wie in Abbildung 5.5).
Perspektive: Eng verknüpft mit den Gradienten der Größe und Dichte ist die Perspektive. Parallele Seiten oder Kanten weisen eine zunehmende Annäherung auf und deuten damit wachsende Entfernung an. Ein einfaches Beispiel zeigt Abb. 5.5.

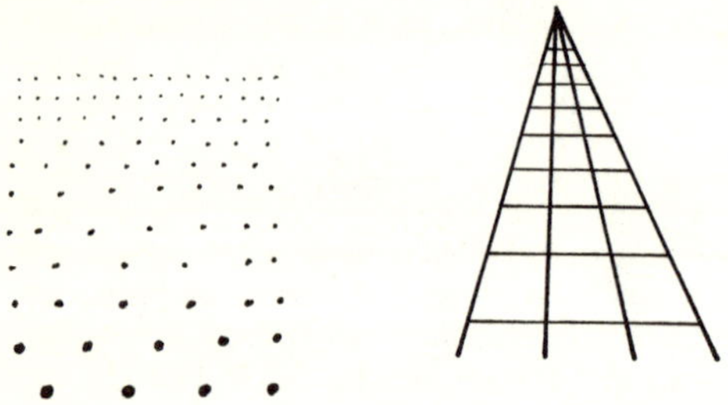

Abb. 5.5 Größe und Dichtegradienten bei der Tiefenwahrnehmung bei zweidimensionalen Vorlagen (links) und bei perspektivischer Darstellung (rechts).

Man kann eine lange Liste solcher Informationsquellen für Tiefenwahrnehmung bei zweidimensionalen Vorlagen aufstellen. Wie Kaufman (1974) aufzeigt, wurden die meisten dieser Quellen von den Malern in Laufe der Jahrhunderte mühsam entdeckt. Führend waren dabei besonders die Überlegungen von da Vinci (s. Boring 1942). Der Wahrnehmungspsychologie blieb die Aufgabe, die Wirkung und Entstehungsweise der Quellen zu erforschen und sie zu kategorisieren.
Wir gehen von der Annahme aus, daß die Tendenz zur räumlichen Anordnung der visuellen Welt nicht erworben werden muß. Das heißt also, daß wir die Umwelt von vornherein als dreidimensional wahrnehmen. Diese Hypothese wird u. a. dadurch unterstützt, daß Säuglinge bereits im Alter von 7 Tagen binokulare Querdisparation erfolgreich anwenden können (Bower, Broughton & Moore 1970).

Bei zweidimensionalen Vorlagen scheint dagegen die Fähigkeit dreidimensional wahrzunehmen, erfahrungsbedingt zu sein. Hierzu zeigen einige Untersuchungen (Piaget & Inhelder 1956, Hudson 1960), daß Kleinkinder nicht in der Lage sind, Tiefenverhältnisse auf Bildern zu erkennen. Erst ab einem Alter von etwa 8 Jahren wird dies möglich. Untersuchungen mit Völkern, die wenig Erfahrungen mit Bildern haben, zeigen eine verminderte Fähigkeit, Tiefenverhältnisse richtig zu erkennen (Deregowski 1972, Miller 1973). Auch diese Beobachtungen sprechen dafür, daß die Wahrnehmung der dritten Dimension bei Bildern erworben werden muß. Da die Möglichkeit der Tiefenwahrnehmung im Alltag durch Stereopsie gegeben ist, liegt der Schluß nahe, daß wir unsere dort gesammelten Erfahrungen auf Bilder verallgemeinern. Dabei erfolgt dieser Transfer nicht unmittelbar, sondern erst durch längere Übung. Interessanterweise zeigen neuere Ergebnisse, daß Kinder bereits im Alter von 3 Jahren Tiefenverhältnisse bei zweidimensionalen Vorlagen wahrnehmen können (Olson 1975). Wahrscheinlich entwickelt sich diese Fähigkeit bei Kindern heutzutage schneller aufgrund zahlreicher Erfahrungen mit zweidimensionalen Abbildungen (Fernsehen usw.).
Die Erfahrung, die bei der dreidimensionalen Wahrnehmung einer zweidimensionalen Vorlage angewendet wird, entsteht durch konstante Beziehungen zwischen Tiefeneindrükken aufgrund der Querdisparation und spezifischen Relationen zwischen Objekten der Umwelt. So besteht zum Beispiel unter normalen Sehbedingungen eine beinahe perfekte Korrelation zwischen stereoptischer Tiefe und den oben genannten *Bildquellen* für Tiefenwahrnehmung. Bei der teilweisen Verdeckung eines Objektes (Interposition) übermittelt zugleich die Stereopsie eine Tiefenwahrnehmung, bei der das verdeckte Objekt weiter entfernt erscheint. Auch dann, wenn die Querdisparation nicht ausreicht – z. B. bei sehr großen Entfernungen – können die Bildquellen genutzt werden (Die räumliche Position zweier Berge kann aufgrund der Interposition, Helligkeit und Klarheit erkannt werden).
Unterstützung dieser Auffassung liefert eine Versuchsreihe von Gibson, Bergman und Purdy (1955). Sie lehrten ihre Versuchspersonen passende Strategien zur Beurteilung der Entfernung verschiedener Objekte. Mit zunehmender Übung zeigten die Versuchspersonen Leistungsverbesserungen. Der Versuch, die Tiefenwahrnehmung zu verbessern durch wiederholte Beurteilung der räumlichen Verhältnisse zwischen mehreren entfernten Objekten, erbrachte dagegen keine Leistungszunahme. Im ersten Fall lernte man, die Bildquellen zu nutzen. Im zweiten Fall sollte die stereoptische Leistung durch Übung verbessert werden. Da hier keine Effekte auftraten, kann man annehmen, daß diese Leistung bereits voll entwickelt ist – also auf einer angeborenen Leistungsfähigkeit basiert.
Es bleiben mehrere Fragen offen; wie ist es zum Beispiel einäugigen Personen möglich, eine Tiefenwahrnehmung bei Bildern zu erlernen? Für solche Personen gibt es keine Querdisparation. Möglicherweise kann die notwendige Information aus der Bewegungsparallaxe gewonnen werden. Hinzu kommt die Möglichkeit, daß weitere, angeborene Informationsquellen für die Raumwahrnehmung bestehen. Ball und Tronick (1971) projizierten eine Schattenfigur auf eine große Milchglasscheibe, die unmittelbar vor 2 Wochen alten Säuglingen aufgebaut war. Eine rapide Vergrößerung der Figur rief eine »Angstreaktion« bei den Kindern hervor: Sie zuckten zusammen. Auf eine entsprechende Verkleinerung der Figur wurde dagegen nicht reagiert. Es trat auch keine Reaktion bei einer asymmetrischen Vergrößerung der Figur auf. Das heißt also, daß die Säuglinge nur dann reagierten, wenn die Vergrößerung einen Zusammenprall signalisierte. Auch einige Deprivationsversuche weisen darauf hin, daß unsere Kenntnisse der Raumwahrnehmung noch unvollständig sind. Gibson (1969) beschreibt eine umfangreiche Versuchsreihe, in der verschiedene Tiere und Säuglinge auf angeborene Tiefenwahrnehmung getestet wurden. Die Testapparatur bestand aus einer großen horizontalen Glasscheibe, die durch ein senkrecht unter

der Scheibe angebrachtes Brett in zwei Felder geteilt war. Auf der einen Seite des Brettes war unmittelbar unter dem Glas ein Schachbrettmuster befestigt. Auf der anderen Seite des Brettes war das Schachbrettmuster ca. 60 cm tiefer als das Glas. In einem Versuch wurden Jungkatzen, die vor dem Versuch in Dunkelheit aufgewachsen waren, auf das Brett gesetzt. Die Tiere bevorzugten fast immer die Seite des Brettes mit dem Schachbrettmuster unmittelbar unter dem Glas. Die Tiere müssen also einen Tiefeneindruck gehabt haben, sonst hätten sie den scheinbaren Abgrund nicht vermeiden können. Daß nicht nur Querdisparation diese Information lieferte, konnte durch einen Versuch gezeigt werden, in dem die Tiere mit einem verdeckten Auge auf das Brett gesetzt wurden. Auch in diesem Fall vermieden sie die scheinbare Tiefe.
Aus diesen und ähnlichen Versuchen geht hervor, daß zumindest Querdisparation und Bewegungsparallaxe auf angeborenen Leistungsfähigkeiten beruhen. In der normalen Raumwahrnehmung kommen eine Reihe von Bildquellen für die Tiefenwahrnehmung hinzu, die erfahrungsbedingt sind. Diese werden sowohl zur räumlichen Wahrnehmung zweidimensionaler Figuren als auch zur Unterstützung der Wahrnehmung der normalen dreidimensionalen visuellen Welt herangezogen. Die erworbene Kenntnis der Bildquellen kann wesentlich an der Raumwahrnehmung beteiligt sein. Gregory (1970) entwarf einige stereoptische Vorlagen, in denen Bildquellen und Querdisparation unvereinbare Tiefeninformationen liefern. Die wahrgenommenen Tiefenverhältnisse wechselten zwischen den beiden Möglichkeiten wie bei einer Kippfigur. Wir kommen zu dem Schluß, daß die Raumwahrnehmung durch das Zusammenspiel von angeborenen und erfahrungsbedingten Komponenten zustande kommt. Diese Wechselbeziehung wird noch deutlicher in der folgenden Diskussion der Konstanzphänomene.

5.2 Die Konstanzphänomene

Die Umwelt bietet eine sich ständig verändernde Fülle von Reizen, die von den Wahrnehmungssystemen aufgefaßt werden. Trotz der Vielfältigkeit der Reize erleben wir eine relativ organisierte und stabile Umwelt. Diese Organisation und Stabilität wird durch eine Reihe von Wahrnehmungsleistungen möglich, die summarisch als *Konstanzphänomene* bezeichnet werden.

5.2.1 Größenkonstanz und Formkonstanz

Bei der Beschreibung der Bildquellen zur Tiefenwahrnehmung haben wir u. a. die Größe-Gradienten genannt. Die Tiefe in einem Bild wird durch die Verkleinerung abgebildeter Objekte dargestellt. Von der Wahrnehmung her scheinen die abgebildeten Objekte ihre Größe nicht verändert zu haben, sondern lediglich ihre Entfernung. Man bezeichnet dieses Phänomen als *Größenkonstanz.* Diese offenbar einfache Wahrnehmungsleistung stellt ein interessantes Problem dar. Wie kann die Größe eines Objektes zugleich eine Informationsquelle für die räumliche Position sein, wenn die Objekte in verschiedenen Entfernungen ihre scheinbare Größe nicht verändern, sondern Konstanz aufweisen.
Ein klassischer Versuch von Holway und Boring (1941) ging dieser Frage nach. Sie ließen Beobachter die Größe einer Scheibe schätzen, die entlang eines Ganges in unterschiedlichen Entfernungen zwischen 3 und 36 Metern gezeigt wurde. Die Schätzungen erfolgten mit einer Veränderung der Größe einer Vergleichsscheibe, die in einer konstanten Entfernung von 3 Metern in einem zweiten Gang zu sehen war. Die Größe der Testscheibe wurde von den Versuchsleitern für jede Entfernung so verändert, daß der Sehwinkel der Scheibe immer mit 60 Winkelminuten konstant blieb. So mußte zum Beispiel bei

einer Entfernung von 3 Metern die Scheibe einen Durchmesser von 5,3 cm haben, bei einer Entfernung von 12 Metern 20,8 cm (siehe Abbildung 3.2 und Formel 3.1.2). Einige Ergebnisse von Holway und Boring aus diesem Versuch sind in Abbildung 5.6 enthalten.

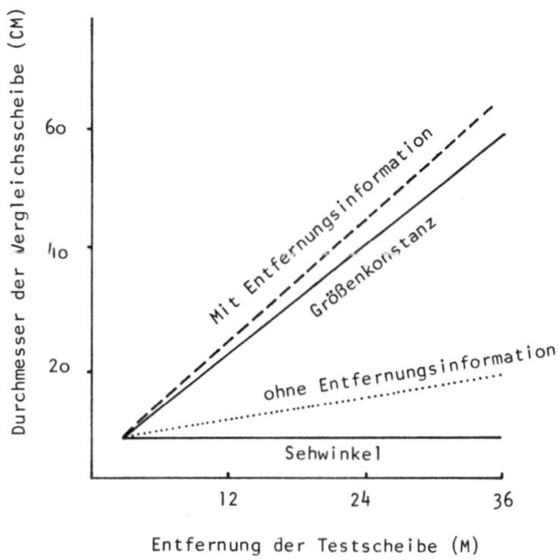

Abb. 5.6 Größenkonstanz (nach Holway und Boring, 1941).

Bei beidäugiger Betrachtung waren die Beobachter in der Lage, die Größe der Vergleichsscheibe ziemlich genau gleich der Größe der Testscheibe einzustellen (unterbrochene Linie). Sie zeigten Größenkonstanz, da sie die Größe der Testscheibe in verschiedenen Entfernungen richtig schätzen konnten. Die Voraussage der Leistung bei perfekter Größenkonstanz wird mit der durchgezogenen Linie »Größenkonstanz« angegeben. Ein zweites Ergebnis wird mit der gepunkteten Linie dargestellt. Sie basiert auf Messungen bei denen die Testscheibe nur mit einem Auge durch ein Loch in einer Trennwand sichtbar war. Ferner wurde der Gang abgedunkelt, so daß fast keine Information über die räumlichen Verhältnisse gegeben war. Unter diesen Bedingungen wurde keine Größenkonstanz gefunden. Stattdessen stellten die Beobachter die Vergleichsscheibe nach der veränderten Größe der Testscheibe in Abhängigkeit von der Entfernung ein. Ihre Schätzungen liegen näher bei jener der Voraussage, die allein aufgrund des Sehwinkels der Testscheibe gemacht wurde, der bei diesem Versuch konstant war. Diese Voraussage wird als durchgezogene Linie »Sehwinkel« angegeben.

Sofern die Beobachter Information über die räumliche Beziehungen haben, verändert sich die scheinbare Größe eines Objektes mit zunehmender Entfernung nicht. Ohne diese Information hängt jedoch die scheinbare Größe von der Entfernung des Objektes – also dem Sehwinkel – ab.

Die Ergebnisse zur Größenkonstanz sind denen zur Konstanz der neutralen Farben analog (s. 4.1.3). Farbkonstanz erfolgt nur, wenn Information über vorhandene Helligkeiten gegeben ist. Sie verschwindet, wenn die Information über die Helligkeit entfällt. Bei der Größenkonstanz läßt sich ein Konstanzverhältnis (Brunswik 1929) aufstellen (s.

Formel 4.2.1). In diesem Fall ist R die scheinbare Größe, Z die objektive Größe und K der Sehwinkel des Objektes. Bei bestehender Größenkonstanz nähert sich das Verhältnis einem Wert von 1 (scheinbare Größe und objektive Größe sind gleich, unabhängig von der Entfernung). Bei fehlender Konstanz vermindert sich die scheinbare Größe des Objektes mit zunehmender Entfernung und das Verhältnis liegt bei einem Wert von Null.

Offen bleibt die Frage nach der notwendigen Information zur Bildung eines Perzepts mit Größenkonstanz. Der Sehwinkel genügt nicht, da er sich mit zunehmender Entfernung verändert. Bereits Klix (1971) weist darauf hin, daß es eigentümlich ist, daß man mit der Größenkonstanz solche Schwierigkeiten hatte: Es wurde übersehen, daß die Größe auf der Netzhaut nur eine von mehreren Meldungen über die Eigenschaften eines betrachteten Gegenstandes ist, mit der zusammen noch andere eingehen, die gemeinsam die Perzeptbildung bestimmen. Zusätzlich gehen z. B. noch Meldungen über Tiefenverhältnisse ein. Danach läßt sich die These aufstellen, daß die Größe eines Objektes nicht allein aufgrund der Größe des Netzhautbildes wahrgenommen wird. Die Information über die Entfernung des Objektes, in Verbindung mit der Information über den Sehwinkel, ermöglicht Größenkonstanz. Allerdings setzt diese These voraus, daß die Entfernung eines Objektes und seine scheinbare Größe gleichzeitig verarbeitet werden können (s. Oyama 1974).

Größenkonstanz entsteht durch die eingehenden Meldungen über den Sehwinkel einerseits und die Tiefenverhältnisse andererseits:

$$\text{Scheinbare Größe} = \text{Sehwinkel} \times \text{Entfernung} \qquad (5.2.1)$$

Diese Formulierung drückt die *Größen-Entfernungsinvarianz* aus (Kilpatrik & Ittelson 1953). Danach wird jede Veränderung des Sehwinkels mit einer Meldung über größere oder geringere Entfernung gekoppelt. Bei dem Versuch von Holway und Boring blieb der Sehwinkel konstant, während die Entfernung variiert wurde. Daher nahmen die Beobachter die Veränderung der Größe der Scheibe wahr. Unter der Bedingung fehlender Entfernungsinformation blieb nur der unveränderte Sehwinkel als Informationsquelle, so daß die scheinbare Größe der Scheibe konstant blieb. Ein ähnliches Ergebnis zeigt sich bei der scheinbaren Größe eines Nachbildes. Nach dem Emmertschen Gesetz (s. 4.2.5) verändert sich die Größe des Nachbildes als Funktion der Entfernung der Fläche, auf der das Nachbild wahrgenommen wird. Da das Nachbild durch Adaptation einer spezifischen Netzhautfläche erfolgt, bleibt der Sehwinkel konstant. Die Größe wird aufgrund der Entfernung berechnet. Wichtig dabei ist die Tatsache, daß die wahrgenommene Entfernung und nicht die tatsächliche Entfernung maßgebend ist. Wie Price (1961) zeigen konnte, läßt sich die Größe des Nachbildes aufgrund des Sehwinkels und der scheinbaren Entfernung der Fläche, auf der das Nachbild gesehen wird, berechnen. Bei falscher Entfernungsinformation – mit Hilfe eines Stereoskops z. B. – verhält sich die Größe des Nachbildes der scheinbaren Entfernung entsprechend.

Da bei der Bildung eines Perzepts noch weitere Information hinzukommen kann, sind auch Einflüsse aus dem Erfahrungsbereich des Individuums zu erwarten. Ein klassischer Versuch von Bruner und Goodman (1947) bietet hierfür ein Beispiel. Kinder aus wohlhabenden und ärmeren Familien versuchten, die Größe von Münzen durch Vergleich mit der Größe einer variablen Scheibe abzuschätzen. Die sogenannten »armen« Kinder überschätzten die Größe einer Münze mehr als die sogenannten »reichen« Kinder.

Obwohl dieser Versuch in verschiedener Hinsicht kritisiert wurde und unterschiedlich interpretiert werden kann (s. Lilli 1975), zeigt er, daß die scheinbare Größe eines Objektes durch erfahrungsbedingte Elemente beeinflußt werden kann.

Ittelson (1951) ließ Versuchspersonen die Entfernung von Spielkarten schätzen. Außer der Größe der Karten wurde jede weitere Entfernungsinformation soweit wie möglich ausgeschaltet. Bei den Karten handelte es sich um normale Spielkarten, eine doppelt große und eine halb so große Karte. Die tatsächliche Entfernung vom Beobachter betrug in allen drei Fällen 2,2 Meter. Die geschätzten Entfernungen waren:

Halbgroße Spielkarte:	4,50 Meter
Normale Spielkarte:	2,16 Meter
Doppeltgroße Spielkarte:	1,35 Meter

Ohne weitere Entfernungsinformation sollten die Beobachter die Entfernung aufgrund der scheinbaren Größe des Objektes schätzen. Es blieb nur der Sehwinkel als Informationsquelle, der wahrscheinlich mit der Annahme kombiniert wurde, daß Spielkarten eine bestimmte, konstante Größe haben. Mit anderen Worten: die Vpn schätzten so, wie es dem Ergebnis der Formel 5.2.1 entspricht, wenn die scheinbare Größe und der Sehwinkel bekannt sind und die scheinbare Entfernung unbekannt. Ihre ermittelten Entfernungsschätzungen sind den nach der Formel berechneten Schätzungen gut angenähert.
In einer Reihe von Untersuchungen wurde der Einfluß der Instruktionen auf die Größenkonstanz untersucht. Leibowitz und Harvey (1976) ließen u. a. die Größe eines Menschen im freien Feld aus Entfernungen zwischen 25 und 250 Metern schätzen. Dabei wurden die Versuchspersonen aufgefordert, die »objektive Größe«, »scheinbare Größe« und »retinale Größe« anzugeben. Die Beurteilung erfolgte durch das Einstellen der Länge eines Stabes, der rechtwinklig vor der Versuchsperson aus einer Mauer herausragte und nach den Aussagen der Versuchspersonen durch den Versuchsleiter nach der wahrgenommenen Größe der Menschen eingestellt werden konnte. Bei der Aufgabe, die objektive Größe anzugeben, zeigte sich bei allen Entfernungen Größenkonstanz (Konstanzverhältnis um 1,0). Bei der Beurteilung der retinalen Größe blieben die Werte des Konstanzverhältnisses unter 0,2, was »keine Konstanz« bedeutet. Die Werte für die scheinbare Größe lagen dazwischen. Das Ergebnis zeigt, daß normale Beobachter in der Lage sind, verschiedene Informationen aus der gleichen Vorlage zu entnehmen und diese bei der Perzeptbildung zu verwenden.

> Größenkonstanz kann als eine Wahrnehmungsleistung betrachtet werden, die aufgrund der Verarbeitung aller zugänglichen Meldungen über die visuelle Vorlage erfolgt. Sie ist eine Konsequenz der Organisation der Wahrnehmungswelt. Demzufolge ist die scheinbare Größe eines Objektes keine Informationsquelle der Tiefenwahrnehmung, sondern das Endprodukt einer Berechnung unter Berücksichtigung der räumlichen Verhältnisse.

Neben Farbkonstanz und Größenkonstanz gibt es die *Formkonstanz*. Auch hier ging man von der Beobachtung aus, daß die Abbildung einer Form auf der Retina bei Veränderung der räumlichen Position des Objektes nicht konstant bleibt. Trotzdem herrscht Formkonstanz, das heißt, man nimmt die retinale Veränderung eines Objektes als eine Veränderung der räumlichen Lage wahr und nicht als eine Veränderung der Form. Genau wie bei der Größenkonstanz glaubte man einen Widerspruch gefunden zu haben: Wie kann die Abbildung einer Form auf der Retina sich ständig verändern, ohne daß eine Veränderung der Form wahrgenommen wird? Auch hier besteht als Antwort der Hinweis, daß die Abbildung der Form auf der Retina nur *eine* eingehende Meldung zur Perzeptbildung ist. Wir können, entsprechend übersetzt, die gleiche Formel (5.2.1) wie bei der Größenkonstanz anwenden:

$$\text{Scheinbare Form} = \text{Retinale Abbildung} \times \text{Lage} \qquad (5.2.2)$$

Die scheinbare Form ergibt sich aus den Meldungen der retinalen Abbildung und den Meldungen über die räumliche Lage des Objektes. Die Lage kann übrigens als Sonderfall der Größen-Entfernungsinvarianz angesehen werden, wobei die Entfernung der einzelnen Elemente des Objektes zur Bestimmung seiner räumlichen Lage herangezogen werden. Epstein und Park (1963) ließen Versuchspersonen einfache Formen nachzeichnen. Die Informationsmenge bezüglich der räumlichen Lage wurde variiert: Je mehr Information gegeben wurde, desto stärker war die Tendenz zur Formkonstanz. Bei reduzierter Information ergab sich keine Konstanz. In diesem Fall zeichneten die Versuchspersonen die Formen den retinalen Abbildungen entsprechend.
Wie bei der Größenkonstanz kann man durch Variation der Instruktionen verschiedene Reaktionen von den Versuchspersonen erhalten. Lichte und Borresen (1967) forderten ihre Versuchspersonen auf, wahrgenommene Formen nach »objektiver«, »scheinbarer« und »retinaler« Form zu beurteilen. Die Konstanzverhältnisse nach Formel 4.2.1 waren 0,93 für objektive Form, 0,62 für scheinbare Form und 0,45 für retinale Form. Die Ergebnisse sind denen der Größenkonstanz ähnlich. Allerdings ist die Tendenz, bei Beurteilung der retinalen Abbildung keine Konstanz zu zeigen, hier weniger ausgeprägt – man würde einen Wert von Null erwarten –, was ein Hinweis auf die Schwierigkeit dieser Beurteilung sein kann.

> Die Konstanzphänomene stellen gute Beispiele für den Prozeß der Perzeptbildung dar. Dabei muß beachtet werden, daß die proximale Abbildung der distalen Reizung nur *ein* Element dieses Prozesses ist. Wir nehmen die proximale Abbildung selbst nicht wahr, sondern stellen ein Perzept aus den ständig wechselnden Meldungen der Umwelt in Verbindung mit den gespeicherten Informationen her. Farb-, Form- und Größenkonstanz sind notwendige Endprodukte des Prozesses. Allein die praktischen Konsequenzen von Konstanzen der Wahrnehmung unterstreichen ihre Notwendigkeit: denn ohne sie wäre unsere Wahrnehmungswelt tatsächlich unüberschaubar.

Bezüglich der eingehenden Meldungen zur Konstanz haben wir nur die offensichtlichen Komponenten berücksichtigt. Gogel (1973) bevorzugt eine breitere Formulierung und spricht von einer Hypothese der Wahrnehmungsinteraktionen. Er weist u. a. auf das Problem der Entfernungswahrnehmung hin, wenn keine oder nur wenige Informationen über die räumliche Anordnung vorhanden sind. Trotz des Wegfalls dieser Information muß dem Perzept eine Position in der Umwelt zugewiesen werden. Gogel spricht dabei von der *spezifischen Entfernungstendenz* und der *äquivalenten Entfernungstendenz*. Im ersten Fall wird einem Perzept ohne jeglichen Hinweis auf seine tatsächliche Entfernung eine spezifische Entfernung zugeordnet, die zwischen 1,5 und 2,5 Meter liegt. Im zweiten Fall besteht die Tendenz, nebeneinander liegende Objekte als gleich entfernt wahrzunehmen. Beide Tendenzen unterstützen die Auffassung, daß die Herstellung eines geordneten dreidimensionalen Raums einen wichtigen Bestandteil der Leistungsfähigkeit des Wahrnehmungssystems darstellt. Inwiefern solche Tendenzen – ebenfalls Konstanzphänomene – durch angeborene oder erfahrungsbedingte Komponenten bedingt sind, bleibt eine offene Frage. Nach Bower (1966, 1975) findet man sowohl Größenkonstanz als auch Formkonstanz bei 6–8 Wochen alten Säuglingen. Man kann jedoch nicht sagen, daß das Vorhandensein dieser Wahrnehmungsfähigkeiten in diesem Alter ein Beweis dafür ist, daß diese auch angeboren sind. Die Konstanzen der Wahrnehmung sind so wichtig für eine organisierte Wahrnehmungswelt, daß sie vielleicht bereits durch sehr frühe Erfahrungen ermöglicht werden.

5.2.2 Perspektivische Täuschungen

In Abschnitt 4.4.3 wurden einige optische Täuschungen vorgestellt. In allen Fällen ergab sich ein Widerspruch zwischen der Wahrnehmung eines Figurenteils und der objektiven Definition des Teils, z. B. erschienen in den Teilen A und C von Abbildung 4.30 die geraden Striche gekrümmt. Obwohl der Mechanismus solcher Täuschungen noch nicht eindeutig bekannt ist, scheinen Phänomene wie laterale Hemmungen und Grenzen der Sehschärfe beteiligt zu sein.
Eine zweite Gruppe von Täuschungen, die *perspektivischen Täuschungen*, scheinen ihren Ursprung im Prozeß der Tiefenwahrnehmung zu haben.

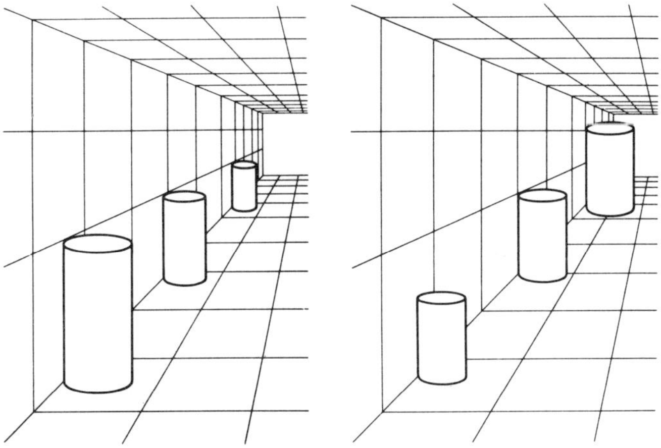

Abb. 5.7 Größenkonstanz als Ursache perspektiver Täuschungen.

In Abbildung 5.7 sind zwei Zeichnungen zu sehen. In beiden wird ein zweidimensionales Bild durch Informationen zur Tiefenwahrnehmung dreidimensional erlebt. Im linken Bild erscheint die Größe der drei Zylinder so, wie man es aufgrund der Größenkonstanz erwarten würde: Trotz zunehmender Entfernung werden die Zylinder als gleich groß wahrgenommen. Im rechten Bild wird ebenfalls ein Tiefeneindruck erzeugt, jedoch wurden hier die Zylinder gleichgroß gezeichnet. Dem Anschein nach werden die Zylinder mit zunehmender Entfernung größer. Man spricht von einer Täuschung, da die objektiv gleich großen Zylinder nicht als gleich groß wahrgenommen werden. Mit der gleichen Berechtigung könnte man von einer Täuschung beim linken Bild von Abb. 5.7 sprechen, denn dort werden die Zylinder als gleich groß wahrgenommen, obwohl ihre objektive Größe verschieden ist. Ebenfalls könnte man von einer Entfernungstäuschung bei der dreidimensionalen Wahrnehmung einer zweidimensionalen Vorlage sprechen. Wie man es auch betrachtet, entscheidend ist das Erkennen der zugrundeliegenden Wahrnehmungsmechanismen. Die Tiefenwahrnehmung bei Bildern kann von dem Vorhandensein spezifischer Bildquellen herrühren, deren Entstehungsweise und Einwirkungsart einen Forschungsbereich für sich bildet. Gleichfalls können die perspektiven Täuschungen durch den Einfluß der Konstanzmechanismen erklärt werden, wobei die Untersuchung der Konstanzphänomene wiederum einen eigenen Forschungsbereich bildet. Der Begriff Täuschung bereitet also einige Schwierigkeiten bei seiner Anwendung. Statt von »Täuschungen« zu sprechen, wäre es besser, von den Wahrnehmungsleistungen als solchen auszugehen und weiterhin nach den verschiedenen Mechanismen zu forschen, die an der Entstehung von Perzepten beteiligt sind. Die klassischen Täuschungen sind dabei von großem Interesse, da gerade bei den Täuschungen das Perzept von dem abweicht, was unmittelbar aufgrund der distalen Reizung zu erwarten ist.

Die Wahrnehmungen der Abbildungen 5.7 lassen sich nach Formel 5.2.1 voraussagen. Im linken Bild bleibt die scheinbare Größe der Zylinder konstant, da mit der Zunahme der scheinbaren Entfernung eine korrespondierende Abnahme des Sehwinkels erfolgt. Im rechten Bild sagt die Formel eine zunehmende scheinbare Größe voraus, da mit der Zunahme der scheinbaren Entfernung keine Veränderung des Sehwinkels erfolgt, so daß die Zylinder ihre Größe verändert haben müßten.

Eine Reihe ähnlicher Täuschungen ergibt sich aufgrund der Erwartungen der Formkonstanz. Ein Beispiel dafür ist die sogenannte *Ehrenfels-Täuschung*, die in Abbildung 5.8 dargestellt ist. Im linken Bild ergibt sich Formkonstanz, da sich die retinale Abbildung aufgrund der scheinbaren Veränderung der Lage des Viereckes verändert. Im rechten Bild verändert sich die retinale Abbildung nicht; dadurch erscheint die obere Kante, die weiter entfernt als die untere Kante wahrgenommen wird, länger.

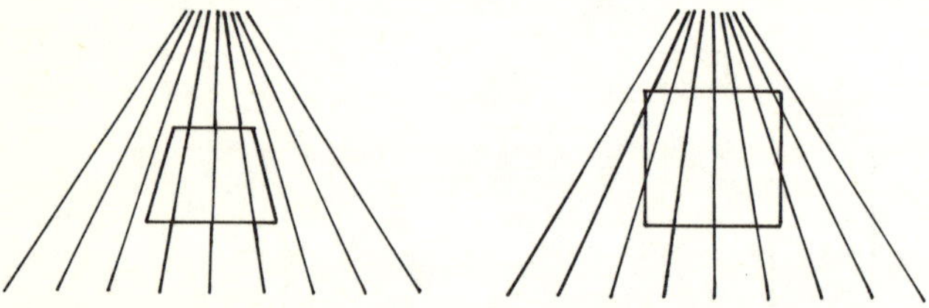

Abb. 5.8 Formkonstanz als Ursache perspektiver Täuschungen.

Eine der bekanntesten Täuschungen, für die zumindest seit dem Philosophen Ptolemäus eine Erklärung gesucht wurde, ist die *Mond-Täuschung*. Daß es sich um eine Täuschung handelt, kann durch das Fotographieren und Abmessen der Durchmesser des fotographierten Mondes in verschiedenen Himmelspositionen bewiesen werden. Objektiv verändert sich die Größe des Mondes nicht. In einer interessanten Versuchsreihe untersuchten Kaufman und Rock (1962) das Phänomen. In einem Experiment wurde der Himmelsmond durch ein Spiegelsystem in die Nähe des Horizonts gebracht. Er vergrößerte sich dem Anschein nach um einen Faktor von 1,6. Umgekehrt verkleinerte sich der Horizontmond durch Projektion in eine höhere Himmelsposition. In einem zweiten Versuch sollten die Beobachter die Entfernung des Himmels am Horizont und erheblich oberhalb des Horizonts schätzen. Eindeutig zeigte sich, daß der Himmel am Horizont weiter entfernt erscheint. Aus diesen Beobachtungen läßt sich die Mond-Täuschung nach Formel 5.2.1 voraussagen. Da der Sehwinkel konstant bleibt und der Himmel mitsamt dem Mond am Horizont am weitesten entfernt erscheint, sagt die Formel eine Zunahme der scheinbaren Größe am Horizont voraus.

Ein weiteres Problem bleibt bei der Mond-Täuschung bestehen. Fragt man nach der scheinbaren Entfernung des Mondes am Horizont und am höchsten Punkt des Himmels, so sagen Beobachter aus, er sei am Horizont näher. Dies Phänomen nennt man das Größenparadox der Mond-Täuschung. Nach Formel 5.2.1 müßte der Mond am Horizont weiter entfernt erscheinen, um größer wahrgenommen zu werden. Man muß dabei bedenken, daß die scheinbare Größe als Produkt der Berechnung Sehwinkel × Entfernung festgelegt wird. Wenn man versucht, die Größe als Quelle der Entfernungsschätzung zu benutzen, entsteht dieses Paradox, da die Größe selbst das Endprodukt der Entfernungsschätzung ist und nicht deren Mittel. Die Mond-Täuschung ist also eine Doppeltäuschung:

Nach der Größenkonstanz nimmt die scheinbare Größe des Mondes aufgrund der Bildquellen über Entfernung zu und bei der Anwendung der Größe als Bildquelle für die Entfernung erscheint der Mond näher.
Die Herstellung einer Beziehung zwischen Größenkonstanz und manchen Täuschungen wurde mehrfach vorgeschlagen (Thiery 1896, Tausch 1954, Klix 1962, Gregory 1963). Diese Beziehung ist besonders wichtig, wenn die Quellen der scheinbaren Entfernung nicht so eindeutig sind wie in den bisherigen Beispielen.

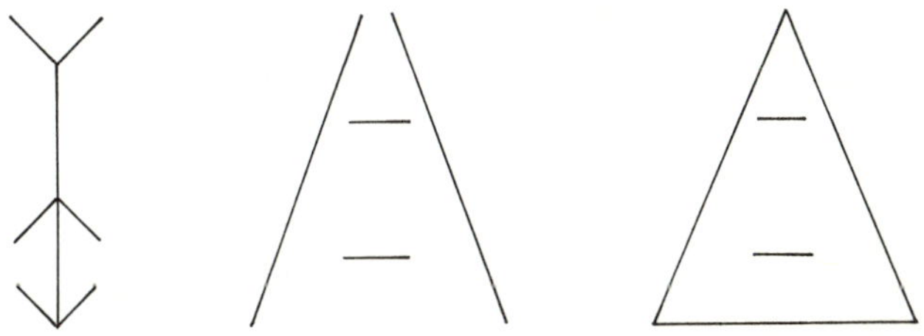

Abb. 5.9 Müller-Lyersche Täuschung (links) und Ponzo'sche Täuschung (Mitte und rechts).

In Abbildung 5.9 sehen wir zwei Täuschungen, die mit den Konstanzphänomenen erklärt werden sollen. Die mittlere Figur – die *Ponzosche Täuschung* – scheint durch die beiden Schräglinien Tiefe anzudeuten. Danach wird der obere horizontale Strich aufgrund seiner scheinbar größeren Entfernung bei konstantem Sehwinkel größer erscheinen. Der Tiefeneindruck einer solchen Figur ist aber nicht besonders groß. Klix (1971) weist darauf hin, daß der Beobachter beim Betrachten dieser Figur widersprüchliche Information über die Tiefe enthält. Einerseits liefert die Querdisparation die Meldung einer flachen Ebene, während andererseits die Schräglinien einen Perspektivegradienten bilden, der den Mechanismus der Größenkonstanz auslösen könnte, obwohl durch den Wettstreit mit der Querdisparation kein echter Tiefeneindruck entsteht. Im Grunde genommen muß das visuelle System bei allen zweidimensionalen Vorlagen von widersprüchlichen Querdisparationsmeldungen absehen, um zu einem Tiefeneindruck zu gelangen. Gegen diese Auffassung sprechen u. a. die Ergebnisse von Worral und Firth (1971). Diese weisen darauf hin, daß ein Dreieck (Abbildung 5.9, rechte Figur) die Ponzosche Täuschung genauso hervorruft wie die schrägen Linien (Abbildung 5.9, mittlere Figur). Dabei wurde ein Dreieck ohne horizontale Striche von nur 3% der Beobachter als sich in die Tiefe erstreckend erlebt, während 62% der Beobachter die schrägen Linien so beurteilten. Ferner konnte Worral (1974) zeigen, daß die beiden Vorlagen als leuchtende Figuren im sonst völlig abgedunkelten Raum ähnlich beurteilt wurden. Die schrägen Linien erzeugten bei 90% der Beobachter einen Tiefeneindruck, das Dreieck nur bei 10% der Beobachter.
Für die Hypothese der Größenkonstanz sprechen die Ergebnisse von Kilbride und Leibowitz (1975). Sie untersuchten Landbewohner in Uganda, die relativ wenig Erfahrung mit Bildern hatten. Bei einigen Versuchspersonen, die nach einem Vortest Schwierigkeiten hatten, Tiefenverhältnisse auf der Fotographie einer Straße zu erkennen, war die Ponzosche Täuschung kaum vorhanden. Andere Versuchspersonen aus derselben Gruppe, die die Tiefenverhältnisse der Vortestbilder erkennen konnten, zeigten auch die übliche Täuschung. Die Frage nach dem Mechanismus dieser Täuschung bleibt dabei allerdings immer noch offen.
Gregory (1973) hat versucht, auch die *Müller-Lyersche Täuschung* (Abbildung 5.9, linke Figur) durch Größenkonstanz zu erklären. Der obere Teil der Figur soll den vertikalen

Strich in die Tiefe verlagern, etwa im Sinne der Ecke eines Zimmers. Der untere Teil der Figur soll den vertikalen Strich näher erscheinen lassen, etwa im Sinne der Außenecke eines Gebäudes. Auch hier ist ein Tiefeneindruck nicht eindeutig vorhanden. Gegen diesen Erklärungsansatz sprechen die Ergebnisse der Untersuchungen von Georgeson und Blakemore (1973), die die beiden vertikalen Striche im Stereoskop zeigten. Durch die Veränderung der Querdisparation konnte der scheinbar längere Strich (oberer Teil) nach vorne gebracht werden, während der scheinbar kürzere Strich (unterer Teil) nach hinten verlagert wurde. Entgegen den Erwartungen der Größenkonstanz blieb dennoch die Täuschung bestehen. Auch die scheinbare Verlagerung der Striche in die entsprechend der Größenkonstanz vermutete Richtung verstärkte den Effekt nicht. Solche Beobachtungen sprechen gegen Größenkonstanz als Erklärungsprinzip bei dieser Täuschung.
Welche Täuschungen mit Größenkonstanz oder Formkonstanz zu erklären sind, ist in der Wahrnehmungspsychologie heftig umstritten. Ein bekannter Test besteht darin, verschiedene Figurenteile stereoptisch zu verlagern und dann zu prüfen, ob sich eine Veränderung der Täuschung ergibt. In seinem Lehrbuch bringt Kaufman (1974) einige Beispiele, die an Hand eines beigefügten Stereoskops beobachtet werden können. Unter anderem wird die Ehrenfelssche Täuschung (Abbildung 5.8) nach diesem Verfahren gezeigt. Es ergibt sich ein dreidimensionales Bild, bei dem das Viereck hinter den schrägen Linien, also weiter entfernt als diese, wahrgenommen wird. Die Täuschung reduziert sich, sie wird aber nicht völlig zerstört, was nach Kaufman auf einen anderen Mechanismus als den der Formkonstanz schließen läßt. Wichtig ist jedoch, daß die Täuschung abnimmt. Offensichtlich werden Meldungen über die Tiefenverhältnisse berücksichtigt, die jedoch durch die vorhandene Querdisparation wenig Einfluß bei der Perzeptbildung ausüben. Da das fertige Perzept ein Endprodukt der Wahrnehmungsleistung darstellt, kann man annehmen, daß die Bildquellen zwar eine verringerte Wirksamkeit haben, jedoch mit berücksichtigt werden. Ähnliche Beobachtungen können durch das Einzeichnen zweier gleich großer Punkte auf einem Bild mit klaren Bildquellen der Tiefe (z. B. ein Bild von Eisenbahnschienen) gemacht werden. Zwar nimmt man die beiden Punkte als nicht zum Bild gehörig wahr, dennoch tritt die Täuschung entsprechend der Größenkonstanz auf.

> Eine Anzahl der sogenannten optischen Täuschungen entsprechen den Erwartungen aufgrund der Konstanzphänomene. Um die Behauptung aufrechtzuerhalten, daß eine spezifische Täuschung nicht aufgrund der angedeuteten Quellen der Tiefenwahrnehmung entsteht, darf sich der Täuschungseffekt bei stereoptischer Verlagerung derjenigen Figurenteile, die angeblich mit Hilfe eines Konstanzmechanismus ihre Größe oder Form behalten, nicht verändern. Danach wäre der Ursprung der Müller-Lyersche Täuschung nicht bei der Größenkonstanz zu finden. Eine Abschwächung oder Auflösung nach einer solchen Verlagerung, wie z. B. bei der Ehrenfels- oder Ponzoschen Täuschung, spricht für eine Beziehung solcher Täuschungen zu einem Konstanzmechanismus.

5.2.3 Raumkonstanz

Der Wahrnehmende erlebt seine Umwelt als einen geordneten Raum. Er befindet sich innerhalb dieses Raumes und nimmt diesen als unabhängig von seiner Person wahr. Die Tatsache, daß dieser wahrgenommene Raum weitgehend weder durch Bewegungen des Kopfes, noch solche der Augen oder des Körpers beeinflußt wird, weist auf ein weiteres Konstanzphänomen hin, das wir *Raumkonstanz* nennen. Obwohl die aufgenommene visuelle Information stark von der Position des Körpers im Raum abhängt, verändert sich die räumliche Ordnung bei solchen Positionsänderungen des Körpers nicht. Wenn man den Kopf relativ langsam von einer Schulter zur anderen bewegt, findet gleichzeitig eine Transformation der retinalen Reizung statt. Dabei erlebt man keine Versetzung der räumlichen Ordnung. Wie bei den anderen Konstanzphänomenen (i. e. Farbkonstanz, Größenkonstanz) scheint Raumkonstanz aus der Beziehung zwischen zwei Informationsquellen zu entstehen. In diesem Fall sind es die Informationen über die Position des Körpers im Raum und die retinale Reizung.

$$\text{Räumliche Ordnung} = \text{Retinale Reizung} \times \text{Körperposition} \tag{5.2.3}$$

Raumkonstanz besteht, wenn eine Veränderung der retinalen Reizung von der Meldung über eine Veränderung der Körperposition begleitet wird.

Die räumliche Ordnung wird auch trotz der Augenbewegungen beibehalten, obwohl jede Bewegung zur Veränderung der retinalen Reizung führt. Nach dem Reafferenzprinzip (von Holst 1957) werden die Augenbewegungen vom Nervensystem gesteuert. Vom Steuerungsbefehl wird eine *Efferenzkopie* festgehalten, die mit der verursachten *Reafferenz* der distalen Reizung auf der Retina verglichen wird. Für den Fall, daß die Efferenzkopie und die resultierende Reafferenz übereinstimmen, bleibt die räumliche Ordnung bestehen: Man erlebt Raumkonstanz. Bei einer Nichtübereinstimmung muß eine zusätzliche Veränderung der distalen Reizung erfolgt sein. In diesem Fall erleben wir die Bewegung eines distalen Objektes oder unter manchen Bedingungen sogar eine Bewegung der gesamten Umwelt. Bei der passiven Veränderung der Augenposition (etwa durch eine künstliche Drehung der Augen) wird die Übereinstimmung ebenfalls gestört (s. Kohler 1966). In diesem Fall zerfällt die räumliche Ordnung: Die gesamte Umwelt scheint sich mit der Drehung der Augen zu bewegen.

Im Normalfall wird Raumkonstanz durch die Beziehung zwischen visueller Reizung und Körperposition bestimmt. Wenn die Umwelt konstant ist, führt die Veränderung der retinalen Reizung (Reafferenz) in Anbetracht der Vestibularmeldung (Efferenzkopie) zur Aufrechthaltung der Raumkonstanz. Nun erhebt sich die Frage, wie sich eine Veränderung dieser Beziehung auswirkt. Asch und Witkin (1948a) ließen Beobachter ein im Spiegel reflektiertes Zimmer durch ein Rohr betrachten. Das Rohr wurde so angebracht, daß die Beobachter das Zimmer und den Spiegel nur durch das Rohr sehen konnten. Auf dem Tisch im Zimmer war ein beweglicher Stab, der durch die Versuchsperson in eine senkrechte Position zu bringen war. Nach Formel 5.2.3 müßte diese Versuchsanordnung zur Änderung der räumlichen Ordnung führen, da die Beziehung zwischen retinaler Reizung und Körperposition gestört war. Tatsächlich berichteten die Beobachter von einem geneigten Zimmer. Bei der Aufforderung, den Stab senkrecht zu stellen, orientierte sich die Mehrzahl der Beobachter an dem geneigten Zimmer. Das heißt, sie stellten den Stab relativ zu den Wänden des reflektierten Zimmers senkrecht. Obwohl einige Beobachter in der Lage waren, den Stab in eine wirklich senkrechte Position zu bringen, wurde »senkrecht« für die meisten Beobachter relativ aufgrund der visuellen Lage definiert. Von Bedeutung waren auch Aussagen der Versuchspersonen, daß die wahrgenommene Neigung des Zimmers nach längerer Betrachtung abzunehmen schien, so daß das Zimmer zu einem normal orientierten Raum wurde.

Eine klare Tendenz zur Beihaltung der räumlichen Ordnung wurde in einer weiteren Anordnung von Asch und Witkin (1948b) festgestellt. Die Versuchsperson saß festgebunden in einem seitlich neigbaren Stuhl innerhalb eines 2 Meter großen neigbaren Zimmers. Das Zimmer hatte einen Tisch, zwei Stühle, einige Bilder und eine Lampe, die ebenfalls befestigt waren. Es wurde auf einen bestimmten Neigungswinkel gebracht, während die Versuchsperson mit verbundenen Augen im Stuhl saß. Der Stuhl wurde auf einen anderen Neigungswinkel gebracht als das Zimmer. Nach Öffnung der Augen sollte die Versuchsperson ihren Stuhl in eine durch die Schwerkraft definierte senkrechte

Position bringen. Die meisten Beobachter orientierten sich an dem Zimmer und stellten den Stuhl weitgehend seinem Neigungswinkel entsprechend ein.
In diesen Untersuchungen wird die normale Beziehung zwischen den Meldungen über die Körperposition und der retinalen Reizung unterbrochen, die für die Raumkonstanz unerläßlich ist. Es scheint, daß dieser Zustand auf zweierlei Art verarbeitet werden kann. Entweder nimmt man eine veränderte räumliche Ordnung wahr oder man hält die Raumkonstanz durch eine Veränderung der wahrgenommenen Körperposition aufrecht. Nach Formel 5.2.3 bedeutet das, daß eine Störung der Beziehung zwischen retinaler Reizung und Körperposition zur Wahrnehmung einer veränderten räumlichen Ordnung oder zur Beibehaltung der räumlichen Ordnung durch Veränderung der wahrgenommenen Körperposition führt. Dabei scheinen erhebliche individuelle Unterschiede zwischen Beobachtern hinsichtlich der Präferenz der Wahrnehmungsweise zu bestehen. Interessant ist die Tatsache, daß die meisten Beobachter nur in eine von beiden Richtungen tendieren.
Ein Ergebnis der Untersuchungen von Asch und Witkin (1948a), das bereits früher von Wertheimer (1912) berichtet wurde, war die Abnahme des wahrgenommenen Neigungswinkels des gesehenen Zimmers nach längerer Betrachtung. Diese Beobachtung läßt zwei Interpretationsmöglichkeiten zu. Zur Erforschung dieser Möglichkeiten bedient man sich einer *Prismenbrille*, die eine Versetzung der visuellen Reizung ermöglicht (s. Kohler 1964, Rock 1966). Abbildung 5.10 zeigt als Beispiel die Versetzung eines distalen Reizes mit einem *Dreiecksprisma.*

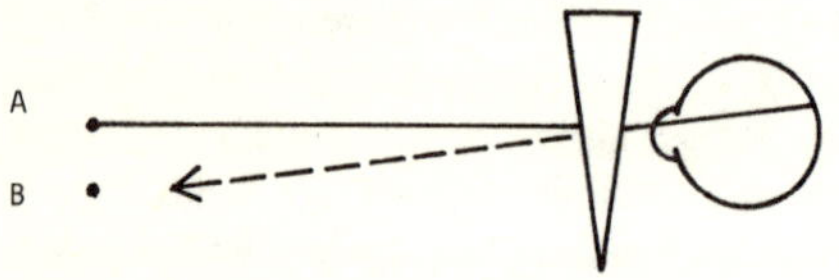

Abb. 5.10 Die Versetzung eines distalen Reizes durch ein Dreiecksprisma.

Der Eintrittswinkel des vom distalen Reiz abgestrahlten Lichts (Position A) wird vom Prisma so verändert, daß das Objekt bei Position B zu liegen scheint. Das Ausmaß dieser Versetzung hängt vom Winkel der Prismenspitze und von der Brechungskraft des Prismas ab. Die Versetzung wird in *Dioptrien* ausgedrückt: Ein Prisma von 1 Dioptrie versetzt ein aus einem Meter betrachtetes Objekt um 1 cm, und zwar in die der Prismenbasis entgegengesetzte Richtung. Manchmal wird das Versetzungsausmaß einfach in Grad ausgedrückt. Danach bewirkt ein basis-rechts 10° Dreiecksprisma eine Versetzung der Reizung um 10° nach links.
Bei einer typischen Versuchsanordnung, die derjenigen in den Versuchen von Helmholtz (1866) ähnelt, betrachtet die Versuchsperson einen visuellen Reiz (z. B. einen Stab) durch eine Prismenbrille. Sie wird aufgefordert, mit ihrem Finger auf den Stab zu zeigen. Mit einem basis-rechts 10° Dreiecksprisma vor beiden Augen gelingt dies der Vp zunächst nicht. Stattdessen zeigt sie auf einen Punkt etwa 10° links vom Stab. Der Zeigeversuch wird mehrmals wiederholt. Nach mehreren Proben ist die Versuchsperson auch mit Prismenbrille in der Lage, direkt auf den Stab zu zeigen. Die Versuchsperson ist auf die Versetzung durch die Brille adaptiert. Die Adaptation wird üblicherweise so getestet, daß die Versuchsperson die Prismenbrille absetzt und nochmals versucht, auf den Stab zu zeigen. Bei erfolgreicher Adaptation zeigt sie auf eine Stelle einige Grade rechts vom Stab. Das Ausmaß dieses Nacheffekts ist ein Maß der Stärke der Adaptation an die prismatische Versetzung. Eine vollkommene Adaptation in diesem Fall würde also einen Nacheffekt von 10° nach rechts bewirken.
Obwohl völlige Adaptation nicht immer zustande kommt, erlebt der Beobachter eine deutliche Abnahme der ursprünglichen Diskrepanz zwischen seinem normalen Wahrneh-

mungserlebnis und dem Erlebnis bei der Betrachtung seiner Umwelt durch die Prismenbrille. Es erfolgt eine gewisse Normalisierung, wobei die Raumkonstanz wieder hergestellt wird. Dabei bleibt die Frage offen, ob diese Normalisierung auf eine Veränderung der visuellen Reizaufnahme oder auf eine Veränderung der wahrgenommenen Körperposition im Raum zurückzuführen ist.

Obwohl beide Möglichkeiten zur Erklärung prismatischer Adaptation vorgeschlagen wurden (s. Rock 1966), spricht die Mehrzahl der Untersuchungsergebnisse für die zweite Möglichkeit, also für veränderte Körperposition. Kohler (1974) beschreibt einen Versuch aus den umfangreichen Versuchsreihen des Innsbrucker Institutes über prismatische Adaptation, bei dem eine Versuchsperson einen engen Gang entlang laufen sollte, wobei sie ein basis-links 10° Dreiecksprisma vor den Augen hatte. Von der Mitte des Ganges aus gesehen, erschien der Vp die linke Wand erheblich näher als die rechte Wand. Infolgedessen weicht sie nach rechts aus und stößt dabei gegen die rechte Wand. Innerhalb eines Tages adaptierte die Versuchsperson; sie ging in der Mitte des Ganges und berichtete, daß ihr die Wände gleich entfernt erscheinen. Als Adaptationstest wurde die Versuchsperson mit geschlossenen Augen in den Gang gestellt und aufgefordert, sich geradeaus zu stellen. Zwar stellte sie sich bei Öffnung der Augen geradeaus, jedoch drehte sie ihren Kopf 4–5° nach rechts. Sie meinte dabei, Kopf und Körper würden dem Gang gegenüber geradeaus stehen.

Kalil und Freedman (1966) fotographierten die Blickrichtung von Versuchspersonen nach Adaptation mit einer Prismenbrille. Der Kopf der Versuchsperson wurde während des Versuches in einer bestimmten Position fixiert. Bei der Aufforderung, nach Abnahme der Prismenbrille geradeaus zu blicken, sahen alle Versuchspersonen zu der Seite der vorherigen prismatischen Versetzung.

Nach Held (1965) und Kohler (1966) kann die Veränderung der Körperposition im Sinne des Reafferenzprinzip verstanden werden. Ohne Prismenbrille erfolgt bei der Aufforderung, auf einen distalen Reiz zu zeigen, eine Übereinstimmung zwischen der Efferenzkopie (Steuerungsbefehl der Armbewegung) und der visuellen Reafferenz (visuelle Meldung des erfolgreichen Zeigens). Mit der Prismenbrille vor den Augen besteht anfangs keine Übereinstimmung zwischen Efferenzkopie und der visuellen Reafferenz. Adaptation bedeutet eine Wiederherstellung der Übereinstimmung durch Umdeutung der Efferenzkopie. Das heißt, der Beobachter lernt, daß die alte Efferenzkopie eine neue Bedeutung angenommen hat. Er verlagert seine wahrgenommene Körperposition, um die Übereinstimmung nochmals herzustellen. Nehmen wir als Beispiel den Versuch von Kohler (1974), bei dem die Versuchspersonen wiederholt mit einer Prismenbrille einen engen Gang durchliefen. Durch die Brille wurde die Richtung »geradeaus« um 10° nach links verschoben. Bei dem Versuch, geradeaus zu laufen, fehlte die Übereinstimmung zwischen visueller Reizung (Reafferenz) und Steuerungsbefehl (Efferenzkopie). Um diese Übereinstimmung wiederherzustellen, wurde die Bedeutung der Efferenzkopie so verändert, daß »geradeaus« nunmehr durch einen seitlich gedrehten Kopf definiert wurde.

Man erwartet, daß die aktive Bewegung einer Versuchsperson für die Adaptation wichtig ist, da sonst keine Gelegenheit besteht zu erkennen, daß die gewöhnliche Verbindung zwischen Efferenzkopie und Reafferenz unterbrochen ist. Zahlreiche Versuche bestätigen diese Erwartung. Mikaelian und Held (1964) schoben z. B. die Versuchspersonen in einem Rollstuhl den Gang entlang. Bei der Prüfung des Nacheffektes zeigte sich nur geringe Adaptation (1,9°), während bei Versuchspersonen, die denselben Gang entlang gelaufen waren, ein durchschnittlicher Wert von 6,8° gemessen wurde.

In einer umfangreichen Versuchsreihe, bei der die Beobachter mit aufgesetzten Prismenbrillen auf Objekte zu zeigen versuchten, konnte Harris (1965) nachweisen, daß es nur nach vorangegangenen Armbewegungen zur Adaptation kam. Übten die Beobachter zum

Beispiel mit dem linken Arm auf den Stab zu zeigen, bis sie fehlerlos reagierten, so zeigten sie bei dem Versuch, mit dem rechten Arm auf den Stab zu zeigen, daneben. Es konnte nur die Efferenzkopie für den aktiv bewegten Arm umgedeutet werden. Wäre die wahrgenommene Position des Stabes verändert worden, hätte man eine Adaptation beider Gliedmaßen erwartet.

> Die Verbindung zwischen visueller Reizung und Körperbewegung muß erlernt werden. Das Reafferenzprinzip bietet dafür ein brauchbares Beispiel: Selbstverursachte Bewegungen des Körpers hinterlassen Efferenzkopien, die zusammen mit der visuellen Reafferenz der Bewegungswirkung eine Beziehung zwischen Wahrnehmung und Bewegung herstellen. Eine Störung dieser Beziehung, etwa durch eine Prismenbrille, macht eine Umdeutung der Efferenzkopie nötig. Eine Wahrnehmungsänderung scheint hingegen nicht stattzufinden. Deutlich ist diese Auffassung nach der Vorstellung von Harris (1965): Nach der Adaptation in seinem Zeigeversuch erlebt die Versuchsperson eine Veränderung der empfundenen Position des Armes, so daß die Versuchsperson 10° nach links zeigt und gleichzeitig die Position des Armes als geradeaus empfindet.

Allgemein gesehen ist die Anschauungsweise von Taub und Goldberg (1974) brauchbar, die die Störung der Raumkonstanz als eine aversive Situation betrachten. Das Lernen einer neuen Beziehung führt zur Wiederherstellung der Raumkonstanz und damit auch zur Beseitigung der aversiven Situation.
Bisher haben wir nur relativ geringe Störungen der Beziehung zwischen visueller Reizung und Körperposition betrachtet. Einige Versuche, angefangen bei Stratton (1897), forschten nach der Auswirkung einer totalen Störung der Raumkonstanz mit Hilfe einer *Umkehrbrille*, die das gesamte visuelle Reizfeld um 180° umdreht.
Ursprünglich gingen solche Versuche von der Beobachtung aus, daß die Linse des Auges eine Umkehrung der visuellen Reizung vornimmt. Relativ zur distalen Reizung ist die Abbildung auf der Netzhaut umgedreht. Die Beobachtungen von Stratton und späteren Forschern (s. Rock 1966), daß die Welt nach Aufsetzen einer Umkehrbrille umgedreht erscheint, ist nicht erstaunlich. Interessant ist jedoch die Frage der Auswirkung solcher Umkehrbrillen nach längerem Tragen. Erfolgt eine Adaptation im Sinne einer Umkehrung oder bleibt die Welt auf den Kopf gestellt? Sowohl Kohler (1964) als auch Snyder und Pronko (1952) berichten von Versuchen, in denen eine Umkehrbrille über längere Zeit getragen wurde. In beiden Fällen war die Normalisierung sehr ausgeprägt. Die Versuchspersonen waren in der Lage, komplizierte Handlungen durchzuführen, z. B. ein Fahrrad zu fahren. Von einer eindeutigen Umkehrung der visuellen Umwelt wurde jedoch selten, wenn überhaupt, berichtet. Nach Absetzen der Brille erschien die Welt nicht erneut umgekehrt, was bei einer vollkommenen Adaptation zu erwarten wäre. Zwar traten gewisse Disorientierungen ein, jedoch keine völlige Umkehrung der Umwelt.
Nach der bisherigen Diskussion ist also die Störung der Raumkonstanz durch eine Umkehrbrille nur durch eine Veränderung der Körperposition zu beheben. In diesem Fall mußte die Körperposition so verändert werden, daß die Versuchsperson sich als auf dem Kopf stehend fühlen müßte. Tatsächlich berichtet Stratton, gelegentlich solche Gefühle gehabt zu haben. Um diese Wahrnehmung vollziehen zu können, mußte die Orientierung an der Schwerkraft außer Acht gelassen werden. Ferner mußte die Information von sämtlichen anderen Sinnesquellen unberücksichtigt bleiben. Nach dem Reafferenzprinzip war also nicht nur die Efferenzkopie für bestimmte motorische Steuerungsbefehle umzudeuten, sondern zusätzlich eine Fülle weiterer Beziehungen zwischen optischer Wahrnehmung und anderen Arten von Lageinformationen. Nach Rock (1966) sind solche

Beziehungen im Laufe der Entwicklung der individuellen Wahrnehmung entstanden. Eine völlige Umdeutung aller Relationen dürfte neue Erfahrungen mit der umgekehrten visuellen Umwelt über mehrere Jahre hinweg voraussetzen.
Die heutige Auffassung sieht Raumkonstanz als Endprodukt vielfältiger Beziehungen zwischen Handlungen und visueller Rückkopplung. Geringe Veränderungen dieser Beziehungen können durch Umdeutung der Efferenzkopien von Steuerungsbefehlen ausgeglichen werden. Daß die visuelle Reizung durch die Linse des Auges umgekehrt wird, bietet demnach kein besonderes Problem. Wichtig ist nicht die objektive Orientierung in der Umwelt, sondern die konstante Beziehung zwischen der retinalen Reizung und sämtlichen weiteren Informationen über Körperposition im Raum, die eine Raumkonstanz ermöglichen.

5.2.4 Bewegungswahrnehmung

Bei der Beschreibung der Raumkonstanz wurde darauf hingewiesen, daß das Fehlen einer vollkommenen Übereinstimmung zwischen Efferenzkopie und Reafferenz eine Veränderung der distalen Reizung signalisiert. Diese Veränderung erleben wir als Bewegung eines distalen Objektes. Im einfachsten Fall bewegt sich ein Objekt in einer sonst ruhigen Umwelt. Es besteht Übereinstimmung zwischen sämtlichen Efferenzkopien und Reafferenzen außer denen für das sich bewegende Objekt.
Früher suchte man den Mechanismus der Bewegungswahrnehmung auf der Ebene der Netzhaut. Nach dieser Theorie entstanden Bewegungswahrnehmungen aufgrund der Versetzung der Abbildung eines Objektes auf der Netzhaut. Inzwischen sprechen mehrere Ergebnisse gegen diese These. Wir wissen, daß das Auge in ständiger Bewegung ist, so daß unbewegte distale Reize nicht an festen Stellen auf der Netzhaut abgebildet werden. Das ständig sich bewegende Auge bildet die Umweltobjekte auf verschiedenen Stellen der Netzhaut ab. Ein einfacher Versuch verdeutlicht diese Tatsache. Betrachtet man ein mittelhelles Licht für mehrere Sekunden, so entsteht beim Wegsehen ein Nachbild. Während man nun im Zimmer herum schaut, scheint das Nachbild ständig in Bewegung zu sein, obwohl es auf einer festen Position der Netzhaut abgebildet ist (s. Mack & Bachant 1969).
Für einen Reafferenzmechanismus bei der Bewegungswahrnehmung spricht auch eine frühe Beobachtung von Mach (1900), die später von Brindley und Merton (1960) bestätigt wurde. Bei der Blockierung der Augenmuskulatur scheint sich die gesamte Umwelt in dem Augenblick zu bewegen, in dem der Beobachter seine Blickrichtung ändert. Der Steuerungsbefehl hinterläßt eine Efferenzkopie, die mit der verursachten Reafferenz verglichen wird. Da sich die Augenposition nicht verändern kann, fehlt die übliche Übereinstimmung zwischen Reafferenz und Efferenzkopie, so daß die Umwelt sich scheinbar bewegt. Das Phänomen kann man selbst beobachten: man schließt ein Auge und bewegt das zweite Auge, indem man es mit dem Zeigefinder auf der oberen Seite des Auges (auf dem Augenlid) langsam hin und her bewegt. Da keine Efferenzkopie für diese künstliche Bewegung besteht, scheint sich die gesamte Umwelt zu bewegen.
Obwohl wir mit dem Reafferenzprinzip einen Mechanismus der Bewegungswahrnehmung erkannt haben, bleibt unerklärt, was bei einer Nichtübereinstimmung geschieht. Gibson (1968) weist auf drei Informationsquellen hin, die eine Bewegung erkennen lassen:
1. Verdeckung und Freigabe von Elementen der Umwelt. Die Bewegung von distalen Objekten kann aus der Tatsache erkannt werden, daß bewegte Objekte während ihrer Bewegung andere Elemente der Umwelt suksessiv verdecken und wieder hervortreten lassen. Diese Information bleibt auch während einer Eigenbewegung des Beobachters bestehen.

2. Transformation der Objekte. Bewegte Objekte verändern sich in dem Sinne, daß ihre Abbildung nicht konstant bleibt, denn man sieht von dem Objekt, das sich bewegt, zu verschiedenen Zeitpunkten verschiedene Seiten.
3. Relative Positionsveränderung. Ein sich bewegendes Objekt in der Umwelt verändert seine Position relativ zur Position anderer Objekte der Umwelt.

Aufgrund der von Gibson genannten Informationsquellen wäre die Bewegung eines leuchtenden Punktes in einem dunklen Raum nicht wahrnehmbar. Duncker (1929) stellte tatsächlich fest, daß die Bewegung eines solchen Punktes kaum wahrnehmbar war. Es wurde zwar häufig eine Bewegung des Punktes wahrgenommen, jedoch bestand keine Übereinstimmung zwischen der tatsächlichen und der wahrgenommenen Bewegungsrichtung. Diese Beobachtung stimmt mit der bereits von Aubert (1887) gemachten Beobachtung überein, daß ein solcher Punkt oft als bewegt wahrgenommen wird obwohl er objektiv still steht. Er nannte das Phänomen *autokinetische Bewegung.* Eine befriedigende Erklärung dafür gibt es noch nicht. Rock (1966) vertritt die Meinung, daß solche Bewegungen aus normalen ungesteuerten Augenbewegungen entstehen. Da solche Augenbewegungen nicht willkürlich gesteuert werden, hinterlassen sie keine Efferenzkopie. Infolgedessen ist das Wahrnehmungssystem nicht in der Lage, zwischen der Bewegung des distalen Objektes und der Bewegung des Auges zu unterscheiden.

Ein Versuch von Matin und MacKinnon (1964) unterstützt diese Hypothese. Bei einem stabilisierten Lichtpunkt (s. Abbildung 3.5) traten kaum autokinetische Bewegungen auf.

Die autokinetische Bewegung fällt nach Ergebnissen von Gibson (1954) aus, sobald irgendein Hintergrund wahrnehmbar ist.

Mit einem Hintergrund kann die objektive Bewegung eines einzelnen Lichtpunktes wahrgenommen werden, da der Hintergrund die von Gibson genannten Informationen liefert. So konnte bei einem Versuch von Duncker (1929) die Bewegung eines leuchtenden Punktes wahrgenommen werden, sobald ein zweiter Punkt gleichzeitig zu sehen war. Durch den zweiten Punkt wird eine relative Positionsänderung wahrnehmbar. Wenn keine weiteren Informationen außer der relativen Positionsänderung vorhanden sind, läßt sich nicht feststellen, welcher Punkt in Bewegung ist. Nach den Ergebnissen von Duncker schreibt die Mehrzahl der Beobachter die Bewegung dem gerade fixierten Punkt zu. Duncker stellte auch fest, daß bei einem leuchtenden Punkt innerhalb eines leuchtenden Rahmens die Bewegung dem Punkt zuerkannt wurde. Auch hier bot die relative Positionsänderung die Information über Bewegung. Interessant ist die Tatsache, daß die Beobachter stets den Punkt als bewegt wahrnahmen, auch wenn der Rahmen bewegt wurde. Ohne weitere Informationsquellen kann zwischen den beiden Reizbedingungen nicht unterschieden werden. Offensichtlich bevorzugen die Beobachter ein Perzept, in dem der Rahmen als Hintergrund gesehen wird. Ein ähnliches Phänomen kann man bei der Betrachtung des Mondes und vorbeiziehender Wolken beobachten. Obwohl man weiß, daß sich die Wolken bewegen, scheint der Mond in Bewegung zu sein.

Eine interessante Situation ergibt sich, wenn sich die gesamte Umwelt bewegt. Wenn sich der Beobachter in einer solchen Situation selbst auch noch bewegt, entsteht eine Übereinstimmung zwischen Reafferenzen und Efferenzkopien, die zur Folge hat, daß die gesamte Umwelt als bewegt erlebt wird. Bei der passiven Bewegung des Beobachters entfallen entsprechende Efferenzkopien, die die Bedeutung der Umwelttransformation entwerten lassen sollen. Wenn nicht andere Hinweise über die Eigenbewegung eindeutige Information liefern (z. B. vestibulare Veränderung usw.), dürfte man nicht erkennen, ob die Bewegung in der Umwelt geschieht oder ob der Beobachter bewegt wird. Einer solchen Situation begegnet man beim Anfahren eines Zuges, den man aus einem zweiten Zug beobachtet. Es ist außerordentlich schwierig zu erkennen,

ob der Zug, in dem man sitzt, in die eine Richtung oder der andere Zug in die andere Richtung fährt.
Es ist anzunehmen, daß gewisse kognitive Prozesse aufgrund der Erfahrung des Beobachters bei solchen Situationen mitwirken. Beim Autofahren ist z. B. die Veränderung der Umwelt beim Blick aus dem Seitenfenster nicht von einer Bewegung der gesamten Umwelt in der entgegengesetzten Richtung zu unterscheiden. Man kennt jedoch die Bewegungsrichtung des Autos. Diese Information wird offensichtlich bei der Bildung des Perzepts verwendet. Dabei können manchmal auch Fehlwahrnehmungen entstehen, etwa wenn man im Wagen neben einem Bus vor einer Verkehrsampel steht; ein unerwartetes Vorfahren des Busses wird dann oft als Zurückrollen des eigenen Fahrzeuges wahrgenommen. In beiden Fällen sind die distalen Reize gleich und ohne weitere Information über die eigene Bewegung sind die beiden Alternativen nicht klar voneinander zu trennen.
Bisher haben wir von Informationsquellen für Bewegungswahrnehmung gesprochen, die aus gleichzeitig eingehenden Informationen über die Beziehungen zwischen Elementen in der Umwelt resultieren. Neuere Ergebnisse aus der Neurophysiologie wiesen auf die Existenz von Bewegungsdetektoren im Kortex hin, die auf bestimmte Bewegungsrichtungen und Geschwindigkeiten ansprechen (s. Grüsser & Grüsser-Cornehls 1969, Jung 1971). Neben den neurophysiologischen sind psychophysische Untersuchungen durchgeführt worden, die das Ziel haben, die Funktionsweise solcher Detektoren aufzudecken. Solche Detektoren sind (s. 4.4.3) sicherlich für Bewegungsnacheffekte und für den Spiralennacheffekt verantwortlich. Nach Versuchen von Ritter, Lücke und Zihl (1973) zeigt sich bei den Bewegungsdetektoren Adaptation. Das heißt, wenn man für längere Zeit ein bewegtes Muster fixiert, ist anschließend die Empfindlichkeit für die Wahrnehmung der gleichen Bewegungsrichtung und Geschwindigkeit herabgesetzt.

Obwohl zur Zeit zahlreiche physiologische und psychophysische Untersuchungen über Bewegungsdetektoren durchgeführt werden, ist ihre Bedeutung für die Bewegungswahrnehmung noch unklar. Daß ihre Funktion darin besteht, die Bewegung distaler Objekte zu ermitteln, ist unwahrscheinlich. Stattdessen sind diese Detektoren sehr wahrscheinlich Übermittler der Reafferenz, die den Vergleich zwischen Efferenzkopie und Rückmeldungen aus der Umwelt erlaubt.

Die Wahrnehmung von Bewegungen kann als Leistungsfähigkeit des Wahrnehmungssystems angesehen werden. Zum Perzept gehören dabei auch Einflüsse aus dem Kurz- und Langzeitspeicher. Allgemein kann man sagen, daß in vielerlei Hinsicht die wahrgenommene Bewegung stark von den Erwartungen des Beobachters abhängt.
Deutlicher ist die Rolle der Erwartung und Erfahrung bei der Wahrnehmung von Bewegungen nicht bewegter Objekte. Solche *Scheinbewegungen* nicht bewegter Objekte wurden seit Wertheimer (1912) ausführlich untersucht. In einem seiner Versuche ließ Wertheimer zwei räumlich getrennte Lichtstreifen in einem sonst dunklen Zimmer nacheinander aufleuchten. Bei optimalen Zeitintervallen des An- und Ausschaltens und bei einer optimalen räumlichen Trennung der beiden Streifen trat eine Scheinbewegung auf. Es wurde ein einzelner Lichtstreifen wahrgenommen, der sich hin und her zu bewegen schien. Wertheimer nannte diesen Effekt Beta-Bewegung; ansonsten bezeichnete man Scheinbewegungen im allgemeinen als *Phi-Phänomene.* Wenige Jahre später führte Korte (1915) eine Versuchsreihe durch, um den Einfluß der räumlichen Position, der Beleuchtungsstärke und der zeitlichen Folge zu erforschen. Heute bietet das Kino das beste Beispiel für das Phi-Phänomen. Es werden mehrere Bilder kurz hintereinander projiziert, wobei die Position der abgebildeten Objekte von Bild zu Bild verändert wird. Dabei entstehen Scheinbewegungen, die wiederum kaum von echten Bewegungen zu trennen sind.

Wertheimer (1912) versuchte seine Beobachtungen zur Wahrnehmung von Bewegungen mit dem Isomorphieprinzip (s. 1.1.4) zu erklären. Dies besagt, daß im Gehirn ein Prozeß ausgelöst wird, der dem Wahrnehmungserlebnis einer Bewegung entspricht. Wertheimer nahm an, daß sich eine ausgedehnte elektrische Energie zwischen den Gehirnteilen, die die Meldung der separaten distalen Reizungen erhielten, ausbreite und so den Eindruck einer Bewegung hervorrufe. Scheinbewegungen entstehen durch einen Kurzschluß aufgrund der schnell aufeinanderfolgenden Reizungen verschiedener Stellen der Netzhaut. Inzwischen wissen wir, daß diese These unhaltbar ist. Rock und Ebenholtz (1962) zeigten, daß Scheinbewegungen auch bei der Reizung derselben Netzhautstellen erfolgen können. Auch der *Ternus-Effekt* (Ternus 1926) spricht gegen diese These. Abbildung 5.11 zeigt die Anordnung für diesen Effekt.

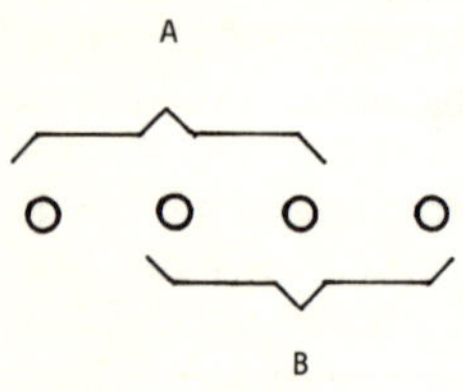

Abb. 5.11 Vorlage zum Ternus-Effekt (Ternus, 1926).

Man läßt drei Lämpchen der Gruppierung A gleichzeitig kurzzeitig aufleuchten, gefolgt von dem gleichzeitigen Aufleuchten der Lämpchen der Gruppierung B. Obwohl nur die zwei mittleren Lämpchen den Gruppierungen A und B gemeinsam sind, tritt eine Scheinbewegung auf, bei der alle drei Lämpchen sich abwechselnd von links nach rechts und zurück zu bewegen scheinen.

Eine alternative Erklärung zu Wertheimer, die bereits 1907 von Linke vorgeschlagen wurde, findet man auch heute in der modernen Wahrnehmungspsychologie (s. Murch 1973, Rock 1975). Nach dieser These kommt es zu Scheinbewegungen aufgrund von Gemeinsamkeiten mit solchen Situationen, die unter normalen Umständen zur Bewegungswahrnehmung distaler Objekte führen. Damit ist gemeint, daß Scheinbewegungen dann gesehen werden, wenn Informationen wie Verdeckung und Freigabe, Objektveränderungen und relative Positionsveränderungen vorhanden sind. Da die Wahrnehmung einer Bewegung erst als Perzept hergestellt werden muß, ist es nicht überraschend, Reizsituationen zu finden, die ohne objektive Bewegung zu einem solchen Perzept führen.

Grundlegend bei den verschiedenen Demonstrationen von Scheinbewegungen ist die phänomenale Positionsveränderung bei zwei ähnlichen Objekten. In einer interessanten Versuchsreihe verwendete Squires (1959) verschiedene Objekte, die räumlich getrennt nacheinander dargeboten wurden. Scheinbewegungen traten auf, wenn beide Objekte einander ähnlich waren oder sich voneinander ableiten ließen. So erfolgte zum Beispiel bei der Darbietung eines Kreises und einer Raute eine Scheinbewegung, bei der sich der Kreis während der Scheinbewegung in eine Raute verwandelte. Bei der Darbietung eines Kreises und eines Kreuzes erfolgte keine Scheinbewegung.

In der Geschichte der Wahrnehmungspsychologie wurden Phi-Phänomene oft als Täuschungen betrachtet. Man war bemüht, Situationen aufzudecken, die zur Bewegungswahrnehmung führten, ohne daß eine echte Bewegung von Umweltobjekten stattfand. Interessanter ist jedoch die Frage nach der Fähigkeit des Wahrnehmungssystems, überhaupt Bewegungen wahrzunehmen. Nach der Erkenntnis, daß das System solche Wahrnehmungen als Perzepte aufgrund zahlreicher Informationsquellen herstellt, ist es nicht erstaunlich, wenn ähnliche Situationen gefunden werden, die, objektiv gesehen keine Bewegung enthalten, aber dennoch den Eindruck einer Bewegung hervorrufen.

Die Vorlage zur Wahrnehmung einer Bewegung besteht aus einer Veränderung der distalen Reizung, die zum Fehlen einer Übereinstimmung zwischen Efferenzkopie und Reafferenz führt. Möglicherweise wird diese Information von den Bewegungsdetektoren übermittelt. Das Auftreten eines Perzepts der Bewegung setzt ein Mindestmaß an Veränderungen voraus, sowie spezifische Informationsquellen der Vorlage, wie Verdeckung und Freigabe einzelner Elemente der Umwelt, Objekttransformation und relative Positionsänderung. Schließlich wird die Art des Bewegungsperzepts von Erwartungen und Erfahrungen des Beobachters bestimmt. Das Vorhandensein einer objektiven Bewegung ist also nicht unbedingt für die Wahrnehmung einer Bewegung erforderlich.

5.3 Akustische Raumwahrnehmung

Genauso wie visuelle Reize im Raum lokalisiert werden, werden auch akustische Reize einem bestimmten Ort in der Umwelt zugewiesen. Bei der Beschreibung der visuellen Raumwahrnehmung identifizierten wir die relative Querdisparation der Abbildungen distaler Objekte auf die beiden Netzhäute als eine Quelle der Raumwahrnehmung. Bei der akustischen Wahrnehmung wird im Normalfall die Position eines Schallerzeugers im Raum durch einen Vergleich des zeitlichen Auftreffens und der Amplitude der Schallwelle bei den beiden Ohren ermittelt. Die Amplitude des Schalls ist geringfügig höher bei jenem Ohr, das dem Schallerzeuger näher ist. Dieser Amplitudenunterschied ist einerseits auf die unterschiedliche Entfernung der Schallquelle und andererseits auf den Schallschatten, der durch den Kopf entsteht, zurückzuführen. Ebenfalls verursacht der weitere Laufweg bis zum entfernten Ohr, daß der Schall hier zeitlich verzögert eintritt, so daß durch die relativ langsame Fortbewegung der Schallwelle (344 Meter/Sekunde) die Zeitdifferenz eine Informationsquelle der akustischen Raumwahrnehmung wird.
Zu den Unterschieden in Zeit und Amplitude als Vermittler von Information über die Position einer Schallquelle im Raum kommt eine Reihe weitere Hinweise aus Kopfbewegungen, Schallreflektion durch das Außenohr und die visuelle Position einer Schallquelle. Die Wirksamkeit der visuellen Position einer Schallquelle, aber auch der Einfluß der Erwartung hinsichtlich möglicher Ursprungsorte eines Schalls, sind ein Hinweis darauf, daß bei der Organisation der akustischen Raumwahrnehmung die Erfahrung eine maßgebende Rolle spielt. Die Abbildung des akustischen Raumes scheint weitgehend erfahrungsbedingt zu sein.

Ehe wir uns der Forschung zur akustischen Raumwahrnehmung zuwenden, muß darauf hingewiesen werden, daß die Mehrzahl der Untersuchungen unter Laborbedingungen durchgeführt worden sind. Nur in solchen reinen Hörumgebungen können die möglichen Informationsquellen zur Entstehung des akustischen Raums identifiziert werden. Dennoch beweist die Wirksamkeit einer im Labor identifizierbaren Quelle keineswegs, daß diese tatsächlich in der alltäglichen Hörwelt benutzt wird. Wir dürfen daher nicht vergessen, daß die im Labor erforschte Wahrnehmung des Raums nur begrenzte Gültigkeit hat. Inwiefern die einzelnen Quellen von einem Individuum wirklich genutzt werden, bleibt weitgehend ungeklärt.

5.3.1 Der akustische Raum

Der akustische Raum eines Wahrnehmenden erstreckt sich nach allen Seiten. Hier ist die egozentrische Raumwahrnehmung, bei der sich der Wahrnehmende im Zentrum des Raumes erlebt, noch stärker ausgeprägt als bei der visuellen Raumwahrnehmung. Das visuelle Sehfeld umfaßt eine Fläche mit einer Breite von etwa 120° und einer Höhe von etwa 70°. Allerdings ist die Sehschärfe nur auf der Fovea groß, d. h. über einen Bereich von höchstens 10°. Folglich erfassen wir zu einem gegebenen Zeitpunkt nur einen geringen Teil unserer visuellen Umwelt und müssen durch ständige Augenbewegungen diese Umwelt sukzessiv erforschen. Unser akustischer Raum umfaßt demgegenüber beinahe 360° mit einer unverminderten Hörschärfe für alle Richtungen. Hier sehen wir einen wesentlichen Unterschied zwischen den beiden Sinnessystemen: der visuelle Raum wird durch zeitlich getrennte Fixationsveränderungen erforscht, während der akustische Raum in jedem Augenblick immer vollständig gegeben ist.

Zur Beschreibung des akustischen Raums ist die Vorstellung einer Kugel, die den Kopf des Hörers umgibt, gut geeignet. Schall kann an allen Positionen auf der Fläche der Kugel erzeugt werden. Zur Lokalisation des Schalls im Raum, also der Zuordnung einer bestimmten Position, bestehen Unterschiede zwischen beiden Ohren hinsichtlich der Amplitude und des zeitlichen Auftreffens der Schallwellen. Für bestimmte Positionen auf dieser Fläche treten jedoch solche Unterschiede nicht auf. Befindet sich die Schallquelle auf der Medianebene (auf einer Ebene, die von vorn nach hinten senkrecht durch die Mitte des Kopfes läuft), dann ist sie gleich weit von beiden Ohren entfernt. Liegt der Schallerzeuger an verschiedenen Positionen auf der Horizontalebene (auf einer waagerechten Ebene um den Kopf herum, auf Nasenhöhe), so ist außer bei beiden Schnittpunkten mit der Medianebene ein Unterschied vorhanden. Schließlich kann die Position der Schallquelle auf der Lateralebene (senkrecht von rechts nach links durch den Kopf) variiert werden. Auch hier entsteht immer ein Unterschied, der jedoch für je zwei Positionen gleich ist: Eine Schallquelle, die gleich weit nach oben und unten von der Horizontalebene entfernt ist, ergibt die gleiche Entfernung zu beiden Ohren.

Aus diesen Überlegungen geht hervor, daß die Erfassung der Position einer Schallquelle als vor oder hinter dem Kopf oder oberhalb oder unterhalb der Horizontalebene sehr schwierig ist. Für die Erforschung der Auswirkung von Amplituden- und Zeitunterschieden bietet man meistens die Schallquellen auf der Horizontalebene dar. Die Position wird mit Hilfe des *Azimutwinkels* angegeben. Der Azimutwinkel wird wie folgt berechnet: Man geht von einer Richtung nach vorn als Nullrichtung aus und berechnet den Winkel, der zwischen der Nullrichtung und der Richtung zur Schallquelle gebildet wird. Abbildung 5.12 zeigt diese Beziehungen.

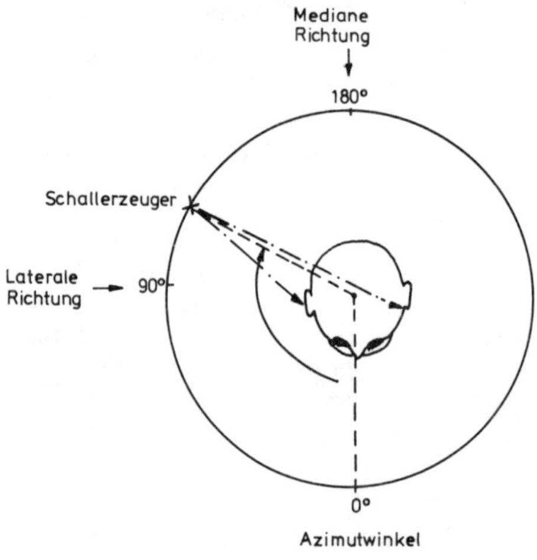

Abb. 5.12 Die räumliche Position eines Schallerzeugers definiert durch den Azimutwinkel.

Der Kreis um den Kopf herum liegt in der Horizontalebene. Die Position der Schallquelle drückt man, ausgehend von der Nullrichtung (Azimut = 0°), in Grad aus. In dem Beispiel ist der Azimutwinkel 120°. Eine aus der medianen Richtung kommende Schallwelle hätte einen Azimutwinkel von 0° oder 180°, während eine Schallwelle aus der lateralen Richtung die Werte von 90° oder 270° haben würde.
Bei Schallquellen mit Azimutwinkeln von 0° und 180° ist der Laufweg der Schwellwelle zu beiden Ohren gleich. Bei allen anderen Azimutwinkeln entsteht ein Amplitudenunterschied zwischen den Ohren, der sich mit zunehmender Abweichung von 0° und 180° vergrößert. Die genauen Werte des Amplitudenunterschiedes lassen sich nach Berechnung der unterschiedlichen Entfernung zu beiden Ohren aus der Tatsache ableiten, daß die Amplitude umgekehrt proportional mit dem Quadrat der Entfernung zur Schallquelle abnimmt. Der Amplitudenunterschied nimmt also mit wachsender Verlagerung der Position der Schallquelle aus der Medianebene zu. Nach Gulick (1971) ist z. B. eine Schallquelle, die nur wenige Zentimeter vom Kopf entfernt ist, mit einem Azimutwinkel von 30° doppelt so weit vom linken Ohr entfernt wie vom rechten Ohr. Bei der Zunahme der Entfernung der Schallquelle wird der Amplitudenunterschied zwischen den Ohren bei konstantem Azimutwinkel fortwährend geringer.
Zu dem Amplitudenunterschied zwischen den Ohren aufgrund der Entfernung der Schallquelle kommt noch die Abnahme der Amplitude durch den Schallschatten des Kopfes. Hier finden wir eine Beziehung zwischen Frequenz und Ausmaß der Amplitudenabnahme. Bei niedrigeren Frequenzen schwingt die Schallwelle um den Kopf herum und ruft kaum einen Schallschatten hervor. Jedoch werden für höhere Frequenzen, bei denen die Wellenlängen sehr kurz sind, große Anteile der Schallwellen reflektiert.
Die Messung der Kombination der Effekte von Entfernungsdifferenz und Schallschatten war Ziel einer Untersuchung von Feddersen et al. (1957). Abbildung 5.13 zeigt die Ergebnisse.

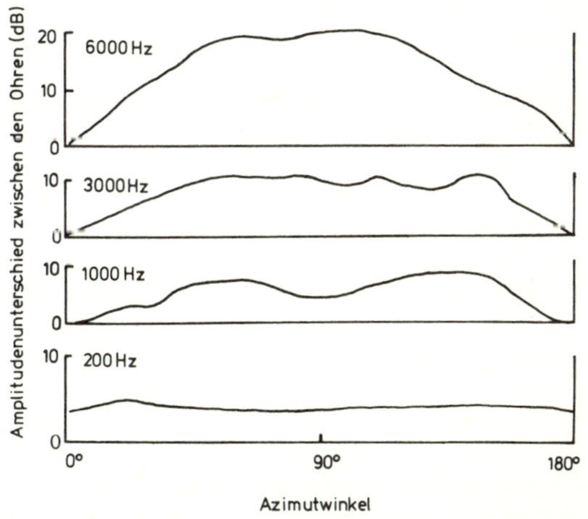

Abb. 5.13 Amplitudenunterschied zwischen den Ohren als Funktion des Azimutwinkels für vier verschiedene Frequenzen (nach Feddersen et al., 1957).

Auf der Ordinate sind die gemessenen Amplitudenunterschiede zwischen den Ohren und auf der Abszisse die verschiedenen Azimutwinkel aufgetragen. Bei Winkeln von 0° und 180° ist natürlich der Unterschied null und für eine Frequenz von 6000 Hz bei 90° maximal. Aus der Abbildung wird erkennbar, daß der Amplitudenunterschied nur bei höheren Frequenzen Information für die Lokalisation eines Schallerzeugers im Raum liefert.

Aus den bisher beschriebenen Beziehungen läßt sich neben dem Amplitudenunterschied der Zeitunterschied zwischen den Ohren ableiten. Woodworth (1938) berechnete die unterschiedlichen Zeiten des Auftreffens von Schall bei Schallerzeugern mit verschiedenen Azimutwinkeln. Obgleich er den Einfluß der Frequenz sowie den Schallschatten nicht beachtet hat, erwiesen sich seine Ergebnisse als ziemlich genau. Auch hier liegen reale Messungen durch Feddersen et al. (1957) vor, die in Abbildung 5.14 graphisch dargestellt werden.

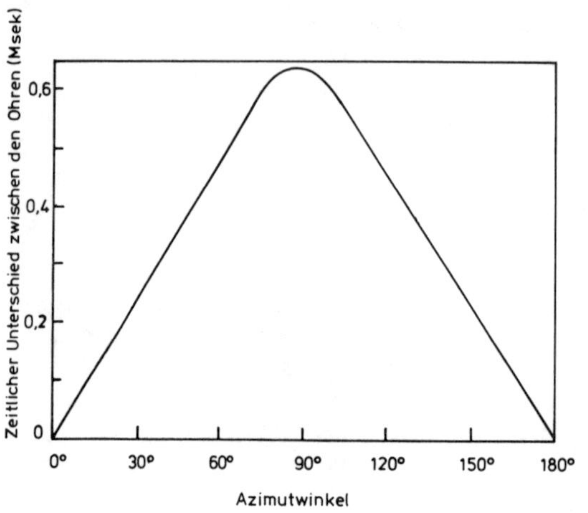

Abb. 5.14 Zeitlicher Unterschied zwischen den Ohren als Funktion des Azimutwinkels (nach Feddersen et al., 1957).

Genau wie bei Abbildung 5.13 gehen die Messungen von der Medianebene (Azimutwinkel von 0° und 180°) aus, bei der die zeitlichen Unterschiede Null sind. Der maximale Unterschied ist natürlich bei 90° mit einem zeitlichen Abstand zwischen den Ohren von etwa 0,6 msek gegeben. Pro Zentimeter Unterschied im Laufweg der Schallwelle zwischen den Ohren beträgt die zeitliche Verzögerung bis zum Eintreffen bei dem weiter entfernten Ohr 0,029 msek.

Für reine Töne besteht eine feste Beziehung zwischen dem zeitlichen Auftreffen und der Phase der Welle. Bei niedrigen Frequenzen trifft die Welle bei dem entfernten Ohr zu einer späteren Phasenperiode ein. Logisch gesehen ist es die Zeit und nicht die Phase, die bei der Lokalisation von Bedeutung ist. Die Phasen bei Komplextönen sind erstens nicht erkennbar und zweitens hat die Schallwelle bei Frequenzen oberhalb 2000 Hz bei allen Azimutwinkeln bereits eine neue Periode begonnen, ehe sie zum entfernteren Ohr gelangt.

Mittlerweile wird aufgrund zahlreicher Experimente angenommen, daß die Position von Schallquellen im Raum mit höheren Frequenzen durch Amplitudenunterschiede und von solchen mit niedrigeren Frequenzen durch Zeitunterschiede übermittelt wird. Diese sogenannte *Duplextheorie* der akustischen Lokalisation eignet sich für die Erklärung der Ergebnisse eines klassischen Versuchs von Stevens und Newman (1936). In einer anechoischen Kammer sollten die Beobachter mit verbundenen Augen die Position einer 3,65 Meter entfernten Schallquelle durch Hinzeigen mit dem Arm identifizieren. Die Schallquellen lieferten Töne verschiedener Frequenzen, Knacken und Rauschen. Alle Reize wurden in einer zufälligen Reihenfolge auf der Horizontalebene in Abständen von 15° dargeboten. Auffallend an den Ergebnissen war, daß die Fehler von der Frequenz der Töne abhängig waren. Abgesehen von den häufigen Verwechslungen zwischen vorn und hinten traten die meisten Fehler bei Tönen mit Frequenzen zwischen 2000 und 5000 Hz auf. Stevens und Newman erklärten diese Beobachtung mit dem Hinweis, daß bei diesen Frequenzen weder Amplituden- noch Zeitdifferenz maximal wirksam sind. Beim Rauschen und Knacken wurden auch im Bereich 2000–5000 Hz sehr wenig Fehler gemacht, was dadurch zustandekommt, daß diese Schallquellen mehrere höhere und tiefere Frequenzen aufweisen. Folglich konnten beide Informationsquellen bei der Lokalisation der Schallquelle angewandt werden.

5.3.2 Lateralisation

Die gegenwärtige Forschung über akustische Raumwahrnehmung versucht, die Rolle dieser beiden Variablen unter genaueren Beobachtungsbedingungen zu erforschen (s. Blauert 1974). Dabei werden die Signale statt im freien Raum durch Kopfhörer dargeboten.
Bei dieser experimentell besser kontrollierten Darbietung tritt eine Eigenart des akustischen Systems in Erscheinung: bei zwei Tönen mit gleicher Frequenz und Amplitude, die gleichzeitig durch Kopfhörer bei beiden Ohren eintreffen, erlebt man den Ursprungsort der Signale als im Zentrum des Kopfes befindlich. Wenn wir das zeitliche Auftreffen des einen Tons zu einem Ohr verzögern, scheint sich der Ursprungsort in die Richtung des anderen Ohrs zu verlagern. Ein ähnliches Erlebnis hat man bei Konstanthaltung der Zeit und Variation der Amplitude: Das Signal scheint aus der Richtung der stärkeren Amplitude zu stammen. Um dieses Phänomen der *Im-Kopf-Lokalisiertheit* (Blauert 1974) von dem Erleben der Position eines Schallerzeugers im Raum, also dessen Lokalisation, zu unterscheiden, spricht man bei Versuchen mit Kopfhörern von *Lateralisation.* Die Bezeichnung ergibt sich aus dem subjektiven Erlebnis, daß das Schallsignal seine Position entlang der Lateralebene lediglich im Kopf verändert.
Bei den Lateralisationsversuchen ist es möglich, Amplituden- und Zeitunterschiede gegeneinander zu setzen. Man läßt zum Beispiel eine Schallwelle mit Verzögerung, aber höherer Amplitude bei dem einen Ohr ankommen. Es läßt sich mit solchen Versuchen zeigen, daß die beiden Faktoren einander ausgleichen können: die Schallsignale wurden im obigen Beispiel als im Kopf befindlich wahrgenommen (Green & Henning 1969). Allerdings zeigen neuere Ergebnisse (i. e. Babkoff et al. 1973), daß der Ausgleich selten vollkommen ist. Diese Versuche scheinen vielmehr darauf hinzuweisen, daß beide Informationsträger ziemlich unabhängig arbeiten. Auch einige neurophysiologische Beobachtungen, wie die von Goldberg und Brown (1969), sprechen dafür. Bei Ableitungen im akustischen Kortex zeigten sich für höhere Frequenzen empfindliche Zellen als auch für Amplitudenunterschiede empfindlich, während Zellen mit einer Empfindlichkeit für niedrigere Frequenzen zugleich auf Zeitunterschiede ansprachen.

5.3.3 Der freie Hörraum

Obwohl die Lateralisationsversuche viel Information über die physikalischen Aspekte der Schallverarbeitung gebracht haben, lassen sie kaum Schlüsse auf die Verarbeitung im normalen Hörraum zu. Durch die Komplexität normaler Schallereignisse und die Reflexion der Schallwellen von Gegenständen der Umgebung verändern sich die Zeit- und Amplitudenverhältnisse ständig. Um ein Beispiel von Green (1976) zu nennen, gelangt 80–90% der aufgenommenen Schallenergie in einem Zimmer erst nach mehreren Zusammenstößen mit den Wänden und Objekten des Zimmers zum Ohr. Bei jedem Zusammenstoß verliert die Welle 10–20% ihrer Energie. Jede reflektierte Welle trifft verzögert ein, verglichen mit der entsprechenden nicht reflektierten Welle.

Diese später eintreffenden Wellen nennt man *Echowellen*, obwohl wir sie nur nach längeren Verzögerungen im Sinne eines gewöhnlichen Echos wahrnehmen. Da die Echowellen aus allen möglichen Richtungen stammen, könnte man sich fragen, wie man überhaupt die Position einer Schallquelle erkennen kann.

Nach Ergebnissen von Wallach et al. (1949) scheint das akustische System die ursprüngliche Welle von den Echowellen unterscheiden zu können. Bei der Lokalisation wird nur auf die Primärwelle geachtet, und die nachfolgenden Echowellen werden unterdrückt. Man spricht von dem *Gesetz der ersten Wellenfront*. Dies gilt aber nur unter bestimmten zeitlichen Bedingungen. Wenn die Echowellen mit kaum verminderter Energie nach längerer Verzögerung (i. e. über 500 msek) eintreffen, werden sie wie eine neue erste Wellenfront verarbeitet, so daß die Position der eigentlichen Schallquelle schwer zu erfassen ist. Bei einer zeitlichen Verzögerung von etwa 70 msek tritt ein Phänomen auf, bei dem die erste Wellenfront durch die Echowelle unterdrückt wird. Die Schallwelle scheint dann aus der Richtung der Echowelle zu kommen (v. Békésy 1971). Diese Beziehungen kann man sich anhand des Beispiels einer größeren Konzerthalle vorstellen. Spricht jemand in dieser Halle von einem Pult aus, so prallen die Schallwellen der Stimme überall von den Wänden der Halle ab. Trotzdem ist die Position des Redners im Raum leicht zu erkennen. Wenn jedoch die Halle eine »schlechte« Akustik besitzt, entstehen starke, noch längere Zeit bestehende Echowellen, die die Lokalisation erheblich erschweren.

Eine weitere Möglichkeit der Lokalisation in der normalen Hörwelt entsteht durch die Bewegung des Kopfes während eines Schallereignisses. Wie Untersuchungen von Wallach (1939, 1940) zeigen, treten bei periodischen Tönen kaum noch Fehler bei der Lokalisation im freien Feld auf, sobald ein Beobachter seinen Kopf frei bewegt. Solche Bewegungen erlauben die genaue Feststellung der Position der Schallquelle dadurch, daß die Schallereignisse aus verschiedenen Azimutwinkeln aufgenommen werden. Ein Schallerzeuger (Abbildung 5.12) mit einem Azimutwinkel von 120° wird oft mit einem von 60° verwechselt. Durch eine Bewegung des Kopfes während des Schallereignisses läßt sich die Position eindeutig bestimmen; bei einer Kopfbewegung nach rechts nimmt bei einem Schallerzeuger bei 120° der Zeit- und Amplitudenunterschied zu, während bei einem Schallerzeuger bei 60° beide Unterschiede abnehmen würden. Nach Pollack und Rose (1967) bringen Kopfbewegungen nur einen Vorteil bei Schallereignissen, die eine bestimmte Mindestdauer haben. Diese Beobachtung ist nicht sonderlich überraschend, da die Kopfbewegungen nur dann zur verbesserten Lokalisation führen, wenn das Schallsignal noch während der gesamten Bewegung vorhanden ist.

Eine häufig umstrittene Frage bei der akustischen Raumwahrnehmung bezieht sich auf die Rolle des Außenohrs bei der Lokalisation von Schallquellen. Bei mehreren Tierarten, wie z. B. Katzen und Hunde, spielt das Außenohr bei der Lokalisation eine große Rolle. Es fängt die von vorn kommenden Schallwellen auf und verstärkt sie. Bei Menschen jedoch ist die genaue Bedeutung des Außenohrs schwerer zu erkennen. Nach Batteau (1967) reflektiert das Außenohr die höheren Frequenzen und bewirkt dadurch eine Veränderung der Qualität des Schallereignisses. Möglicherweise kann diese veränderte Qualität zur Bestimmung der Position der Schallquelle genutzt werden.

In einer Untersuchung von Gardner und Gardner (1973) wurde die Rolle des Außenohrs empirisch erfaßt. Ohne irgendeine Bedeckung konnten die Beobachter die Richtung der Schallquelle in 90% der Fälle erkennen. Unter verschiedenen Bedingungen wurde das Außenohr mehr und mehr durch Wachs zugedeckt: Die Anzahl der Fehler wuchs dementsprechend. Bei totaler Verdeckung des Außenohrs bis auf den Gehörkanal stieg die Fehlerrate auf 50%. Im allgemeinen ließen sich Schallreize aus der medialen Richtung, die von hinten kommen, schwerer lokalisieren als solche von vorn.

Von sehr großer Bedeutung bei der Organisation des akustischen Raumes ist die visuelle Position der Schallquelle. Bei dem Beispiel des Redners in der Konzerthalle hört man die Stimme dort, wo sich der Redner befindet, auch wenn der Schall von einem Lautsprecher kommt. Nach Within et al. (1952) wird die Verschiebung der Position eines um bis zu 20° von der Position des Redners versetzten Lautsprechers nicht bemerkt, sondern visuelle und akustische Wahrnehmung werden hinsichtlich der Position als übereinstimmend empfunden.

Die Abhängigkeit der wahrgenommenen Position eines Schallerzeugers von seinem visuellen Ort wird deutlich bei einer Reihe von Versuchen, die ein Analogon zu den Versuchen mit Umkehr- und Prismenbrillen bilden. Bereits 1918 führte Klemm eine Untersuchung durch, in der ein Beobachter zwei vor ihm links und rechts aufgebaute Schlaghammer beobachtete. Der verursachte Schall wurde von zwei Mikrophonen aufgefangen und durch Kopfhörer zu dem jeweils entgegengesetzten Ohr übertragen. Man hört also den Schlaghammer, den man links sieht, mit dem rechten Ohr. Mit geschlossenen Augen hört man den Schlag von rechts kommen, bei offenen Augen erlebt man den Schlag von links.

Mehrere Untersuchungen wurden mit dem sogenannten *Pseudophon* durchgeführt, bei dem die Schallwellen auf einer Kopfseite durch Trichter (Young 1928) oder durch Mikrophone (Held 1955) zu dem jeweils entgegengesetzten Ohr geleitet werden. Diese Anordnung führt bei geschlossenen Augen zu einer Umkehrung des akustischen Raumes. Mit offenen Augen aber scheint der Schall aus der visuell definierten Position zu kommen.

Ähnliche Ergebnisse treten nach der Adaptation bei Prismenbrillen auf. Nach Harris (1963) erscheinen nicht nur visuelle Objekte nach der Adaptation versetzt zu sein, sondern zugleich auch die akustischen Schallquellen.

Bisher beschrieben wir die Wahrnehmung der räumlichen Position von Schallquellen ohne die absolute Entfernung von der Schallquelle zu berücksichtigen. Natürlich ist die wahrgenommene Lautstärke eines Schalls ein Hinweis auf die Entfernung: Laute Geräusche werden z. B. als näher empfunden. Gleichzeitig verändert sich die Klangfarbe komplexer Schallereignisse mit zunehmender Entfernung. Bei Entfernungen über 1,5 Meter fallen die höheren Frequenzen schneller als die niedrigeren Frequenzen aus dem Komplexton heraus, so daß sich die Tonqualität ändert.

Sowohl Klangfarbe als auch Lautstärke als Übermittler der Entfernungsinformation setzen einen gewissen Bekanntheitsgrad mit dem Schallereignis voraus. Unbekannte Schallquellen sind ohne visuellen Hinweis bezüglich ihrer Entfernung schwer zu erfassen. Gerade die Abhängigkeit der akustischen Raumwahrnehmung von Faktoren wie visueller Position und Bekanntheitsgrad sprechen dafür, daß die Definition des akustischen Raums erfahrungsbedingt ist.

5.4 Die Figurenerkennung

Nach unserer Auffassung ist die Leistungsfähigkeit, Figuren und Formen zu organisieren, im Wahrnehmungssystem eingebaut. Erst nachdem die Elemente eines Reizmusters als differenzierte Aspekte des Reizangebotes ausgelesen worden sind, kann die Weiterverarbeitung erfolgen. Diese Weiterverarbeitung ermöglicht die Erkennung und Deutung eines Musters. Es muß jedoch zugestanden werden, daß dieser Höhepunkt der Verbindung zwischen Leistungsfähigkeit und Erfahrung noch immer einen unzureichend verstandenen Aspekt des Wahrnehmungsprozesses darstellt. Der Prozeß der Figurenerkennung ist so alltäglich und mühelos, daß wir uns seiner Komplexheit nur schwer bewußt werden:

Auf welche Weise das Wahrnehmungssystem eine Rose oder eine bestimmte Melodie erkennen kann, ist noch weitgehend ein Rätsel. In diesem Abschnitt betrachten wir die Fortschritte, die bisher zur Lösung des Rätsels gemacht worden sind.
Im Prinzip ist der Prozeß der Figurenerkennung relativ einfach. Nach der Übersetzung der Signale aus der Umwelt und nach der ersten Verarbeitung der Signale aufgrund der Leistungsfähigkeit der Systeme müssen die Kurz- und Langzeitspeicher nach vorhandenen Informationen hinsichtlich der Signale abgesucht werden. Um also eine Rose erkennen zu können, braucht lediglich eine Verbindung zwischen den gespeicherten Erfahrungen mit Rosen und den augenblicklich zu verarbeitenden Signalen stattzufinden. Nach Herstellung dieser Verbindung entsteht das fertige Perzept.

5.4.1 Schablonen und Prototypmodelle

Ein erstes Modell der Figurenerkennung kann man als *Schablonenmodell* bezeichnen. Nach dieser Auffassung werden für jede Art von Reizvorlage Schablonen entwickelt und im Langzeitspeicher festgehalten. Bei der Aufnahme einer Umweltreizung wird die Sammlung von Schablonen abgesucht. Wenn eine passende Schablone gefunden wird, entsteht ein Perzept der erkannten Figur. Eine Rose wird als Rose erkannt, wenn im Langzeitspeicher eine Schablone für die Rose auffindbar ist. Schon 1891 wies Höffding auf einige Probleme hin, die mit dieser Auffassung verbunden sind. In seiner strengen Auslegung fordert dieses Modell, daß bei jeder Umweltreizung eine gespeicherte Schablone gebildet wird. Um alle möglichen Arten von Rosen zu erkennen, müßten allein für dieses Perzept Tausende von Schablonen vorhanden sein. Das Modell würde auch voraussagen, daß eine neue Blume, die zuvor nie gesehen worden ist, nicht als eine Blume erkannt werden könnte.
Solche Probleme werden bei einer weniger strengen Auslegung des Schablonenmodells umgangen. Dies ist das sogenannte *Prototypmodell*, nach dem eine Art »Urmuster« gespeichert wird, welches für eine bestimmte Klasse von Umweltreizen repräsentativ ist. Eine Rose wird als solche erkannt, da die aufgenommene Reizung dem Rosenprototyp am ähnlichsten ist. Allerdings fordert auch dieses Modell eine große Anzahl gespeicherter Prototypen.
Bei dem Schablonenmodell wie auch bei dem Prototypmodell wird angenommen, daß der Prozeß der Figurenerkennung globaler Natur ist. Mehrere Beobachtungen sprechen gegen diese Annahme. Erstens scheint es unwahrscheinlich, daß die aufgenommene Umweltreizung in einer so bildhaften Weise verarbeitet wird. Vielmehr scheint das Bildhafte ein Endprodukt des Prozesses zu sein. Dazu kann ein inzwischen klassischer Versuch von Neisser (1964) angeführt werden. Die Aufgabe der Beobachter bestand darin, den Buchstaben Z so schnell wie möglich aus Listen herauszufinden, in denen sich auch andere Buchstaben befanden. Dabei wurden zwei Arten von Listen verwendet: Eine Liste bestand neben dem Z aus den Buchstaben Q D U G O C, während die zweite Liste die Buchstaben Y V M X E W enthielt. In beiden Fällen wurde die Reihenfolge der Buchstaben nach Zufall variiert. Abbildung 5.15 zeigt ein Beispiel. Der Buchstabe Z kommt in beiden Listen je einmal vor.
Nach den Ergebnissen von Neisser wurde bei den Listen von Typ B erheblich mehr Zeit benötigt als bei den Listen vom Typ A. Wenn die Figurerkennung aus einem Prozeß der Schablonen- oder Prototypanwendung bestünde, würde man keinen Unterschied zwischen den Listen erwarten. Der von Neisser gefundene Unterschied läßt auf einen Prozeß schließen, bei dem kritische Merkmale der Figuren ausgelesen werden. Bei dem Buchstaben Z bestehen diese Merkmale aus 2 horizontalen und einem diagonalen Strich; dies sind Merkmale, die auch bei der Erkennung von Y V M X E W angewandt

Liste A	Liste B
QDUGOC	YVMXEW
OCDUGQ	EWVMYX
CQOGUD	EXWMVY
QUGCDO	YXEMWV
UCDGQO	VXEMWY
DUZGQO	MXVEWY
UCGQOD	XVWMYE
CGUDQO	MWXVYE
QDOCGU	VYMEXW
CGUDOQ	EXVWYM
OCDUGQ	WMXZYE
UOCGQD	VMWEIX
GDQCOU	XVWMEY
GCDUQO	WXVEMY
QCUGDO	EXMYWV

Abb. 5.15 Die Vorlage zur Erkennung eines Buchstabens (Z) in Abhängigkeit von der Unähnlichkeit (Liste A) bzw. Ähnlichkeit (Liste B) kritischer Merkmale (nach Neisser, 1964).

werden müssen. Da diese Merkmale bei QDUGOC nicht vorkommen, kann der kritische Buchstabe aufgrund seiner Merkmale schneller erkannt werden.
Beobachtungen wie die von Neisser (1964) führten zu der Überlegung, daß die Figurenerkennung durch die Auslese von kritischen Merkmalen erfolgt. Diese Auffassung wurde durch eine Reihe neurophysiologischer Befunde, die den Hinweis auf den Mechanismus der Auslese lieferten, bekräftigt. Hierfür war vor allem das Auffinden spezifischer Merkmalsdetektoren, die auf bestimmte Elemente der Umweltreizung abgestimmt waren, maßgebend (eine Zusammenfassung dieser Ergebnisse findet sich bei Robson, 1975).
Auch Beobachtungen von Pritchard (1961), die über das Verfahren der stabilisierten Bilder (s. 3.1.2) gewonnen wurden, sprechen gegen einen globalen Prozeß der Figurenerkennung. Nach wenigen Sekunden stabilisierter Reizung des Auges setzt die Wahrnehmung einer Figur aus. Allerdings verschwindet das Bild selten als Ganzes, meistens zerfällt es in einzelne Elemente. So berichten die Beobachter bei Pritchard zum Beispiel, daß die Buchstabenkombination HB nach einigen Sekunden in verschiedene Elemente zerfiel: H, B, I, P, Ч, 3 usw. Möglicherweise erfolgt dieser Bildzerfall aufgrund der kritischen Merkmale, die das Erkennen des Bildes bewirken (McFarland 1973).

5.4.2 Modelle der kritischen Merkmale

Nach der heutigen Auffassung scheint also ein gewisses Ausmaß an Einigkeit darüber zu bestehen, daß dem Prozeß der Figurenerkennung die Auslese kritischer Merkmale der Reizvorlage zugrunde liegt. Allgemein kann dieses Modell als *Merkmalsmodell* bezeichnet werden. Jede Reizvorlage wird als eine Ansammlung spezifischer Merkmale gesehen,

die durch die Leistungsfähigkeiten des Wahrnehmungsprozesses zur Weiterverarbeitung bereitgestellt werden. Nach der Synthese kritischer Merkmale erfolgt die Erkennung der Vorlage. Solche kritischen Merkmale, die zur Kennzeichnung der Vorlage notwendig sind, werden im Langzeitspeicher festgehalten. Man erkennt eine Rose durch die Verbindung der ausgelesenen Merkmale mit dem gespeicherten Merkmalsatz, der bei vorangegangenen Wahrnehmungserlebnissen als zu Rosen gehörend gekennzeichnet wurde.
Hinter der allgemeinen Annahme von der Auslese kritischer Merkmale sind zwei Forschungsrichtungen zu erkennen. Auf der einen Seite arbeiten einige Wahrnehmungspsychologen in enger Verbindung zur Neurophysiologie. Sie versuchen, Wahrnehmungsprozesse im Rahmen neurophysiologischer Befunde zu erklären – vor allem durch die Verbindung psychophysischer Beobachtungen mit neurophysiologischen Befunden. Für diese Forschungsrichtung sind von Bedeutung: die Identifizierung von Merkmalsdetektoren im Wahrnehmungssystem, und deren Korrelation mit bestimmten Wahrnehmungsleistungen (s. Hajos 1977). Auf der anderen Seite versuchen manche Wahrnehmungsforscher – angeregt von früheren informationstheoretischen Ansätzen –, die kritischen Merkmale der physikalischen Reizvorlage ohne größere Berücksichtigung neurophysiologischer Erkenntnisfortschritte zu bestimmen.
Inzwischen sehen mehrere Wahrnehmungspsychologen, daß eine zu große Beschränkung auf neurophysiologische Befunde einige Gefahren mit sich bringt. Uttal (1973) bringt den Hinweis, daß manche Aspekte der Wahrnehmungsprozesse sicherlich nicht den heutigen neurophysiologischen Methoden zugänglich sind. Wichtig ist es, eine Wahrnehmungspsychologie zu betreiben, die zwar über die neurophysiologischen Kenntnisse orientiert ist, jedoch nicht von ihnen abhängt. Ein Beispiel hierfür bietet der McCollough-Effekt (s. Abschnitt 4.2.6). Die Erkenntnisse der Neurophysiologie über das Vorhandensein von orientierungsspezifischen Konturdetektoren im Kortex, die möglicherweise auch farbspezifisch sind, legt den Schluß nahe, den McCollough-Effekt als Produkt der selektiven Adaptation dieser Detektoren zu erklären (McCollough 1965). Obwohl eine ziemlich ausgedehnte Kontroverse hierüber besteht, läßt sich der Effekt ebensogut als ein Lernvorgang beschreiben (Murch 1976b). Bei einer zu engen Orientierung an der Neurophysiologie hätte diese alternative Auffassung nicht entstehen können.
In der letzten Zeit besteht die Tendenz, beobachtete Wahrnehmungsabläufe hypothetischen Merkmalsdetektoren zuzuschreiben. Hier läuft man unserer Meinung nach in einer ähnlichen Sackgasse wie dies vor Jahren die Instinkttheoretiker taten: Für jedes Verhalten nahm man einen Instinkt an; bei der Wahrnehmung wird für jeden Vorgang ein Detektor angenommen (s. Murch 1974, Dodwell 1975). Eine solche zirkuläre Denkweise erweitert unsere Kenntnisse über Wahrnehmung nicht. Nach diesem Hinweis auf die Gefahren der »Neurophysiologisierung« in der Wahrnehmungspsychologie werden wir Prozesse der Figurenerkennung hauptsächlich von empirischen Beobachtungen ausgehend beschreiben. Entsprechende neurophysiologische Befunde werden jedoch an passenden Stellen erläutert werden.
Nach der einfachsten Auffassung werden Reizmuster dann erkannt, wenn aus ihren kritischen Merkmalen eine Synthese gebildet werden kann und im Gedächtnissystem die entsprechend gespeicherten Merkmale aufgefunden werden. Meistens wird zunächst untersucht, welches Ausmaß von Merkmalen zur Beschreibung eines Reizmusters notwendig ist. Daraufhin beobachtet man die Beziehung zwischen der Anzahl der Merkmale und einer bestimmten Erkennungsleistung. Gibson (1969) fand, daß alle Druckbuchstaben in 12 kritische Elemente zerlegbar sind. Die Beziehung zur Erkennungsleistung wurde in einem Versuch von Gibson, Schapiro und Yonas (1968) hergestellt. Ihre Beobachter bekamen zwei Buchstaben gleichzeitig dargeboten und mußten so schnell wie möglich auf einen Knopf drücken, wenn die Buchstaben gleich waren, und auf einen anderen

Knopf, wenn sie verschieden waren. Es wurde jeweils die Latenzzeit der Reaktion gemessen. Das Ergebnis zeigte: Je größer die Anzahl der kritischen Merkmale für die Unterscheidung zwischen den Buchstaben war, desto schneller erfolgte die Reaktion. Bei zwei unähnlichen Buchstaben wie G und W, die keine gemeinsamen Elemente besitzen, betrug die Reaktionszeit im Durchschnitt 458 msec. Bei zwei ähnlichen Buchstaben wie P und R, die sich nur durch ein kritisches Merkmal unterscheiden, betrug die Zeit im Durchschnitt 571 msec.

Allerdings muß bei solchen Versuchen der Hinweis gebracht werden, daß der Begriff »Merkmal« nicht zu eng gefaßt werden darf. Es ist nicht so, als ob für jedes Element der Buchstaben eine Schablone gespeichert ist, sondern eher so, daß es eine Konstellation von kritischen Merkmalen gibt, die zwischen Variationen der verschiedenen Muster zu differenzieren vermögen.

Auf dem Gebiet der akustischen Wahrnehmung unternahmen Jakobson und Halle (1956) eine ähnliche Analyse für die kritischen Merkmale gesprochener Wörter. Später zeigte Wickelgren (1966), daß Wortverwechslungen aufgrund der Anzahl kritischer Merkmale vorauszusagen sind. Chomsky und Halle (1968) dehnten diese Analyse auf verschiedene Sprachen aus und kamen dabei zu dem Schluß, daß die phonetischen Kombinationen aller Sprachen zwischen 15–20 kritische Merkmale umfassen.

Bei komplexen Reizvorlagen sprechen einige Beobachtungen dafür, daß das Erkennen nur das Vorhandensein einiger weniger kritischer Merkmale erfordert. Fraisse und Eckin (1963) konnten zeigen, daß Strichzeichnungen bekannter Objekte schneller erkannt werden als Photographien der Objekte. Nach den Ergebnissen von Hochberg und Brooks (1962) können Kleinkinder Strichzeichnungen auch dann erkennen, wenn sie nie zuvor eine Strichzeichnung gesehen haben. Für das akustische Erkennen bringt Green (1976) das Beispiel des Sprachverständnisses am Telefon. Das Telefon überträgt nur Frequenzen um 300 Hz. Die Sprache bleibt jedoch verständlich, obwohl nur ein Teil der vom Sprecher verursachten Frequenzen das Ohr erreichen. Nur die kritischen Merkmale müssen vorhanden sein, um eine Erkennung zu ermöglichen. Solche Beispiele weisen nochmals auf die Gefahren der zu engen Auffassung von den Merkmalen hin, die zum Teil durch den Versuch entstanden ist, die Figurenerkennung als Produkt der Arbeitsweise von Merkmalsdetektoren zu erklären. Gibson (1966) deutete auf die Tatsache hin, daß das Reizmuster eine sich durch Adaptation, Augenbewegung, Summation und Integration ständig verändernde Vorlage sei. Es sind eben die Invarianzen eines Musters, die wir als kritische Merkmale ansehen müssen.

Eine interessante Möglichkeit, solche Invarianten aufzufinden, geht aus Arbeiten von Norton und Stark (1971) hervor. Bei der Perzeptbildung aufgrund einer komplexen Vorlage muß ein visuelles Abtasten der Vorlage durch mehrere Augenbewegungen erfolgen. Norton und Stark filmten die Augenbewegungen bei der Darbietung komplexer, sinnvoller Figuren. Bei einer späteren Wiederholung der Darbietung der Figuren zeigte sich eine hohe Korrelation zwischen der Reihenfolge der Augenbewegungen bei der ersten und der zweiten Darbietung. Die Korrelation war höher bei denjenigen Figuren, die bei der zweiten Darbietung erkannt wurden. Norton und Stark bezeichneten ein solches visuelles Abtasten als einen *Scanpath* (also etwa als einen Absuchpfad). Locher und Nodine (1974) konnten dieses Ergebnis auch für die Erkennung von Zufallsmustern bestätigen. Obwohl dieser Ansatz relativ neu ist und nicht alle Ergebnisse widerspruchsfrei sind, besteht die Möglichkeit, daß die Reihenfolge der durch die Augenbewegungen verursachten Fixationen bei der Erkennung visueller Figuren von Bedeutung ist. Daher müßte man diese Reihenfolge als solche als ein kritisches Merkmal betrachten.

In einer anderen Forschungsrichtung werden einzelne Elemente von zerlegten Figuren dargeboten. McFarland (1965) und Wandmacher (1976) verglichen die Erkennbarkeit einfacher Figuren, wenn nur die Seitenkante oder nur die Winkel dargeboten wurden. Durchweg erfolgte die Erkennung schneller bei der Darbietung der Kanten. Julesz (1967) fand bei der Darbietung zerlegter Figuren höherer Komplexität ebenfalls bessere Erkennungsleitungen für Kanten als für Winkel. Möglicherweise lassen sich durch solche Versuche die kritischen Merkmale für die Figurenerkennung aufschlüsseln. Danach würden sich die kritischen Merkmale der Figur aus der Mindestzahl von Merkmalen ergeben, die zum Erkennen führen.

Problematisch bleibt bei dem Merkmalsmodell die Herstellung einer Verbindung zwischen den Detektoren und dem Erkennungsprozeß. Wenn man es als gegeben annimmt, daß das Wahrnehmungssystem eine Reihe spezifischer Detektoren aufweist, wie bringt es dann das System fertig, die Betätigung der Detektoren als Grundlage des Erkennens anzuwenden? Eine Möglichkeit der Beantwortung dieser Frage ergibt sich aus neueren Ergebnissen, die darauf hinweisen, daß die Erfahrung mit Umweltelementen eine erheblich größere Rolle spielt als dies zuerst angenommen wurde. Hirsch und Spinelli (1970) fanden einen Zusammenhang zwischen a) der Häufigkeit und Verteilung von Merkmalsdetektoren (wie z. B. den Detektoren für die Orientierung (Richtung) bestimmter Streifen) und b) den Erfahrungen der Organismen mit bestimmten Streifenrichtungen. Die Autoren ließen Katzen mit Augenbinden vor den Augen aufwachsen, die bei dem einen Auge nur horizontal gestreifte und bei dem anderen Auge nur vertikal gestreifte Lichtreize durchließen. Als die Katzen erwachsen waren, suchten Hirsch und Spinelli mit der Mikroelektrode nach Richtungsdetektoren, und zwar in denjenigen Gehirnteilen, die jeweils für das betreffende Auge zuständig waren. Bei dem mit horizontalen Streifen gereizten Auge waren die Detektoren nur für horizontale Streifen empfindlich. Bei dem anderen Auge waren nur vertikale Detektoren aufzufinden. Nach diesen Ergebnissen könnte man die Figurenerkennung auffassen als ein Produkt der Entwicklung von Detektoren, welche die Fähigkeit haben, auf die Elemente einer Figur anzusprechen. Vielleicht sind auch die älteren Untersuchungen von Gibson und Walk (1956) und Forgus (1958) auf dieser Grundlage zu verstehen. Bei diesen Versuchen wuchsen Ratten in Käfigen auf, an deren Wänden sich einige einfache Figuren befanden. Später mußten die Tiere eine Diskrimination zwischen zwei Figuren lernen, wobei für manche Tiere die gleichen Figuren wie in dem Käfig benutzt wurden. Durchweg erlernten die Tiere eine Diskrimination der »Käfigfiguren« schneller. In der Untersuchung von Forgus erlernten Ratten eine Diskrimination zwischen einem Dreieck und einem Kreis schneller, wenn diese Figuren vorher in dem Heimkäfig angebracht worden waren. Noch schneller erfolgte das Diskriminationslernen bei einer Gruppe von Ratten, in deren Heimkäfigen nur die Seitenkanten des Dreieckes dargestellt wurden. Vielleicht ermöglicht die Erfahrung mit den Figuren die Entwicklung der für die Diskriminationsleistung notwendigen Detektoren.

Auf jeden Fall zeigt sich aufgrund der modernen Forschung eine höhere Plastizität der Wahrnehmungssysteme, als zunächst angenommen wurde. Die Leistungsfähigkeiten des Systems selbst können nicht als vorgedruckte Schaltungen angesehen werden. Vielmehr scheinen sie ihre Empfindlichkeit erst aufgrund der Umweltanforderungen zu entwickeln. Möglicherweise entsteht bei Menschen die größere Empfindlichkeit für vertikal und horizontal ausgerichtete Streifen gegenüber diagonalen Streifen (s. Appelle 1972) durch das größere Angebot an vertikalen und horizontalen Elementen in unserer bebauten Umwelt.

Leider sprechen mehrere Beobachtungen gegen die These, daß die Figurenerkennung als eine einfache Funktion der Entwicklung entsprechender Detektoren zu beschreiben ist. Ein gutes Beispiel, das sich gegen solche Vereinfachung anführen läßt, liefert das Phänomen der *virtuellen Konturen.* Abbildung 5.16 enthält zwei Beispiele.

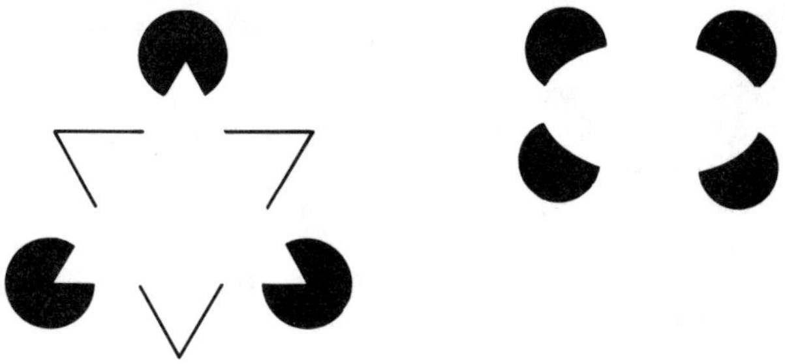

Abb. 5.16 Die Entstehung einfacher Figuren durch virtuelle Konturen.

In beiden Fällen werden Figuren erkannt, obwohl keine Konturen dieser Figuren vorhanden sind. Ein einfaches Modell der Figurenerkennung, das eine Verbindung zwischen Konturdetektoren und Erkennung postuliert, scheint hier nicht haltbar. Interessant ist die Beobachtung von Stadler und Dieker (1972), daß figurale Nacheffekte durch virtuelle Konturen hervorgerufen werden können. Daher scheint die Behauptung, daß die figuralen Nacheffekte durch Adaptation von Merkmalsdetektoren zu beschreiben sind, ebenfalls zu sehr vereinfacht zu sein. Ferner entstehen diese Figuren bei stereo-optischer Darbietung solcher Vorlagen erst dann, wenn alle Elemente in derselben Tiefenlagen erscheinen (Coren 1972, Simmonds 1974).
Nach der Auffassung von Dodwell (1975) sprechen solche Ergebnisse dafür, daß die Figurenerkennung ein Prozeß ist, der nach der Verarbeitung des Reizmusters durch Merkmalsdetektoren stattfindet. Dodwell bevorzugt für die Grundlage der Erkennung den Ausdruck *figurale Synthese* und den Ausdruck *figurale Detektion* für die Bausteine dieser Synthese. Dieser Prozeß kann anhand der Figur in Abbildung 5.17 verdeutlicht werden.

Abb. 5.17 Eine Street-Figur (nach Street, 1931).

Es handelt sich bei der Abbildung um eine *Street-Figur* (Street 1931). Die Figur kann erst erkannt werden, nachdem eine Organisation der Elemente der Figur erfolgt ist. Diese Organisation kann möglicherweise als eine Leistung der Merkmalsdetektoren betrachtet werden. Erst nach dieser Organisation kann die figurale Synthese stattfinden und die Figur als Pferd und Reiter erkannt werden.

5.4.3 Fourieranalyse und akustisches und visuelles Erkennen

Vorsicht ist auch bei der Definition von kritischen Merkmalen geboten. Bisher haben wir von Konturen gesprochen und davon, daß es im visuellen System möglicherweise Konturdetektoren als Bausteine für die Synthese gibt. Ein relativ neuer Ansatz versucht,

das visuelle System als einen Analysator der Ortsfrequenzen des Reizmusters zu beschreiben (Pollen & Taylor 1974, Robson 1975). Dieses Prinzip kann am Beispiel eines ähnlichen Modells zur Erkennung von Tonhöhen, das von Ohm (1843) vorgeschlagen und später durch Helmholtz (1863) erweitert wurde, erklärt werden. Wie wir bereits in Abschnitt 2.1.2 angedeutet haben, können Komplextöne in ihre Fourierkomponenten (jede vorhandene Frequenz wird als einfache Sinuswelle dargestellt) nach dem Fourierschen Satz zerlegt werden. Ebenfalls kann ein Komplexton durch Aufaddieren seiner Komponenten hergestellt werden. Das Modell besagt, daß das Ohr diese Analyse vornimmt und aus den Fourierkomponenten den Komplexton bildet. Helmholtz schlug für diese Analyse einen möglichen Mechanismus vor. Nach seiner Vorstellung bilden die Querfasern entlang der Basilarmembran eine Reihe unabhängiger Resonatoren, die auf die einzelnen Frequenzkomponenten des Schalls reagieren. Das heißt, die Resonatoren werden zum Schwingen gebracht, wenn sich die Schallkomponenten jeweils an dem Ort maximaler Empfindlichkeit befinden. Nach dieser Vorstellung nahm die Länge der Resonatoren von dem ovalen Fenster (Cochleabasis) bis hin zur Cochleaspitze ständig zu. Ferner nahm von der Cochleabasis bis hin zur Spitze die Spannung ständig ab. Danach lagen die Resonatoren für die tiefsten Frequenzen zur Spitze hin und die Resonatoren für die höheren Frequenzen in der Nähe der Basis. Maßgebend für die Wahrnehmung der Tonhöhe eines akustischen Reizes war die Position der stimulierten Resonatoren entlang der Membran. Allgemein werden Hörtheorien, die eine Frequenzempfindlichkeit bei verschiedenen Stellen auf der Basilarmembran annehmen, *Ortstheorien des Hörens* genannt.
Als Folge der technischen Fortschritte der modernen Neurophysiologie mußte die Vorstellung von den Resonatoren aufgegeben werden. Das Prinzip der Ortstheorie blieb jedoch erhalten. Die Funktion der Resonatoren wurde durch das Prinzip der *Wanderwelle* ersetzt. Georg von Békésy (1942) konnte beobachten, daß die Reizung der Cochlea eine wellenartige Auslenkung der Basilarmembran hervorrief. In Abhängigkeit von der Frequenz des Reizes verschob sich die Stelle, an der die Membran am weitesten ausgelenkt wurde. Diese Stelle rückte mit steigender Frequenz der Chochleabasis (ovales Fenster) immer näher. Die Frequenz des Reizes wird also durch die Reizung von Rezeptoren an dem Ort der maximalen Membranlenkung übermittelt, während sich die Amplitude des Reizes aus der Höhe der Auslenkung und der absoluten Anzahl der beteiligten Rezeptoren ergibt.
Ein Problem für die Beschreibung der Aufnahme akustischer Signale stellte vorerst noch die Beobachtung dar, daß bei Tönen unterhalb 150 Hz keine klare Stelle der maximalen Auslenkung gefunden werden konnte (v. Békésy 1960). Um dieses Problem zu umgehen, griff man auf eine alte Hörtheorie – die *Periodizitätstheorie des Hörens* – zurück. Obwohl mehrere Forscher ähnliche Modelle entwickelten, wurde diese Theorie durch Rutherford (1886) bekannt, der seinen Vorstellungen Überlegungen von Seebeck (1841) zugrunde legte. Nach diesem Modell geriet die gesamte Basilarmembran bei allen Frequenzen in Bewegung. Die verschiedenen Frequenzen wurden durch die temporale Häufigkeit der Nerventätigkeit übermittelt. Das heißt, bei einem Ton mit einer Frequenz von 500 Hz würden die Hörnerven 500 mal in der Sekunde feuern.
Die Periodizitätstheorie mußte in ihrer ursprünglichen Fassung aufgegeben werden zu jenem Zeitpunkt, als man spezifische Grenzen der Reaktionshäufigkeit einzelner Neuronen entdeckte. Eine Widerspiegelung der Frequenz durch die Reaktionshäufigkeit konnte höchstens bis zu 400 Hz erfolgen (Galambos & Davis 1943). Bekanntlich können jedoch Frequenzen bis 20000 Hz diskriminiert werden. Bei der Messung der Reaktionshäufigkeit von Faserbündeln (Gruppen von einzelnen Nerven) fanden Wever und Bray (1930) synchrone Nervenfeuerungen bis zu 4000 Hz. Um diese erhöhte Reaktionshäufigkeit zu erklären, schlugen sie das *Salvenprinzip* vor. Danach regiert bei jeder Schwingung

des akustischen Reizes nur ein Teil der gereizten Nerven. Während diese Nerven sich in der *Refraktärphase* (Phase der Unreizbarkeit eines Nervs nach einer Entladung) erholen, reagieren andere Nerven auf die nachfolgenden Schwingungen. Durch solche Impulssalven vermag das System, Reizen bis 4000 Hz synchron zu folgen.
Mit Hilfe des Salvenprinzips wäre es möglich, die Analyse eines Tons bis 4000 Hz zu erklären. Damit sahen Wever und Bray (1937) eine Lösung des Problems, das sich bei der Ortstheorie bezüglich der Wahrnehmung tieferer Frequenzen stellte. Wever und Bray schlugen eine Kombinationstheorie vor: die *Salven-Ortstheorie*. Nach diesem Modell arbeitet das akustische System bei der Auslese tieferer Frequenzen nach dem Salvenprinzip und bei der Auslese höherer Frequenzen nach dem Ortsprinzip. Im Bereich der höchsten Hörempfindlichkeit (1000 bis 3000 Hz) sind beide Mechanismen wirksam. Übrigens wird auch die Reizamplitude durch zwei Mechanismen übermittelt. Einerseits erfolgt bei zunehmender Amplitude eine vergrößerte Auslenkung der Basilarmembran, und andererseits nimmt die Reaktionshäufigkeit der an jeder Salve beteiligten Nerven zu. Nach den an einzelnen Neuronen vorgenommenen Messungen (Kiang 1968) reagieren die Nerven bei geringer Amplitude nur auf einen engen Frequenzbereich. Im gleichen Ausmaß, in dem die Amplitude zunimmt, breitet sich dieser Bereich mehr und mehr aus. Gleichzeitig nimmt auch die Reaktionshäufigkeit zu.
Ein moderner Vertreter einer reinen Periodizitätstheorie ist Hesse (1972). Nach seiner Auffassung erfolgt in der Cochlea keine Fourieranalyse. Die gesamte Cochlea reagiert auf die gesamte Komplexwelle, wobei allerdings eine gewisse Auslese der vorhandenen Frequenzen durch eine Reihe von Tiefpaßfiltern erfolgt. Hierfür maßgebend ist das Muster der zeitlichen Abfolge der Nervenentladungen; dieses wird im zentralen Bereich – also hinter der Cochlea – ausgewertet. Dort erfolgt ein Zusammenfügen der zeitlichen Zusammenhänge. In einem Satz ausgedrückt: Das akustische System ist kein Fourieranalysator, sondern verarbeitet den gesamten Wellenkomplex auf der Grundlage der zeitlichen Abläufe im Nervensystem. Das alte Problem der begrenzten Reaktionsfähigkeit der Neuronen wird durch die Annahme umgangen, daß die zeitlichen Abstände zwischen den einzelnen Perioden des Schalls analysiert werden – und nicht die einzelnen Frequenzen.
Allerdings können gegen die Theorie von Hesse (1972) empirische Ergebnisse vorgebracht werden. Wightman (1973) entwarf verschiedene Komplextöne, die spiegelbildlich dargeboten wurden. Das heißt, die Wellenform des einen Tones war das Spiegelbild des zweiten Tones. Natürlich bleiben bei dieser Transformation alle Fourierkomponenten unverändert. Es verändern sich aber die Phasen und die Abstände zwischen den maximalen Wellenausschlägen, was nach der Periodizitätstheorie eine Veränderung der Tonhöhe bewirken müßte. Wie bereits erwähnt, müßten nach der Ortstheorie die Töne gleich sein; genau dies war das Ergebnis des Versuchs.
In seiner Zusammenfassung der neueren Forschungen auf diesem Gebiet versuchte Plomp (1975), die unterschiedlichen empirischen Ergebnisse und theoretischen Überlegungen in Einklang zu bringen. Insbesondere betont er die oben erwähnten Beobachtungen von Wightman (1973), nach denen die Phasen der Wellenausschläge für die wahrgenommene Tonhöhe eines Komplextons nicht von Bedeutung sind, sowie die früher erwähnten Ergebnisse von Houtsma und Goldstein (1972), nach denen die Tonhöhe eines Komplextons bei der Verteilung der Komponenten auf beide Ohren unverändert bleibt. Daraus folgert Plomp, daß die Tonhöhenwahrnehmung durch Analyse der Signale aus der Cochlea erst im Gehirn erfolgt. Ein Analysator im Gehirn verarbeitet also die Signale aus der Cochlea und bildet daraus ein Perzept der Tonhöhe. Die Fourierkomponenten des Schallereignisses können a) die Signale selbst sein, die durch die Orte maximaler Ausdehnung entlang der Basilarmembran erzeugt werden, oder b) – zumindest im Bereich bis zu 4000 Hz – die Periodizität der Komponenten: Wahrscheinlich sind beide Faktoren

beteiligt, wobei die Periodizität für die tieferen Frequenzen – und vor allem für die Fundamentale der Komplextöne – und die Orte entlang der Basilarmembran für die höheren Frequenzen in erster Linie zuständig sind. Im Bereich der maximalen Empfindlichkeit sind beide Signale vorhanden.

Nach den Vorstellungen von Abbs und Sussman (1971) erfolgt eine gewisse Zusammenfassung und Auswahl der Signale durch akustische Merkmalsdetektoren. Von dieser Auswahl wird das Charakteristikum der akustischen Reizung übermittelt und die Grundlage der akustischen Erkennung gebildet. Somit ist eine Melodie, eine Tonhöhe oder ein gesprochenes Wort durch einen spezifischen Merkmalsatz definiert. Neuere Untersuchungen wie die von Tartter und Eimas (1975) versuchen, die Empfindlichkeitsbereiche solcher Detektoren für Sprache durch den Prozeß der selektiven Adaptation ausfindig zu machen. Hierbei bekommen die Beobachter bestimmte Sprachelemente über mehrere Minuten wiederholt zu hören. In einem anschließenden Test werden Worte oder Buchstabenkombinationen vorgespielt. Sollte eine Verzerrung oder Veränderung der wahrgenommenen Testworte bzw. Buchstabenkombinationen aufgrund der vorherigen Adaptation eintreten, so weiß man, daß die adaptierten Detektoren an der Übermittlung des Wortes beteiligt sind. Ebenfalls erkennt man, wenn sich die Testworte nicht verändern, daß die adaptierten Elemente unbeteiligt sind. Durch dieses mühsame Vorgehen erhoffen sich die Forscher, wenigstens für den Bereich der Sprachwahrnehmung die kritischen Merkmale und ihre Detektoren erkennen zu können.

Wie bei einer akustischen Vorlage kann auch ein komplexes visuelles Reizmuster aufgrund der Ortsfrequenzen der Elemente des Musters in seine Fourierkomponenten zerlegt werden (s. Kaufman 1974). In vielerlei Hinsicht wäre ein solcher Mechanismus für die Analyse visueller Reize erheblich ökonomischer als eine Reihe spezifischer Detektoren für Reizelemente. Dieser Mechanismus erfordert nur eine geringe Anzahl von Detektoren der Ortsfrequenz, deren maximale Empfindlichkeit jeweils in verschiedenen Frequenzbereichen liegen müßte. Das Funktionsprinzip ist dem der Akustik ähnlich: Die Rezeptoren haben ihre maximale Empfindlichkeit in verschiedenen Bereichen des Spektrums. Durch einen Vergleich der beteiligten Rezeptoren kann das System ein Perzept aus den Komponenten zusammenstellen. Weiterhin wäre bei der Ortsfrequenzanalyse, um die Analyse eines Musters vollziehen zu können, ein Mindestsatz von Detektoren erforderlich. Daß mehrere unabhängige Detektoren vorhanden sein müssen, wurde in einem einfachen Versuch von Graham und Nachmias (1971) nachgewiesen. Sie boten ihren Beobachtern ein Streifenmuster dar, das aus zwei verschiedenen Frequenzen zusammengesetzt war. Die Frequenzen unterschieden sich um mehr als eine Oktave (eine Oktave umfaßt ein Frequenzverhältnis von 2:1, d. h. beispielsweise 4–8 Hz oder 16–32 Hz). Einmal wurden die beiden Frequenzen phasengleich und einmal phasenungleich (also in umgekehrter Phase) dargeboten. Wenn es nur einen Detektor für Ortsfrequenzen gäbe, dann müßte das phasengleiche Muster bei geringerem Kontrast zu erkennen sein als das phasenungleiche Muster. Diese Behauptung folgt aus der Überlegung, daß das Aufsummieren der Wellen beim phasengleichen Muster ein stärkeres Signal ergeben müßte. Würden die beiden Komponenten von verschiedenen Detektoren erfaßt, so dürften sich keine Unterschiede zwischen den beiden Mustern hinsichtlich ihrer Erkennbarkeit ergeben. Letzteres war auch der Fall. In weiteren Versuchen variieren Graham und Nachmias die Ortsfrequenz der beiden Muster. Dadurch konnten diejenigen Frequenzabstände festgestellt werden, die gerade zu einem höheren Kontrast bei Phasengleichheit gegenüber Phasenungleichheit führten. Die Autoren kamen zu dem Schluß, es gebe mindestens drei Detektoren für verschiedene Frequenzbereiche.

Einige neurophysiologische Befunde stützen die Annahme der Existenz von Detektoren der Ortsfrequenz. Campbell, Cooper und Enroth-Cugell (1969) maßen die Ansprechbarkeit

einzelner Neuronen im Kortex der Katze auf Streifenmuster verschiedener Frequenzen. Es konnten mehrere Zellen identifiziert werden, deren Reaktion von der Frequenz des Musters abhängig war. Diese Zellen zeigten häufig zugleich eine Präferenz für eine bestimmte Ausrichtung (Orientierung) des Musters. Höchst interessant sind die Beobachtungen von Maffei (1976), aufgrund derer Reihen von Zellen auffindbar waren, die bei nur einer Richtungsempfindlichkeit, aber bei verschiedenen Ortsfrequenzen ansprachen. Andere Reihen zeigten das Gegenteil: verschiedene Richtungsempfindlichkeiten, aber nur eine Frequenzpräferenz. Es scheint so, als ob im Gehirn eine Matrix für die Richtung (Orientierung) und die Ortsfrequenz verrechnet wird. Eine solche Analyse könnte tatsächlich die Informationen für die Figurenerkennung enthalten. Derartige Überlegungen sind jedoch, obwohl sie empirisch belegt sind, sehr spekulativ.
Eine letzte Untersuchung von May und Matteson (1976) zeigt deutlich die Gefahr einer vereinfachten Auffassung von visuellen Merkmalen. Die Autoren stellten den McCollough-Effekt (s. Abschnitt 4.2.5) mit einem rot beleuchteten Schachbrett-Muster her, das alternierend mit einem grün beleuchteten Karo-Muster dargeboten wurde (das Karo-Muster war ein um 45° gedrehtes Schachbrett-Muster). Nach einer Adaptationszeit von 10 Minuten, in der die Muster alle drei Sekunden gewechselt wurden, erfolgte die Testphase. Für eine Gruppe von Versuchspersonen wurden die beiden Muster (Schachbrett und Karo) wieder unter neutraler Beleuchtung gezeigt. Wie nach dem McCollough-Effekt zu erwarten war, erschien das neutrale Schachbrett grünlich und das neutrale Karo rötlich. Für eine andere Gruppe von Versuchspersonen wurden Testmuster mit horizontalen Streifen und diagonalen Streifen (45°) unter neutraler Beleuchtung gezeigt. Die Beobachter berichteten, daß die horizontalen Streifen rötlich und die diagonalen Streifen grünlich zu sein schienen. Dabei waren bei den Adaptationsmustern diagonale und horizontale Streifen überhaupt nicht vorhanden. Dieses eigentümliche Ergebnis läßt sich durch eine Fourieranalyse der beiden Adaptationsmuster – also das Schachbrett- und das Karo-Muster – erklären: Die fundamentale Fourierkomponente eines Schachbretts ist ein diagonales Streifenmuster, während die des Karo-Musters ein horizontales Streifenmuster ist (Kelly 1976). Demnach wären als Auslöser für den McCollough-Effekt die ersten Fourierkomponenten des Musters ebenso wirksam wie die Muster selbst.
Der Ansatz zur Ortsfrequenzanalyse scheint einen Beitrag zum Rätsel der Figurenerkennung liefern zu können, der erst nach weiteren Forschungen bewertet werden kann. Trotzdem bleibt die Frage nach der Art und Weise der figuralen Synthese weitgehend ungeklärt. Auf dem heutigen Wissensstand sind wir bei der Diskussion der Modelle der Figurenerkennung nicht viel weiter, als daß wir die Elemente des Erkennens identifizieren können: Der Prozeß selbst, bei dem eine Rose oder eine Melodie erkannt wird, bleibt noch ein Rätsel.

5.5 Leistungen und Grenzen des Erkennens

Im Langzeitspeicher werden die Erfahrungen eines Beobachters gesammelt, die beim Aufbau eines Perzepts vergegenwärtigt werden. Wie aus der vorangegangenen Diskussion deutlich wurde, wissen wir beim heutigen Stand der Wahrnehmungspsychologie noch nicht, wie diese Beeinflussung des Perzepts durch Erfahrung zustande kommt. Trotzdem ist es möglich, mehrere Aspekte solcher Beeinflussung zu identifizieren. In allen Fällen besteht eine Verbindung zwischen vorangegangenen Wahrnehmungserlebnissen und dem Erkennen eines Umweltereignisses. Wir werden diese Verbindung zuerst von der Seite der Eigenschaften der Umweltreizung und danach von der Seite der Eigenschaften des Beobachters betrachten. Wir müssen uns aber darüber im klaren sein, daß beide Aspekte stark ineinander übergreifen.

5.5.1 Erkennung und figurale Eigenschaften

Bei der Diskussion der Raumkonstanz wurde betont, daß die Umwelt trotz erheblicher Veränderungen in den retinalen Abbildungen stabil erscheint – vorausgesetzt, der Beobachter bekommt über seine Position im Raum gleichzeitig Informationen im Sinne einer Reafferenz übermittelt. In ähnlicher Weise zeigt sich Größen- und Formkonstanz, wenn Informationen über Tiefenverhältnisse vorliegen. Mit anderen Worten: Zumindest innerhalb gewisser Grenzen scheint eine Veränderung der Abbildung der distalen Reizung auf der Retina keinen wesentlichen Einfluß auf die Wahrnehmung auszuüben. Bezogen auf die Figurerkennung heißt dies, daß die Erkennbarkeit eines Objektes durch die Veränderung der Abbildung auf der Retina nicht beeinträchtigt wird. Eine Beeinträchtigung findet aber statt, wenn die Lage bzw. Ausrichtung eins Objektes in der Umwelt verändert wird. Der obere Teil von Abbildung 5.18 zeigt ein Beispiel hierfür.

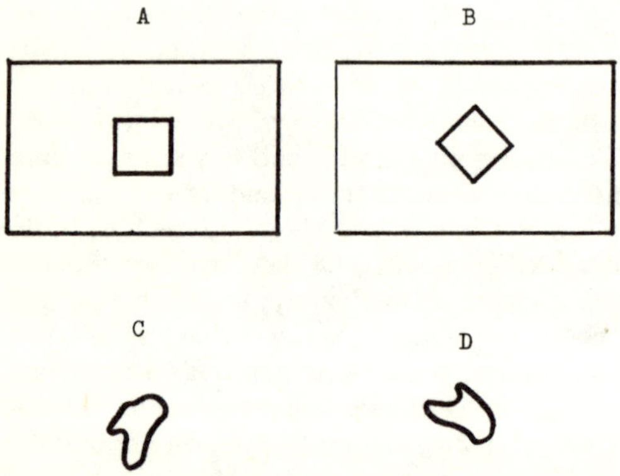

Abb. 5.18 Die Beziehung zwischen Lage einer Figur und deren Erkennung (Teil c und d nach Rock und Heimer, 1957).

Die linke obere Figur wird als Quadrat, die rechte als Karo gesehen. Dreht man das Buch um 45° zur Seite, verändert sich diese Wahrnehmung nicht, obwohl sich die retinale Abbildung verändert hat. Die Tatsache, daß die rechte Figur ein um 45° gedrehtes Quadrat ist, wird nicht ohne weiteres erkannt.

In einem einfachen Versuch von Rock und Heimer (1957) konnte der Einfluß der Lage einer Figur auf der Retina gegenüber dem der Lage in der Umwelt verglichen werden. In einer ersten Versuchsphase wurde eine Reihe von sinnlosen Figuren, wie z. B. (c) in Abbildung 5.18, dargeboten. Danach erfolgte eine Testphase, in der der Beobachter um 90° seitlich gekippt wurde. Es wurde wiederum eine Reihe sinnloser Figuren dargeboten, von denen manche schon vorher in der ersten Versuchsphase gezeigt worden waren. Bei jeder Figur sollte der Beobachter angeben, ob es sich um eine Figur aus der ersten Versuchsphase handelt oder nicht. Die Figuren wurden entweder in der gleichen Ausrichtung wie vorher (c) oder mit einer Drehung von 90° (d) gezeigt. Das Ergebnis war eindeutig: Die Formen ohne Richtungsänderung wurden fast immer erkannt – sogar genauso oft wie in einem Kontrollversuch ohne Kippung des Beobachters. Die um 90° gedrehten Figuren wurden hingegen nur selten erkannt, obwohl ihre Abbildung auf der Retina dieselbe wie in der ersten Versuchsphase war. Die Erkennungsrate stimmte hier in etwa mit derjenigen überein, die bei der Darbietung der gedrehten Figuren ohne Kippung des Beobachters um 90° gefunden wurde.

Die Schlußfolgerung daraus ist: Die Position einer Figur auf der Retina hat keinen Einfluß auf ihre Erkennbarkeit. Wohl aber läßt die Erkennbarkeit nach, wenn sich die ursprüngliche Lage der Figur in der Umwelt verändert.

Bei der Figurenerkennung kann die Lage eines Objekts im Verhältnis zur Umwelt – d. h. in Relation zu anderen Elementen der Umweltreizung – eine starken Einfluß auf die Erkennung haben. Rock (1973) schließt daraus, daß als Merkmal für die Erkennung die Zuordnung der Lage im Raum nach den Richtungen oben-unten und links-rechts zu betrachten ist. Bei der Veränderung der Ausrichtung eines Objektes bleiben alle anderen Merkmale, einschließlich der internen geometrischen Zusammenhänge, unverändert. Daher muß die wahrgenommene Ausrichtung als wichtiges Merkmal anerkannt werden. Da die Lage auf der Retina unwichtig ist, muß sich die Zuordnung auf einer höheren Ebene abspielen. Nach der Auffassung von Rock ist diese Zuordnung eine kognitive Leistung und weist auf die Rolle kognitiver Faktoren bei der figuralen Synthese hin. Ein Beispiel gibt Abbildung 5.19.

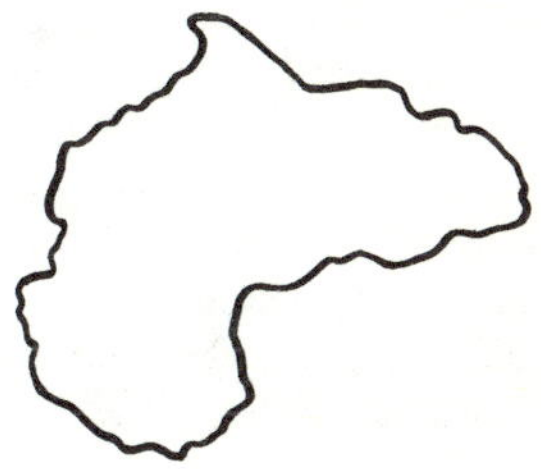

Abb. 5.19 Lage und Erkennung.

Diese Figur ist schwer zu erkennen, wenn man nicht den Hinweis gibt, man solle sich die Figur um 90° nach rechts gedreht vorstellen, wobei die Position des Buches nicht verändert werden darf. Nach diesem Hinweis ist es möglich, sich eine Lageänderung vorzustellen und folglich die Figur zu erkennen.
Eine wichtige Abweichung von dem Befund, daß die Erkennung von der Lage auf der Retina unabhängig ist, muß noch erwähnt werden. In Abbildung 5.20 sind Wörter in normaler, um 90° gedrehter und umgekehrter retinaler Lage zu sehen. Die Erkennbarkeit der Wörter wird, wie die Ergebnisse von Steinfeld und Greaves (1971) zeigten, durch diese Veränderung beeinträchtigt. Die Erkennbarkeit solcher Wörter bei einer Darbietungszeit von 2 sec war 85% bei normaler Lage, 75% bei einer Drehung um 45°, 35% bei einer Drehung um 90° und nur 7,5% bei einer Drehung um 180°. Ähnliche Leistungsabnahmen wurden für die Erkennung von Gesichtern gefunden.

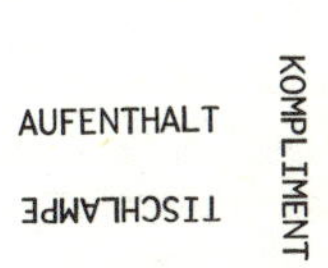

Abb. 5.20 Lage und Lesbarkeit von Worten.

Figuren, deren Erkennbarkeit durch Lageveränderungen auf der Retina erschwert wird, sind meistens sehr vertraute und komplexe Figuren. Bei Wörtern und Gesichtern sind mehrere Merkmale für die Erkennung von Bedeutung. Außerdem begegnet man diesen

Figuren fast immer mit nur geringen Abweichungen von ihrer Normallage. Gerade bei Wörtern wird die Erkennungsleistung von dem gewohnten Umgang mit ihnen abhängig sein. Zwar wird die Erkennbarkeit einzelner Buchstaben durch Lageänderungen auf der Retina erschwert, jedoch in einem erheblich geringeren Ausmaß als für ganze Wörter (Kolers & Perkins 1969). Daraus wäre zu schließen, daß bei Wörtern nicht nur die Komplexität eine Rolle spielt, sondern auch die Tatsache, ob das Wort als Gebilde identifiziert wurde, ohne daß die einzelnen Buchstaben beachtet wurden – wie dies beim Lesen normalerweise geschieht.

Wie man erwarten würde, scheinen Erkennungsrate und Komplexität zusammenzuhängen. Vanderplas und Garvin (1959) fanden eine zunehmende Erkennungsrate bei zunehmender Komplexität sinnloser Figuren. Je größer die Anzahl der Merkmale ist, desto leichter ist die Erkennung. Bei sinnvollen, komplexen Vorlagen, wie z. B. Bildern, sind die Erkennungsleistungen sehr groß. Standing, Conezio und Haber (1970) zeigten 2500 Bilder über vier Tage verteilt. Darauf wurden insgesamt 280 Bilder nach Zufall ausgewählt und jeweils zusammen mit einem zweiten, bis dahin nicht gezeigten Bild vorgelegt. Drei Versuchspersonen hatten jeweils anzugeben, welches von den beiden Bildern sie schon vorher gesehen hatten. Die Erkennungsleistungen betrugen 95%, 93% und 85%. In einem ähnlichen Versuch von Shepard (1967) wurden 612 Bilder verwendet. Seine Beobachter konnten nach einer Woche noch 87% erkennen. Sogar nach vier Monaten waren sie in der Lage, beinahe 60% wiederzuerkennen.

Bei solchen Versuchen scheint die ursprüngliche Organisation des Bildes ein wichtiges Element zu sein. Wiseman und Neisser (1974) ließen ihre Beobachter eine Reihe von Schattengesichtern sehen, wobei das Gesicht nicht immer deutlich zu erkennen war. Die Erkennungsleistung war eine Funktion der Deutlichkeit der Gesichter. Das heißt, diejenigen Bilder, bei denen die Versuchsperson das Gesicht im Vortest erkennen konnte, wurden wiedererkannt (64%), während die undeutlicheren Bilder oft nicht erkannt wurden (39%).

Komplexe Vorlagen können auch in größerer Anzahl relativ leicht erkannt und wiedererkannt werden. Unsere Alltagserfahrung bestätigt diese empirisch belegte Beobachtung. Wichtig scheint die Anzahl der kritischen Merkmale und die Klarheit der Organisation zu sein. Folglich ist ein Photo leichter zu erkennen als ein abstraktes Bild.

Die Gestaltung und Erkennung einer visuellen oder akustischen Vorlage erfolgt nicht unabhängig von anderen, gleichzeitig oder kurz zuvor auftretenden Elementen des Feldes. Zahlreiche Beispiele für solche gegenseitigen Beeinflussungen haben wir im Laufe der Beschreibung erwähnt. Vor allem die Gestaltpsychologie brachte den Hinweis auf die Wechselwirkungen zwischen einzelnen Elementen bei der Organisation komplexer Reizvorlagen.

Im allgemeinen bezeichnet man die Beeinflussungen der Wahrnehmung einer Figur durch andere Elemente des Feldes als *Kontexteffekte*. Die Abhängigkeit einer neutralen Farbe von allen im Umfeld vorhandenen Leuchtdichten bietet hierfür ein Beispiel. Weniger den Kontexteffekten zuzuordnen sind die Veränderungen der Wahrnehmung aufgrund der Adaptation spezifischer Rezeptoren (z. B. Farbveränderungen) oder durch die laterale Hemmung (z. B. figurale Nacheffekte). Solche Effekte sind hauptsächlich neurophysiologisch fundiert, während Kontexteffekte eher bestimmte erfahrungsbedingte Komponenten enthalten und das gesamte Wahrnehmungssystem bei der Perzeptbildung beanspruchen.

Eine Untersuchung von Hoch, Gregory und Whitehurst (1974) kann als Beispiel für Kontexteffekte angeführt werden. Bekannte Objekte, wie z. B. eine Kinderschaukel, wurden in normalem Kontext (von einem Baum herunterhängend) oder in einem ungewöhnlichen Kontext (von einem Kamin herunterhängend) tachistoskopisch dargeboten. Es wurden jeweils zwei derartige Szenen gezeigt, und die Beobachter gaben an, ob die beiden Szenen gleich oder ungleich waren. Gemessen wurde die Reaktionszeit und die Fehlerrate. Bei Szenen mit normalem Kontext betrug die durchschnittliche Reaktionszeit 1,18 Sekunden mit einer Fehlerrate von 0,6 (bei 64 Reizpaaren). Bei Szenen mit ungewohntem Kontext betrug die Zeit 1,31 Sekunden mit einer Fehlerrate von 3,5. Es war also für die Beobachter leichter festzustellen, ob die Szenen gleich oder ungleich waren, wenn die Elemente der Szene in einem gewohnten Kontext erschienen.
Mehrere Täuschungen können ebenfalls als Kontexteffekte aufgefaßt werden. Bei den perspektivischen Täuschungen (Abschnitt 5.22) wird die Größe von Teilen einer Figur durch den Kontext der Tiefenverlagerung verändert. Eine weitere kontextabhängige Täuschung findet man in Teil A von Abbildung 5.21. Bei dieser Täuschung (Titchner-Kreis-Täuschung oder manchmal auch Ebbinghaus-Täuschung genannt) erscheinen die gleich großen Kreise in der Mitte der beiden Figuren in verschiedener Größe, und zwar aufgrund der sie umgebenden größeren bzw. kleineren Kreise. Abbildung 5.21 enthält auch drei weitere Variationen der Täuschung, die von Coren und Miller (1974) in einem Versuch angewandt wurden. Sie gingen von der Überlegung aus, daß Kontexteffekte, bei denen sich die wahrgenommene Größe eines Objektes verändert, von dem Grad der Ähnlichkeit zwischen beeinflußtem und beeinflussendem Objekt abhängen. Einerseits folgt diese Überlegung der Auffassung der Gestaltpsychologie, nach der die Ähnlichkeit zwischen Elementen einer Figur die Gestaltbindung bestimmen können. Andererseits gingen Coren und

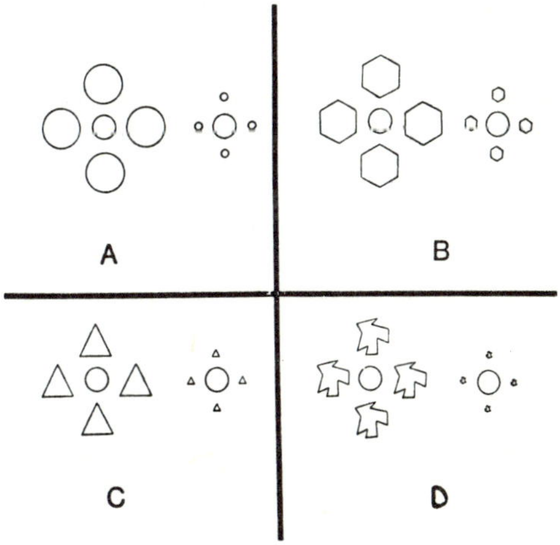

Abb. 5.21 Die Beeinflussung eines Reizes durch den Kontext in Abhängigkeit von der Ähnlichkeit zwischen den beeinflussenden Objekten und dem beeinflußten Reiz (nach Coren und Miller, 1974).

Miller auch von Alltagserfahrungen aus, die man mit Objekten in verschiedenen Kontexten haben kann. Ein Mann durchschnittlicher Größe erscheint z. B. in einer Basketballmannschaft sehr klein und in einer Gruppe von Jockeis sehr groß. Die wahrgenommene Größe des Mannes verändert sich jedoch nicht in Gegenwart einer Pferde- oder Ponygruppe. Coren und Miller ließen ihre Beobachter den Grad der Ähnlichkeit skalieren, der zwischen den in den Teilen A, B, C und D der Abbildung 5.21 außen liegenden Figuren und einem Kreis besteht. Auf einer siebenstufigen Skala, auf der 0 die größte Ähnlichkeit bedeutete, erhielten die Figuren folgende Einstufungen: Teil A = 0, Teil B = 2,03, Teil C = 4,65 und Teil D = 6,56. Dieselben Beobachter variierten danach die Größe des jeweils linken Kreises so, daß er ihnen genauso groß wie der rechte Kreis erschien. Bei Teil A mußte der Kreis um 1,25 mm vergrößert werden. Ansonsten betrugen die durchschnittlichen Vergrößerungen bei Teil B = 1,00 mm, bei Teil C = 0,50 mm und bei Teil D = 0,24 mm. Das Ergebnis zeigt also, daß der Kontexteffekt von dem Grad der Ähnlichkeit zwischen Testelementen und Kontextelementen abhängt.

Ein formales, empirisch belegtes Modell, das die Rolle der Ähnlichkeit in der Skalierung von Kontexteffekten berücksichtigt, wurde von Sarris (1971) entwickelt. Er ging von der allgemeinen Vorstellung von Kontexteffekten aus, die von Helson (1964a) in seiner *Adaptationsniveautheorie* entwickelt wurde. Helson versuchte, in einer einfachen Formel die Beziehung auszudrücken, die zwischen den Elementen einer Reizvorlage besteht, und zwar im Sinne der Wahrnehmung eines zentralen Reizes unter Berücksichtigung aller vorhandenen Reize sowie aller bisherigen Erfahrungen des Beobachters. Die Wahrnehmung des zentralen Reizes sollte man aufgrund des Adaptationsniveaus (AL) des Beobachters, welches zur Zeit der Perzeptbildung vorliegt, voraussagen können. Das Adaptationsniveau läßt sich in seiner allgemeinen Form wie folgt ausdrücken:

$$AL = f(X^h, Y^i, R^i). \qquad (5.4.1)$$

Die Wahrnehmung eines Reizes (X^h) hängt ab von den Attributen dieses Reizes, von allen anderen außerdem vorhandenen Reizen (Y^i) und von allen bisherigen Erfahrungen des Beobachters, die im Kurz- und Langzeitspeicher in Relation zu diesem Reiz (R^i) enthalten sind. Danach dürfen also Reize und deren Aufnahme nur in bezug auf alle Elemente des Feldes und alle relevanten Erfahrungen des Beobachters gesehen werden.

In einem einfachen Versuch im Zusammenhang mit diesem Modell ließen Helson und Bevan (1964) ihre Beobachter die Größe eines schwarzen Vierecks schätzen. Dieses Viereck (X^h) war in unveränderter Größe jeweils in die Mitte von sieben Karten gezeichnet, wobei die Außenmaße der Karten verschieden waren (3,7 cm × 5 cm bis zu 26 cm × 35 cm). Es blieb also X^h und R^i unverändert, während Y^i verschiedene Werte annehmen konnte. Das Ergebnis zeigte einen deutlichen Kontexteffekt: Je größer die Dimensionen der Karte waren, umso kleiner schätzten die Beobachter das Viereck ein.

Meistens werden in den Untersuchungen zu Kontexteffekten sogenannte *Zusatzreize* oder *Ankerreize* angewandt. Dabei wird beobachtet, ob und inwieweit sich die Wahrnehmung eines zentralen Reizes oder einer Reizserie durch den Zusatzreiz verändert. Rubin et al. (1966) ließen ihre Beobachter die subjektive Tonhöhe von fünf Tönen (250, 375, 562, 844 und 1265 Hz) beurteilen. Dies geschah unter drei Versuchsbedingungen: Die Einschätzungen erfolgten ohne einen Zusatzreiz (Kontrollbedingung), mit einem Zusatzreiz von 158 Hz und mit einem Zusatzreiz von 2000 Hz. Der Zusatzreiz wurde vor jedem Testton dargeboten. Nach der Adaptationsniveautheorie war eine Verschiebung der wahrgenommenen Tonhöhe der Testtöne – im Sinne einer Kontrastwirkung – zu erwarten. Der hohe Zusatzton (2000 Hz) müßte die Tonhöhe der gesamten Serie niedriger erscheinen lassen, während der tiefe Vorton (158 Hz) eine Erhöhung der subjektiven Einstufungen bewirken müßte. Genau nach dieser Vorhersage fielen auch die Urteile aus. Die als neutral beurteilte Tonhöhe lag ohne Ankerreiz-Darbietung bei 660 Hz. Bei der Serie mit dem tiefen Zusatzton stieg dieser Wert auf 840 Hz an, und bei der Serie mit dem hohen Zusatzton fiel er auf 520 Hz ab.

Obwohl nachgewiesen werden konnte, daß die allgemeine Adaptationsniveautheorie von Helson eine breite Anwendbarkeit bei sehr verschiedenen Wahrnehmungstendenzen hat

(s. Helson 1964b), sind in einigen neueren Ansätzen deutliche Grenzen des Modells gefunden worden. Eine Alternative zu dem Helsonschen Ansatz bildet das von Sarris (1971) entwickelte *Ähnlichkeits-Klassifikations-Modell.* Unter anderem legt dieses Modell mehr Gewicht auf die kognitiven Leistungen des Beobachters in den Kontexteffekt-Situationen. Vor allem wird jedoch die Bedeutung der phänomenalen Ähnlichkeit zwischen den zentralen Reizen und den Kontextreizen betont. Dies erlaubt die Voraussage von Perzepten, bei denen Kontexteffekte auftreten und bei denen sie fehlen. So nahm zum Beispiel in dem Versuch von Coren und Miller (1974) – wie nach dem Modell von Sarris zu erwarten – das Ausmaß der Kontexteffekte als Funktion der subjektiven Ähnlichkeit zwischen Kontextreiz und den zu beurteilenden Reizen ab.

5.5.2 Erkennung und Eigenschaften des Beobachters

Die beeinflussenden Eigenschaften auf seiten des Beobachters bei der Perzeptbildung werden summarisch mit dem Konzept *Einstellung* erfaßt. Die Einstellung umschreibt eine Bereitschaft, Perzepte aufgrund vorangegangener Erfahrungen zu gestalten sowie spezifische Wahrnehmungsereignisse aufzunehmen oder nicht aufzunehmen. Unsere Street-Figur aus Abbildung 5.17 kann wieder als Beispiel dienen. Steinfield (1967) erzählte seinen Versuchspersonen vor der Darbietung solcher Figuren eine Geschichte, die für die jeweilige Figur entweder relevant oder irrelevant war. Damit wollte er eine passende oder eine unpassende Einstellung vermitteln. Nach der relevanten Geschichte benötigten seine Beobachter im Durchschnitt nur 4,5 Sekunden, um ein Bild zu erkennen. Nach der irrelevanten Geschichte stieg die Erkennungszeit auf 38,1 Sekunden. Bei einer Kontrollgruppe, der keine Geschichte erzählt wurde, betrug die Erkennungszeit 24,1 Sekunden.

Obwohl die Grenzen nicht klar sind, versucht man zu differenzieren zwischen (a) Einstellungen als Folge langjähriger Erfahrungen mit Wahrnehmungsereignissen, die eine hohe Bekanntheit haben, und (b) Einstellungen als Folge kurz zuvor aufgetretener Perzepte. Die letzteren Einstellungen sind vorübergehende Bereitschaften, die allerdings später die Rolle einer Erfahrung annehmen können. Die Gebilde in Abbildung 5.22 werden meistens als Ansammlung sinnloser Elemente wahrgenommen.

Abb. 5.22 Das Zusammenspiel von Bekanntheitseffekt und Einstellung.

Die Erkennungsschwierigkeit entsteht dadurch, daß Buchstaben gewöhnlich in Schwarz auf weißes Papier gedruckt werden: Die schwarzen Elemente bilden die Figur, während das »formlose« Papier den Hintergrund darstellt. Durch eine neue Einstellung kann der Einfluß der Erfahrung überwunden werden, und zwar durch den Hinweis, es handele sich um ein Wort mit weißen Buchstaben, umgrenzt von schwarzem Untergrund.

Eine Einstellung, im Sinne des unmittelbaren Einflusses eines gerade vorangegangenen Wahrnehmungsereignisses auf die Perzeptbildung, kann die Erkennung einer undeutlichen Vorlage ermöglichen oder die Gestaltung einer mehrdeutigen Vorlage bestimmen. Abbildung 5.23 zeigt die Versuchsvorlagen von Leeper (1935). Die eigentliche Testfigur (Teil C) wurde zwei Gruppen von Versuchspersonen vorgelegt, die vorher entweder Teil A oder Teil B der Abbildung betrachtet hatten. Diese beiden Zeichnungen sind eindeutige

Versionen der zweideutigen Testfigur, die entweder als »alte Frau« (A) oder als »junge Frau« (B) gesehen werden. Die Testfigur kann als »junge Frau« oder als »alte Frau« wahrgenommen werden. Die Beschreibungen der Testfigur durch die beiden Versuchsgruppen wurden mit denen einer Kontrollgruppe verglichen, die nur die zweideutige Zeichnung zu sehen bekam. In der Kontrollgruppe beschrieben 65% der Beobachter die Testfigur als »junge Frau« und 35% als »alte Frau«. In derjenigen Versuchsgruppe, die zuerst den Teil B gesehen hatte, berichteten sogar alle Beobachter, eine »junge Frau« wahrzunehmen. Nach der Betrachtung von Teil A sahen 94% der Beobachter die »alte Frau«.

A B

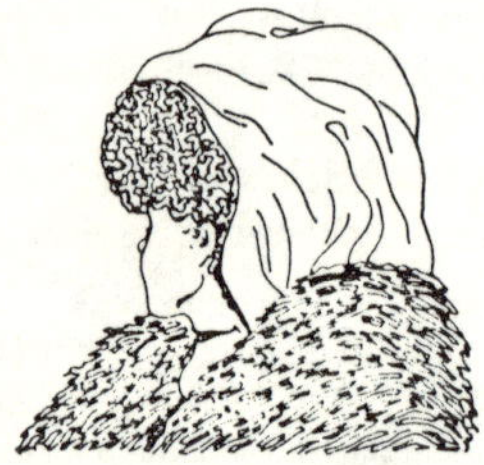

C

Abb. 5.23 Der Einfluß von zwei verschiedenen »eindeutigen« Zeichnungen (Teil A: »alte Frau«, Teil B: »junge Frau«) auf die Wahrnehmung einer zweideutigen Figur (Teil C) (nach Leeper, 1935).

Diesen deutlichen Effekt muß man als Resultat einer Einstellung, die durch vorausgehende Perzepte bestimmt wird, auffassen – und nicht einfach als ein Resultat der Erwartung der Beobachter. Dies zeigte ein Versuch von Epstein und Rock (1960): Zwei Gruppen von Versuchspersonen wurde gesagt, daß sie die zwei Zeichnungen (A und B) abwechselnd sehen werden, und die Zeichnung jeweils identifizieren sollten. Nach mehrmaligen Wiederholungen wurde dann ohne irgendeinen Hinweis der Teil C gezeigt (A, B, A, B, A, B, A, C). Die zweite Gruppe fing mit Teil B an (B, A, B, A, B, A, B, C). Die Versuchspersonen der ersten Gruppe beschrieben Teil C als »alte Frau«, die Versuchspersonen der zweiten Gruppe als »junge Frau«. Aufgrund der Erwartungen der Versuchspersonen der ersten Gruppe – verstärkt durch die Versuchsbeschreibung – mußte zum Schluß der Reihe mit einer nochmaligen Darbietung von Teil B (junge Frau) gerechnet werden. Trotzdem sahen die Beobachter die zweideutige Testfigur unter dem Einfluß der gerade vorangehenden eindeutigen Figur der alten Frau. Hier soll nur differenziert werden zwischen einer Einstellung als kognitive Erwartung und einer Einstellung, die von einem Perzept abhängig ist. Damit soll aber nicht angedeutet werden, daß Erwartungen bei der Einstellung gegenüber einer Figur keine Rolle spielen.

Die Erkennung einer Reizvorlage setzt das Vorhandensein spezifischer Informationsgehalte voraus, die dem Kurz- und Langzeitspeicher des Beobachters zugänglich sind. Die gesammelte gespeicherte Erfahrung des Beobachters bezüglich des wahrzunehmenden Objektes wird zur

Perzeptbildung herangezogen. Die Beeinflussung des Perzepts durch solche Erfahrungen nennt man den *Bekanntheitseffekt*. Man erkennt eine Vorlage als eine bestimmte Vorlage durch die vorangegangene Erfahrung mit genau dieser Vorlage oder mit ähnlichen Vorlagen. Ein gedrucktes Wort wird erkannt aufgrund der Erfahrung mit dem gleichen Wort sowie der Erfahrung mit Wörtern überhaupt.

Mehrere Aspekte der Verbindung zwischen der Erfahrung und den figuralen Eigenschaften hätten wir auch als Eigenschaften des Beobachters behandeln können. Zum Beispiel ist die verringerte Erkennbarkeit eines Wortes durch die Lageänderung zugleich ein Reizeffekt und ein Resultat der Bekanntheit von Wörtern. Vor allem die Kontexteffekte hängen sowohl von Reiz- als auch von Beobachtereigenschaften ab. Ein Beispiel hierfür bietet Abbildung 5.24. Die einzelnen Elemente in Teil A sind kaum als ein Wort zu erkennen. Im Kontext eines Satzes sind die gleichen Elemente jedoch sehr leicht zu erkennen. Die Tatsache, daß man normalerweise zwishen 300–600 Wörter pro Minute lesen kann (Norman 1969), bedeutet, daß nicht alle Wörter oder alle Buchtaben fixiert werden. (So wird z. B. oft übersehen, daß im vorigen Satz ein c bei zwischen und ein s bei Buchstaben fehlen.) Da man beim Lesen meistens für die Dauer von ungefähr 250 msec fixiert und etwa 60 msec für eine Veränderung der Fixation benötigt, müßte man ca. 2–4 Worte pro Fixation erkennen. Durch entsprechendes Training kann die Leseleistung bis auf 20000 Wörter pro Minute erhöht werden, was bedeutet, daß etwa 300 Wörter pro Sekunde aufgenommen werden. Natürlich hängt die Lesegeschwindigkeit von der Schwierigkeit und Bekanntheit des jeweiligen Textes ab.

Bei den virtuellen Konturen (Abbildung 5.16) war es ebenfalls eine Voraussetzung, daß die Figuren bekannt waren. Abbildung 5.24 enthält auch ein sinnvolles Wort, bei dem nur jeweils 50% eines jeden Buchstaben vorhanden sind. Das Wort hat einen hohen Bekanntheitsgrad und ist ohne weiteres zu erkennen.

Bei der akustischen Darbietung gesprochener Wörter zeigt sich ebenfalls ein von der Erfahrung abhängiger Kontexteffekt. Miller (1962) spielte seinen Versuchspersonen eine Zufallsreihe von sinnvollen Wörtern (z. B. SOCKS, SOME, BROUGHT, WET, WHO) vor. Gleichzeitig wurde ein weißes Rauschen dargeboten, dessen Amplitude so eingestellt wurde, daß eine Erkennungsrate von 50% zu erwarten war. Bei der Darbietung der Wörter in einer grammatikalisch sinnvollen Reihe (WHO BROUGHT SOME WET SOCKS) mußte die Amplitude des Rauschens zusätzlich um die Hälfte vergrößert werden, um die Erkennungsrate auf 50% zu halten.

Es erhebt sich jedoch die Frage, ob die Bekanntheit schon während der Auslese von Merkmalen eine Rolle spielt oder ob sie ihren Einfluß erst im Anschluß an die Auslese ausübt. Werden die Merkmale einer bekannten Figur schneller aufgenommen als die Merkmale einer unbekannten Figur? Gibson und Gibson (1955) versuchten, diesen Unterschied dadurch zu erfassen, daß sie die Bekanntheitseffekte in Extraktions- und Bereicherungsaspekte aufteilten. Im ersten Fall bewirkt die Bekanntheit eine Erleichterung der Auslese der Merkmale. Im zweiten Fall bewirkt die Bekanntheit eine Umstrukturierung der bereits ausgelesenen Merkmale, um ein neues Perzept zu bilden.

Ein Experiment zur Untersuchung der Möglichkeit eines Bekanntheitseffektes bei der Auslese kritischer Merkmale wurde von Solomon und Postman (1952) durchgeführt. Sie stellten mehrere siebenbuchstabige *Pseudowörter* (sprachähnliche, aussprechbare, aber sinnlose Wörter wie NANSOMA oder ZABULON) zusammen. Die Wörter wurden auf 100 verschiedene Karten geschrieben. Auf diesen Karten kamen 16 Wörter nur einmal, zwei zweimal, zwei fünfmal, zwei zehnmal und zwei fünfundzwanzigmal vor. Alle Karten wurden, nachdem sie gemischt worden waren, von den Versuchspersonen einmal gelesen. Dadurch sollten unterschiedliche Bekanntheitsgrade für die Pseudowörter

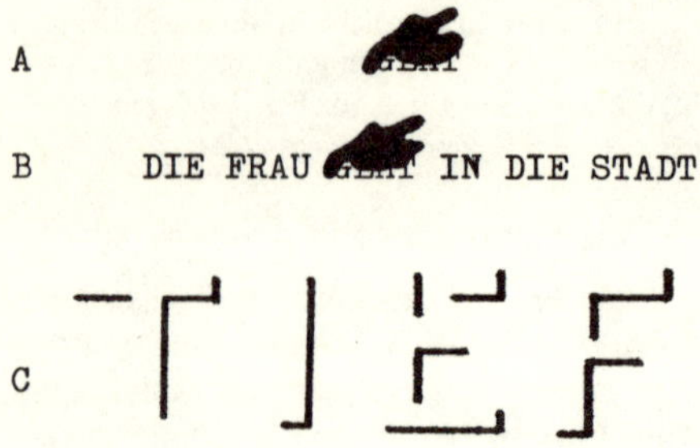

Abb. 5.24 Erkennbarkeit eines Wortes aufgrund des Kontexts (Teile A und B) und virtueller Konturen (Teil C).

erzeugt werden. In der letzten Versuchsphase wurde mit Hilfe der Grenzmethode die Erkennungsschwelle für 30 Wörter gemessen. Die 30 Wörter bestanden aus zehn echten Wörtern, zehn neuen Pseudowörtern, zwei der nur einmal gesehenen Pseudowörter sowie allen mehrmals gesehenen Pseudowörtern. Das Ergebnis zeigte, daß die Bekanntheit bei der Erkennung einen Einfluß ausübte: Je häufiger die Wörter im Vortest gesehen worden waren, desto niedriger war die Erkennungsschwelle.

Die Ergebnisse scheinen dafür zu sprechen, daß die Bekanntheit oder die Erfahrung mit einer Reizvorlage die Auslese der kritischen Merkmale erleichtert. Neuere Ergebnisse bestätigen diese Annahme. Hermann und McLaughlin (1973) ließen ihre Beobachter so schnell wie möglich angeben, ob bei vierbuchstabigen Wörtern und Pseudowörtern ein B oder ein F vorkam. Durchweg war die Reaktion für das Erkennen der kritischen Buchstaben in echten Wörtern schneller als in Pseudowörtern. Auch wenn die Aufgabe des Beobachters lediglich darin besteht, einen strukturellen Unterschied zwischen den Elementen eines Wortes zu erkennen, spielt die Bekanntheit eine Rolle. Pollatsek et al. (1975) zeigten in einem Tachistoskop sinnvolle und sinnlose Wortpaare. Bei manchen Paaren war ein Buchstabe klein gedruckt (z. B. LEAF – LEaF) und bei manchen nicht. Die Versuchspersonen sollten jeweils angeben, ob die beiden Wörter in ihren strukturellen Eigenschaften gleich oder ungleich waren. Wiederum wurden schnellere Reaktionszeiten und geringere Fehlerraten bei sinnvollen Wörtern gefunden.

Die Versuche über die Rolle der Bekanntheit weisen auf einige Gefahren hin, die bei Untersuchungen zu anderen Wahrnehmungsfähigkeiten zu beachten sind. Die Schwelle für die Erkennung eines Wortes hängt von seiner Bekanntheit ab. Folglich müßte man bei der Schwellenmessung die Bekanntheit der Reizvorlage berücksichtigen. Warren et al. (1969) untersuchten zum Beispiel die Fähigkeit von Versuchspersonen, die Reihenfolge von vier Tönen verschiedener Frequenzen zu identifizieren. Die Autoren stellten fest, daß als Voraussetzung für diese Leistung zwischen den Tönen eine Mindestzeit von 200 msec liegen mußte. Aufgrunddessen nahm man an, daß man eine Diskriminationsfähigkeit gefunden hatte. Allerdings zeigen neuere Ergebnisse von Neisser und Hirst (1974), daß diese Mindestzeit durch Übung – also durch Bekanntheit oder Erfahrung mit der Aufgabe – wesentlich geringer wird. Eine ihrer Versuchspersonen benötigte sogar nur eine zeitliche Trennung von 2 msec zwischen den Tönen, um ihre Reihenfolge erkennen zu können. Gerade die Antwort auf die Frage, welche Wahrnehmungsleistungen durch Übung und Erfahrung zu verbessern sind, bleibt noch unklar (s. Vernon 1970).

Was den Einfluß der Bekanntheit auf die Erkennung anbetrifft, müssen auch einige Untersuchungen erwähnt werden, in denen Einstellungen als Folge spezifischer Erfahrungen von Beobachtern eine Rolle spielen. Solche Einstellungen können sich durch eine spezielle Bekanntheit aufgrund erworbener Erkenntnisse ausprägen. Ein Beispiel hierfür liefert ein Versuch von de Groot (1965). Auf einem Schachbrett waren Schachfiguren nach dem Zufall aufgestellt. Später sollten die Positionen der Figuren aufgezeichnet werden, und zwar zum einen von Leuten, die Schach nur oberflächlich kannten, und zum anderen von einer Gruppe von Schachmeistern. Bei dieser Bedingung waren beide Gruppen in der Lage, sich nicht mehr als etwa 6–8 Positionen zu merken. Wenn die Figuren jedoch wie in einem richtigen Spiel aufgestellt waren, konnten die Schachmeister bis zu 26 Positionen behalten. Die Leistung der unerfahrenen Gruppe blieb dagegen bei 6–8 Positionen.

Als Beispiel für Einstellungen aufgrund einer Erfahrung, die bei fast allen Mitgliedern einer Kultur vorkommt, sind die *Gedächtnisfarben*-Versuche zu nennen. Das Konzept der Gedächtnisfarbe führt man auf Hering (1920) zurück. Seiner Meinung nach entsteht durch den Umgang mit solchen Objekten, die immer nur eine bestimmte Farbe haben, eine Verbindung zwischen Farbe und Objekt. Unsere gespeicherte Information über das Objekt enthält eine Farbe als Attribut des Objekts. Fichten werden mit der Farbe grün als Eigenschaft kodiert. Duncker (1939) unternahm eine experimentelle Überprüfung dieser These. Er beleuchtete den Umriß eines grünen Esels und eines grünen Blattes mit rotem Licht. Das rote Licht wurde so eingestellt, daß beide Objekte grau erschienen. Seine Beobachter sollten nach Betrachtung der Vorlagen die wahrgenommene Farbe mit einem Farbenmischer nachmischen. Der Farbenmischer enthielt Grün und Rot, und er konnte von reinem Grün durch Grau bis zu reinem Rot variiert werden. Duncker fand eine Bestätigung der These der Gedächtnisfarben: In den Nachmischungen wurde bei dem Blatt mehr Grün als bei dem Esel benutzt. Ein späterer Versuch von Harper (1953), der bereits im Abschnitt 1.2.4 erwähnt wurde, zeigte, daß die Gedächtnisfarbe eines Objektes sogar bei der Wahrnehmung des Objektes eine Rolle spielt. Seine Versuchspersonen mischten die Farbe von zwei verschiedenen Gruppen bekannter Objekte nach, und zwar solchen, die normalerweise eine bestimmte Farbe haben oder solchen, die meistens keine bestimmte Farbe haben. Die Objekte wurden vor dem Farbmischer montiert, und die Versuchspersonen sollten den Farbmischer so einstellen, daß die Farbe des Objekts genau nachgemischt war. Objekte mit einer bestimmten Farbe (z. B. ein Hummer) wurden mit einem größeren Anteil ihrer Gedächtnisfarbe (rot) nachgemischt als Objekte ohne eine Gedächtnisfarbe (z. B. der Buchstabe Y) – obwohl ihre objektive Farbe gleich war.

Das Problem der Gedächtnisfarbe kann aber auch unter einem anderen Blickwinkel gesehen werden. So kann man z. B. fragen, ob man ein Objekt leichter erkennt, wenn es seine normale Gedächtnisfarbe hat. Bruner und Postman (1949) bejahten diese Frage. Sie boten ihren Versuchspersonen Spielkarten in einem Tachistoskop dar und stellten nach der Grenzmethode die Erkennungsschwelle fest. Die Spielkarten waren entweder normale Karten oder aber Karten, bei denen die Farben vertauscht waren (rotes Pik, schwarzes Karo usw.). Die Messungen ergaben höhere Schwellen für die vertauschten Farben.

Allerdings besteht bei der Anwendung der Grenzmethode das Problem, daß die Schwelle durch das Entscheidungskriterium mitbestimmt wird. Waren die vertauschten Farben tatsächlich schwerer zu erkennen, oder setzten die Versuchspersonen ein höheres Entscheidungskriterium an? Bei Anwendung der Methode der Signalentdeckung können diese beiden Möglichkeiten getrennt werden. Einen entsprechenden Versuch konzipierten Mial, Smith, Doherty und Smith (1974). Objekte mit einer spezifischen Gedächtnisfarbe (Apfel, Weihnachtsbaum) und eine Reihe sinnloser Figuren mit gleicher Fläche wurden tachistoskopisch gezeigt. Die Objekte konnten eine normale oder eine ungewöhnliche Farbe haben oder grau sein, wobei die Helligkeit und – außer bei Grau – die Sättigung immer konstant gehalten wurde. Bei alleiniger Berücksichtigung der Anzahl der Treffer konnten Mial et al. das Ergebnis von Bruner und Postman bestätigen: Ihre Versuchspersonen erzielten mehr Treffer bei den Objekten mit übereinstimmenden (richtigen) Gedächtnisfarben. Bei der Berechnung von d', die auch die Anzahl der Fehlanzeigen berücksichtigt, zeigten sich jedoch keine Unterschiede zwischen den Objekten. Danach waren also die Leistungen der Beobachter bei der Erkennung der Objekte mit zutreffender Gedächtnisfarbe nicht besser. Die erhöhte Trefferzahl war auf das Entscheidungskriterium zurückzuführen: Bei dem Vorhandensein einer Gedächtnisfarbe meinten die Versuchspersonen, das entsprechende Objekt gesehen zu haben. Sie erhöhten die Anzahl ihrer »Ja«-Antworten, was zwar eine erhöhte Trefferzahl, aber auch eine erhöhte Anzahl falscher Alarme bedeutet. Folglich muß die Hypothese der Gedächtnisfarbe, zumindest bei der Diskrimination von Objekten, modifiziert werden: Die Gedächtnisfarbe verändert zwar die Erwartung hinsichtlich der wahrgenommenen Figur, jedoch nicht die Erkennbarkeit der Figur.

Als letzte Einstellungskomponente des Beobachters bei der Wahrnehmung soll die *Motivation* erwähnt werden. Daß die Motivation eines Beobachters sogar auf sehr einfache Wahrnehmungsleistungen einen Einfluß ausüben kann, scheint außer Zweifel zu stehen. Zwislocki et al. (1958) maßen die Hörschwelle einer Versuchsgruppe. Daraufhin wurde die Schwelle nochmals gemessen, jedoch wurde für eine erhöhte Leistung bezahlt. Im Durchschnitt erwiesen sich die Versuchspersonen um 6 dB empfindlicher als bei der vorherigen Messung.

Die wichtigste Frage bei der Untersuchung der Beziehung zwischen Motivation und Wahrnehmung scheint zu sein, ob die Motivation die eigentliche Wahrnehmung oder die Reaktion auf die Wahrnehmung beeinflußt. Ein Beispiel bietet eine Untersuchung von Wispé und Drambarean (1953). An dem Versuch nahmen drei Versuchsgruppen zu je 20 Studenten teil. Die erste Gruppe bekam für 24 Stunden, die zweite Gruppe für 10 Stunden nichts zu essen. Die dritte Gruppe, eine Kontrollgruppe, nahm normale Mahlzeiten ein. Nach der Deprivationszeit wurde bei allen Versuchspersonen die Erkennungsschwelle für 24 Wörter mit dem aufsteigenden Verfahren der Grenzmethode gemessen. Die eine Hälfte der Wörter hatte mit Essen zu tun, und die andere Hälfte bestand aus Wörtern, die mit ähnlicher Häufigkeit in der Sprache vorkommen, aber keinen Bezug zu etwas Eßbarem haben. Für die 12 neutralen Wörter unterschieden sich die drei Versuchsgruppen in ihrer Erkennungsschwelle nicht. Bei den Wörtern, die auf Essen bezogen waren, erhielt man für beide Versuchsgruppen eine geringere Schwelle der Erkennbarkeit als bei der Kontrollgruppe. Das Ergebnis scheint auf eine durch Motivation verursachte Schwellenveränderung hinzudeuten: Diese Annahme ist vor allem deshalb berechtigt, weil sich die Gruppen bei der Erkennung der neutralen Wörter nicht unterschieden – Hunger also nicht zu einer allgemein erhöhten Erkennungsempfindlichkeit führte.

Natürlich kann man bei dem Versuch von Wispé und Drambarean nicht sagen, ob die Schwelle herabgesetzt wurde oder ob durch die Motivation die »Eß-Wörter« den hungrigen Versuchspersonen geläufiger waren. Aufgrund ihres Hungers dachten die Leute vielleicht gerade an manche der Wörter und konnten diese daher leichter erkennen.

Dasselbe Problem findet man bei einem bekannten Versuch von McGinnies (1949) wieder. Er maß die Erkennungsschwelle für acht sogenannte »schmutzige Wörter« (z. B. WHORE, BITCH) sowie für zwölf neutrale Wörter. Durchweg benötigten die Versuchspersonen zur Erkennung der »schmutzigen Wörter« längere Darbietungszeiten als für die neutralen Wörter.

Die Untersuchungen von Wispé und Drambarean und von McGinnies sind typisch für die Forschungsansätze der sogenannten »*New Look*«-Theoretiker der fünfziger Jahre. Diese Wissenschaftler betonten die Bedeutung der Eigenschaften des Beobachters (wie z. B. seinen Motivationszustand), die einen bis dahin vernachlässigten Aspekt des Wahrnehmungsprozesses darstellten. In erster Linie beschrieben diese Forscher Untersuchungen, bei denen die Erkennungsschwelle für emotional behaftete Ausdrücke heraufgesetzt

(*Wahrnehmungsabwehr*, wie bei der Erkennung eines negativ geladenen Wortes wie »Scheiße«) oder herabgesetzt (*Wahrnehmungsvigilanz*, wie bei der Erkennung eines positiv geladenen Wortes wie »Sex«) wurde (Bruner & Postman 1947). Die Gültigkeit der Annahmen über Motivationseinflüsse auf dem Gebiet der Wahrnehmung wurde allerdings von anderen Wahrnehmungspsychologen stark angegriffen, was zu einer ausgedehnten Kontroverse führte (s. Erdelyi 1974).

Bei der Kontroverse über den New Look ging es um die Frage, ob der Motivationszustand zu einer Veränderung der Empfindlichkeit des Beobachters bei der Aufnahme emotional gefärbter Umweltereignisse führt, oder ob er eine Veränderung der Reaktion des Beobachters gegenüber solchen Ereignissen bewirkt. Zu diesem Zeitpunkt (fünfziger Jahre) in der Geschichte der Psychologie war man vergleichsweise weniger bereit, eine Wirkung der Motivation bei der Perzeptbildung anzunehmen. Vielmehr versuchte man, diese Beobachtungen aufgrund der Auswahl zwischen fertigen Perzepten zu erklären. Gegenüber den Abwehr-Versuchen, wie dem von McGinnies, wurde unter anderem eingewandt, daß die Beobachter mit den »schmutzigen Wörtern« weniger Erfahrung gehabt hätten. Infolgedessen sei der Vergleich zwischen diesen und neutralen Wörtern unzulässig. Howes und Solomon (1950) wiederholten den Versuch von McGinnies und verglichen dabei die Schwellen für die »schmutzigen Wörter« mit denjenigen für ungewöhnliche Wörter. Obwohl der ermittelte Unterschied geringer war, konnte der Abwehreffekt nicht ganz aufgehoben werden. Außerdem ist es schwierig einzusehen, wie das Argument von Howes und Solomon bei den Wahrnehmungs-Vigilanz-Versuchen anwendbar ist, bei denen die Schwelle für manche Ausdrücke herabgesetzt wurde.

Schwerwiegender war ein zweites Gegenargument, wonach eine Verschiebung des Entscheidungskriteriums und nicht eine Veränderung der Schwelle angenommen wurde. Gerade bei dem Versuch von McGinnies kann man sich gut vorstellen, daß ein Beobachter, der gerade das Wort »Scheiße« zu sehen glaubt, zögern würde, es auszusprechen, ehe er sich ganz sicher ist, daß er das Wort tatsächlich gesehen hat. Die Methoden der Signalentdeckung scheinen geeignet zu sein, dieses Argument zu klären: Durch die Berechnung von d' (Empfindlichkeitsmaß) und β (Entscheidungsmaß) konnte man feststellen, ob der Motivationszustand eine herab- oder heraufgesetzte Empfindlichkeit bewirkt oder ob Kriteriumsveränderung die Entscheidung bestimmt. Leider sind die mit dieser Methode gewonnenen Ergebnisse nicht widerspruchsfrei: Manche Untersuchungen zeigen eine Veränderung von d', manche eine Veränderung von β und manche eine Veränderung von beiden. Ein Beispiel für das letztgenannte Ergebnis wurde von Erdelyi und Appelbaum (1973) berichtet. Eine kreisförmig angelegte Reihe von Bildern wurde kurzzeitig (200 msec) in einem Tachistoskop dargeboten. Aufgabe der jüdischen Beobachter war es, das Vorhandensein von bereits gesehenen Bildern (Signale) in einer Gruppe von neuen Bildern (Rauschen) zu entdecken, wobei verschiedene Signalwahrscheinlichkeiten angewandt wurden. Dies geschah unter drei Versuchsbedingungen: In der Mitte des Bilderkreises befand sich entweder ein Hakenkreuz, ein Davidsstern oder eine fensterartige Form. Obwohl diese Objekte im Versuch keine weitere Rolle spielten, wollten Erdelyi und Appelbaum die Auswirkung ihres Vorhandenseins auf die Entdeckungsleistung beobachten. Würde sich die Empfindlichkeit der Versuchspersonen bei den emotionalen Symbolen (Hakenkreuz und Davidsstern) gegenüber dem neutralen Reiz (Fenster) verändern? Abbildung 5.25 zeigt die Isosensitivitätskurven.

Der Wert von d' beim Vorhandensein des Fensters unterschied sich von dem beim Hakenkreuz und jenem beim Davidstern; die d'-Werte für diese beiden emotionalen Symbole unterschieden sich aber nicht deutlich voneinander. Zugleich verschob sich bei den emotionalen Zentralobjekten das Entscheidungskriterium: Bei allen drei Signalwahrscheinlichkeiten stieg die Anzahl der falschen Alarme an.

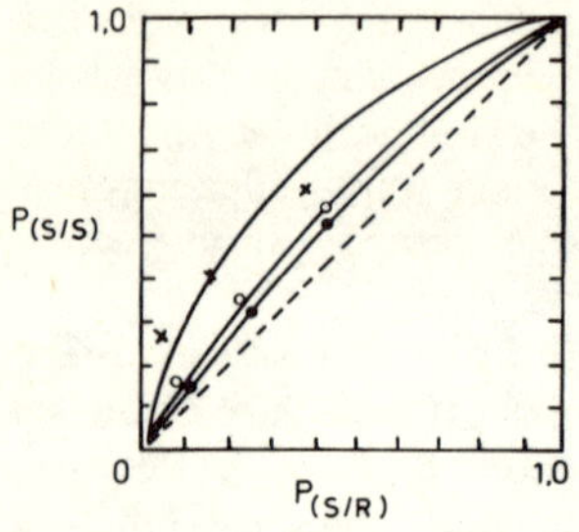

Abb. 5.25 Isosensitivitätskurve (ROC-Kurve) für die Erkennung neutraler Bilder im Beisein eines emotional-betönten Reizes (○ = Davidsstern, ● = Hakenkreuz) und im Beisein eines neutralen Reizes (× = Fenster) (nach Erdelyi und Appelbaum, 1973).

Trotz der über eintausend Veröffentlichungen zum Thema Wahrnehmungsabwehr und Wahrnehmungsvigilanz kann die Kontroverse nicht als gelöst betrachtet werden. Es scheint jedoch so zu sein, daß es Motivationseinflüsse sowohl bei der Perzeptbildung als auch bei der Selektion von fertigen Perzepten und bei der Reaktion auf sie gibt.

Gerade in letzter Zeit steigt das Interesse an Untersuchungen zu diesem Thema, möglicherweise durch die Beseitigung eines logischen Paradoxons, das bei den ursprünglichen Forschungen gegeben war: Wie ist es möglich, eine Wahrnehmungsabwehr zu vollziehen, ehe überhaupt etwas wahrgenommen wird? Das heißt, man konnte sich nicht vorstellen, auf welche Weise ein Wort von der Wahrnehmung verdrängt werden konnte, bevor es erkannt wurde. Spätere Untersuchungen aus dem Bereich der selektiven Aufmerksamkeit, die im nächsten Abschnitt besprochen werden, zeigen jedoch, daß bei der Perzeptbildung eine Auswahl von Umweltereignissen verschiedener emotionaler Bedeutung erfolgen kann. Das bereits von Moray (1970) erwähnte »Cocktail-Party-Phänomen« bietet ein Beispiel: Ein Beobachter hört und wiederholt eine Geschichte, die dem einen Ohr dargeboten wird, während dem anderen Ohr eine zweite Geschichte zugespielt wird. Von dem Inhalt der zweiten Geschichte wird kaum etwas aufgenommen – es sei denn, die Wörter haben eine hohe emotionale Ladung oder eine persönliche Bedeutung (z. B. der eigene Name). Offensichtlich nimmt das Wahrnehmungssystem eine Auslese der Wörter der zweiten Geschichte aufgrund ihrer Bedeutung vor und verarbeitet nur bestimmte Wörter – die von hoher Relevanz für den Zuhörer sind – zum Perzept.

Sicherlich haben alle Eigenschaften auf seiten des Beobachters, wie Bekanntheit, Erwartung, Erfahrung und Motivation, eine wichtige Steuerungsfunktion bei der Wahrnehmung. Unklar bleibt jedoch, inwieweit die dadurch entstehenden Einstellungen einen Einfluß bei der Perzeptbildung oder bei der Auswahl zwischen fertigen Perzepten haben. Trotz einiger durch die Methoden der Signalentdeckung ermöglichten Fortschritte kann diese Frage beim heutigen Wissensstand nicht geklärt werden.
Vor allem ist aber den hier besprochenen Einflüssen auf die Wahrnehmung die Warnung zu entnehmen, Wahrnehmungsleistungen nicht ohne weiteres als erfahrungsunabhängig zu bezeichnen. Es ergeben sich immer mehr Hinweise auf die dynamische Plastizität des Wahrnehmungssystems – nicht nur bei der Erkennung, sondern auch bei den einfachsten Diskriminationsleistungen.

5.5.3 Selektive Aufmerksamkeit

Um die Schwierigkeit der Differenzierung zwischen Einstellungen, die durch Bekanntheit, Erwartung, Erfahrung, Motivation usw. verursacht sein können, zu umgehen, wird in der letzten Zeit von einer allgemeinen Gerichtetheit und Steuerung der Aufmerksamkeit bei der Perzeptbildung gesprochen. Die Steuerung der Aufmerksamkeit und die Auslese bestimmter Elemente des Umweltangebots wird als *selektive Aufmerksamkeit* bezeichnet. Die selektive Aufmerksamkeit kann als Konsequenz der Einstellung sowie sämtlicher Eigenschaften der Umwelt betrachtet werden.

Das Ergebnis von Erdelyi und Appelbaum (1973), das weiter oben im Sinne der Wahrnehmungsabwehr besprochen wurde, könnte auch als Beispiel für die Einwirkung der Motivation auf die selektive Aufmerksamkeit interpretiert werden: Das Vorhandensein eines emotional gefärbten Objekts verursacht eine Aufmerksamkeitsschwankung, was zur Abnahme der Erkennungsleistung führt. Dies ist der Fall, obwohl das störende Objekt selbst nicht erkannt zu werden braucht.

Ähnliche Ergebnisse erhält man gewöhnlich auch in Versuchen zum sogenannten *Stroop-Effekt* (Stroop 1935); hier sind die Objekte jedoch nicht emotional geladen. Ein Beobachter erhält die Aufgabe, Farbnamen vorzulesen, wobei die Namen selbst in verschiedenen Farben gedruckt sind. Obwohl lediglich der Name identifiziert werden soll, nimmt die Reaktionszeit um ca. 25% zu, wenn der Farbname in einer anderen Farbe gedruckt ist (z. B. ROT in blauen Buchstaben) – im Vergleich zu den Bedingungen, bei denen der Name in schwarzen oder gleichfarbigen Buchstaben (z. B. ROT mit roten Buchstaben) auftritt. Ein ähnlicher Effekt für die akustische Wahrnehmung wurde von Cohen und Martin (1975) gefunden. Den Versuchspersonen wurden über Kopfhörer gesungene Wörter vorgespielt. Die Aufgabe bestand darin, die Wörter nach ihrer Tonhöhe als hoch oder tief einzustufen. Die Wörter waren »hoch« oder »tief«, die entweder hoch (300 Hz) oder tief (200 Hz) gesungen wurden. Zwei neutrale Kontrollwörter waren ebenfalls einzustufen: Gemessen wurde jeweils die Reaktionszeit für die Einstufung. Für die neutralen Wörter betrug diese Zeit im Durchschnitt 715 msec. Wenn die Tonhöhe und das Wort übereinstimmten, fiel die Reaktionszeit auf 658 msec ab, wenn Wort und Tonhöhe entgegengesetzt waren, stieg die Zeit auf 848 msec an.

> Sowohl bei der visuellen als auch bei der akustischen Wahrnehmung zeigt sich, daß mehrere Dimensionen der Reizvorlage verarbeitet werden – auch diejenigen, die bei der Perzeptbildung nicht zentral beteiligt sein müssen. Hervorzuheben ist die Beobachtung einer Leistungsabnahme beim Vorhandensein einer zweiten Dimension, deren gleichzeitige Verarbeitung mit dem verlangten Perzept schwer vereinbar ist: Das Wort »tief« ist schwer vereinbar mit der Tonhöhe »hoch«.

Die Steuerung der Aufmerksamkeit kann durch den Hinweis erfolgen, sich bei der Suche nach einem kritischen Element einer komplexen Vorlage auf spezifische Merkmale zu konzentrieren. Die Schnelligkeit oder Leichtigkeit der Auslese dient als Maß dafür, inwieweit das Merkmal bei der Steuerung anwendbar ist. Mehrere Untersuchungen haben gezeigt, daß dabei zwischen den Merkmalen markante Unterschiede bestehen. Luria und Strauss (1975) ließen ihre Beobachter ein kritisches Zifferblatt aus 16 Zifferblättern heraussuchen, die sich aufgrund ihrer Farbe und ihrer Form unterschieden. Wenn überhaupt kein Hinweis gegeben wurde, auf welches Merkmal dabei zu achten war, betrug die Suchzeit 2,55 Sekunden. Bei dem Hinweis, die Farbe des Zifferblattes als Merkmal zu benutzen (»identifiziere das rote Zifferblatt, dessen Zeiger auf 0 steht«), verringerte sich die Zeit auf 1,26 Sekunden. Wenn die Form des Zifferblattes als Merkmal gegeben wurde (»identifiziere das viereckige Zifferblatt, dessen Zeiger auf 4 steht«), war die Suchzeit genauso lang wie bei der Kontrollbedingung ohne einen Hinweis. Wenn sowohl Farbe als auch Form angegeben wurden (»identifiziere das rote, viereckige Zifferblatt, dessen Zeiger auf 3 steht«), war die Suchzeit sogar länger, als wenn nur die Farbe angegeben wurde (2,04 Sekunden). Offensichtlich beeinträchtigte der Formhinweis die Leistung deshalb, weil der Beobachter versuchte, auf redundante Merkmale zu achten. Übrigens fanden Luria und Strauss auch Unterschiede zwischen den verschiedenen Farben: Die höchste Leistung zeigte sich bei rot und gelb, die schlechteste bei grün. Es scheint auch so zu sein, daß die Lage eines bekannten Objekts kein geeignetes Merkmal für die Ausrichtung der selektiven Aufmerksamkeit ist.

Es scheint also so, als ob sich die Aufmerksamkeit durch Reizmerkmale wie Farbe, Helligkeit, Größe und Bewegung besser steuern läßt als durch Merkmale wie Form oder Lage. Möglicherweise setzt die Anwendung der letztgenannten Merkmale eine Verarbeitung durch die erstgenannten voraus. Demnach wird die Hierarchie der Reizeigenschaften, die wir bei der Figurenerkennung gefunden haben, nochmals bestätigt.

Bei den Untersuchungen zur selektiven Aufmerksamkeit bietet sich das akustische System als geeignete Forschungsmodalität an: Man kann beiden Ohren verschiedene Reize darbieten und die Fähigkeit des Beobachters messen, seine Aufmerksamkeit nur auf jenen Reiz zu richten, der dem einen Ohr vorgegeben wird. Die allgemeine Methode hierzu wurde von Cherry (1953) eingeführt. Dem einen Ohr wird über Kopfhörer eine Geschichte dargeboten. Auf diese Geschichte soll die Versuchsperson ihre Aufmerksamkeit richten. Um die Aufrechterhaltung der Aufmerksamkeit auf diese Geschichte sicherzustellen, wird die Versuchsperson aufgefordert, die Geschichte laut nachzusprechen. Dem anderen Ohr wird eine zweite Nachricht dargeboten. Die Frage lautet: Welche Aspekte der zweiten Nachricht werden von der Versuchsperson ausgelesen? In einer ursprünglichen Untersuchung veränderte Cherry den mittleren Teil derjenigen Nachricht, die nicht zu beachten war. Nach dem Versuch wurden die Beobachter nach der Veränderung gefragt. Die Versuchspersonen bemerkten eine Veränderung von einer männlichen zu einer weiblichen Stimme sowie die Darbietung eines Tons statt einer Geschichte. Unbemerkt blieb eine Veränderung der Sprache (Englisch zu Deutsch) und die Rückwärtsdarbietung der Geschichte. Weitere Untersuchungen zeigten, daß die Fähigkeit des Beobachters, seine Aufmerksamkeit auf die nachzusprechende Geschichte zu richten, von der physikalischen Ähnlichkeit zwischen den beiden Vorlagen abhing. Wenn zum Beispiel beide Nachrichten von Männern gesprochen wurden, war es schwerer, die eine Geschichte nachzusprechen, als wenn die eine Nachricht von einem Mann und die andere von einer Frau gesprochen wurde (Treisman 1964).
Broadbent (1958) schlug eine Theorie der selektiven Aufmerksamkeit vor, nach welcher der Beobachter einlaufende Informationen durch den Einsatz von Filtern blockieren kann. Die Filter sind auf bestimmte physikalische Eigenschaften abgestimmt. Daher könnte zum Beispiel die höhere Frequenz der weiblichen Stimme als Eigenschaft benutzt werden, um die nicht nachzusprechende Nachricht zu blockieren.
Alle Beobachtungen waren jedoch mit dem Filtermodell von Broadbent nicht in Einklang zu bringen. Manche Nachrichten kamen durch – trotz Filter. Treisman (1960) entwickelte eine zweite Theorie, die zwar auch ein Filtersystem annahm, das jedoch die verschiedenen einlaufenden Informationen abschwächte anstatt sie völlig zu blockieren. Das Abschwächen könne umso besser erfolgen, je unterschiedlicher die Eigenschaften der beiden Reizvorlagen sind, und funktioniere etwa im Sinne einer Verschiebung des Entscheidungskriteriums, wie bei der Signalentdeckung. Ob eine Nachricht die Aufmerksamkeit des Beobachters auf sich lenkt, hängt dann von dem angewandten Entscheidungskriterium sowie von den physikalischen Eigenschaften der Nachricht ab. Aufgrund dieser Vorstellung sind die Ergebnisse eines Versuches von Treisman und Riley (1969) zu verstehen. Buchstaben, die innerhalb einer fortlaufenden Reihe von Zahlen vorkamen, waren zu erkennen. Eine Zahlenreihe, die einem der Ohren vorgegeben wurde, war nachzusprechen: Die

kritischen Buchstaben sollten jedoch aus den beiden dargebotenen Reihen erkannt werden. Sobald ein kritischer Buchstabe vorkam, sollte die Versuchsperson mit dem Nachsprechen aufhören und mit einem Lineal auf den Tisch klopfen. Bei einer Bedingung wurden die kritischen Buchstaben und die Zahlen von demselben Sprecher mal dem einen und mal dem anderen Ohr vorgelesen. Die Versuchspersonen erkannten 76% der Buchstaben, die bei dem »Nachsprech-Ohr« auftraten, und nur 33% der dem anderen Ohr dargebotenen Buchstaben. Es ergab sich also bei der Ausrichtung der Aufmerksamkeit auf ein Ohr eine Abschwächung bezüglich des anderen Ohres. In einer zweiten Bedingung wurden die kritischen Buchstaben von einer Frau und die Zahlen von einem Mann gesprochen. Nunmehr erkannten die Versuchspersonen die Buchstaben bei beiden Ohren, und zwar bis zu 99%.

Offensichtlich erfolgt das Abschwächen durch eine Herabsetzung der Empfindlichkeit für alle Signale, die ähnliche physikalische Eigenschaften wie die aufmerksam zu verfolgende Vorlage haben. Moray und O'Brian (1967) benutzten die Methode der Signalentdeckung in einer Versuchsanordnung, die der ersten Bedingung des Versuchs von Treisman und Riley ähnlich war. Wenn die zu entdeckenden Buchstaben mit derselben Stimme wie eine nachzusprechende Geschichte dargeboten wurden, zeigte sich zwischen beiden Ohren ein Unterschied des d'. Das Entscheidungskriterium war jedoch nicht unterschiedlich.

Nach der Auffassung von Treisman wären bei zu entdeckenden Reizen, deren Eigenschaften sich von einer aufmerksam zu verfolgenden Geschichte sehr unterscheiden, keine Unterschiede hinsichtlich der Empfindlichkeit zwischen beiden Ohren zu erwarten. Während man eine Geschichte nachspricht, müßte zum Beispiel die Empfindlichkeit für reine Töne bei beiden Ohren unverändert sein. Auch diese Erwartung wurde empirisch bestätigt. Zelniker et al. (1974) maßen die absolute Schwelle für einen 1000-Hz-Ton nach dem Konstanzverfahren. Der Ton konnte bei beiden Ohren zwischen sinnvollen, aber unzusammenhängenden Wörtern vorkommen. Es waren wieder nur die dem einen Ohr dargebotenen Wörter nachzusprechen. Durch die Darbietung des Tones mit verschiedenen Amplituden konnte für jedes Ohr eine absolute Schwelle gemessen werden. Es zeigte sich zwischen den Ohren kein Schwellenunterschied.

In der letzten Zeit wurde die Theorie von Treisman durch Norman (1968, 1969) weiterentwickelt. Er unterstützt die Vorstellung von Treisman, daß eine Selektion von Umweltereignissen aufgrund ihrer physikalischen Eigenschaften erfolgt. Gleichzeitig muß aber, ehe die Selektion getroffen wird, eine ziemlich durchgehende Verarbeitung der Vorlagen erfolgen, durch die auch die Bedeutung der Vorlage erfaßt werden kann. Sonst wäre es nicht zu erklären, wie der eigene Name, trotz einer andersartigen Gerichtetheit der Aufmerksamkeit, selegiert werden kann: Eine Veränderung des Entscheidungskriteriums kann erst nach der Erfassung der Bedeutung des Reizes erfolgen. Das heißt, ich verändere meine Aufmerksamkeit nach der Aufnahme meines Namens, und folglich verändere ich, um die Information über mich aufnehmen zu können, mein Entscheidungskriterium für die neue Quelle. Norman stellt sich einen *Wichtigkeitswert* vor, nach dem die Selektion erfolgt. Manche Ereignisse haben einen hohen Wichtigkeitswert und ziehen so die Aufmerksamkeit auf sich. Das heißt, dieser Wert hängt sowohl von Reizeigenschaften (Merkmalart, Kontext, Komplexität) als auch von sämtlichen Beobachtereigenschaften (Erfahrung, Bekanntheit, Erwartung, Motivation, Adaptationsniveau) ab. Wenn ein Umweltereignis die notwendigen Eigenschaften aufweist und einen hohen Wichtigkeitswert erhält, steuert es die Aufmerksamkeit und wird zum Perzept verarbeitet.

Gerade bei der selektiven Aufmerksamkeit zeigt sich die volle Dynamik des Wahrnehmungsprozesses. Die Auslese von Umweltereignissen aus der Mannigfaltigkeit des Angebots beansprucht die Diskriminationsfähigkeit, die Leistungsfähigkeit und sämtliche erfahrungsabhängigen Aspekte der Wahrnehmung: Erst dann kann von Wahrnehmung in vollem Umfang gesprochen werden.

5.6 Fragen

1. Welche drei Möglichkeiten bieten sich zur Erfassung der Rolle der Erfahrung bei einer Wahrnehmungsleistung?
2. Unterscheiden Sie zwischen absoluter und relativer Querdisparation, und erläutern Sie ihre jeweilige Rolle bei der Raumwahrnehmung!
3. Erläutern Sie das Reafferenzprinzip in Verbindung mit der Raumkonstanz und der Bewegungswahrnehmung!
4. Wie kann man die Mond-Täuschung unter Bezugnahme auf die Größenkonstanz erklären?
5. Mittels welcher Informationsträger nimmt man die Position eines Schallerzeugers im Raum wahr?
6. Beschreiben Sie das Modell der kritischen Merkmale zur Figurenerkennung!
7. Wie könnte ein Prozeß der Fourieranalyse bei der Erkennung von visuellen und akustischen Figuren beteiligt sein?
8. Beschreiben Sie die »Bekanntheitseffekte«!
9. Warum wurde das Problem der Wahrnehmungsabwehr bisher nicht gelöst?
10. Entwickeln Sie eine Erklärung der Mechanismen der selektiven Aufmerksamkeit!

Anhang I: Hinweise zu den Fragen

zu Absch. I

1. Siehe Seite 11–12
2. Siehe Seite 13–14
3. Siehe Seite 11, 24–26
4. Siehe Seite 19
5. Siehe Seite 22–23
6. Siehe Seite 25
7. Siehe Seite 27

zu Absch. II

1. Siehe Seite 32–33
2. Licht: Wellenlänge und Leuchtdichte (Seiten 33, 37)
   Schall: Frequenz, Amplitude und Phase (Seiten 37, 41)
3. Siehe Seiten 47, 50–52
4. d′ Seite 47–48, β_x Seite 48–49, ROC Seite 51
5. Siehe Seite 55

zu Absch. III

1.a. Systemeigenschaften (Seite 60)
   b. Reizeigenschaften (Seiten 61, 64)
2.a. Visuelle Summation und Maskierung (Seite 82–83)
   b. Akustische Summation und Maskierung (Seite 84, 94)
3. Siehe Seite 67
4. Siehe Seiten 68–69, 71–72
5.a. Frequenzgruppe (Seite 83–84, 87)
   b. kritische Bandbreite (Seite 86–87)
6. Siehe Seite 91–92

zu Absch. IV

1. Siehe Seite 98
2.a. neutrale Farbe (Seite 102)
   b. chromatische Farbe (Seite 118)
3.a. psychologische Eigenschaften (Seite 109)
   b. physikalische Eigenschaften (Seite 109–110)
4. Siehe Seite 114
5. Siehe Seite 128–129
6. Mel-Skala (Seite 125)
   Son und Phon Skalen (Seite 131)
7. Ganzfeld Beobachtungen (Seite 138)
   Figur-Grund bei Blinden (Seite 140)
   Gestaltbindung (Seite 142)
8. Siehe Seite 142–143

zu Absch. V

1.a. Veränderung der Leistung durch Training (Seite 152)
   b. Entwicklung der Leistung (Seite 152–153)
   c. Deprivationsversuche (Seite 153)
2.a. relative Querdisparation (Seite 157–158)
   b. absolute Querdisparation (Seite 157–158)

3.a. Raumkonstanz (Seite 173, 175)
b. Bewegungswahrnehmung (Seite 177)
4. Siehe Seite 170
5. Zeitunterschied zwischen den Ohren (Seite 183–184)
Amplitudenunterschied zwischen den Ohren (Seite 183)
Visuelle Position (186–187)
6. Siehe Seite 189–190
7. Siehe Seite 193–194, 196–197
8. Siehe Seite 204–206
9. Siehe Seite 208–210
10. Siehe Seite 212–214

Anhang II: Wichtige Symbole und Meßeinheiten

Meßeinheit	Name	Anwendung	Seite
nm	Nanometer	Wellenlänge des Lichtes	34
msek	Millisekunde	Zeit in 1/1000 Sekunde	—
mL	Millilambert	Leuchtdichte	36
nit	nit	Leuchtdichte in candela/m^2	36
T	Troland	Leuchtdichte und Pupille	78
F	Frequenz	Ortsfrequenz pro Grad	63
f	Frequenz	Schallfrequenz	73
Hz	Hertz	Wellen pro Sekunde/Grad	40
dB	Dezibel	Amplitude oder Intensität	56, 57
SPL	Sound Pressure Level	Schalldruckbetrag relativ zu 0,0002 dyn/cm^2 und 1000 Hz	58
SL	Sensation Level	Schalldruckbetrag relativ zur Schwelle einer Frequenz	67, 68
dyn	dyn	Schalldruckstärke	38
dyn/cm^2	dyn/cm^2	Amplitude einer Schallwelle	38
P, p	—	Wahrscheinlichkeit	
S	—	Schwelle (Gleichheitswert)	46, 52, 53
ΔS	—	Unterschiedschwelle	46
$\Delta S/S$	—	Webersches Verhältnis	46
L	—	Leuchtdichte (Bezugswert)	36, 62
d′	—	Empfindlichkeit (Signal-Entdeckung)	47
β	—	Entscheidungskriterium (Signalentdeckung)	48
λ	—	Wellenlängenbereich	34, 40
H	—	Energie eines Selbstleuchters	35
V	—	Wellenlängenempfindlichkeit	62
R	—	Reflexionsverteilung	35–36
K	—	Remissionseigenschaft	36

Literaturverzeichnis und Personenregister

(Die Ziffern in Klammern bilden das Personenregister)

Abbs, J. H., & Sussman, H. M. 1971. Neurophysiological feature detectors and speech perception. Journal of Speech and Hearing Research, 14, 23. (196)

Adams, E. Q. 1923. A theory of color vision. Psychological Review, 30, 56. (116)

Akita, M., Graham, C. H., & Hsia, Y. 1964. Maintaining an absolute hue in the presence of different background colors. Vision Research, 4, 539. (119)

Alpern, M. 1969. Types of movement. In H. Davson (Ed.), The eye (Vol. 3). New York: Wiley & Sons. (82)

Alpern, M. 1970. Effector mechanisms in vision. In J. W. Kling & L. A. Riggs (Eds.), Woodworth & Schlosberg's Experimental psychology (3rd ed.). New York: Hold, Rinehart & Winston. (66)

Alpern, M. 1972. Eye movements. In D. Jameson & L. M. Hurvich (Eds.), Handbook of sensory physiology (Vol. 2). Berlin: Springer. (66)

Ames, A. 1951. Visual perception and the rotating trapezoidal window. Psychological Monographs, 65 (Whole No. 324). (21)

Anderson, B. F. 1975. Cognitive psychology. New York: Academic Press. (13)

Anglin, J. M., & Mansfield, J. W. 1968. On the brightness of short and long flashes. Perception and Psychophysics, 4, 161. (92)

Appelle, S. 1972. Perception and discrimination as a function of stimulus orientation: The oblique effect in man and animals. Psychological Bulletin, 78, 266. (192)

Arend, L. E. 1973. Spatial, differential and integral operations in human vision: Implications of stabilized retinal images. Psychological Review, 80, 374. (67)

Asch, S. E., & Witkin, H. A. 1948a. Studies in space orientation, I: Perception of the upright with displaced visual fields. Journal of Experimental Psychology, 38, 325. (173, 174)

Asch, S. E., & Witkin, H. A. 1948b. Studies in space orientation, II: Perception of the upright with displaced visual fields and with body tilt. Journal of Experimental Psychology, 38, 455. (173)

Atkinson, J. W., & Walker, E. L. 1956. The affiliation motive and perceptual sensitivity to faces. Journal of Abnormal and Social Psychology, 53, 38. (23)

Aubert, H. 1865. Physiologie der Netzhaut. Breslau: Morgenstern. (121)

Aubert, H. 1887. Die Bewegungsempfindung. Archiv für die gesamte Psychologie, 40, 459. (178)

Avant, L. L. 1965. Vision in the Ganzfeld. Psychological Bulletin, 64, 246. (138)

Babkoff, H., Sutton, S., & Barris, M. 1973. Binaural interaction of transients: Interaural time and intensity asymmetry. Journal of the Acoustical Society of America, 53, 1028. (185)

Baker, C. A., & Grether, W. F. 1954. Visual presentation of information (Tech. Rep. WADC – 54 – 160). Wright – Patterson Air Force Base, Ohio: Wright Air Development Center, Aero-Medical Lab. (58)

Ball, W., & Tronick, E. 1971. Infant responses to impending collision: Optical and real. Science, 71, 818. (163)

Barrett, G. V., & Williamson, T. R. 1966. Sensation of depth with one or two eyes. Perception and Motor Skills, 23, 895. (160)

Bartley, S. H. 1961. A clarification of some of the procedures and concepts in dealing with the optic pathway. In R. Jung & K. Kornhuber (Eds.), Neurophysiologie und Psychophysik des visuellen Systems. Heidelberg: Springer. (79)

Bartoshuk, L. 1971. The chemical senses: I. Taste. In J. W. Kling & L. A. Riggs (Eds.), Woodworth & Schlosberg's Experimental psychology. New York: Holt, Rinehart & Winston. (14)

Batteau, D. W. 1967. The role of the pinna in human localization. Proceedings of the Royal Society (London, Series B), 168, 158. (186)

Beasley, W. C. 1938. Normal hearing for speech for each decade of life (Hearing Study Serial No. 5). Washington: Published Health Report. (70)

Beck, J. 1965. Apparent spatial position and the perception of lightness. Journal of Experimental Psychology, 69, 170. (105)

Beck, J. 1972a. Surface color perception. Ithaca: Cornell University Press. (108, 118)

Beck, J. 1972b. Similarity grouping and peripheral discriminability under uncertainty. American Journal of Psychology, 85, 1. (145)

Beer, A. 1852. Bestimmung der Absorption des rothen Lichtes in farbigen Flüssigkeiten. Annalen der Physik und Chemie, 86, 78. (114)

Békésy, G. von. 1936. Über die Hörschwelle und Fühlgrenze langsamer sinusförmiger Luftdruckschwankungen. Annalen der Physik, 26, 554. (71)
Békésy, G. von. 1942. Über die Schwingungen der Schneckentrennwand beim Präparat und Ohrenmodell. Akustische Zeitschrift, 7, 173. (194)
Békésy, G. von. 1960. Experiments in hearing. New York: McGraw-Hill. (44, 45, 52, 70, 76, 194)
Békésy, G. von. 1971. Auditory backward inhibition in concert halls. Science, 171, 529. (186)
Benda, H. von. 1977. Dimensionen der Sehschärfe. In Bericht über den 30. Kongreß der Deutschen Gesellschaft für Psychologie in Regensburg, 1976. Göttingen: Hogrefe. (60)
Bezold, W. von. 1874. Die Farbenlehre. Braunschweig: Vieweg. (105)
Blakemore, C., & Campbell, F. W. 1969. On the existence of neurons in the human visual system selectively sensitive to the orientation and size of retinal images. Journal of Physiology, 203, 237. (150)
Blakemore, C., & Mitchell, D. E. 1973. Environmental modification of the visual cortex and the neural basis of learning and memory. Nature, 241, 467. (153)
Blakemore, C., & Over, R. 1974. Curvature detectors in human vision. Perception, 3, 3. (146, 150)
Blakemore, C., & Pettigrew, J. D. 1970. Eye dominance in the visual cortex. Nature, 225, 426. (159)
Blakemore, C., & Sutton, P. 1969. Size adaptation: A new after-effect. Sience, 166, 245. (149)
Blauert, J. 1974. Räumliches Hören. Stuttgart: Hirzel. (185)
Bloch, A. M. 1885. Expériences sur la vision. Comptes Rendus de la Société Biologique (Paris), 37, 493. (62, 91)
Boring, E. G. 1933. The physical dimensions of consciousness. New York: Century. (159)
Boring, E. G. 1942. Sensation and perception in the history of psychology. New York: Appleton. (143, 162)
Boring, E. G. 1950. A history of experimental psychology (2nd ed.). New York: Appleton-Century & Crofts. (124)
Boring, E. G., Langfeld, H. S., & Weld, H. P. 1935. Psychology: A factual textbook. New York: Wiley & Sons. (53)
Bower, T. G. R. 1964. Discrimination of depth in premotor infants. Psychonomic Science, 1, 368. (153)
Bower, T. G. R. 1965. Stimulus variables determining space perception in infants. Science, 149, 88. (153)
Bower, T. G. R. 1966. The visual world of infants. Scientific American, 215, 80. (168)
Bower, T. G. R. 1975. Infant perception of the third dimension and object concept development. In L. Cohen & P. Salapatek (Eds.), Infant perception: From sensation to cognition (Vol. 2). New York: Academic Press. (168)
Bower, T. G. R., Broughton, J. M., & Moore, M. K. 1970. The coordination of visual and tactual input in infants. Perception and Psychophysics, 8, 51. (162)
Boyle, R. (37)
Boynton, R. M. 1971. Color vision. In J. W. Kling & L. A. Riggs (Eds.), Woodworth & Schlosberg's Experimental psychology. New York: Holt, Rinehart & Winston. (122)
Boynton, R. M., & Gordon, J. 1965. Bezold-Brücke hue shift measured by color naming techniques. Journal of the Optical Society of America, 55, 78. (109)
Bredenkamp, J., & Wippich, W. 1977. Lern- und Gedächtnispsychologie I und II. Stuttgart: Kohlhammer. (123, 142)
Brewster, D. 1847. On the conversion of relief by inverted vision. Edinbourogh Philosophical Transactions, 15, 657. (158)
Brindley, G. S. 1962. Two new properties of foveal afterimages and a photochemical hypothesis to explain them. Journal of Physiology, 164, 168. (121)
Bindley, G. S., & Merton, P. A. 1960. The absence of position sense in the human eye. Journal of Physiology, 153, 127. (177)
Britt, S. H. 1958. Subliminal advertising: Psychologist questions experimental design. Advertising Agency, 51, 14. (81)
Broadbent, D. E. 1958. Perception and communication. London: Pergamon Press. (212)
Brogden, W. J., & Miller, G. A. 1947. Physiological noise generated under earphone conditions. Journal of the Acoustical Society of America, 19, 620. (69)
Brown, J. L. 1965a. Flicker and intermittent stimulation. In C. L. Graham (Ed.), Vision and visual perception. New York: Wiley & Sons. (77)
Brown, J. L. 1965b. Afterimages. In C. L. Graham (Ed.), Vision and visual perception. New York: Wiley & Sons. (120, 122)

Brown, J. L., Graham, C. H., Leibowitz, H., & Ranken, H. B. 1953. Luminance thresholds for the resolution of acuity targets. Journal of the Optical Society of America, 43, 197. (60)
Brown, T. S. 1975. General biology of sensory systems. In B. Scharf (Ed.), Experimental sensory psychology. Glenview, Ill.: Scott, Foresman & Co. (56)
Brücke, E. 1864. Über den Nutzeffekt intermittierender Netzhautreizung. Bericht der Akademie der Wissenschaft, Wien, 49, 128. (79)
Bruner, J. S., & Goodman, C. C. 1947. Value and need as organizing factors in perception. Journal of Social Psychology, 42, 33. (166)
Bruner, J. S., & Postman, L. 1947. Tension and tension release as organizing factors in perception. Journal of Personality, 15, 300. (209)
Bruner, J. S., & Postman, L. 1949. On the perception of incongruity: A paradigm. Journal of Personality, 18, 206. (207)
Brunswik, E. 1929. Zur Entwicklung der Albedowahrnehmung. Zeitschrift für Psychologie, 109, 40. (104, 165)
Brussell, E. M. 1973. Attention, brightness, contrast and assimilation: The influence of relative area. Perception and Psychophysics, 14, 325. (99)
Brussell, E. M., & Festinger, L. 1973. The Gelb Effect: Brightness contrast plus attention. American Journal of Psychology, 86, 225. (99)
Burch, G. J. 1900. On simultaneous contrast. Journal of Physiology (London), 25, xvii. (119)
Burzlaff, W. 1931. Methodologische Beiträge zum Problem der Farbenkonstanz. Zeitschrift für Psychologie, 119, 177. (105)

Caelli, T. M., & Finlay, D. C. 1974. Pattern discrimination of Gaussian distributions of orientation and line length parameters. Perception and Psychophysics, 16, 489. (50)
Campbell, F. W., Cooper, G. F., & Enroth-Cugell, C. 1969. The spatial selectivity of the visual cells of the cat. Journal of Physiology, 203, 223. (196)
Campbell, F. W., & Robson, J. G. 1968. Application of Fourier analysis to the visibility of gratings. Journal of Physiology, 197, 553. (63, 64)
Catano, V. M. 1975. Testing the attentional model of brightness contrast with relative area and the figure-ground organization unconfounded. Perception and Psychophysics, 17, 133. (140)
Cavonius, C. R. 1974. The relationship between visual acuity and the spatial duty cycle of periodic stimuli. Perception and Psychophysics, 16, 295. (64)
Cheatham, P. G. 1952. Visual perceptual latency as a function of stimulus brightness and contour shape. Journal of Experimental Psychology, 43, 369. (139)
Cherry, E. C. 1953. Some experiments on the recognition of speech with one or two ears. Journal of the Acoustical Society of America, 25, 975. (212)
Chomsky, N., & Halle, M. 1968. The sound pattern of English. New York: Harper. (191)
Chorover, S. L., & Schiller, P. H. 1965. Short-term retrograde amnesia in rats. Journal of Comparative and Physiological Psychology, 59, 73. (31)
C. I. E. 1932. Proceedings of the 8th session of the Commission International de l'Eclairage. Cambridge: Cambridge University Press. (115)
Clark, H. H., Carpenter, P. A., & Just, M. A. 1973. On the meeting of semantics and perception. In W. G. Chase (Ed.), Visual information processing. New York: Academic Press. (30)
Cohen, A. 1965. The industrial noise hearing loss problem. (United States Public Health Service Field Work). Occupational Health Review, 17, 3. (70)
Cohen, G., & Martin, M. A. 1975. Hemisphere differences in an auditory Stroop test. Perception and Psychophysics, 17, 79. (211)
Cohen, W. 1960. Form recognition, spatial orientation, perception of movement in uniform visual fields. In Marris & Horne (Eds.), Visual search techniques. Washington: National Academy of Science Publication, 712. (138)
Colavita, F. B. 1974. Human sensory dominance. Perception and Psychophysics, 16, 409. (15)
Collyer, C. E. 1974. The detectability of a temporal gap between two disparate stimuli. Perception and Psychophysics, 16, 96. (92)
Coren, S. 1972. Subjective contours and apparent depth. Psychological Review, 79, 359. (193)
Coren, S., & Keith, B. 1970. Bezöld-Brücke effect: Pigment or neural locus? Journal of the Optical Society of America, 60, 559. (119)
Coren, S., & Miller, J. 1974. Size contrast as a function of figural similarity. Perception and Psychophysics, 16, 355. (201, 203)
Cornsweet, T. N. 1970. Visual perception. New York: Academic Press. (106, 107)
Cornsweet, T. N., & Pinsker, H. 1965. Luminance discrimination of brief flashes under various conditions of adaptation. Journal of Physiology, 176, 294. (46)

Corso, J. F. 1965. Air-conduction thresholds for high frequency tones. Paper presented at the Eastern Psychological Association, Atlantic City, N. J., April. (71)

Corso, J. F. 1967. The experimental psychology of sensory behavior. New York: Holt, Rinehart & Winston. (47, 59)

Creutzfeldt, O. D., & Heggelund, P. 1975. Neural plasticity in the visual cortex of adult cats after exposure to visual patterns. Science, 188, 1025. (95)

Dallos, P. 1973. The auditory periphery. New York: Academic Press. (127)

Davidoff, J. 1974. The psychological relationship between lightness and saturation. Perception and Psychophysics, 16, 79. (111)

Davies, P. 1974. Conditioned afterimages I & II. British Journal of Psychology, 65, 191 & 377. (123)

da Vinci, L. (162)

Davy, E. 1952. The intensity-time relation for multiple flashes of light in the peripheral retina. Journal of the Optical Society of America, 42, 937. (76, 77)

de Groot, A. D. 1965. Thought and choice in chess. The Hague: Mouton. (206)

deLange, H. 1958. Research into the dynamic nature of the human fovea-cortex system with intermittent and modulated light: I. Attention characteristics with white and colored light. Journal of the Optical Society of America, 48, 777. (78, 79)

Deregowski, J. B. 1972. Pictorial perception and culture. Scientific American, 227, 82. (163)

Descartes, R. (16)

Deutsch, J. A. 1964. Neurophysiological contrast phenomena and figural aftereffects. Psychological Review, 71, 19. (147)

DeValois, R., & Jacobs, G. H. 1968. Analysis of response patterns of LGN cells. Journal of the Optical Society of America, 56, 966. (116)

deWeert, C. M. M., & Levelt, W. J. M. 1974. Binocular brightness combinations: Additive and nonadditive aspects. Perception and Psychophysics, 15, 551. (99)

Dick, A. O. 1974. Iconic memory and its relation to perceptual processing and other memory mechanisms. Perception and Psychophysics, 16, 575. (29)

Ditchburn, R. W. 1973. Eye movements and visual perception. Oxford: Clarenden Press. (66)

Divenyi, P. L., & Hirsh, I. J. 1975. The effects of blanking on the identification of temporal order in three tone sequences. Perception and Psychophysics, 17, 246. (88)

Dixon, N. F. 1971. Subliminal perception: The nature of a controversy. London: McGraw-Hill. (81)

Dodwell, P. C. 1975. Pattern and object perception. In E. C. Carterette & M. Friedman (Eds.), Handbook of perception (Vol. 5). New York: Academic Press. (190, 193)

Dolan, T. R. 1968. Effects of masker spectrum level on masking-level differences at low signal frequencies. Journal of the Acoustical Society of America, 44, 1507. (89)

Doughty, J. M., & Garner, W. R. 1947. Pitch characteristics of short tones. Two kinds of pitch threshold. Journal of Experimental Psychology, 37, 351. (127)

Drösler, J. 1966. Das beidäugige Raumsehen. In W. Metzger (Hrsg.), Handbuch der Psychologie (Bd. 1). Allgemeine Psychologie. Göttingen: Hogrefe. (157)

Duncker, K. 1929. Über induzierte Bewegungen. Psychologische Forschung, 12, 180. (178)

Duncker, K. 1939. The influence of past experience upon perceptual properties. American Journal of Psychology, 52, 255. (207)

Ehmer, R. H., Ehmer, B. J., Seamon, J. G. & Cohen, H. H. 1968. Temporal relations in pure tone masking. Proceedings of the 76th Annual Convention of the American Psychological Association, p. 121. (88)

Elliott, L. L. 1962a. Backward masking: Monotic and dichotic conditions. Journal of the Acoustical Society of America, 34, 1108. (87, 88)

Elliott, L. L. 1962b. Backward and forward masking of probe tones of different frequencies. Journal of the Acoustical Society of America, 34, 1116. (87, 88)

Epstein, W., & Park, J. N. 1963. Shape constancy: Functional relationships and theoretical formulations. Psychological Bulletin, 60, 265. (168)

Epstein, W., & Rock, I. 1960. Perceptual set as an artifact of recency. American Journal of Psychology, 73, 214. (204)

Erdelyi, M. H. 1974. A new look at the new look: Perceptual defense and vigilance. Psychological Review, 81, 1. (209)

Erdelyi, M. H., & Appelbaum, G. A. 1973. Cognitive masking: The disruptive effect of an emotional stimulus upon the perception of contiguous neutral items. Bulletin of the Psychonomic Society, 1, 59. (209, 210, 211)

Erdmann, B., & Dodge, R. 1898. Psychologische Untersuchungen über das Lesen. Halle: Niemeyer. (65)
Eriksen, C. W., & Collins, J. F. 1965. Reinterpretation of one form of backward and forward masking. Journal of Experimental Psychology, 70, 343. (82)
Eriksen, C. W., & Collins, J. F. 1967. Some temporal characteristics of visual pattern perception. Journal of Experimental Psychology, 74, 476. (27, 28, 29)
Eriksen, C. W., & Collins, J. F. 1968. Sensory traces versus the psychological moment in the temporal organization of form. Journal of Experimental Psychology, 77, 376. (27)
Eriksen, C. W. & Greenspoon, T. S. 1968. Binocular summation over time in the perception of form at brief durations. Journal of Experimental Psychology, 76, 331. (80)
Esser, G. 1969. Biophysikalische Aspekte der Innenohrschwerhörigkeit. Audio-Technik, 11, 6. (68)
Evans, R. M. 1974. The perception of color. New York: Wiley & Sons. (113)

Fechner, G. 1860. Elemente der Psychophysik (1st Teil). Leipzig: Breitkopf & Härtel. (16, 18, 42, 46, 52, 53, 55, 78)
Feddersen, W. E., Sandel, T. T., Teas, D. C., & Jeffress, L. A. 1957. Localization of high-frequency tones. Journal of the Acoustical Society of America, 29, 988. (183, 184)
Fehrer, E., & Raab, D. 1962. Reaction time to stimuli masked by metacontrast. Journal of Experimental Psychology, 63, 143. (81)
Feinbloom, W. 1938. A quantitative study of the visual afterimage. Archives of Psychology, 33 (Whole No. 233). (121)
Festinger, L., Allyn, M., & White, C. W. 1971. The perception of color with achromatic stimulation. Vision Research, 11, 591. (123)
Festinger, L., Coren, S., & Rivers, G. 1970. The effect of attention on brightness contrast and assimilation. American Journal of Psychology, 83, 189. (99, 101)
Festinger, L., Ono, H., Burnham, C. A., & Bamber, D. 1967. Efference and the conscious experience of perception. Journal of Experimental Psychology Monographs, 74 (Whole No. 637). (23)
Fidell, L. 1970. Orientation specificity in chromatic adaptation of human "edge-detectors". Perception and Psychophysics, 8, 235. (123)
Fletcher, H. 1940. Auditory patterns. Review of Modern Physics, 12, 47. (86, 87)
Fletcher, H., & Monson, W. A. 1933. Loudness its definition, measurement and calculation. Journal of the Acoustical Society of America, 5, 82. (131)
Forgus, R. H. 1958. The effect of different kinds of form preexposure on form discrimination learning. Journal of Comparative Physiological Psychology, 51, 75. (192)
Forgus, R. H. 1966. Perception. New York: McGraw-Hill. (139, 157)
Fraisse, P. 1966. Visual perceptive simultaneity and masking of letters successively presented. Perception and Psychophysics, 1, 285. (92)
Fraisse, P., & Eckin, E. H. 1963. Etude genetique de l'influence des modes de presentation sur le seuil de reconnaissance d'objects familiers. l'Annee Psychologique, 63, 1. (191)
Freeman, R. B. 1967. Contrast interpretation of brightness constancy. Psychological Bulletin, 67, 165. (103)

Gaarder, K. R. 1975. Eye movements, vision and behavior. New York: Wiley & Sons. (66)
Galambos, R., & Davis, H. 1943. The response of single auditory nerve fibers to acoustic stimulation. Journal of Neurophysiology, 6, 39. (194)
Ganz, L. 1966a. Mechanism of the F. A. E.'s. Psychological Review, 73, 128. (147, 148)
Ganz, L. 1966b. Is the figural aftereffect an aftereffect? Psychological Bulletin, 66, 151. (147, 148)
Ganz, L., & Day, R. H. 1965. An analysis of the satiation-fatigue mechanisms of figural aftereffects. American Journal of Psychology, 78, 345. (148)
Gardner, M. B., & Gardner, R. S. 1973. Problem of localization in the median plane: Effect of pinnae cavity occlusion. Journal of the Acoustical Society of America, 53, 400. (186)
Garey, L. J., & Pettigrew, J. D. 1974. Ultrastructural changes in kitten visual cortex after environmental modification. Brain Research, 66, 165. (95)
Garner, W. R. 1947a. Auditory thresholds of short tones as a function of repetition rates. Journal of the Acoustical Society of America, 19, 600. (83)
Garner, W. R. 1947b. The effect of frequency spectrum on temporal integration of energy in the ear. Journal of the Acoustical Society of America, 19, 808. (83)
Garner, W. R. 1962. Uncertainty and structure as psychological concepts. New York: Wiley & Sons. (144)

Garner, W. R., & Clement, D. E. 1963. Goodness of pattern and pattern uncertainty. Journal of Verbal Learning and Verbal Behavior, 2, 446. (144, 145)
Gelb, A. 1929. Die „Farbenkonstanz“ der Sehdinge. In A. Bethe, et al. (Hrsg.), Handbuch der normalen und pathologischen Physiologie (1st Teil). Berlin: Springer. (96, 97, 98)
Geldard, F. A. 1972. The human senses (2nd ed.). New York: Wiley & Sons. (12, 73)
Georgeson, R., & Blakemore, C. 1973. Apparent depth and the Müller-Lyer illusion. Perception, 2, 225. (172)
Gescheider, G. A. 1966. The resolving of successive clicks by the ears and skin. Journal of Experimental Psychology, 71, 378. (94)
Gibson, E. J. 1969. Principles of perceptual learning and development. New York: Appleton-Century & Crofts. (152, 164, 190)
Gibson, E. J., Bergman, R., & Purdy, J. 1955. The effect of prior training with a scale distance on absolute and relative distance over ground. Journal of Experimental Psychology, 50, 97. (163)
Gibson, E. J., Schapiro, F., & Yonas, L. 1968. Confusion matrices for graphic patterns obtained with a latency measure (Final Rep. 5–12b). Cornell University, p. 76. (190)
Gibson, E. J., & Walk, R. D. 1956. The effect of prolonged exposure to visually presented patterns on learning to discriminate them. Journal of Comparative Physiological Psychology, 49, 239. (192)
Gibson, J. J. 1933. Adaptation, aftereffect and contrast in the perception of curved lines. Journal of Experimental Psychology, 16, 1. (24, 146)
Gibson, J. J. 1950. The perception of the visual world. Boston: Houghton Mifflin (Deutsche Ausgabe: Die Wahrnehmung der visuellen Welt. Weinheim: Beltz, 1973). (150)
Gibson, J. J. 1954. The visual perception of objective motion and subjective movement. Psychological Review, 61, 304. (178)
Gibson, J. J. 1966. The senses considered as perceptual systems. Boston: Houghton Mifflin (Deutsche Ausgabe: Die Sinne und der Prozeß der Wahrnehmung. Bern: Huber, 1973). (14, 22, 32, 161, 191)
Gibson, J. J. 1968. What gives rise to the perception of motion? Psychological Review, 75, 335. (177)
Gibson, J. J., & Gibson, E. J. 1955. Perceptual learning: Differentiation or enrichment? Psychological Review, 62, 32. (205)
Gilchrist, A. 1975. Perceived achromatic color as a function of ratios within phenomenal planes. Unpublished manuscript, Rutgers University. (105, 107)
Gilinksy, A. S. 1968. Orientation specific effects of patterns of adapting light on visual acuity. Journal of the Optical Society of America, 58, 13. (150)
Glushko, R. J. 1975. Pattern goodness and redundancy revisited: Multidimensional scaling and hierarchical clustering analyses. Perception and Psychophysics, 17, 158. (145)
Goethe, J. W. von. 1808. Zur Farbenlehre (Bd. 1 & 2). Tübingen: Cotta. (18, 119)
Gogel, W. C. 1973. The organization of perceived space: I. Perceptual interactions. Psychologische Forschung, 36, 195. (168)
Gogel, W. C., & Mershon, D. H. 1969. Depth adjacency in simultaneous contrast. Perception and Psychophysics, 5, 13. (104)
Goldberg, J. M., & Brown, P. B. 1969. Response of binaural neurons of dog superior olivary complex to dichotic tonal stimuli: Some physiological mechanisms of sound localization. Journal of Neurophysiology, 32, 613. (185)
Goldstein, J. L. 1973. An optimum processor theory for the central information of the pitch of complex tones. Journal of the Acoustical Society of America, 54, 1496. (129)
Gottschaldt, K. 1926. Über den Einfluß der Erfahrung auf die Wahrnehmung von Figuren I. Psychologische Forschung, 8, 261. (142)
Gottschaldt, K. 1929. Über den Einfluß der Erfahrung auf die Wahrnehmung von Figuren II. Psychologische Forschung, 12, 1. (142)
Graham, C. H. 1929. Area, color and brightness differences in a reversible configuration. Journal of General Psychology, 2, 470. (100)
Graham, N., & Nachmias, J. 1971. Detection of grating patterns containing two spatial frequencies: A comparison of single channel and multiple channel models. Vision Research, 11, 251. (196)
Grassmann, H. 1854. On the theory of compound colors. Philosophical Magazine, 7, 254. (115)
Green, D. M. 1976. An introduction to hearing. Hillsdale, N. J.: Lawrence Erlbaum Associates. (87, 89, 127, 185, 191)
Green, D. M., & Henning, G. B. 1969. Audition. Annual Review of Psychology, 20, 105. (185)
Green, D. M., & Swets, J. A. 1966. Signal detection theory and psychophysics. New York: Wiley & Sons. (47, 50, 51, 52)

Green, D. M., & Yost, W. A. 1976. Binaural analysis. In W. Keidel & D. Neff (Eds.), Handbook of sensory physiology. Berlin: Springer. (91)
Greenberg, G. Z., & Larkin, W. D. 1968. Frequency-response characteristic of auditory observers detecting signals of a single frequency in noise: The probe-signal method. Journal of the Acoustical Society of America, 44, 1513. (84)
Greenough, W. T. 1975. Experimental modification of the developing brain. American Scientist, 28, 37. (22)
Greenwood, D. D. 1971. Aural combination tones and auditory masking. Journal of the Acoustical Society of America, 50, 502. (86)
Gregory, R. L. 1963. Distortion of visual space as inappropriate constancy scaling. Nature, 119, 678. (171)
Gregory, R. L. 1970. The intelligent eye. New York: McGraw-Hill. (158, 164)
Gregory, R. L. 1973. Eye and brain (2nd ed.). New York: McGraw-Hill. (171)
Gregory, R. L., & Wallace, J. G. 1963. Recovery from early blindness: A case study. Experimental Psychological Society Monographs (Whole No. 2). (140)
Grüsser, O. J. 1972. Metacontrast and the perception of the visual world. European Journal of Psychology, 332 (Suppl. R-98). (82)
Grüsser, O. J., & Grüsser-Cornehls, U. 1969. Neurophysiologie des Bewegungssehens: Bewegungsempfindliche und Richtungsspezifische Neurone im visuellen System. Ergebnisse der Physiologie, 61, 178. (179)
Guirao, M., & Stevens, S. S. 1964. Measurement of auditory density. Journal of the Acoustical Society of America, 36, 1176. (136)
Gulick, W. L. 1971. Hearing: Physiology and psychophysics. New York: Oxford University Press. (38, 68, 69, 127, 183)
Guth, S. L. 1972. A new color model. In Vos, et al. (Eds.), Color metrics A. I. C. Holland: Soesterberg. (118)

Haber, R. N. 1969. Information processing approaches to visual perception. New York: Holt, Rinehart & Winston. (82)
Haber, R. N. 1971. Where are the visions in visual perception? In S. Segal (Ed.), Imagery. New York: Academic Press. (27)
Haber, R. N., & Hershenson, M. 1973. The psychology of visual perception. New York: Holt, Rinehart & Winston. (22, 169)
Haber, R. N., & Nathanson, L. S. 1968. Post-retinal storage? Parks' camel as seen through the eye of a needle. Perception and Psychophysics, 3, 349. (28)
Haber, R. N., & Standing, L. G. 1969. Direct measures of short-term visual storage. Quarterly Journal of Experimental Psychology, 21, 43. (82)
Haber, R. N., & Standing, L. G. 1970. Direct estimates of apparent duration of a flash followed by visual noise. Canadian Journal of Psychology, 24, 216. (28, 29)
Hajos, A. 1972. Wahrnehmungspsychologie. Stuttgart: Kohlhammer. (13, 55)
Hajos, A. 1977. Wahrnehmungspsychologische Indikatoren neuronaler Strukturen. Stuttgart: Kohlhammer. (50, 190)
Harper, R. S. 1953. The perceptual modification of colored figures. American Journal of Psychology, 66, 86. (31, 207)
Harris, C. S. 1963. Adaptation to displaced vision: Visual, motor or proprioceptive change? Science, 140, 812. (187)
Harris, C. S. 1965. Perceptual adaptation to inverted, reversed and displaced vision. Psychological Review, 72, 419. (175)
Harris, J. D. 1952. Pitch discrimination. Journal of the Acoustical Society of America, 24, 750. (45, 46, 76)
Hartley. (16)
Hartline, H. K. 1969. Visual receptors and retinal interaction. Science, 164, 270. (106)
Hebb, D. O. 1949. The organization of behavior. New York: Wiley & Sons. (21, 140)
Hecht, S. 1934. Vision: II. The nature of the photoreceptor process. In C. Murchison (Ed.), A handbook of general experimental psychology. Worchester, Mass.: Clark University Press. (60)
Hecht, S., & Hsia, Y. 1945. Dark adaptation following light adaptation to red and white lights. Journal of the Optical Society of America, 35, 261. (44)
Hecht, S., & Mintz, E. U. 1939. The visibility of single lines at various illuminations and the retinal basis of visual resolution. Journal of General Physiology, 22, 593. (63)
Hecht, S., & Smith, E. L. 1936. Intermittent stimulation by light: VI. Area and the relation between critical frequency and intensity. Journal of General Psychology, 19, 979. (77, 78)

Heckhausen, H. 1969. Allgemeine Psychologie in Experimenten. Göttingen: Hogrefe. (120)
Heinemann, E. G. 1955. Simultaneous brightness induction as a function of inducing and test field luminance. Journal of Experimental Psychology, 50, 89. (98)
Heinerth, K. 1970. Untersuchungen zum Panum Effekt. Zeitschrift für Experimentelle und angewandte Psychologie, 17, 52. (158)
Held, R. 1955. Shifts in binaural localization after prolonged exposures to atypical combinations of stimuli. American Journal of Psychology, 68, 526. (187)
Held, R. 1965. Plasticity in sensory-motor systems. Scientific American, 211, 84. (175)
Helmholtz, H. von 1863. Die Lehre von den Tonempfindungen als physiologische Grundlage für die Theorie der Musik. Braunschweig: Vieweg. (130, 135, 194).
Helmholtz, H. von. 1866. Handbuch der physiologischen Optik. Leipzig: Voss. (18, 32, 91, 116, 121, 123, 157, 160, 174)
Helmholtz, H. von. 1895. Die Lehre von den Tonempfindungen als physiologische Grundlage für die Theorie der Musik (2ter Aufl.). Braunschweig: Vieweg. (69, 70)
Helson, H. 1933. The fundamental propositions of Gestalt psychology. Psychological Review, 40, 13. (143)
Helson, H. 1964a. Adaptation level theory. New York: Harper. (21, 202, 203)
Helson, H. 1964b. Current trends and issues in adaptation level theory. American Psychologist, 19, 26. (101, 203)
Helson, H., & Bevan, W. 1964. An investigation of variables in judgments of relative areas. Journal of Experimental Psychology, 67, 335. (202)
Helson, H., & Jeffers, V. B. 1940. Fundamental problems in color vision: II. Hue, lightness, and saturation of selective samples in chromatic illumination. Journal of Experimental Psychology, 26, 1. (119)
Hepke, M., & Stadler, M. 1972. Über die Wirkung von Prägnanz und Redundanz in Punktkonfiguration. Zeitschrift für Experimentelle und Angewandte Psychologie, 19, 376. (144)
Hering, E. 1861. Beiträge zur Physiologie. Leipzig: Englemann. (18)
Hering, E. 1878. Zur Lehre vom Lichtsinne. Wien: Gerold & Sohn. (18, 116)
Hering, E. 1920. Grundzüge der Lehre vom Lichtsinne. Berlin: Springer. (116, 207)
Hermann, D. J., & McLaughlin, J. P. 1973. Language habits and detection in very short term memory. Perception and Psychophysics, 14, 483. (206)
Hernandez-Peon, R., Scherrer, H., & Jouvet, M. 1956. Modification of cats electrical activity in the cochlear nucleus during attention in unanesthetized cats. Science, 123, 331. (24)
Herrick, R. M. 1974a. Foveal light detection thresholds with temporally spaced flashes: A review. Perception and Psychophysics, 15, 361. (77)
Herrick, R. M. 1974b. Frequency thresholds for two-flash flicker and critical flicker: Why they differ. Perception and Psychophysics, 15, 79. (79)
Hesse, H. P. 1972. Die Wahrnehmung von Tonhöhe und Klangfarbe als Problem der Hörtheorie. Köln: Arno Volk. (195)
Hinchcliffe, R. 1962. The anatomical locus of presbycusis. Journal of Speech and Hearing Disorders, 27, 301. (70)
Hirsch, H. V. B. 1972. Visual perception in cats after environmental surgery. Experimental Brain Research, 15, 405. (72)
Hirsch, H. V. B., & Spinelli, D. N. 1970. Visual experience modifies distribution of horizontally and vertically oriented receptive fields in cats. Science, 168, 869. (192)
Hirsh, I. J. 1948. The influence of interaural phase on interaural summation and inhibition. Journal of the Acoustical Society of America, 20, 536. (89)
Hirsh, I. J. 1959. Auditory perception of temporal order. Journal of the Acoustical Society of America, 31, 759. (93)
Hochberg, J. E. 1968. In the mind's eye. In R. N. Haber (Ed.), Contemporary theory and research in visual perception. New York: Holt, Rinehart & Winston. (140)
Hochberg, J. E. 1971. Perception: II. Space and movement. In J. A. Kling & L. A. Riggs (Eds.), Woodworth & Schlosberg's Experimental psychology (3rd ed.). New York: Holt, Rinehart & Winston. (140)
Hochberg, J. E., & Brooks, V. 1960. The psychophysics of form: Reversible perspective drawings of spatial objects. American Journal of Psychology, 73, 337. (144)
Hochberg, J. E., & Brooks, V. 1962. Pictorial recognition as an unlearned ability: A study of one child's performance. American Journal of Psychology, 75, 624. (191)
Hochberg, J. E., & McAlister, E. 1953. A quantitative approach to figural goodness. Journal of Experimental Psychology, 46, 361. (144)
Hock, H. S., Gregory, G. P., & Whitehurst, R. 1974. Contextual relations: The influence of familiarity, physical plausibility and belongingness. Perception and Psychophysics, 16, 4. (201)

Höffding, H. 1891. Outlines of psychology. New York: Macmillan. (188)
Holst, E. von. 1957. Aktive Leistungen der menschlichen Gesichtswahrnehmung. Studium Generale, 10, 231. (155, 173)
Holway, A. H., & Boring, E. G. 1941. Determinants of apparent visual size with distance variant. American Journal of Psychology, 54, 21. (165, 166)
Horeman, N. W. 1965. Relation between brightness and luminance under induction. Vision Research, 5, 331. (96, 97, 100)
Horn, G. 1965. Physiological and psychological aspects of selective attention. In D. Lehrman, et al. (Eds.), Advances in the study of behavior (Vol. 1). New York: Academic Press. (24)
Houtsma, A. J. M., & Goldstein, J. L. 1972. Perception of musical intervals: Evidence for the central origin of the pitch of complex tones. Journal of the Acoustical Society of America, 51, 520. (129, 195)
Howes, D. E., & Solomon, R. L. 1950. A note on McGinnies' "emotionality and perceptual defense". Psychological Review, 57, 229. (209)
Hubel, D. H., & Wiesel, T. N. 1962. Receptive fields, binocular interaction and functional architecture on the cat's striate cortex. Journal of Physiology, 160, 106. (53)
Hubel, D. H., & Wiesel, T. N. 1963. Receptive fields of cells in the striate cortex of very young visually inexperienced kittens. Journal of Neurophysiology, 26, 994. (95)
Hubel, D. H., & Wiesel, T. N. 1970. The period of susceptibility to the physiological effects of unilateral eye closure in kittens. Journal of Physiology, 206, 419. (95, 153, 159)
Hudson, W. 1960. Pictorial depth perception in sub-cultural groups in Africa. Journal of Social Psychology, 52, 183. (163)
Huggins, A. W. F. 1975. Temporally segmented speech. Perception and Psychophysics, 18, 149. (94)
Hurvich, L. M. 1973. Color vision deficiencies. Color vision symposium presented at the spring, 1971 meeting of the National Academy of Sciences: Washington, D. C. (116)
Hurvich, L. M., & Jameson, D. 1957. An opponent process theory of color vision. Psychological Review, 64, 384. (116)
Hurvich, L. M., & Jameson, D. 1960. Perceived color induction effects and opponent-response mechanisms. Journal of General Physiology, 43 (Whole No. 6, Suppl. 63). (117, 120)
Hurvich, L. M., & Jameson, D. 1966. The perception of lightness and darkness. New York: Allyn & Bacon. (103)
Huygens, C. (33)
Hylan, J. P. 1903. The distribution of attention: I. Psychological Review, 10, 373. (91)

Ikeda, H., & Obonai, T. 1953. The quantitative analysis of figural after-effects: I. The process of growth and decay of figural after-effects. Japanese Journal of Psychology, 23, 246. (146)
Ikeda, H., & Obonai, T. 1955. Studies in figural after-effects: IV. Japanese Psychological Research, 2, 17. (148, 149)
Immergluck, L. 1966. Resistance to an optical illusion, figural aftereffects and field dependence. Psychonomic Science, 6, 281. (148)
Indow, T., & Kanazawa, K. 1960. Multidimensional mapping of colors varying in hue and chroma. Journal of Experimental Psychology, 59, 330. (109)
Indow, T., & Stevens, S. S. 1966. Scaling of saturation and hue. Perception and Psychophysics, 1, 253 (111)
Indow, T., & Uchizono, T. 1960. Multidimensional mapping of Munsell colors varying in hue and chroma. Journal of Experimental Psychology, 59, 321. (111)
I. S. O. 1961. Normal equal-loudness contours for pure tones and normal threshold of hearing under free-field listening conditions (Recommendation No. 226). Geneva, Switzerland: International Organization for Standardization. (69, 70)
I. S. O. 1964. Standard reference zero for the calibration of pure tone audiometers (Recommendation No. 389). Geneva, Switzerland: International Organization for Standardization. (69, 70)
Ittelson, W. H. 1951. Size as a cue to distance: Static localization. American Journal of Psychology, 64, 54. (167)

Jaensch, E. R. 1925. Die Eidetik. Leipzig: Quelle & Meyer. (29)
Jakobson, R., & Halle, M. 1956. Fundamentals of language. The Hague: Mouton. (191)
James, W. 1890. Principles of psychology. New York: Holt. (53)
Jeffress, L. A. 1972. Binaural signal detection: Vector theory. In J. V. Tobias (Ed.), Foundations of modern auditory theory (Vol. 2). New York: Academic Press. (91)
Jeffress, L. A., Blodgett, H. C., & Deatherage, B. H. 1962. Masking and interaural phase, II: 167 cycles. Journal of the Acoustical Society of America, 34, 1124. (90)

Johnson, R. M., & Uhlarik, J. J. 1974. Fragmentation and identifiability of repeatedly presented brief visual stimuli. Perception and Psychophysics, 15, 533. (139)
Jones, L. A., & Higgens, G. C. 1947. Photographic granularity and graininess: III. Some characteristics of the visual system of importance in the evaluation of graininess and granularity. Journal of the Optical Society of America, 37, 217. (61)
Jones, R. D., & Holding, D. H. 1975. Extremely long-term persistence of the McCollough effect. Paper presented at the meeting for Research in Vision and Opthamology, Sarasota, Florida. (123)
Julesz, B. 1967. Some recent studies in vision relevant to form perception. In W. Wathen-Dunn (Ed.), Models for the perception of speech and form. Cambridge, Mass.: M. I. T. Press. (192)
Julesz, B. 1971. Foundations of cyclopean perception. Chicago: University of Chicago Press. (157, 158)
Jung, R. 1971. Neuronal mechanisms of pattern vision and motion detection. In G. Gersun (Ed.), Sensory processes at neuronal and behavioral levels. New York: Academic Press. (179)

Kahneman, D. 1968. Methods, findings and theory in visual masking. Psychological Bulletin, 70, 404. (81)
Kahneman, D., Norman, J., & Kubory, M. 1967. Critical durations for the resolution of form: Centrally or peripherally determined. Journal of Experimental Psychology, 73, 323. (62)
Kalil, R. E., & Freedman, S. J. 1966. Persistence of ocular rotation following compensation for displaced vision. Perceptual and Motor Skills, 22, 135. (175)
Kapur, Y. P., & Patt, A. J. 1967. Hearing in Todas of south India. Archives of Otolaryngology, 85, 400. (70)
Katz, D. 1935. The world of colour. London: Keagan Paul. (101)
Katz, M. S. 1967. Feedback and accuracy of target positioning in a homogeneous visual field. American Journal of Psychology, 80, 405. (138)
Kaufman, L. 1963. On the spread of suppression and binocular rivalry. Vision Research, 3, 401. (160)
Kaufman, L. 1974. Sight and mind. New York: Oxford University Press. (16, 32, 98, 151, 157, 158, 160, 162, 172, 196)
Kaufman, L., & Pitblado, C. B. 1965. Further observations on the nature of effective binocular disparities. American Journal of Psychology, 78, 379. (158)
Kaufman, L., & Rock, I. 1962. The moon illusion. Scientific American, 207, 120. (170)
Keesey, U. T. 1960. Effects of involuntary eye movements on visual acuity. Journal of the Optical Society of America, 50, 769. (62)
Keidel, W. D. 1976. Objective audiometry. In W. D. Keidel & W. D. Neff (Eds.), Handbook of sensory physiology (Vol. 5). Berlin: Springer. (68)
Keidel, W. D., & Spreng, M. 1965. Computed audio-encephalograms in man (a technique of "objective" audiometry). International Audiology, 4, 56. (68)
Kelly, D. H. 1976. Pattern detection and the two-dimensional Fourier transform: Flickering checkerboards and chromatic mechanisms. Vision Research, 16, 277. (197)
Kelvin. (16)
Kenshalo, D. 1971. The cutaneous senses. In J. W. Kling & L. A. Riggs (Eds.), Woodworth & Schlosberg's Experimental psychology. New York: Holt, Rinehart & Winston. (12)
Kiang, N. Y.-S. 1968. A survey of recent developments in the study of auditory physiology. Annals of Otology, Rhinology, and Laryngology, 77, 1. (195)
Kilbride, P. L., & Leibowitz, H. W. 1975. Factors affecting the magnitude of the Ponzo perspective illusion among the Baganda. Perception and Psychophysics, 17, 543. (171)
Kilpatrik, F. P., & Ittelson, W. H. 1953. The size-distance invariance hypothesis. Psychological Review, 60, 223. (166)
King, H. E. 1962. Two-flash and flicker fusion thresholds for normal and schizophrenic subjects. Perceptual and Motor Skills, 14, 517. (77)
Klemm, O. 1918. Untersuchungen über die Lokalisation von Schallreizen: III. Über den Anteil des beidohrigen Hörens. Archiv für die gesamte Psychologie, 38, 71. (187)
Klix, F. 1962. Elementaranalysen zur Psychophysik der Raumwahrnehmung. Berlin: Deutscher Verlag der Wissenschaft. (171)
Klix, F. 1971. Information und Verhalten. Berlin: Deutscher Verlag der Wissenschaft. (14, 55, 138, 166, 171)
Kluever, H. 1928. Studies on the eidetic type and eidetic imagery. Psychological Bulletin, 25, 69. (29)

Koeppler, K. 1972. Unterschwellig wahrnehmen, unterschwellig lernen. Stuttgart: Kohlhammer. (81)
Koffka, K. 1915. Zur Grundreglung der Wahrnehmungspsychologie: Eine Auseinandersetzung mit von Benussi. Zeitschrift für Psychologie, 73, 11. (104)
Koffka, K. 1935. Principles of Gestalt psychology. New York: Harcourt & Brace. (18, 139, 142, 143)
Kohler, I. 1964. The formation and transformation of the visual world. Psychological Issues, Monograph 12. (174, 176)
Kohler, I. 1966. Die Zusammenarbeit der Sinne und das allgemeine Adaptationsproblem. In W. Metzger (Hrsg.), Handbuch der Psychologie (Bd. 1). Göttingen: Verlag für Psychologie. (173, 175)
Kohler, I. 1974. Past, present and future of the recombination procedure. Perception, 3, 515. (175)
Köhler, W. 1929. Gestalt psychology. New York: Liveright. (19, 21)
Köhler, W. 1940. Dynamics in psychology. New York: Liveright. (18)
Köhler, W., & Wallach, H. 1944. Figural aftereffects. Proceedings of the American Philosophic Society (Reprinted in: G. M. Murch, Studies in Perception. Indianapolis: Bobbs-Merrill, 1976). (146, 147, 150)
Kolers, P. A., & Perkins, D. N. 1969. Orientation of letters and errors in their recognition. Perception and Psychophysics, 5, 265. (200)
Kopfermann, H. 1930. Psychologische Untersuchung über die Wirkung zweidimensionaler Darstellungen körperlicher Gebilde. Psychologische Forschung, 13, 293. (144)
Korte, A. 1915. Kinematoscopische Untersuchungen. Zeitschrift für Psychologie, 72, 193. (179)
Krauskopf, J., & Riggs, L. A. 1959. Interocular transfer in the disappearance of stabilized images. American Journal of Psychology, 72, 248. (67)
Krekling, S. 1975. Depth matching with visible diplopic images: Stereopsis or vernier alignment. Perception and Psychophysics, 17, 114. (158, 159)
Kries, J. von. 1905. Die Gesichtsempfindungen. In W. Nagel (Hrsg.), Handbuch der Physiologie des Menschen. Braunschweig: Vieweg. (116)
Kryter, K. D., Ward, W. D., Miller, J. D., & Eldredge, D. H. 1966. Hazardous exposure to intermittent and steady-state noise. Journal of the Acoustical Society of America, 39, 451. (71)
Kundt, H. E., & Wyszecki, G. W. 1955. Zusammenhang zwischen Munsell und D. I. N. – System. Farbe, 4, 289. (111)

Lang, A. i. Vorb. Frühkindliche Wahrnehmung. Stuttgart: Kohlhammer. (152)
Larkin, W. D., & Norman, D. A. 1964. An extension and experimental analysis of the neural quantum theory. In R. C. Atkinson (Ed.), Studies in mathematical psychology. Standford: Standford University Press. (47)
Latour, P. 1962. Visual thresholds during eye movements. Vision Research, 2, 261. (65)
Leeper, R. 1935. A study of a neglected portion of the field of learning. The development of sensory organization. Journal of Genetic Psychology, 46, 41. (203, 204)
Leibnitz. (16)
Leibowitz, H., & Harvey, L. O. 1976. The effect of instructions, environment and type of test object on matched size. In G. M. Murch (Ed.), Studies in Perception. Indianapolis: Bobbs-Merrill. (167)
Levelt, W. J. M. 1965. On binocular rivalry. The Hague: Mouton. (99, 160)
Lichte, W. H., & Borresen, C. R. 1967. Influence of instructions on degree of shape constancy. Journal of Experimental Psychology, 74, 538. (168)
Licklider, J. C. R. 1951. Basic correlates of the auditory stimulus. In S. S. Stevens (Ed.), Handbook of experimental psychology. New York: Wiley & Sons. (69, 71)
Lilli, W. 1975. Soziale Akzentuierung. Stuttgart: Kohlhammer. (167)
Linke, P. 1907. Die stroboskopischen Täuschungen und das Problem des Sehens von Bewegungen. Psychologische Studien, 3, 479. (180)
Locher, P. J., & Nodine, C. F. 1974. The role of scanpaths in the recognition of random shapes. Perception and Psychophysics, 15, 308. (191)
Lorenz, C. 1890. Untersuchungen über die Auffassung von Tondistanzen. Philosophisches Studium, 6, 26. (124)
Lundin, R. W. 1967. An objective psychology of music (2nd ed.). New York: Ronald Press. (126)
Luria, S. M., & Strauss, M. S. 1975. Eye movements during search for coded and uncoded targets. Perception and Psychophysics, 17, 303. (211, 212)

Mach, E. 1865. Über die Wirkung der räumlichen Verteilung des Lichtreizes auf die Netzhaut: I. Sitzungsbericht der Wiener Akademie der Wissenschaft. Mathematisch-Naturwissenschaften, 52, 303. (106)
Mach, E. 1900. Die Analyse der Empfindungen. Jena: Fischer. (177)
Mack, A., & Bachant, J. 1969. Perceived movements of the afterimage during eye movement. Perception and Psychophysics, 6, 379. (177)
Mackworth, N. H., & Morandi, A. J. 1967. The gaze selects informative details within pictures. Perception and Psychophysics, 2, 547. (93)
MacLeod, R. 1947. The effects of "artificial penumbrae" on the brightness of included areas. In Miscellanea Psychologia, Albert Michotte, Librairie Philosophique (z. n. Rock, 1975). (103)
Maffei, L. 1976. The spatial frequency row. Paper presented at the 21st meeting of the International Congress of Psychology, Paris, July. (197)
Malhotra, M. K. 1958. Figural aftereffects: An examination of Köhler's theory. Acta Psychologica, 14, 161. (147)
Malhotra, M. K. 1966. Figurale Nachwirkungen. Psychologische Forschung, 30, 1. (146, 147)
Marks, L. E. 1974. On scales of sensation: Prolegomena to any future psychophysics that will be able to come forth as science. Perception and Psychophysics, 16, 358. (55)
Marks, W. B., Dobelle, W. H., & MacNichol, E. F. 1964. Visual pigments of single primate cones. Science, 143, 1181. (116)
Matin, E. 1974. Saccadic suppression: A review and an analysis. Psychological Bulletin, 81, 899. (65, 66, 83, 93)
Matin, L., & MacKinnon, E. G. 1964. Autokinetic movement: Selective manipulation of directional components by image stabilization. Science, 143, 147. (178)
Maxwell, J. C. 1890. On the theory of compound colors and the relation of colors of the spectrum. In W. D. Niven (Ed.), Scientific Papers. London: Cambridge University Press. (33, 34)
May, J. G., & Matteson, H. H. 1976. Spatial frequency contingent aftereffects. Science, 192, 145. (176)
McCollough, C. 1965. Color adaptation of edge detectors in the human visual system. Science, 149, 1115. (123, 190)
McFarland, J. H. 1965. Sequential part presentation: A method of studying visual form perception. British Journal of Psychology, 56, 439. (191)
McFarland, J. H. 1973. Perception of line forms. Chicago: University of Chicago Press. (189)
McGinnies, E. 1949. Emotionality and perceptual defense. Psychological Review, 56, 244. (208, 209)
McNichol, D. 1972. A primer of signal detection theory. London: George Allen & Unwin. (50, 52)
Metzger, W. 1930. Optische Untersuchungen am Ganzfeld: II. Zur Phänomenologie des homogenen Ganzfeldes. Psychologische Forschung, 13, 6. (138, 143)
Metzger, W. 1954. Grundbegriffe der Gestaltpsychologie. Schweizerische Zeitschrift für Psychologie, 13, 3. (19)
Metzger, W. 1966. Figurale Wahrnehmung. In W. Metzger (Hrsg.), Handbuch der Psychologie (Bd. 1). Göttingen: Hogrefe. (142)
Metzger, W. 1976. Gesetze des Sehens. Frankfurt: Kramer. (142, 143)
Mewhort, D. J. K. 1967. Familiarity of letter sequences, response uncertainty and the tachistoscopic recognition experiment. Canadian Journal of Psychology, 21, 309. (29)
Mial, R. P., Smith, P. C., Doherty, M. E., & Smith, O. W. 1974. The effect of memory color on form identification. Perception and Psychophysics, 16, 1. (207)
Mikaelian, H., & Held, R. 1964. Two types of adaptation to an optically-rotated visual field. American Journal of Psychology, 77, 257. (175)
Miller, G. A. 1956. The magical number seven, plus or minus two: Some limits on our capacity for processing information. Psychological Review, 63, 81. (30)
Miller, G. A. 1962. Decision units in the perception of speech: I. R. E. Transactions on Information Theory, 8, 81. (205)
Miller, R. J. 1973. Cross cultural research in the perception of pictorial materials. Psychological Bulletin, 80, 135. (163)
Mollen, J. D. 1974. After-effects and the brain. New Scientist, 21, 479. (150)
Moning, H. R. 1969. Die Bedeutung topologischer Charakteristika bei der stereoskopischen Wahrnehmung von Zufallsmustern. Zeitschrift für experimentelle und angewandte Psychologie, 16, 1. (159)
Moon, P., & Spencer, D. E. 1944. Visual data applied to lighting design. Journal of the Optical Society of America, 34, 605. (62)

Moray, N. 1970. Attention. New York: Academic Press. (23, 210)
Moray, N., & O'Brian, T. 1967. Signal detection theory applied to selective listening. Journal of the Acoustical Society of America, 42, 765. (213)
Mozell, M. M. 1971. The chemical senses: II. Olfaction. In J. W. Kling & L. A. Riggs (Eds.), Woodworth & Schlosberg's Experimental psychology. New York: Holt, Rinehart & Winston. (14)
Müller, G. E. 1930. Über die Farbempfindungen. Zeitschrift für Psychologie, 17 & 18, 46 & 508. (116)
Müller, G. E., & Schumann, F. 1894. Experimentelle Beiträge zur Untersuchung des Gedächtnisses. Zeitschrift für Psychologie, 6, 81 & 257. (30)
Munsell, A. H. 1941. A color notation (9th ed.). Baltimore: Munsell Color Co. (111)
Münsterberg, H. 1899. The physiological basis of mental life. Science, 9, 442. (23)
Murch, G. M. 1967. Die Nachwirkung unterschwelliger Reizung als eine Funktion der Zeit zwischen Reizdarbietung und Reaktion. Zeitschrift für experimentelle und angewandte Psychologie, 15, 463. (80)
Murch, G. M. 1969. Growth of a percept as a function of interstimulus interval. Journal of Experimental Psychology, 82, 121. (80)
Murch, G. M. 1972. Binocular relationships in a size and color orientation specific aftereffect. Journal of Experimental Psychology, 93, 30. (151)
Murch, G. M. 1973. Visual and auditory perception. Indianapolis: Bobbs-Merrill. (32, 81, 92, 138, 180)
Murch, G. M. 1974. Color contingent motion aftereffects: Single or multiple levels of processing. Vision Research, 14, 1181. (151, 190)
Murch, G. M. 1976a. Classical conditioning of the McCollough effect. Vision Research, 16, 615. (123)
Murch, G. M. 1976b. Studies in perception. Indianapolis: Bobbs-Merrill. (190)
Murch, G. M., & Ball, S. 1976. The feasibility of direct magnitude estimation as a quantitative method in the study of complimentary afterimages. In H. G. Geissler & Yu. M. Zabrodin (Eds.), Advances in Psychophysics. Berlin: Deutscher Verlag der Wissenschaften. (108, 109, 120, 121, 122)
Murch, G. M., & Paulson, J. 1978. Colorimetric matches of McCollough aftereffects. Vision Research, in press. (123)
Murdock, B. B. Jr. 1962. The serial position effect in free recall. Journal of Experimental Psychology, 64, 482. (30)
Murdock, B. B. Jr. 1965. Signal detection theory and short term memory. Journal of Experimental Psychology, 70, 443. (30)

Neisser, U. 1964. Visual search. Scientific American, 210, 94. (188, 189)
Neisser, U. 1967. Cognitive psychology. New York: Appleton – Century & Crofts (Deutsche Ausgabe: Kognitive Psychologie. Stuttgart: Klett, 1974). (27, 140)
Neisser, U., & Hirst, W. 1974. Effect of practice on the identification of auditory sequences. Perception and Psychophysics, 15, 391. (206)
Newton, I. 1704. Opticks. London: W. Innys. (33)
Nippert, K. 1969. Formen der Erfahrungswirkung bei der Wahrnehmung von Figuren. Göttingen: Dissertation, Psychologisches Institut der Universität. (142)
Norman, D. A. 1968. Toward a theory of memory and attention. Psychological Review, 75, 522. (213)
Norman, D. A. 1969. Memory and attention. New York: Wiley & Sons. (205, 213)
Norton, D., & Stark, L. 1971. Scanpaths in eye movements during pattern recognition. Science, 171, 308. (191)

Ohm, G. S. 1843. Ueber die Definition des Tones, nebst daran geknüpfter Theorie der Sirene und ähnlicher tonbildender Vorrichtungen. Annuals Physik, 59, 497. (40, 194)
Olson, R. K. 1975. Children's sensitivity to pictorial depth information. Perception and Psychophysics, 17, 59. (163)
Olson, R. K., & Attneave, F. 1970. What variables produce similarity grouping? American Journal of Psychology, 83, 1. (145, 151)
Oyama, T. 1953. Experimental studies of the figural aftereffects: I. Temporal factors. Japanese Journal of Psychology, 24, 195. (146)
Oyama, T. 1974. Perceived size and perceived distance in stereoscopic vision and an analysis of their causal relations. Perception and Psychophysics, 16, 175. (166)

Panum, P. L. 1858. Physiologische Untersuchungen über das Sehen mit zwei Augen. Kiel: Schwers. (158)

Pearce, D., & Potter, E. 1970. Changes in visual sensitivity associated with voluntary saccades. Psychonomic Science, 19, 225. (65)

Peterson, L. R., & Peterson, M. J. 1959. Short-term retention of individual verbal items. Journal of Experimental Psychology, 58, 193. (30)

Planck, M. (34)

Plattig, K. H. 1975a. Psychophysiologie und Psychophysik. In W. D. Keidel (Hrsg.), Physiologie des Gehörs. Stuttgart: Georg Thieme. (58)

Plattig, K. H. 1975b. Äußeres Ohr und Mittelohr (Reizleitung). In W. D. Keidel (Hrsg.), Physiologie des Gehörs. Stuttgart: Georg Thieme. (68, 69)

Plomp, R. 1964. The ear as a frequency analyzer. Journal of the Acoustical Society of America, 36, 1628. (133)

Plomp, R. 1970. Timbre as a multidimensional attribute of complex tones. In R. Plomp & F. G. Smoorenburg (Eds.), Frequency analysis and periodicity detection in hearing. Leiden: Suithoff. (135)

Plomp, R. 1975. Auditory psychophysics. Annual Review of Psychology, 26, 207. (127, 195)

Plomp, R., & Levelt, J. M. 1965. Tonal consonance and critical bandwidth. Journal of the Acoustical Society of America, 38, 548. (130)

Plomp, R., & Steeneken, H. J. M. 1971. Pitch versus timbre. Proceedings of the 7th International Congress of Acoustics, Budapest. (135)

Pollach, R. H. 1967. Comment on: "Is the figural aftereffect an aftereffect?" Psychological Bulletin, 68, 59. (148)

Pollack, I. 1948. The atonal interval. Journal of the Acoustical Society of America, 20, 146. (72)

Pollack, I. 1968. The apparent pitch of short tones. American Journal of Psychology, 81, 165. (127)

Pollack, I., & Rose, M. 1967. Effect of head movement on the localization of sounds in the equatorial plane. Perception and Psychophysics, 2, 591. (186)

Pollatsek, A., Well, H. D., & Schindler, R. M. 1975. Familiarity affects visual processing of words. Journal of Experimental Psychology: Human Perception and Performance, 1, 328. (206)

Pollen, D. A., & Taylor, J. H. 1974. The striate cortex and the spatial analysis of visual space. The Neurosciences: Third study program. Cambridge, Mass.: M. I. T. press, 239. (194)

Popov, N. A., & Popov, C. 1953. Contributions à l'etude des fonction corticales chez l'homme; par la methode des reflexes conditionnés electrocorticaux. Action de l'alcaol sur les images consecutives et leur conditionnement, I. Comptes Rendus des Sciences, 237, 930. (123)

Posner, M. I., & Rossmann, E. 1965. The effect of size and location of informational transforms upon short-term retention. Journal of Experimental Psychology, 70, 496. (30)

Postman, L. 1963. Perception and learning. In S. Koch (Ed.), Psychology a study of science. New York: McGraw-Hill. (142)

Pribram, K. 1971. Languages of the brain. Englewood Cliffs, N. J.: Prentice Hall. (22)

Price, G. R. 1961. On Emmert's law apparent sizes. Psychological Record, 11, 145. (166)

Prinz, W. 1966. Quantitative Versuche über die Prägnanz von Punktmustern. Psychologische Forschung, 29, 297. (144)

Pritchard, R. M. 1961. Stabilized images on the retina. Scientific American, 204, 72. (189)

Purdy, D. M. 1937. The Bezold-Brücke phenomenon and contours for constant hue. American Journal of Psychology, 49, 313. (110, 119)

Rabelo, C., & Grüsser, O. J. 1961. Die Abhängigkeit der subjektiven Helligkeit intermittierender Lichtreize von der Flimmerfrequenz (Brücke-Effekt, "brightness enhancement"): Untersuchungen bei verschiedener Leuchtdichte und Feldgröße. Psychologische Forschung, 26, 299. (79)

Ranke, O. 1956. Bereichseinstellung der Sinnesorgane. In H. Mittelstaedt (Hrsg.), Regelungsvorgänge in der Biologie. München: Oldenbourg. (24)

Ratliff, F. 1965. The mach bands: Quantitative studies on neural networks in the retina. New York: Holden-Day. (106, 148)

Ratliff, F., & Riggs, L. A. 1950. Involuntary motions of the eye during monocular fixation. Journal of Experimental Psychology, 40, 687. (66)

Ricco, A. 1877. Relazione fra il minimo angolo visuale e l'intensità. Memorie della Regia Accademia de Scienze (lettere ed arti in Modena), 17, 47. (62)

Richardson, L. F., & Ross, J. S. 1930. Loudness and telephone current. Journal of General Psychology, 3, 288. (131)
Richter, M. 1953. Das System der D.I.N.-Farbkarte. Farbe, 1, 85. (111)
Riesen, A. H. 1960. Effects of stimulus deprivation on the development of and atrophy of the visual sensory system. American Journal of Orthopsychiatry, 30, 23. (153)
Riesz, R. R. 1928. Differential intensity sensitivity of the ear for pure tones. Physiological Review, 31, 867. (72, 73)
Riggs, L. A. 1965a. Light as a stimulus for vision. In C. Graham (Ed.), Vision and visual perception. New York: Wiley & Sons. (36)
Riggs, L. A. 1965b. Visual acuity. In C. Graham (Ed.), Vision and visual perception. New York: Wiley & Sons. (61)
Riggs, L. A. 1970. Vision. In J. W. Kling & L. A. Riggs (Eds.), Woodworth & Schlosberg's Experimental psychology (3rd ed.). New York: Holt, Rinehart & Winston. (61)
Riggs, L. A., Ratliff, F., Cornsweet, J. C., & Cornsweet, T. N. 1953. The disappearance of steadily fixated visual test objects. Journal of the Optical Society of America, 43, 495. (66, 67)
Rinsdorf, G. 1975. Knochenleitung. In W. D. Keidel (Hrsg.), Physiologie des Gehörs. Stuttgart: Georg Thieme. (70)
Ritter, M., Lücke, G., & Zihl, J. 1973. Selektive Analyse von Bewegungsrichtung und Geschwindigkeit in der visuellen Wahrnehmung des Menschen. Psychologische Forschung, 36, 267. (179)
Robinson, D. E., & Jeffress, L. A. 1963. Effect of varying the interaural noise correlation on the detectability of tonal signals. Journal of the Acoustical Society of America, 35, 1947. (89)
Robinson, D. W., & Dadson, R. S. 1956. A re-determination of the equal-loudness relations for pure tones. British Journal of Applied Physics, 7, 166. (131, 132)
Robson, J. G. 1975. Receptive fields: Neural representation of the spatial and intensive attributes of the visual image. In E. C. Carterette & M. Friedman (Eds.), Handbook of Perception (Vol. 5). New York: Academic Press. (194)
Rock, I. 1966. The nature of perceptual adaptation. New York: Basic Books. (174, 175, 176, 178)
Rock, I. 1973. Orientation and form. New York: Academic Press. (199)
Rock, I. 1975. An introduction to preception. New York: Macmillan. (13, 22, 32, 138, 140, 159, 180)
Rock, I., & Ebenholtz, S. 1962. Stroboscopic movement based on change of phenomenal rather than retinal location. American Journal of Psychology, 75, 193. (180)
Rock, I., & Heimer, W. 1957. The effect of retinal and phenomenal orientation on the perception of form. American Journal of Psychology, 70, 493. (198)
Rock, I., & Kremen, I. 1957. A re-examination of Rubin's figural aftereffect. Journal of Experimental Psychology, 53, 23. (139)
Roederer, J. G. 1973. Introduction to the physics and psychophysics of music. Heidelberg: Springer. (129, 135)
Roelofs, C. O. 1960. Convergence and depth perception. Acta Psychologica, 17, 193. (157)
Rosenthal, R. 1966. Experimenter effects in behavioral research. New York: Appleton-Century & Crofts. (23)
Rosenthal, R., & Rosnow, R. 1969. Artifact in behavioral research. New York: Academic Press. (23)
Rubin, E. 1921. Visuelle wahrgenommene Figuren. Copenhagen: Glydendalske. (139)
Rubin, E., Ware, M. H., & Helson, H. 1966. Anchor effects in pitch localization. American Journal of Psychology, 79, 458. (202)
Rutherford, W. 1886. A new theory of hearing. Journal of Anatomical Physiology, 21, 166. (194)

Sader, M. 1966. Lautheit und Lärm. Göttingen: Hogrefe. (71, 137)
Saldanha, E., & Corso, J. F. 1964. Timbre cues and the identification of musical instruments. Journal of the Acoustical Society of America, 36, 2021. (135)
Sander, F. 1939. Gestaltwerden und Gestaltzerfall. Athen. (139)
Sanford, R. N. 1937. The effects of abstinence from food upon imaginal processes: A further experiment. Journal of Psychology, 3, 145. (22)
Sarris, V. 1971. Wahrnehmung und Urteil. Göttingen: Hogrefe. (202, 203)
Saslow, M. G. 1967. Latency for saccadic eye movement. Journal of the Optical Society of America, 57, 1030. (64)

Scharf, B. 1959. Critical bands and the loudness of complex sounds near threshold. Journal of the Acoustical Society of America, 31, 365. (133)
Scharf, B. 1961. Complex sounds and critical bands. Psychological Bulletin, 58, 205. (83)
Scharf, B. 1970. Critical bands. In J. V. Tobias (Ed.), Foundations of modern auditory theory (Vol. 1). New York: Academic Press. (83, 87, 151)
Scharf, B. 1975. Audition. In B. Scharf (Ed.), Experimental sensory psychology. Glenview, Ill.: Scott Foresman & Co. (69, 70, 72, 89, 132)
Scheerer, E. 1973. Integration, interruption and processing rate in visual backward masking: I. Review. Psychologische Forschung, 36, 71. (81, 82)
Scheerer, E., & Bongartz, W. 1973. Integration, interruption and processing rate in visual backward masking: II. An experimental test. Psychologische Forschung, 36, 95. (82)
Scheller, R. 1973. Die Abhängigkeit des negativen Nachbildes von der Reizdauer und der Reizintensität. Zeitschrift für experimentelle und angewandte Psychologie, 20, 153. (121, 122)
Schenkel, K. D. von. 1967. Die beidohrigen Mithörschwellen von Impulsen. Acustica, 18, 38. (84)
Schiller, P. H., & Smith, M. 1968. Monoptic and dichoptic metacontrast. Perception and Psychophysics, 3, 327. (83)
Schlaer, S. 1937. The relation between visual acuity and illumination. Journal of General Psychology, 21, 165. (62, 64)
Schmidt, A. B., & Kristofferson, A. B. 1963. Discrimination of successiveness: A test of a model of attention. Science, 139, 112. (92)
Schneider, B., Parker, S., Ostrosky, D., Stein, D., & Kanow, G. 1974. A scale for the psychological magnitude of numbers. Perception and Psychophysics, 16, 43. (55)
Seebeck, A. 1841. Beobachtungen über einige Bedingungen der Entstehung von Tönen. Annalen der Physik und Chemie, 53, 417. (194)
Senden, M. von. 1932. Raum und Gestaltauffassung bei operierten Blindgeborenen vor und nach der Operation. Leipzig: Barth. (140)
Shepard, R. N. 1967. Recognition memory for words, sentences and pictures. Journal of Verbal Learning and Verbal Behavior, 6, 156. (200)
Sherrington, C. S. 1906. The integrative action of the nervous system. London: Constable. (12)
Sherrington, C. S. 1918. Observations on the sensual role of the proprioceptive nerve supply of the extrinsic ocular muscles. Brain, 41, 332. (157)
Shower, E. G., & Biddulph, R. 1931. Differential pitch sensitivity of the ear. Journal of the Acoustical Society of America, 3, 275. (73, 74, 75, 76)
Silverman, S. R., Harrison, C. E., & Lane, H. S. 1946. Tolerance for pure tones and speech in normal and hard of hearing ears (OSRD Tech. Rep. 6303). St. Louis: Central Institute for the Deaf. (71)
Simmonds, M. B. 1974. Stereopsis and subjective contours. Perception and Psychophysics, 15, 401. (193)
Skowbo, D., Gentry, T., Timney, G., & Morant, R. B. 1974. The McCollough effect: Influence of several kinds of visual stimulation on decay rate. Perception and Psychophysics, 16, 47. (123)
Small, A. M. Jr. 1963. Audition. In P. R. Farnsworth (Ed.), Annual review of psychology (Vol. 14). Palo Alto, Calif.: Annual Reviews. (83)
Smith, V. C., Dokorn, Y. J., & Swarthy, R. 1973. Continuous hue estimation of brief flashes by deuteranomalous observers. American Journal of Psychology, 86, 115. (108)
Snodgrass, J. G. 1975. Psychophysics. In B. Scharf (Ed.), Experimental sensory psychology. Glenview, Ill.: Scott Foresman & Co. (55)
Snyder, F. W., & Pronko, N. H. 1952. Vision with spatial inversion. Wichita, Kansas: University of Wichita Press. (176)
Solomon, R. L., & Postman, L. 1952. Frequency of usage as a determinant of recognition thresholds for words. Journal of Experimental Psychology, 43, 195. (205)
Sperling, G. 1960. The information available in brief visual presentations. Psychological Monographs, 74 (Whole No. 498). (29)
Sperling, G. 1963. A model for visual memory tasks. Human Factors, 5, 19. (82)
Sperling, G. 1970. Binocular vision: A physical and neural theory. American Journal of Psychology, 83, 461. (159)
Sperry, R. W., & Miner, N. 1955. Pattern perception following insertion of mica plates into visual cortex. Journal of Comparative and Physiological Psychology, 48, 463. (147)
Spreng, M. 1975. Langsame Rindenpotentiale, objektive Audiometrie und Psychoakustik. In W. D. Keidel (Hrsg.), Physiologie des Gehörs. Stuttgart: Georg Thieme. (68)

Squires, P. C. 1959. Topological aspects of apparent visual motion. Psychologische Forschung, 26, 1. (180)
Stadler, M., & Dieker, J. 1972. Untersuchung zum Problem virtueller Konturen in der visuellen Wahrnehmung. Zeitschrift für experimentelle und angewandte Psychologie, 19, 325. (193)
Standing, L., Conezio, J., & Haber, R. N. 1970. Perception and memory for pictures: Single trial learning of 2500 visual stimuli. Psychonomic Science, 19, 73. (200)
Steinfeld, G. 1967. Concepts of set and availability and their relation to the reorganization of ambiguous pictorial stimuli. Psychological Review, 74, 505. (203)
Steinfeld, G., & Greaves, S. 1971. The effect of retinal orientation on word recognition. Journal of General Psychology, 85, 245. (199)
Stevens, J. C., & Marks, L. E. 1965. Cross modality matching of brightness and loudness. Proceedings of the National Academy of Sciences, 54, 407. (54)
Stevens, S. S. 1934. Tonal density. Journal of Experimental Psychology, 17, 585. (53)
Stevens, S. S. 1935. The relation of pitch to intensity. Journal of the Acoustical Society of America, 6, 150. (126, 127)
Stevens, S. S. 1936. A scale for the measurement of a psychological magnitude: Loudness. Psychological Review, 43, 405. (131)
Stevens, S. S. 1951. Mathematics, measurement and psychophysics. In S. S. Stevens (Ed.), Handbook of experimental psychology. New York: Wiley & Sons. (53)
Stevens, S. S. 1955. Decibels of light and sound. Physics Today, 8, 12. (96)
Stevens, S. S. 1956. Calculation of the loudness of complex noise. Journal of the Acoustical Society of America, 28, 807. (54, 133)
Stevens, S. S. 1975. Psychophysics. New York: Wiley & Sons. (53, 54, 55, 59, 111, 131, 136)
Stevens, S. S., & Davis, H. 1938. Hearing: Its psychology and physiology. New York: Wiley & Sons. (131)
Stevens, S. S., & Galanter, E. H. 1957. Ratio scales and category scales for a dozen perceptual continua. Journal of Experimental Psychology, 54, 377. (55)
Stevens, S. S., Guirao, M., & Slawson, A. W. 1965. Loudness, a product of volume times density. Journal of Experimental Psychology, 69, 503. (136)
Stevens, S. S. Morgan, C. T., & Volkmann, J. 1941. Theory of the neural quantum in the discrimination of loudness and pitch. American Journal of Psychology, 54, 315. (47)
Stevens, S. S., & Newman, E. B. 1936. The localization of actual sources of sound. American Journal of Psychology, 48, 297. (184)
Stevens, S. S., & Volkmann, J. 1940. The relation of pitch to frequency: A revised scale. American Journal of Psychology, 53, 329. (124)
Stigler, R. 1910. Chronophotische Studien über den Umgebungskontrast. Pflügers Archiv für die gesamte Physiologie des Menschen und der Tiere, 134, 365. (81)
Stiles, W. S., & Crawford, B. H. 1933. The luminous efficiency of rays entering the eye pupil at different points. Proceedings of the Royal Society (London, Series B), 112, 428. (61)
Stratton, G. M. 1897. Vision without the inversion of the retinal image. Psychological Review, 3, 341. (176)
Street, R. F. 1931. A Gestalt completion test: A study of a cross-section of intellect. New York: Bureau of Publications, Columbia University. (193)
Stromeyer, C. F. III. 1970. Eidetikers. Psychology Today, 4, 76. (29)
Stroop, J. R. 1935. Studies of interference in serial verbal reactions. Journal of Experimental Psychology, 18, 643. (211)
Stroud, J. 1956. The fine structure of psychological time. In H. Quastler (Ed.), Information theory in psychology. Glencoe, Ill.: Free Press. (91)
Stumpf, C. (124)
Supa, M., Cotzin, M., & Dallenbach, K. M. 1944. Facial vision: The perception of obstacles by the blind. American Journal of Psychology, 57, 133. (152)
Swets, J. A. 1964. Signal detection and recognition by human observers. New York: Wiley & Sons. (50)

Tartter, V. C., & Eimas, P. 1975. The role of auditory feature detectors in the perception of speech. Perception and Psychophysics, 18, 293. (196)
Taub, E., & Goldberg, I. A. 1974. Use of sensory recombination and somatosensory deafferation techniques in the investigation of sensory-motor relationships. Perception, 3, 393. (176)
Tausch, R. 1954. Optische Täuschungen als artifizielle Effekte der Gestaltungsprozesse von Größen und Formkonstanz in der natürlichen Raumwahrnehmung. Psychologische Forschung, 24, 299. (171)

Ternus, J. 1926. Experimentelle Untersuchungen über phänomenale Identität. Psychologische Forschung, 7, 71. (180)
Terrace, H. S., & Stevens, S. S. 1962. The quantification of tonal volume. American Journal of Psychology, 75, 596. (136)
Thiery, A. 1896. Über Geometrischoptische Täuschungen. Philosophische Studien, 12, 67. (171)
Thomas, F. H., Dimmick, F. L., & Luria, S. M. 1961. A study of binocular color mixture. Vision Research, 1, 108. (160)
Tolman, E. C. 1918. Nerve process and cognition. Psychological Review, 25, 423. (19)
Treisman, A. 1960. Contextual cues in selective listening. Quarterly Journal of Experimental Psychology, 12, 242. (212)
Treisman, A. 1964. The effect of irrelevant material on the efficiency of selective listening. American Journal of Psychology, 77, 533. (212, 213)
Treisman, A., & Riley, J. G. A. 1969. Is selective attention selective perception or selective response? A further test. Journal of Experimental Psychology, 79, 27. (212, 213)
Treisman, M. 1970. Brightness contrast and the perceptual scale. British Journal of Mathematical and Statistical Psychology, 23, 205. (99)
Treisman, M. 1973. Relation between signal detectability theory and the traditional procedures for measuring thresholds. Psychological Bulletin, 79, 45. (52)
Treisman, M., & Watts, T. R. 1966. Relation between signal detectability theory and the traditional procedures for measuring sensory thresholds: Estimating d' from results given by the method of constant stimuli. Psychological Bulletin, 66, 438. (52)
Troland, L. T. 1930. Psychophysiology: Sensation (Vol. 2). New York: Van Nostrand. (47)

Uttal, W. R. 1973. The psychology of sensory coding. New York: Harper & Row. (150, 190)
Utall, W. R., & Matheson, G. 1971. Some simple demonstrations of differences in the basic mechanisms of contour enhancement and simultaneous contrast. Paper presented at the meeting of the Psychonomic Society, St. Louis. (107)

Vanderplas, J. M., & Garvin, E. M. 1959. The association value of random shapes. Journal of Experimental Psychology, 57, 147. (200)
Verhoeff, F. H. 1935. A new theory of binocular vision. Archives of Opthamology, 13, 151. (159)
Vernon, M. D. 1970. Perception through experience. London: Methuen (Deutsche Ausgabe: Wahrnehmung und Erfahrung. Köln: Kieperheuer & Witsch). (206)

Wald, G., & Brown, P. K. 1965. Human color vision and color blindness. Symposium presented at the Cold Springs Harbor, N. Y. meeting on Quantitative Biology (Vol. 30), 345. (116)
Walk, R. D. 1966. The development of depth perception in animals and infants. Child Development Monographs, 31, 82. (153)
Wallach, H. 1939. On sound localization. Journal of the Acoustical Society of America, 10, 270. (186)
Wallach, H. 1940. The role of head movement and vestibular and visual cues in sound localization Journal of Experimental Psychology, 27, 339. (186)
Wallach, H. 1948. Brightness constancy and the nature of achromatic colors. Journal of Experimental Psychology, 38, 310. (97, 98)
Wallach, H. 1963. The perception of neutral colors. Scientific American, 208, 107. (118)
Wallach, H., & Adams, P. A. 1954. Binocular rivalry of achromatic colors. American Journal of Psychology, 67, 513. (160)
Wallach, H., & Floor, L. 1971. The use of size matching to demonstrate the effectiveness of accommodation and convergence as cues for distance. Perception and Psychophysics, 10, 423. (157)
Wallach, H., & Galloway, A. 1946. The constancy of colored objects in colored illumination. Journal of Experimental Psychology, 36, 119. (118)
Wallach, H., Newman, E. B., & Rosenzweig, M. R. 1949. The precedence effect in sound localization. American Journal of Psychology, 62, 315. (186)
Wandmacher, J. 1976. Multicomponent theory of perception: Feature extraction and response decision in visual identification. Psychological Research, 39, 17. (191, 193)
Ward, W. D., Glorig, A., & Sklar, D. L. 1958. Dependence of temporary threshold shift at 4 kc on intensity and time. Journal of the Acoustical Society of America, 30, 944. (71)
Ward, W. D., Glorig, A., & Sklar, D. L. 1959a. Temporary threshold shift from octave-band noise: Applications to damage risk criteria. Journal of the Acoustical Society of America, 31, 522. (71)

Ward, W. D., Glorig, A., & Sklar, D. L. 1959b. Relation between recovery from temporary threshold shift and duration of exposure. Journal of the Acoustical Society of America, 31, 600. (71)

Warren, R. M., Obusek, C. J., Farmer, R. M., & Warren, R. P. 1969. Auditory sequences: Confusion of patterns other than speech or music. Science, 164, 586. (206)

Weber, E. 1846. Der Tastsinn und das Gemeingefühl. In R. Wagner (Hrsg.), Handwörterbuch der Physiologie. Leipzig: Voss. (46)

Webster, F. A. 1951. The influence of interaural phase on masked thresholds: I. The role of interaural time deviation. Journal of the Acoustical Society of America, 23, 452. (91)

Wegel, R. L., & Lane, C. E. 1924. The auditory masking of one pure tone by another and its probable relation to the dynamics of the inner ear. Physical Review, 23, 266. (85, 86, 87)

Werner, H. 1935. Studies in contour: I. Qualitative analysis. American Journal of Psychology, 47, 40. (81)

Werner, H., & Wapner, S. 1952. Toward a general theory of perception. Psychological Review, 59, 324. (21)

Wertheimer, M. 1912. Experimentelle Studien über das Sehen von Bewegungen. Zeitschrift für Psychologie, 61, 161. (18, 174, 179, 180)

Wertheimer, M. 1923. Untersuchungen zur Lehre von der Gestalt, II. Psychologische Forschung, 5, 301. (141, 142, 143)

Westheimer, G. 1967. Spatial interaction in human cone vision. Journal of Physiology, 190, 139. (148)

Wever, E. G. 1949. Theory of hearing. New York: Wiley & Sons. (71)

Wever, E. G., & Bray, C. W. 1930. Action currents in the auditory nerve in response to acoustical stimulation. Proceedings of the National Academy of Science, 16, 344. (194)

Wever, E. G., & Bray, C. W. 1937. The perception of low tones and the resonance-volley theory. Journal of Psychology, 3, 101. (71, 195)

Wever, E. G., & Lawrence, M. 1954. Physiological Acoustics. Princeton, N. J.: Princeton University Press. (69)

Wheatstone, C. 1838. On some remarkable and hitherto unresolved phenomena of binocular vision. Philosophical Transactions of the Royal Society of London, 371. (158)

White, C. T. 1963. Temporal numerosity and the psychological unit of duration. Psychological Monographs, 77 (Whole No. 575). (91)

Wickelgren, W. 1966. Distinctive features and errors in short-term memory for English consonants. Journal of the Acoustical Society of America, 39, 388. (191)

Wightman, F. L. 1973. Pitch and stimulus fine structure. Journal of the Acoustical Society of America, 54, 397. (195)

Wiseman, S., & Neisser, U. 1974. Perceptual organization as a determinant of visual recognition memory. American Journal of Psychology, 87, 675. (200)

Wispé, L. J., & Drambarean, N. C. 1953. Physiological need, word frequency and visual duration thresholds. Journal of Experimental Psychology, 46, 25. (208)

Wist, E. R., & Susen, P. 1973. Evidence for the role of post-retinal processes in simultaneous contrast. Psychologische Forschung, 36, 1. (104)

Witkin, H. A., Wapner, S., & Leventhal, T. 1952. Sound localization with conflicting visual and auditory cues. Journal of Experimental Psychology, 43, 58. (187)

Wolford, G. L., & Hollingsworth, S. 1974. Retinal location and string position as important variables in visual information processing. Perception and Psychophysics, 16, 437. (61)

Woodworth, R. S. 1938. Experimental psychology. New York: Holt. (184)

Woodworth, R. S., & Schlosberg, H. 1954. Experimental psychology (Rev. ed.). New York: Holt. (58)

Worral, N. 1974. A test of Gregory's theory of constancy scaling. American Journal of Psychology, 87, 505. (171)

Worral, N., & Firth, E. 1971. Extension cues in open and closed figures. Quarterly Journal of Experimental Psychology, 23, 311. (171)

Wright, H. N. 1964. Temporal summation and backward masking. Journal of the Acoustical Society of America, 36, 927. (88, 93)

Wundt, W. 1862. Beiträge zur Theorie der Sinneswahrnehmung. Leipzig: Winter. (19, 124)

Wyszecki, G. 1960. Farbsysteme. Göttingen: Muster Schmidt. (111)

Wyszecki, G., & Stiles, W. D. 1967. Color science. New York: Wiley & Sons. (36, 109)

Young, P. T. 1928. Auditory localization with acoustical transposition of the ears. Journal of Experimental Psychology, 11, 399. (187)

Young, T. 1807. On the theory of light and colors. Lectures in natural philosophy. London: Joseph Johnson, St. Pauls Church Yard. (33, 116)

Zelniker, T., Rattok, J., & Medem, A. 1974. Selective listening and thresholds for tones appearing on a relevant and irrelevant channel. Perception and Psychophysics, 16, 50. (213)
Zusne, L. 1971. Visual perception of form. New York: Academic Press. (138, 144)
Zusne, L., & Michels, K. M. 1964. Nonrepresentational shapes and eye movements. Perception and Motor Skills, 18, 11. (140)
Zwicker, E. 1964. Negative afterimages in learning. Journal of the Acoustical Society of America, 36, 2413. (122)
Zwicker, E., & Feldtkeller, R. 1967. Das Ohr als Nachrichtenempfänger. Stuttgart: Hirzel. (83)
Zwicker, E., Flottorp, G., & Stevens, S. S. 1957. Critical bandwidth in loudness summation. Journal of the Acoustical Society of America, 29, 548. (83, 84, 86)
Zwicker, E., & Scharf, B. 1965. A model of loudness summation. Psychological Review, 72, 3. (86, 87)
Zwislocki, J. 1960. Theory of temporal auditory summation. Journal of the Acoustical Society of America, 32, 1046. (83)
Zwislocki, J. 1965. Analysis of some auditory characteristics. In P. R. Luce, R. B. Bush & E. Galanter (Eds.), Handbook of mathematical psychology (Vol. 2). New York; Wiley & Sons. (70)
Zwislocki, J., Maire, F., Feldman, A. S., & Rubin, H. 1958. On the effect of practice and motivation on the threshold of audibility. Journal of the Acoustical Society of America, 30, 254. (208)

Sachregister

(Halbfett gedruckte Seitenangaben weisen auf die Hauptdefinitionen hin)